2020 国

U0581582

主观题

历年真题破译

厚大法考◎组编

厚大出品

编著者
（以学科编排为序）

张翔 罗翔 魏建新 向高甲
刘鹏飞 鄢梦萱 高晖云

中国政法大学出版社

书痴者文必工　艺痴者技必良

做法治之光

——致亲爱的考生朋友

如果问哪个群体会真正认真地学习法律，我想答案可能是备战法考的考生。

当厚大的老总力邀我们全力投入法考的培训事业，他最打动我们的一句话就是：这是一个远比象牙塔更大的舞台，我们可以向那些真正愿意去学习法律的同学普及法治的观念。

应试化的法律教育当然要帮助同学们以最便捷的方式通过法考，但它同时也可以承载法治信念的传承。

一直以来，人们习惯将应试化教育和大学教育对立开来，认为前者不登大雅之堂，充满填鸭与铜臭。然而，没有应试的导向，很少有人能够真正自律到系统地学习法律。在许多大学校园，田园牧歌式的自由放任也许能够培养出少数的精英，但不少学生却是在游戏、逃课、昏睡中浪费生命。人类所有的成就靠的其实都是艰辛的训练；法治建设所需的人才必须接受应试的锤炼。

应试化教育并不希望培养出类拔萃的精英，我们只希望为法治建设输送合格的人才，提升所有愿意学习法律的同学整体性的法律知识水平，培育真正的法治情怀。

厚大教育在全行业中率先推出了免费视频的教育模式，让优质的教育从此可以遍及每一个有网络的地方，经济问题不会再成为学生享受这些教育资源的壁垒。

最好的东西其实都是免费的，阳光、空气、无私的爱，越是弥足珍贵，越是免费的。我们希望厚大的免费课堂能够提供最优质的法律教育，一如阳光遍洒四方，带给每一位同学以法律的温暖。

没有哪一种职业资格考试像法考一样，科目之多、强度之大令人咂舌，这也是为什么通过法律职业资格考试是每一个法律人的梦想。

法考之路，并不好走。有沮丧、有压力、有疲倦，但愿你能坚持。

坚持就是胜利，法律职业资格考试如此，法治道路更是如此。

当你成为法官、检察官、律师或者其他法律工作者，你一定会面对更多的挑战、更多的压力，但是我们请你持守当初的梦想，永远不要放弃。

人生短暂，不过区区三万多天。我们每天都在走向人生的终点，对于每个人而言，我们最宝贵的财富就是时间。

感谢所有参加法考的朋友，感谢你愿意用你宝贵的时间去助力中国的法治建设。

我们都在借来的时间中生活。无论你是基于何种目的参加法考，你都被一只无形的大手抛进了法治的熔炉，要成为中国法治建设的血液，要让这个国家在法治中走向复兴。

数以万计的法条，盈千累万的试题，反反复复的训练。我们相信，这种貌似枯燥机械的复习正是对你性格的锤炼，让你迎接法治使命中更大的挑战。

亲爱的朋友，愿你在考试的复习中能够加倍地细心。因为将来的法律生涯，需要你心思格外的缜密，你要在纷繁芜杂的证据中不断搜索，发现疑点，去制止冤案。

亲爱的朋友，愿你在考试的复习中懂得放弃。你不可能学会所有的知识，抓住大头即可。将来的法律生涯，同样需要你在坚持原则的前提下有所为、有所不为。

亲爱的朋友，愿你在考试的复习中沉着冷静。不要为难题乱了阵脚，实在不会，那就绕道而行。法律生涯，道阻且长，唯有怀抱从容淡定的心才能笑到最后。

法律职业资格考试不仅仅是一次考试，它更是你法律生涯的一次预表。

我们祝你顺利地通过考试。

不仅仅在考试中，

也在今后的法治使命中，不悲伤、不犹豫、不彷徨。

但求理解。

厚大全体老师　谨识

2019 年 11 月

缩略语对照表

行诉解释	最高人民法院关于适用《中华人民共和国行政诉讼法》的解释
政府信息公开行政案件规定	最高人民法院关于审理政府信息公开行政案件若干问题的规定
行政许可案件规定	最高人民法院关于审理行政许可案件若干问题的规定
国家赔偿法解释	最高人民法院关于适用《中华人民共和国国家赔偿法》若干问题的解释
行政赔偿案件规定	最高人民法院关于审理行政赔偿案件若干问题的规定
行政诉讼撤诉规定	最高人民法院关于行政诉讼撤诉若干问题的规定
行政机关负责人出庭应诉规定	最高人民法院关于行政机关负责人出庭应诉若干问题的规定
刑诉解释	最高人民法院关于适用《中华人民共和国刑事诉讼法》的解释
高检规则	人民检察院刑事诉讼规则
严格排除非法证据规定	最高人民法院、最高人民检察院、公安部、国家安全部、司法部关于办理刑事案件严格排除非法证据若干问题的规定
民诉解释	最高人民法院关于适用《中华人民共和国民事诉讼法》的解释
公司法解释	最高人民法院关于适用《中华人民共和国公司法》若干问题的规定
破产法解释	最高人民法院关于适用《中华人民共和国企业破产法》若干问题的规定

C 目 录
CONTENTS

刑 法

行政法与行政诉讼法

刑事诉讼法

民事诉讼法与仲裁制度

商　法

理 论 法

一、2019年法考回忆题

案情：

甲公司与乙公司之间签订借款合同，由乙借给甲借款800万元。在债权履行期届满前甲乙又达成了一个以物抵债的协议，约定到期如果不能履行债务，用甲的办公大楼抵债，甲将办公楼交付给乙公司使用。甲公司的债权人丙公司得知该情况后，向法院主张撤销该抵债合同，因为甲公司的办公楼价值1.2亿。乙主张甲公司还有充足的财产可以偿债，故不应支持丙的诉讼请求。

甲公司经营困难，为了筹钱，李某在甲公司的股东张某提供保证的情况下，借款给甲公司。张某的妻子杨某对此并不知情。

问题：

1. "以物抵债"协议效力如何？

参考答案 债务履行期满之前达成的以物抵债协议，为实践合同。抵债物交付之前，对抵债双方没有法律约束力。

2. 债权人丙申请撤销甲乙之间的协议时当事人的地位应当如何列明？

参考答案 原告为丙公司，被告为甲公司，无独立请求权第三人为乙公司。丙公司未将乙公司列为无独立请求权第三人的，法院可以依职权追加。

3. 案外人主张债务人钱多是否构成阻碍撤销之诉的理由？

参考答案 是。债务人有足够财产，足以偿还债权的，债务人对第三人的不当处分行为即无损于债权人债权的实现，债权人不得提起撤销权之诉。

4. 张某提供的保证是否属于夫妻共同债务？

参考答案 否。案情中并无此笔保证负债为夫妻共同生活、共同经营之目的的情节。

二、2018年法考回忆题

案情：

　　开发商甲公司中标了某地块的开发权，与建设施工单位乙公司签订建设施工合同，由乙公司负责建筑施工，但甲公司未支付工程款项，于是甲公司和乙公司协商又重新达成协议，将甲公司之前的欠款本金8500万元作为对乙公司的借款，乙公司同意以未完成的工程做抵押向银行贷款2亿元，甲公司偿还借款5000万元后剩余的1.5亿元作为资本继续开发。但甲公司的公章要交由乙公司保管，甲公司对外签订合同要经过乙公司同意。甲乙两公司约定若发生争议，由s省q市仲裁委管辖。

　　乙公司拿到甲公司公章后，重新做了补充协议，并加盖了甲公司公章，并且将约定的仲裁委改成g省c市仲裁委。后来乙公司以甲公司的名义与丁公司签订购货合同，并加盖了甲公司公章。后甲乙公司发生争议，乙公司向g省c市提出仲裁申请，仲裁委受理，甲公司提出异议，g省c市仲裁委认为仲裁协议有效，继续审理，并作出了裁决。甲公司向法院申请撤销仲裁裁决。

　　后甲公司与丙公司签订房屋销售委托合同，与甲签订合同的为丙公司的原代表人崔某，合同上只有法定代表人崔某的签名，没有加盖丙公司公章，实际上丙公司的法定代表人已经更换了，但是没有变更登记，甲公司的律师予以查询工商登记后就与原法定代表人崔某签订了销售合同。后甲公司因为丙公司销售状况不佳，欲向法院起诉以解除委托合同，一审判决丙公司败诉，丙公司不服提起上诉，在上诉中变更了诉讼请求，请求判决合同无效，并请求赔偿。

　　甲公司仍负债颇多，遂与丁签订了一个民间借贷合同，同时签订了房屋买卖合同，约定甲公司到期不还钱则将甲公司的一套房屋让与给出借人。

　　甲公司仍没钱向乙公司支付工程款，乙公司遂停工，房屋原计划很快完工，完工出售后就能收回资金，结果因为乙公司停工了，甲的计划无法实现，因此甲主张解除合同。甲与他人又签订了一个建设施工合同。

后甲公司的债权人均向甲主张债权，甲无法还债，债权人向 a 省 b 市法院提出破产申请，法院受理了申请。丁以公司的名义与甲签订了一份施工供料合同，货料已经装运上路，但尚未运到。丁得知法院受理破产后，就让承运人将货料运回。

问题：

1. 乙公司用甲公司公章签订补充协议的行为是否属于表见代理？为什么？

参考答案 不属于表见代理。因为表见代理出于对表见事由的信赖，是相对人相信行为人有权代理的特殊无权代理。本案中的补充协议，乙公司既是行为人，又是相对人。因乙公司明知自己没有甲公司的代理权，不存在信赖问题，故不构成表见代理。

2. 若甲公司能证明仲裁协议是乙公司私自用甲公司公章盖的，s 省 q 市的仲裁决议是否有效？为什么？

参考答案 如果甲公司拒绝追认，则该协议无效。反之，如果甲公司表示追认，该仲裁协议有效。因为乙公司擅自使用甲公司公章的行为构成狭义无权代理。

3. 甲公司与丙公司的合同是否无效？原法定代表人崔某的行为如何定性？为什么？

参考答案 合同有效，崔某的行为仍为丙公司的代表行为，丙公司需承担该行为的法律后果。

首先，丙公司工商登记的法定代表人为崔某，且甲公司并不知道丙公司实际情况，而只能信赖工商登记。由于法人与登记不符的真实情况，不得对抗善意第三人，故甲公司可以将崔某视为丙公司的法定代表人。

其次，尽管合同中没有丙公司的印章，但是崔某与甲公司所订立的合同，旨在使丙公司（而非崔某自己）承担后果，故崔某的行为仍属于丙公司的代表行为。

4. 甲公司是否有权解除与丙公司的委托合同？如果解除，丙是否有权要求损害赔偿，赔偿损失的范围是什么？

参考答案 首先，可以解除。由于本题案情中并无甲、丙公司的委托销售合同中关于丙公司应达到某一销售业绩的约定，故"销售状况不佳"的事实不能理解为丙公司构成违约。因此，甲公司只能依据委托合同中委托人、受托人双方均享有的任意解除权，解除委托合同。

其次，丙公司有权请求损害赔偿。因为委托合同中当事人双方任意解除权的行使，虽无法定事由的约束，但是造成对方损失的，应予赔偿。

最后，由于丙公司"销售状况不佳"不能视为违约，则甲公司行使任意解除权就具有违约性质，故应按照违约责任予以赔偿，其范围有二：①丙公司直接利益损失的赔偿，即赔偿丙公司因合同解除已经造成的损失；②期待利益损失的赔偿，即赔偿委托合同订立时，甲公司能够预见到的丙公司合理的、若合同继续履行情况下的可得利益损失。

5. 甲公司是否有权解除与乙公司的合同？为什么？

参考答案 甲公司无权解除与乙公司的合同。因为在甲公司未依约支付工程款的情况下，乙公司的停工行为属于行使先履行抗辩权的行为，而不构成履行迟延。因此，甲公司不得以乙公司"迟延履行主要债务"为由，解除合同。同时，本案中也不存在其他导致甲公司享有合同解除权的情形，故甲公司不能解除与乙公司的合同。

6. 甲公司与出借人丁的房屋买卖合同能否视为一种物权担保？为什么？

参考答案 房屋买卖合同不能视为一种担保物权。首先，以不动产为客体的担保物权，只有抵押权一种，其以当事人双方订立抵押合同、办理抵押登记为要件。本题中，上述两个要件均不具备，故不能视为一种担保物权。其次，担保物权为支配权，而本题中丁对甲公司只享有债权请求权，而不享有在房屋上的任何支配权。

7. 若甲公司到期无法偿债，丁是否有权取得房屋的所有权？

参考答案 丁不能取得房屋的所有权。甲公司与丁关于"如不偿还借款，则履行房屋买卖合同"的约定，性质为"后让与担保"，应按照借款关系认定。故，第一，丁只能主张对房屋变价受偿，而不得取得其所有权；第二，丁对于房屋变价之受偿，不具有优先效力，不能优先于甲的其他债权人受偿。

8. 乙公司对甲公司的工程房屋是否有优先权？为什么？如果有，优先权的范围是什么？

参考答案 乙公司对甲公司的工程房屋享有优先权。因为甲、乙公司订立了建设工程合同，且乙公司为承包人，故依法享有建设工程优先权。建设工程优先权的优先受偿范围，包括承包人为建设工程应当支付的工作人员报酬、材料款等实际支出的费用，不包括承包人因发包人违约所造成的损失。

三、2017年司考卷四第四题（本题22分）

案情：

2016年1月10日，自然人甲为创业需要，与自然人乙订立借款合同，约定甲向乙借款100万元，借款期限1年，借款当日交付。2016年1月12日，双方就甲自有的M商品房又订立了一份商品房买卖合同，其中约定：如甲按期偿还对乙的100万元借款，则本合同不履行；如甲到期未能偿还对乙的借款，则该借款变成购房款，甲应向乙转移该房屋所有权；合同订立后，该房屋仍由甲占有使用。

2016年1月15日，甲用该笔借款设立了S个人独资企业。为扩大经营规模，S企业向丙借款200万元，借款期限1年，丁为此提供保证担保，未约定保证方式；戊以一辆高级轿车为质押并交付，但后经戊要求，丙让戊取回使用，戊又私自将该车以市价卖给不知情的己，并办理了过户登记。

2016年2月10日，甲因资金需求，瞒着乙将M房屋出卖给了庚，并告知庚其已与乙订立房屋买卖合同一事。2016年3月10日，庚支付了全部房款并办理完变更登记，但因庚自3月12日出国访学，为期4个月，双方约定庚回国后交付房屋。

2016年3月15日，甲未经庚同意将M房屋出租给知悉其卖房给庚一事的辛，租期2个月，月租金5000元。2016年5月16日，甲从辛处收回房屋的当日，因雷电引发火灾，房屋严重毁损。根据甲卖房前与某保险公司订立的保险合同（甲为被保险人），某保险公司应支付房屋火灾保险金5万元。2016年7月13日，庚回国，甲将房屋交付给了庚。

2017年1月16日，甲未能按期偿还对乙的100万元借款，S企业也未能按期偿还对丙的200万元借款，现乙和丙均向甲催要。

问题：

1. 就甲对乙的100万元借款，如乙未起诉甲履行借款合同，而是起诉甲履行买卖合同，应如何处理？请给出理由。

参考答案 本案中的买卖合同，构成后让与担保，其处理的方式是：

（1）当事人以签订买卖合同作为民间借贷合同的担保，借款到期后借款人不能还款，出借人请求履行买卖合同的，人民法院应当按照民间借贷法律关系审理，并向当事人释明变更诉讼请求；当事人拒绝变更的，人民法院裁定驳回起诉。

（2）根据按照民间借贷法律关系审理作出的判决生效后，借款人不履行生效判决确定的金钱债务，出借人可以申请拍卖买卖合同标的物，以偿还债务；就拍卖所得的价款与应偿还借款本息之间的差额，借款人或者出借人有权主张返还或补偿。

（3）因甲尚未办理房屋登记手续，故对于房屋变价之价金的受偿权，乙不具有优先地位，即乙不得优先于甲的其他债权人受偿。

2. 就 S 企业对丙的 200 万元借款，甲、丁、戊各应承担何种责任？为什么？

参考答案

（1）甲在 S 企业财产不足以清偿债务时，应以个人其他财产继续清偿。因为 S 企业是个人独资企业，不具有法人资格。甲是 S 企业的出资人，承担无限责任。

（2）丁应承担一般保证责任。因为丁与丙订立保证合同，没有约定保证方式，根据《民法典》的规定，丁为一般保证。

（3）戊不承担责任，因为丙对戊的汽车上的质权，因已取得所有权而消灭。本题中，丙返还汽车质物于戊后，丙在汽车上的质权仍然存在，但不具有对抗善意第三人的效力。在此基础上，戊将汽车出卖给己后，因丙的质权不得对抗己的所有权，故丙的质权消灭。

3. 甲、庚的房屋买卖合同是否有效？庚是否已取得房屋所有权？为什么？

参考答案 甲、庚的买卖合同有效。因为一物二卖的情况下，仅凭二卖的买受人知道一卖存在这一事实，并不能够使二卖构成恶意串通。故本题中庚知情并不影响合同效力。庚已取得所有权。因为甲系有权处分，庚因登记继受取得所有权。

4. 谁有权收取 M 房屋 2 个月的租金？为什么？

参考答案 甲有权收取租金。因为在买卖关系中，买卖标的物孳息的收取权，随标的物占有的转移而转移。本题中，尽管甲与庚订立了房屋买卖合同，且庚已经取得了房屋的所有权，但是由于甲尚未将房屋交付给庚，故甲依然享有买卖房屋孳息的收取权。

5. 谁应承担 M 房屋火灾损失？为什么？

参考答案 房屋火灾的损失应由甲承担。因为甲与庚订立了房屋买卖合同，但甲尚未向庚交付房屋，故房屋的风险并未转移。

6. 谁有权享有 M 房屋火灾损失的保险金请求权？为什么？

参考答案 庚享有请求权。根据《保险法》第 49 条第 1 款的规定，保险标的转让的，保险标的的受让人承继被保险人的权利和义务。

四、2016年司考卷四第四题（本题22分）

案情：

　　自然人甲与乙订立借款合同，其中约定甲将自己的一辆汽车作为担保物让与给乙。借款合同订立后，甲向乙交付了汽车并办理了车辆的登记过户手续。乙向甲提供了约定的 50 万元借款。

　　一个月后，乙与丙公司签订买卖合同，将该汽车卖给对前述事实不知情的丙公司并实际交付给了丙公司，但未办理登记过户手续，丙公司仅支付了一半购车款。某天，丙公司将该汽车停放在停车场时，该车被丁盗走。丁很快就将汽车出租给不知该车来历的自然人戊，戊在使用过程中因汽车故障送到己公司修理。己公司以戊上次来修另一辆汽车时未付修理费为由扣留该汽车。汽车扣留期间，己公司的修理人员庚偷开上路，违章驾驶撞伤行人辛，辛为此花去医药费 2000 元。现丙公司不能清偿到期债务，法院已受理其破产申请。

问题：

1. 甲与乙关于将汽车让与给债权人乙作为债务履行担保的约定效力如何？为什么？乙对汽车享有什么权利？

参考答案 本案中，甲乙关于汽车让与的协议，为后让与担保。

　　（1）甲乙的约定有效。因为我国物权法虽然没有规定这种让与担保方式，但并无禁止性规定。通过合同约定，以转移所有权的方式达到担保目的，是不违反法律的，也符合合同自由、鼓励交易的立法目的。

　　（2）乙对于汽车享有担保权，即乙不得凭买卖合同继续保持汽车的所有权，而需将汽车变价受偿，多退少补。

　　（3）因甲向乙交付了汽车并办理了登记手续，乙对该车变价的受偿权，具有优先效力，即可以优先于甲的其他债权人受偿。

2. 甲主张乙将汽车出卖给丙公司的合同无效，该主张是否成立？为什么？

参考答案 甲的主张不能成立。理由是：因乙对该汽车享有担保权，故乙将汽车出卖给丙公司的行为属于无权处分，对甲也是违约行为，但无权处分不影响债权合同的效力，法律并不要求出卖人在订立买卖合同时对标的物享有所有权或者处分权。故甲不得主张乙丙间的买卖合同无效。

3. 丙公司请求乙将汽车登记在自己名下是否具有法律依据？为什么？

参考答案 丙公司的主张有法律依据。乙与丙公司订立的汽车买卖合同既然有效，根据合同的约定，乙负有向丙公司办理过户登记的义务。

4. 丁与戊的租赁合同是否有效？为什么？丁获得的租金属于什么性质？

参考答案 丁与戊的租赁合同有效，因为租赁合同为债权合同，其效力不以处分权的存在为前提。尽管丁不享有所有权或处分权，但是并不影响租赁合同效力。其所得的租金属于不当得利，因为该租金是丁用丙的财产赚的钱。

5. 己公司是否有权扣留汽车并享有留置权？为什么？

参考答案 己公司无权扣留汽车并享有留置权。因为除企业之间的留置外，债权人留置的动产与债权应该属于同一法律关系。而在本案中，债权与汽车无牵连关系。

6. 如不考虑交强险责任，辛的2000元损失有权向谁请求损害赔偿？为什么？

参考答案 辛的损失有权向庚请求赔偿。因为庚是车辆的驾驶人，为肇事者。其行为符合侵权责任的构成要件。

需要说明的问题有二：

（1）辛的损失不能请求车辆的所有权人丙赔偿，因为在我国民法中，车主并不会仅仅因为其是车主，就对车辆的致损承担赔偿责任。

（2）辛的损失不能请求己公司承担。因为庚虽是己公司的雇员，但是庚偷开上路的事实，既非执行职务，也无执行职务的外观，故其为个人行为，应自负其责，与其雇主无关。

7. 丙公司与乙之间的财产诉讼管辖应如何确定？法院受理丙公司破产申请后，乙能否就其债权对丙公司另行起诉并按照民事诉讼程序申请执行？

参考答案 丙公司与乙之间的财产诉讼应该由受理破产案件的人民法院管辖。法院受理丙公司破产申请后，乙应当申报债权，如果对于债权有争议，可以向受理破产申请的人民法院提起诉讼，但不能按照民事诉讼程序申请执行。

五、2015年司考卷四第三题（本题21分）

案情：

甲欲出卖自家的房屋，但其房屋现已出租给张某，租赁期还剩余1年。甲将此事告知张某，张某明确表示，以目前的房价自己无力购买。

甲的同事乙听说后，提出购买。甲表示愿意但需再考虑细节。乙担心甲将房屋卖与他人，提出草签书面合同，保证甲将房屋卖与自己，甲同意。甲、乙一起到房屋登记机关验证房屋确实登记在甲的名下，且所有权人一栏中只有甲的名字，双方草签了房屋预购合同。

后双方签订正式房屋买卖合同约定：乙在合同签订后的5日内将购房款的三分之二通过银行转账给甲，但甲须提供保证人和他人房屋作为担保；双方还应就房屋买卖合同到登记机关办理预告登记。

甲找到丙作为保证人，并用丁的房屋抵押。丁与乙签订了抵押合同并办理了抵押登记，但并没有约定担保范围。甲乙双方办理了房屋买卖合同预告登记，但甲忘记告诉乙房屋出租情况。

此外，甲的房屋实际上为夫妻共同财产，甲自信妻子李某不会反对其将旧房出卖换大房，事先未将出卖房屋的事情告诉李某。李某知道后表示不同意。但甲还是瞒着李某与乙办理了房屋所有权转移登记。

3年后，甲与李某离婚，李某认为当年甲擅自处分夫妻共有房屋造成了自己的损失，要求赔偿。甲抗辩说，赔偿请求权已过诉讼时效。

问题：

1. 在本案中，如甲不履行房屋预购合同，乙能否请求法院强制其履行？为什么？

参考答案 乙不能请求法院强制履行。因为甲乙所订立的预购合同，以"将来订立买卖合同"为内容，性质是预约。因预约所产生的债之关系，为劳务之债，不能强制履行。

2. 甲未告知乙有租赁的事实，应对乙承担什么责任？

参考答案 甲应对乙承担违约责任。因为甲既然未告知乙房屋有租赁之事，则甲应确保房屋上没有租赁负担。然而，在甲将房屋出卖给乙后，因承租人可以主张"买卖不破租赁"的保护，故房屋上存在租赁负担，甲对乙构成违约，应承担赔偿损失、违约金、降低价金等违约责任。

3. 如甲不按合同交付房屋并转移房屋所有权，预告登记将对乙产生何种保护效果？

参考答案 买受人办理预告登记后，可以对出卖人的再次处分加以制约，即限制出卖人未经预告登记的买受人同意，将房屋出卖、抵押给第三人的行为。

4. 如甲在预告登记后又与第三人签订房屋买卖合同，该合同是否有效？为什么？

参考答案 甲在预告登记后又与第三人签订房屋买卖合同有效。因为预告登记后，出卖人未经预告登记的买受人同意，将房屋出卖、抵押给第三人的，第三人不能取得物权，但是出卖人与第三人之间买卖合同、抵押合同的债权效力，不受影响。

5. 如甲不履行合同义务，在担保权的实现上乙可以行使什么样的权利？担保权实现后，甲、丙、丁的关系如何？

参考答案 保证人丙、抵押人丁均为第三人担保，当事人之间也未对担保范围与顺序进行约定，故丙、丁承担连带担保责任。因此，如果甲不履行合同义务，乙可以选择实现抵押权或者向保证人丁主张保证责任。乙的担保权实现后，承担担保责任的担保人（丙或丁），可以向债务人甲追偿，但不得请求另一共同担保人丁或丙分担其应承担的份额。

6. 甲擅自处分共有财产，其妻李某能否主张买卖合同无效？是否可以主张房屋过户登记为无效或者撤销登记？为什么？

参考答案

（1）李某不能主张买卖合同无效。因为尽管甲擅自处分夫妻共有财产，构成无权处分，但是由于买卖合同为债权合同，其效力不以处分权的享有为前提，故买卖合同有效。

（2）李某可以主张房屋过户登记为无效或者撤销登记。因为，物权处分中，动产的交付、不动产的登记行为，效力待定。李某可以主张拒绝权。需要注意的是，李某行使拒绝权的法律后果，是阻却丙基于有效的登记行为继受取得所有权，但并不能妨碍丙善意取得。故此，因本案中丙符合善意取得的条件，依然可以善意取得该房屋的所有权。

7. 甲对其妻李某的请求所提出的时效抗辩是否成立？为什么？

【参考答案】甲的时效抗辩不能成立。夫妻一方擅自处分共有财产，致第三人善意取得的，离婚时，受损一方可对擅自处分一方请求赔偿损失。故"离婚"是"索赔"的前提，"婚姻关系存续"则是"索赔"的障碍。在此基础上，自甲擅自处分夫妻共有房屋至甲与李某离婚这3年内，李某并不享有请求甲赔偿的权利，故诉讼时效尚未起算。

六、2014年司考卷四第四题（本题22分）

案情：

2月5日，甲与乙订立一份房屋买卖合同，约定乙购买甲的房屋一套（以下称"01号房"），价格80万元。并约定，合同签订后一周内乙先付20万元，交付房屋后付30万元，办理过户登记后付30万元。

2月8日，丙得知甲欲将该房屋出卖，表示愿意购买。甲告其已与乙签订合同的事实，丙说愿出90万元。于是，甲与丙签订了房屋买卖合同，约定合同签订后3日内丙付清全部房款，同时办理过户登记。2月11日，丙付清了全部房款，并办理了过户登记。

2月12日，当乙支付第一笔房款时，甲说：房屋已卖掉，但同小区还有一套房屋（以下称"02号房"），可作价100万元出卖。乙看后当即表示同意，但提出只能首付20万元，其余80万元向银行申请贷款。甲、乙在原合同文本上将房屋相关信息、价款和付款方式作了修改，其余条款未修改。

乙支付首付20万元后，恰逢国家出台房地产贷款调控政策，乙不再具备贷款资格。故乙表示仍然要买01号房，要求甲按原合同履行。甲表示01号房无法交付，并表示第二份合同已经生效，如乙不履行将要承担违约责任。乙认为甲违约在先。3月中旬，乙诉请法院确认甲丙之间的房屋买卖合同无效，甲应履行2月5日双方签订的合同，交付01号房，并承担迟延交付的违约责任。甲则要求乙继续履行购买02号房的义务。

3月20日，丙聘请不具备装修资质的A公司装修01号房。装修期间，A公司装修工张某因操作失误将水管砸坏，漏水导致邻居丁的家具等物件损坏，损失约5000元。

5月20日，丙花3000元从商场购买B公司生产的热水器，B公司派员工李某上门安装。5月30日，李某从B公司离职，但经常到B公司派驻丙所住小区的维修处门前承揽维修业务。7月24日，丙因热水器故障到该维修处要求B公司维修，碰到李某。丙对李某说：热水器是你装的，出了问题你得去修。维修处负责人因人手不够，便对李某说：那你就去帮忙修一下吧。李某便随丙去维修。李某维修过程中操作失误致热水器毁损。

问题：

1. 01号房屋的物权归属应当如何确定？为什么？

参考答案 甲、丙订立买卖合同后，办理了过户登记手续，房屋的所有权即转移给了丙。

2. 甲、丙之间的房屋买卖合同效力如何？考察甲、丙之间合同效力时应当考虑本案中的哪些因素？

参考答案 甲、丙订立的房屋买卖合同有效。在一物二卖的场合，仅凭二卖买受人知道一卖的存在，不能导致二卖构成恶意串通。因此，二卖是否构成恶意串通，不能仅考虑"二卖买受人是否知道一卖的存在"，而且要考虑二卖的双方是否违反强行法、是否具有违法目的、是否达成损害他人的通谋、是否违背公益公德等因素。

3. 2月12日，甲、乙之间对原合同修改的行为的效力应当如何认定？为什么？

参考答案 甲、乙之间2月12日修改合同的行为有效。因为法律允许当事人通过约定变更合同，且该约定并无无效事由。

4. 乙的诉讼请求是否应当得到支持？为什么？

参考答案 乙的诉讼请求有三：

（1）乙主张甲丙之间的买卖合同无效，不能得到支持。因为甲一房二卖、丙知道一卖的存在，均非甲丙之间的买卖合同的无效事由。

（2）乙主张甲交付01号房屋，不能得到支持。因为甲乙之间已经变更了合同，乙不对甲享有交付01号房屋的请求权。且甲已经将01号房屋的所有权转让给了丙，甲也不可能再向乙交付01号房屋。

（3）乙主张甲承担 01 号房屋买卖合同的违约责任，可以得到支持。因为甲乙之间的 01 号房屋买卖合同有效，甲卖房给丙的行为，对乙构成违约。故甲应对乙承担违约责任。需要指出的是，甲乙后来对 01 号房屋买卖合同的变更，并不构成甲免于承担违约责任的事由。

5. 针对甲要求乙履行购买 02 号房的义务，乙可主张什么权利？为什么？

参考答案 乙可主张解除 02 号房屋买卖合同，进而请求甲返还已付房款及利息。因为 02 号房屋买卖合同构成履行不能，故乙享有法定解除权。合同解除后，有可能恢复原状的，当事人可以主张恢复原状。

6. 邻居丁所遭受的损失应当由谁赔偿？为什么？

参考答案 邻居丁所遭受的损失应当由丙和 A 公司承担按份赔偿责任。因为张某是 A 公司的雇员，其执行职务造成损害，由 A 公司承担赔偿责任。丙有选任过错，也应承担赔偿责任。

7. 丙热水器的毁损，应由谁承担赔偿责任？为什么？

参考答案 丙热水器的毁损，应由 B 公司承担赔偿责任。因为李某维修行为，具有职务行为的外观，故构成职务侵权。其所造成的损害，应由 B 公司承担责任。

七、2013年司考卷四第四题（本题22分）

案情：

大学生李某要去 A 市某会计师事务所实习。此前，李某通过某租房网站租房，明确租房位置和有淋浴热水器两个条件。张某承租了王某一套二居室，租赁合同中有允许张某转租的条款。张某与李某联系，说明该房屋的位置及房屋里配有高端热水器。李某同意承租张某的房屋，并通过网上银行预付了租金。

李某入住后发现，房屋的位置不错，卫生间也较大，但热水器老旧不堪，不能正常使用，屋内也没有空调。另外，李某了解到张某已拖欠王某 1 个月的租金，王某已表示，依租赁合同的约定要解除与张某的租赁合同。

李某要求张某修理热水器，修了几次都无法使用。再找张某，张某避而不见。李某只能用冷水洗澡并因此感冒，花了一笔医疗费。无奈之下，李某去B公司购买了全新电热水器，B公司派其员工郝某去安装。在安装过程中，找不到登高用的梯子，李某将张某存放在储藏室的一只木箱搬进卫生间，供郝某安装时使用。安装后郝某因有急事未按要求试用便离开，走前向李某保证该热水器可以正常使用。李某仅将该木箱挪至墙边而未搬出卫生间。李某电话告知张某，热水器已买来装好，张某未置可否。

另外，因暑热难当，李某经张某同意，买了一部空调安装在卧室。

当晚，同学黄某来A市探访李某。黄某去卫生间洗澡，按新装的热水器上的提示刚打开热水器，该热水器的接口处迸裂，热水喷溅不止，黄某受到惊吓，摔倒在地受伤，经鉴定为一级伤残。另外，木箱内装的贵重衣物，也被热水器喷出的水流浸泡毁损。

问题：

1. 由于张某拖欠租金，王某要解除与张某的租赁合同，李某想继续租用该房屋，可以采取什么措施以抗辩王某的合同解除权？

参考答案 因王某与张某之间的租赁合同中约定了允许转租的条款，故李某（合法转租的次承租人）可以请求代张某（承租人）支付其欠付王某（出租人）的租金和违约金，以消除王某的合同解除权。

2. 李某的医疗费应当由谁承担？为什么？

参考答案 李某（承租人）的医疗费应由张某（出租人）承担。因为张某（出租人）有提供热水（热水器）的义务，张某违反该义务，致李某损失，应由张某承担赔偿责任。

3. 李某是否可以更换热水器？李某更换热水器的费用应当由谁承担？为什么？

参考答案 李某可以更换热水器，其更换热水器的费用应当由张某承担。因为根据租赁合同的约定，张某作为出租人应当按照约定将租赁物交付承租人，并应当履行租赁物的维修义务。

4. 李某购买空调的费用应当由谁承担？为什么？

参考答案 租赁合同并未约定出租人提供空调，故李某购买空调的费用应由李某承担。

5. 对于黄某的损失，李某、张某是否应当承担赔偿责任？为什么？

参考答案 对于黄某的损失，李某、张某均不应当承担赔偿责任。因为李某与黄某之间并无合同，李某不需承担违约损害赔偿责任；对于黄某的损失，李某亦无过错，不需承担侵权责任。张某与黄某之间并无合同，张某不需要承担违约损害赔偿责任；对于黄某的损失，张某并无过错，不需承担侵权责任。故张某不应承担赔偿责任。

6. 对于黄某的损失，郝某、B 公司是否应当承担赔偿责任？为什么？

参考答案 首先，本题中，郝某不应当承担赔偿责任。因为郝某是 B 公司的工作人员，属于职务行为，故不需承担侵权责任。其次，本题中，B 公司应当承担赔偿责任。因为 B 公司是产品的销售者，应当对产品缺陷致人损害承担侵权损害赔偿责任。

7. 对于张某木箱内衣物浸泡受损，李某、B 公司是否应当承担赔偿责任？为什么？

参考答案 李某不应对张某承担赔偿责任，因为李某对衣物受损并无过错。B 公司应承担赔偿责任，因为张某的损失，依然属于产品缺陷所造成的损害，B 公司作为产品的销售者，应对张某衣物受损承担侵权责任。

八、2012年司考卷四第三题（本题22分）

案情：

信用卡在现代社会的运用越来越广泛。设甲为信用卡的持卡人，乙为发出信用卡的银行，丙为接受银行信用卡消费的百货公司。甲可以凭信用卡到丙处持卡消费，但应于下个月的 15 日前将其消费的款项支付给乙；丙应当接受甲的持卡消费，并于每月的 20 日请求乙支付甲消费的款项，丙不得请求甲支付其消费的款项。

2012 年 3 月，甲消费了 5 万元，无力向乙还款。甲与乙达成协议，约定 3 个月内还款，甲将其 1 间铺面房抵押给乙，并作了抵押登记。应乙的要求，甲为抵押的铺面房向丁保险公司投了火灾险，并将其对保险公司的保险赔偿请求权转让给了己。

2012 年 4 月，甲与张某签订借款意向书，约定甲以铺面房再作抵押向张某借款 5 万元，用于向乙还款。后因甲未办理抵押登记，张某拒绝提供借款。

2012年7月，因甲与邻居戊有矛盾，戊放火烧毁了甲的铺面房。在保险公司理赔期间，己的债权人庚向法院申请冻结了保险赔偿请求权。

问题：

1. 2012年3月之前，甲与乙之间存在什么法律关系？乙与丙之间存在什么法律关系？甲与丙之间存在什么法律关系？

参考答案

（1）甲乙之间：首先，甲乙之间存在信用卡合同关系，这是一种无名合同关系。其内容是甲在指定商家消费，由乙付款。其次，甲乙之间还存在追偿关系，其内容是乙对所偿付的甲的消费债务，有权向甲追偿。

（2）乙丙之间：首先，乙丙之间存在委托合同关系，其内容是丙应接受消费者持卡消费；其次，乙丙之间存在债权关系，即丙有权对消费者持卡消费所欠的债务，请求乙偿付。

（3）甲丙之间：买卖合同关系。

2. 丙有权请求乙支付甲消费的款项但不得请求甲支付其消费的款项，其法律含义是什么？乙可否以甲不支付其消费的款项为理由，拒绝向丙付款？为什么？

参考答案 丙有权请求乙支付甲消费的款项但不得请求甲支付其消费的款项，其法律含义是免责的债务承担，即甲在丙处的消费的付款义务，由乙承担。乙不可以甲不付款为理由拒绝向丙付款。因为甲与乙、乙与丙之间的债的关系是独立的，而且债务承担具有无因性。

3. 如甲不向乙支付其消费的款项，乙可以主张什么权利？如乙不向丙支付甲消费的款项，丙可以主张什么权利？

参考答案 如果甲不向乙支付其消费的款项，乙可依甲乙之间的追偿关系，要求甲承担支付其所消费的款项及利息的违约责任。如果乙不向丙支付甲所消费的款项，丙可依乙丙之间的债权关系，要求乙承担支付甲所消费的款项及利息的违约责任。

4. 如丙拒绝接受甲持卡消费，应由谁主张权利？可以主张什么权利？为什么？

参考答案 如丙拒绝接受甲持卡消费，应当由乙基于与丙之间的委托合同中的债权，请求丙承担违约责任。因为根据乙丙之间委托合同的约定，丙负有接受消费者持卡消费的义务。丙拒绝履行该项义务，对乙构成违约。

5. 张某拒绝向甲提供借款是否构成违约？为什么？

参考答案 张某不构成违约。因为自然人之间的借款合同，自贷款人提供借款时生效。张某未向甲提供借款，借款合同未生效。

6. 甲的抵押铺面房被烧毁之后，届期无力还款，乙可以主张什么权利？

参考答案 乙可以就甲对丁的保险赔偿金和甲对戊的损害赔偿金主张优先受偿权。

7. 甲将保险赔偿请求权转让给己，己的债权人庚向法院申请冻结该保险赔偿请求权，对乙的抵押权有什么影响？为什么？

参考答案 甲将保险赔偿请求权转让给己，己的债权人庚向法院申请冻结该保险赔偿请求权，对乙的抵押权没有影响。因为在甲的铺面房设定抵押后，甲将保险赔偿请求权转让给己，基于抵押权的优先受偿效力，不影响抵押权的效力。己的债权人庚向法院申请冻结该保险赔偿请求权，基于抵押权的优先性，不影响抵押权的效力。

九、2011年司考卷四第四题（本题19分）

案情：

甲公司从某银行贷款1200万元，以自有房产设定抵押，并办理了抵押登记。经书面协议，乙公司以其价值200万元的现有的以及将有的生产设备、原材料、半成品、产品为甲公司的贷款设定抵押，没有办理抵押登记。后甲公司届期无力清偿贷款，某银行欲行使抵押权。法院拟拍卖甲公司的房产。甲公司为了留住房产，与丙公司达成备忘录，约定："由丙公司参与竞买，价款由甲公司支付，房产产权归甲公司。"丙公司依法参加竞买，以1000万元竞买成功。甲公司将从子公司筹得的1000万元交给丙公司，丙公司将这1000万元交给了法院。法院依据竞拍结果制作民事裁定书，甲公司据此将房产过户给丙公司。

法院裁定书下达次日，甲公司、丙公司与丁公司签约："甲公司把房产出卖给丁公司，丁公司向甲公司支付1400万元。合同签订后10日内，丁公司应先付给甲公司400万元，尾款待房产过户到丁公司名下之后支付。甲公司如果在合同签订之日起半年之内不能将房产过户到丁公司名下，则丁公司有权解除合同，并请求甲公司支付违约金 700 万元，甲公司和丙公司对合同的履行承担连带责任。"

在甲公司、丙公司与丁公司签订房产买卖合同的次日，丙公司与戊公司签订了房产买卖合同。丙公司以 1500 万元的价格将该房产卖给戊公司，尚未办理过户手续。丁公司见状，拒绝履行支付 400 万元首付款的义务，并请求甲公司先办理房产过户手续，将房产过户到丁公司名下。甲公司则要求丁公司按约定支付 400 万元房产购置首付款。鉴于各方僵持不下，半年后，丙公司索性把房产过户给戊公司，并拒绝向丁公司承担连带责任。经查，在甲公司、丙公司和丁公司签订合同后，当地房地产市场价格变化不大。

问题：

1. 乙公司以其现有的及将有的生产设备等动产为甲公司的贷款设立的抵押是否成立？为什么？

参考答案 银行的抵押权成立。因为浮动抵押权的设立，采取公示对抗原则（任意公示）。乙公司与银行订立了浮动抵押合同，浮动抵押权即可设立，无须以登记为设立要件。

2. 某银行是否必须先实现甲公司的房产的抵押权，后实现乙公司的现有的及将有的生产设备等动产的抵押权？为什么？

参考答案 银行应当先实现甲公司的房产抵押。因为债务人的物保与第三人的物保共同担保一个债权的实现时，在当事人没有约定担保的范围、顺序的情况下，债权人应当先实现债务人的物保。

3. 甲公司与丙公司达成的备忘录效力如何？为什么？

参考答案 甲公司与丙公司达成的备忘录有效。因为该备忘录没有违背法律的强制性规定，也不存在其他无效事由，因而具有债权效力。据此，丙公司对甲公司负有合同义务，即依约履行将房产过户给甲公司的义务。

4. 丙公司与戊公司签订房产买卖合同效力如何？为什么？

参考答案 丙公司与戊公司订立的买卖合同有效。因为丙公司是房产所有权人，有权对房产进行处分，且就同一房产签订多份买卖合同，合同效力既不会仅因为房产没有过户而受影响，也不会仅因为是一物多卖而受影响。

5. 丁公司是否有权拒绝履行支付 400 万元的义务？为什么？

参考答案 丁公司可基于不安抗辩权，拒付 400 万元款项。理由是，尽管在甲公司、丙公司与丁公司签订的房产买卖合同中约定，丁公司应先交首付，甲公司后办理房产过户。但是丙公司和戊公司签订房产买卖合同的行为表明，甲公司有无法履行交房义务的可能，即构成不安事由，丁公司享有不安抗辩权。

6. 丁公司是否有权请求甲公司在自己未支付 400 万首付款的情况下先办理房产过户手续？为什么？

参考答案 丁公司无权请求甲公司先办理房产过户手续。因为丁公司享有不安抗辩权，可以拒绝履行自己的先给付义务，也可以要求甲公司消除不安事由，或提供相应担保，但是不能以不安抗辩权要求甲公司履行在后的义务。

7. 丁公司能否解除房产买卖合同？为什么？

参考答案 丁公司可以解除与甲公司的房产买卖合同。因为甲丙丁之间的买卖合同约定，甲公司如果在合同签订之日起半年之内不能将房产过户到丁公司名下，则丁公司有权解除合同。

8. 丙公司能否以自己不是合同的真正当事人为由拒绝向丁公司承担连带责任？为什么？

参考答案 丙公司不能拒绝承担连带责任。因为甲公司、丙公司与丁公司签订的房产买卖合同中约定丙公司和甲公司对合同的履行承担连带责任。该约定并非无效事由，因而具有法律约束力。

9. 甲公司可否请求法院减少违约金数额？为什么？

参考答案 甲可以请求法院减少违约金数额。合同约定的违约金超过造成损失的30%，数额过分高于损失，当事人可以请求法院予以适当减少。

十、2010年司考卷四第四题（本题20分）

案情：

甲公司委派业务员张某去乙公司采购大蒜，张某持盖章空白合同书以及采购大蒜授权委托书前往。

　　甲、乙公司于 2010 年 3 月 1 日签订大蒜买卖合同，约定由乙公司代办托运，货交承运人丙公司后即视为完成交付。大蒜总价款为 100 万元，货交丙公司后甲公司付 50 万元货款，货到甲公司后再付清余款 50 万元。双方还约定，甲公司向乙公司交付的 50 万元货款中包含定金 20 万元，如任何一方违约，需向守约方赔付违约金 30 万元。

　　张某发现乙公司尚有部分绿豆要出售，认为时值绿豆销售旺季，遂于 2010 年 3 月 1 日擅自决定与乙公司再签订一份绿豆买卖合同，总价款为 100 万元，仍由乙公司代办托运，货交丙公司后即视为完成交付。其他条款与大蒜买卖合同的约定相同。

　　2010 年 4 月 1 日，乙公司按照约定将大蒜和绿豆交给丙公司，甲公司将 50 万元大蒜货款和 50 万元绿豆货款汇付给乙公司。按照托运合同，丙公司应在十天内将大蒜和绿豆运至甲公司。

　　2010 年 4 月 5 日，甲、丁公司签订以 120 万元价格转卖大蒜的合同。4 月 7 日因大蒜价格大涨，甲公司又以 150 万元价格将大蒜卖给戊公司，并指示丙公司将大蒜运交戊公司。4 月 8 日，丙公司运送大蒜过程中，因山洪暴发大蒜全部毁损。戊公司因未收到货物拒不付款，甲公司因未收到戊公司货款拒绝支付乙公司大蒜尾款 50 万元。

　　后绿豆行情暴涨，丙公司以自己名义按 130 万元价格将绿豆转卖给不知情的己公司，并迅即交付，但尚未收取货款。甲公司得知后，拒绝追认丙公司行为，要求己公司返还绿豆。

问题：

1. 大蒜运至丙公司时，所有权归谁？为什么？

参考答案 甲公司。因为大蒜是动产，除合同有特别约定外，以交付作为其所有权转移的标志。甲公司和乙公司约定，大蒜交给丙公司时视为完成交付，故此时甲公司是大蒜所有权人。

2. 甲公司与丁、戊公司签订的转卖大蒜的合同的效力如何？为什么？

参考答案 均有效。根据债权的相容性，一物二卖的情况下，每个买卖合同在符合合同有效要件的情况下，均属有效。

3. 大蒜在运往戊公司途中毁损的风险由谁承担？为什么？

参考答案 戊公司承担。在途货物的买卖，自买卖合同签订之日起，标的物意外毁损灭失的风险由买方承担。本题中，尽管甲公司与丁、戊公司均订立了在途货物买卖合同，但由于甲公司向承运人丙公司指示，向戊公司交付，丁公司取得大蒜的所有权已不可能，因而丁公司不承担风险。故大蒜毁损灭失的风险由戊公司承担。

4. 甲公司能否以未收到戊公司的大蒜货款为由，拒绝向乙公司支付尾款？为什么？

参考答案 不能。因为合同具有相对性，甲乙公司是大蒜购销合同的当事人，甲公司不能因为第三人戊公司的原因拒付尾款。

5. 乙公司未收到甲公司的大蒜尾款，可否同时要求甲公司承担定金责任和违约金责任？为什么？

参考答案 不能。因为甲公司和乙公司大蒜购销合同中既约定定金又约定违约金，乙公司只能选择适用违约金或者定金。

6. 甲公司与乙公司签订的绿豆买卖合同效力如何？为什么？

参考答案 有效。理由是，尽管张某购买绿豆的行为属于无权代理，但是甲公司通过向乙公司支付 50 万元绿豆货款的行为，表示其已对张某无权代理行为进行了追认。

7. 丙公司将绿豆转卖给己公司的行为法律效力如何？为什么？

参考答案 有效。尽管丙公司的转卖行为属无权处分行为，但是买卖行为本身为债权行为，其之有效不以具有处分权为要件。

8. 甲公司是否有权要求己公司返还绿豆？为什么？

参考答案 无权。因为己公司不知丙公司无权处分，且相信其为有权处分，并支付了合理的对价。丙公司向己公司交付绿豆后，己公司即构成善意取得。

十一、2009年司考卷四第四题（本题22分）

案情：

2005 年 1 月 1 日，甲与乙口头约定，甲承租乙的一套别墅，租期为 5 年，租金一次付清，交付租金后即可入住。洽谈时，乙告诉甲屋顶有漏水现象。为了尽快与女友丙结婚共同生活，甲对此未置可否，付清租金后与丙入住并办理了结婚登记。

入住后不久别墅屋顶果然漏水，甲要求乙进行维修，乙认为在订立合同时已对漏水问题提前作了告知，甲当时并无异议，仍同意承租，故现在乙不应承担维修义务。于是，甲自购了一批瓦片，找到朋友开的丁装修公司免费维修。丁公司派工人更换了漏水的旧瓦片，同时按照甲的意思对别墅进行了较大装修。更换瓦片大约花了10天时间，装修则用了1个月，乙不知情。更换瓦片时，一名工人不慎摔伤，花去医药费数千元。

2005年6月，由于新换瓦片质量问题，别墅屋顶出现大面积漏水，造成甲1万余元财产损失。

2006年4月，甲遇车祸去世，丙回娘家居住。半年后丙返回别墅，发现戊已占用别墅。原来，2004年12月甲曾向戊借款10万元，并亲笔写了借条，借条中承诺在不能还款时该别墅由戊使用。在戊向乙出示了甲的亲笔承诺后，乙同意戊使用该别墅，将房屋的备用钥匙交付于戊。

问题：

1. 甲乙之间租赁合同的期限如何确定？理由是什么？如乙欲解除与甲的租赁合同，应如何行使权利？

参考答案 为不定期租赁。租赁期限6个月以上，当事人未采取书面形式的，视为不定期租赁。乙可以随时解除合同，但应当在合理期限前通知承租人。

2. 别墅维修及费用负担问题应如何处理？理由是什么？

参考答案 别墅维修费用应采取如下处理方式：
   （1）甲有权要求乙在合理期限内维修；
   （2）乙未履行维修义务，甲可以自行维修，维修费用由乙负担。
   如此处理的理由是，乙作为出租人，应当承担保障租赁物适用性的义务。

3. 甲丁之间存有什么法律关系？其内容和适用规则如何？摔伤工人的医药费用、损失应如何处理？理由是什么？

参考答案 甲丁之间"无偿维修"的约定，不属于承揽合同，而是属于无名合同，应适用《民法典·合同编》通则的相关规定，并可参照《民法典·合同编》典型合同或其他法律最相类似的规定，例如，费用承担问题适用赠与合同的规则，完成工作问题适用承揽合同规则。摔伤工人的医药费用、损失应由丁承担。因为丁为雇主，应对雇员在从事雇用活动中遭受的人身损害承担赔偿责任。

4. 别墅装修问题应如何处理？理由是什么？

参考答案 乙可以要求甲恢复原状或赔偿损失。理由是承租人未经出租人同意，对租赁物进行改装或增设他物的，出租人可以要求承租人恢复原状或赔偿损失。

5. 甲是否有权请求乙赔偿因 2005 年 6 月屋顶漏水所受损失？理由是什么？

参考答案 无权。造成第二次漏水是甲自身的原因，乙无过错，因此损失应由甲自行承担。

6. 丙可否行使对别墅的承租使用权？理由是什么？

参考答案 丙有权对乙主张自己基于原租赁合同对该别墅的承租使用权。因为承租人在房屋租赁期间死亡的，与其生前共同居住的人可以按照原租赁合同租赁该房屋。

7. 丙应如何向戊主张自己的权利？理由是什么？

参考答案 丙有权请求戊返还原物。因为丙是别墅的承租人，戊未经丙的同意占有别墅，构成无权占有。

十二、2008年司考卷四第四题（本题23分）

案情：

A 房地产公司（下称"A 公司"）与 B 建筑公司（下称"B 公司"）达成一项协议，由 B 公司为 A 公司承建一栋商品房。合同约定，标的总额 6000 万元，8 个月交工，任何一方违约，按合同总标的额 20% 支付违约金。合同签订后，为筹集工程建设资金，A 公司用其建设用地使用权作抵押向甲银行贷款 3000 万元，乙公司为此笔贷款承担保证责任，但对保证方式未作约定。

B 公司未经 A 公司同意，将部分施工任务交给丙建筑公司施工，该公司由张、李、王三人合伙出资组成。施工中，工人刘某不慎掉落手中的砖头，将路过工地的行人陈某砸成重伤，花去医药费 5000 元。

A 公司在施工开始后即进行商品房预售。丁某购买了 1 号楼 101 号房屋，预交了 5 万元房款，约定该笔款项作为定金。但不久，A 公司又与汪某签订了一份合同，将上述房屋卖给了汪某，并在房屋竣工后将该房的产权证办理给了汪某。汪某不知该房已经卖给丁某的事实。

汪某入住后，全家人出现皮肤瘙痒、流泪、头晕目眩等不适。经检测，发现室内甲醛等化学指标严重超标。但购房合同中未对化学指标作明确约定。

因A公司不能偿还甲银行贷款，甲银行欲对A公司开发的商品房行使抵押权。

问题：

1. 若B公司延期交付工程半个月，A公司以此提起仲裁，要求支付合同总标的额20%即1200万元违约金，你作为B公司的律师，拟提出何种请求以维护B公司的利益？依据是什么？

参考答案 请求仲裁机构减少违约金。根据《民法典》第585条第2款的规定，约定的违约金过分高于实际损失的，当事人可以请求法院或仲裁机构予以适当减少。

2. 对于陈某的损失，应由谁承担责任？如何承担责任？为什么？

参考答案 应当由丙建筑公司承担责任。因刘某系丙公司的雇员，其在执行雇主指令（或执行工作任务）中致人损害由雇主承担责任。由于丙公司系合伙企业，故由张、李、王实际承担连带赔偿责任。

3. 对于陈某的赔偿，应当适用何种归责原则？依据是什么？

参考答案 应当适用过错推定原则。地面施工致人损害的侵权责任，适用过错推定原则。

4. 对于乙公司的保证责任，其性质应如何认定？理由是什么？

参考答案 乙公司的保证责任性质属于一般保证。根据《民法典》第686条第2款的规定，对保证责任性质约定不明的，保证人承担一般保证责任。

5. 若甲银行行使抵押权，其权利标的是什么？甲银行如何实现自己的抵押权？

参考答案 甲银行的抵押权标的为土地使用权，不包括商品房。建设用地使用权抵押后，该土地上新增的建筑物不属于抵押财产。甲银行实现抵押权时可以将商品房一并处分，但不能就商品房所得价款优先受偿。

6. 丁某在得知房屋卖给汪某后，向法院提起诉讼，要求A公司履行合同交付房屋，其主张应否得到支持？为什么？

参考答案 不能得到支持。因为不动产以登记作为物权变动的依据，汪某已经取得商品房的所有权。A 公司已经不可能将房屋的所有权转让给丁某，即已经构成履行不能。

7. 汪某现欲退还房屋，要回房款。你作为汪某的代理人，拟提出何种请求维护汪某的利益？依据是什么？

参考答案 请求解除合同。虽然房屋买卖合同中未约定化学指标，但是从通常标准或符合合同目的的标准来看，A 公司交付的房屋无法居住，汪某不能实现合同目的，A 公司构成根本违约。

8. 如果 A 公司不能向 B 公司支付工程款，B 公司可对 A 公司提出什么请求？

参考答案 B 公司可向 A 公司主张违约责任，或者对建设工程主张优先受偿权。

十三、2008年司考延考卷四第四题（本题23分）

案情：

　　2007 年 1 月，甲不慎遗失其手袋，内有其名贵玉镯一只。乙拾得后，按照手袋内的名片所示积极寻找失主，与甲取得了联系，将玉镯归还给了甲。

　　2007 年 5 月，甲与丙结婚。甲、丙合计开设一家茶馆，茶馆办理工商登记注明的开办人为甲。因缺乏经验，茶馆惨淡经营，终致难以为继，2008 年 8 月甲、丙决定关闭茶馆。此时茶馆对外负债 2 万元。

　　同年 9 月，甲、丙自觉缘分已尽，协议离婚。

问题：

1. 设，在乙向甲交还玉镯之前，乙不慎将玉镯摔裂，乙是否应当承担赔偿责任？为什么？

参考答案 乙不承担赔偿责任。依据《民法典》第 316 条的规定，拾得人在遗失物送交有关部门前，有关部门在遗失物被领取前，应当妥善保管遗失物。因故意或者重大过失致使遗失物毁损、灭失的，应当承担民事责任。本题中，拾得人乙仅系一般过失，故不负赔偿责任。

2. 设，甲在丢失玉镯后焦急万分，遂在遗失场所张贴数份启事，称若有人能够找到玉镯并送还，愿以现金5000元酬谢。乙依此启事要求甲支付5000元时，甲提出，由于此玉是祖传，丢失之际一时心急才张贴启事，实非内心真实意愿，故请乙给予谅解，不能支付该笔酬金。在此情况下，乙的请求应否得到支持？为什么？

参考答案 乙的请求应当得到支持。甲张贴悬赏广告，从乙的角度来看，无法察知甲为虚假意思表示，或者戏谑。权利人悬赏寻找遗失物的，领取遗失物时应当按照承诺履行义务。甲张贴启事的行为属于悬赏广告，具有约束力，故乙有权要求甲支付悬赏广告的赏金。

3. 设，甲并未张贴上述启事，乙寻找到甲，将玉镯奉还，但要求甲承担其为寻找失主所花费的电话费、车费、工时费320元。在此情况下，乙的行为性质应如何认定？为什么？其请求应否得到支持？

参考答案 乙的行为属于无因管理。其请求应当得到支持，因其属于实施无因管理行为所发生的合理或必要费用。

4. 设，乙拾得玉镯后将其以5万元卖给不知情的第三人丁，甲三年后得知此事，可否请求丁返还？为什么？丁如何保护自己的权益？

参考答案 可以。遗失物通过转让被他人占有的，权利人有权自知道或者应当知道受让人之日起2年内向受让人请求返还原物。本题中，甲刚刚得知此事，2年返还期间刚刚起算，甲可以请求丁返还玉镯。丁的损失，可以向乙请求赔偿。

5. 甲、丙离婚时茶馆对外所欠2万元债务仍未清偿。在此情况下，债权人如何主张自己的权益？

参考答案 茶馆负债为甲、丙夫妻的共同经营的负债，构成夫妻共同债务。夫妻离婚的，共同债务不受影响，故债权人仍可向甲、丙主张连带清偿责任。

十四、2007年司考卷四第四题（本题23分）

案情：

　　2007年2月10日，甲公司与乙公司签订一份购买1000台A型微波炉的合同，约定由乙公司 3 月 10 日前办理托运手续，货到付款。

乙公司如期办理了托运手续，但装货时多装了 50 台 B 型微波炉。

甲公司于 3 月 13 日与丙公司签订合同，将处于运输途中的前述合同项下的 1000 台 A 型微波炉转卖给丙公司，约定货物质量检验期为货到后 10 天内。

3 月 15 日，上述货物在运输途中突遇山洪暴发，致使 100 台 A 型微波炉受损报废。

3 月 20 日货到丙公司。4 月 15 日丙公司以部分货物质量不符合约定为由拒付货款，并要求退货。

顾客张三从丙公司处购买了一台 B 型微波炉，在正常使用过程中微波炉发生爆炸，致张三右臂受伤，花去医药费 1200 元。

问题：

1. 如乙公司在办理完托运手续后即请求甲公司付款，甲公司应否付款？为什么？

参考答案 不应当。因为合同约定货到付款，而实际上货未到，甲公司享有先履行抗辩权。

2. 乙公司办理完托运手续后，货物的所有权归谁？为什么？

参考答案 属于甲公司。在代办托运的买卖中，货交承运人即构成交付，所有权发生转移。

3. 对因山洪暴发报废的 100 台微波炉，应当由谁承担风险损失？为什么？

参考答案 由丙公司承担。因为甲与丙订立的买卖合同，为在途货物买卖合同，风险自在途货物买卖合同成立时，转移给买受人。

4. 对于乙公司多装的 50 台 B 型微波炉，应当如何处理？为什么？

参考答案 乙公司有权请求丙公司返还。因为乙与甲所订立的买卖合同，为 A 型微波炉的买卖合同。故乙货交承运人后，50 台 B 型微波炉的所有权仍属于乙公司。甲与丙所订立的买卖合同，仍是 A 型微波炉的买卖合同，50 台 B 型微波炉并未发生无权处分，丙公司不发生善意取得，其仍属于乙公司所有。故乙公司有权请求无权占有人丙公司返还原物。

5. 丙公司能否拒付货款和要求退货？为什么？

参考答案 无权拒绝付款和要求退货。因为合同约定了质量检验期间，丙公司在此期间未提出异议，视为质量符合要求。

6. 张三可向谁提出损害赔偿请求？为什么？

参考**答案** 张三可向丙公司索赔，也可向乙公司索赔。因为对因产品缺陷造成的人身损害，受害人有权向其销售者或制造者索赔。

十五、2006年司考卷四第一题（本题16分）

案情：

王某与甲公司于 2004 年 2 月签订合同，约定王某以 40 万元向甲公司购买 1 辆客车，合同签订之日起 1 个月内支付 30 万元，余款在 2006 年 2 月底前付清，并约定在王某付清全款之前该车所有权仍属甲公司。王某未经其妻同意，以自家住房（婚后购买，房产证登记所有人为王某）向乙银行抵押借款 30 万元，并办理了抵押登记。王某将 30 万元借款支付给甲公司后购回客车。王某请张某负责跟车经营，并商定张某按年终纯收入的 5% 提成，经营中发生的一切风险责任由王某承担。

2005 年 6 月，该车营运途中和一货车相撞，车内乘客李某受重伤，经救治无效死亡。客车因严重受损被送往丁厂修理，需付费 3 万元。经有关部门认定，货车驾驶员唐某违章驾驶，应对该交通事故负全责。后王某以事故责任在货车方为由拒付修理费，丁厂则拒绝交车。

问题：

1. 王某和张某之间是否成立合伙关系？为什么？

参考**答案** 不成立合伙关系，因王某聘请张某属于雇佣关系，张某既未出资，也不承担风险，不符合合伙关系的特征。

2. 乙银行能否对王某住房行使抵押权？为什么？

参考**答案** 可以。抵押的房屋为王某与其妻共有，王某未经其妻同意而抵押，构成无权处分。但是，由于房屋登记在王某名下，不知情的乙银行可以相信该房屋为王某个人所有，故王某向乙银行办理了抵押登记手续后，乙银行可以善意取得该房屋的抵押权。

3. 丁厂拒绝交车是否合法？为什么？

参考答案 合法。王某与丁厂之间存在承揽合同，据此，王某支付维修费的义务，不以交通事故的责任认定为转移。因此，王某拒付维修费，构成不履行债务，丁厂作为承揽人可行使留置权。

4. 王某应否对李某的继承人承担支付赔偿金的责任？为什么？

参考答案 应当。因为王某与李某之间成立客运合同关系。在客运合同中，除非旅客因其自身健康原因，或其故意、重大过失遭受人身损害外，承运人应当对旅客的人身损害承担违约赔偿责任。在此基础上，旅客李某死亡后，其继承人继承了该客运合同中旅客的法律地位，对王某继续享有损害赔偿请求权。

十六、2004年司考卷四第一、二题

第一题 （本题15分）

案情：

　　王某与张某育有二子，长子王甲，次子王乙。王甲娶妻李某，并于1995年生有一子王小甲。王甲于1999年5月遇车祸身亡。王某于2000年10月病故，留有与张某婚后修建的面积相同的房屋6间。王某过世后张某随儿媳李某生活，该6间房屋暂时由次子王乙使用。

　　2000年11月，王乙与曹某签订售房协议，以12万元的价格将该6间房屋卖给曹某。张某和李某知悉后表示异议，后因王乙答应取得售房款后在所有继承人间合理分配，张某和李某方表示同意。王乙遂与曹某办理了过户登记手续，曹某当即支付购房款5万元，并答应6个月后付清余款。曹某取得房屋后，又与朱某签订房屋转让协议，约定以15万元的价格将房屋卖给朱某。在双方正式办理过户登记及付款前，曹某又与钱某签订了房屋转让协议，以18万元的价格将房屋卖给钱某，并办理了过户手续。

2001年5月，曹某应向王乙支付7万元的购房余款时，曹某因生意亏损，已无支付能力。但曹某有一笔可向赵某主张的到期货款5万元，因曹某与赵某系亲戚，曹某书面表示不再要求赵某支付该货款。另查明，曹某曾于2001年4月外出时遭遇车祸受伤，肇事司机孙某系曹某好友，曹某一直未向孙某提出车祸损害的赔偿请求。

问题：

1. 王某过世后留下的6间房屋应由哪些人分配？各自应分得多少？为什么？

参考答案 张某、王乙、王小甲。各自分配比例是，张某4间，王乙、王小甲各1间。原因是：因该6间房系王某与张某的共同财产，王某死后，张某应获得其中的3间，余下3间房在第一顺序继承人间平均分配。第一顺序的继承人有张某、王甲、王乙，因王甲先于王某死亡，其子王小甲享有代位继承权。故余下3间房中张某、王乙、王小甲应各分得1间。需要指出的是，"王某过世后张某随儿媳李某生活"的事实，是指儿媳李某对张某尽到了主要赡养义务，因此可作为张某的第一顺序继承人，但是不得作为王某的第一顺序继承人。

2. 王乙与曹某签订的售房协议是否有效？为什么？

参考答案 有效。该销售协议系无权处分，但是无权处分的买卖合同依然有效。且各共有人对该协议表示追认，曹某可以继受取得该6间房屋的所有权。

3. 曹某与朱某、钱某签订的房屋转让协议效力如何？

参考答案 曹某与朱某、钱某签订的房屋转让协议均有效。只要不存在合同的无效事由，房屋多重买卖，均为有效。

4. 如朱某要求履行与曹某签订的合同，取得该房屋，其要求能否得到支持？为什么？

参考答案 不能。因为曹某已经向钱某办理了过户登记手续，钱某已经取得了该房屋的所有权。因曹某对朱某构成履行不能，朱某不得主张曹某继续履行合同债务。

5. 如王乙请求人民法院撤销曹某放弃要求赵某支付货款的行为，其主张能否得到支持？为什么？

参考答案 可以。债务人在未履行债务的情况下，放弃其对第三人的债权，损害债权人利益的，债权人可以基于债权人的撤销权，诉请法院撤销债务人放弃债权的行为。

6. 如王乙要求以自己的名义代位请求孙某支付车祸致人损害的赔偿金，其主张能否得到支持？为什么？

参考答案 不能。因人身损害赔偿金，具有人身专属性，债权人不得代位行使。

第二题（本题12分）

案情：

　　大兴公司与全宇公司签订委托合同，由大兴公司委托全宇公司采购 500 台彩电，并预先支付购买彩电的费用 50 万元。全宇公司经考察发现甲市 W 区的天鹅公司有一批质优价廉的名牌彩电，遂以自己的名义与天鹅公司签订了一份彩电购买合同，双方约定：全宇公司从天鹅公司购进 500 台彩电，总价款 130 万元，全宇公司先行支付 30 万元定金；天鹅公司采取送货方式，将全部彩电运至乙市 S 区，货到验收后一周内全宇公司付清全部款项。天鹅公司在发货时，工作人员误发成 505 台。在运输途中，由于被一车追尾，20 台彩电遭到不同程度的损坏。全宇公司在 S 区合同约定地点接收了 505 台彩电，当即对发生损坏的 20 台彩电提出了质量异议，并将全部彩电交付大兴公司。由于彩电滞销，大兴公司一直拒付货款，致全宇公司一直无法向天鹅公司支付货款。交货 2 个星期后，全宇公司向天鹅公司披露了是受大兴公司委托代为购买彩电的情况。

问题：

1. 天鹅公司事先并不知晓全宇公司系受大兴公司委托购买彩电，知悉这一情况后，天鹅公司能否要求大兴公司支付货款？为什么？

参考答案 可以。受托人以自己名义与第三人订立合同时，因委托人的原因对第三人不履行义务，受托人向第三人披露委托人后，第三人可以选择受托人或者委托人作为相对人主张其权利。

2. 全宇公司与天鹅公司订立的合同中的定金条款效力如何？为什么？

参考答案 部分无效。因定金数额不得超过合同标的的 20%，超出部分无效。

3. 大兴公司多收的 5 台彩电应如何处理？为什么？

参考答案 应返还给天鹅公司。因多出的 5 台彩电与出卖的 500 台彩电发生混合，随着交付的完成，其均属于大兴公司。但是，大兴公司对多收的 5 台构成不当得利。

4. 如追尾的肇事车辆逃逸，20 台受损彩电的损失应由谁承担？为什么？

参考答案 应由天鹅公司承担。在买卖合同中，当事人直接交付标的物的，标的物交付前发生的损失，应由出卖人承担风险。

5. 如天鹅公司以全宇公司为被告提起诉讼后，在诉讼过程中，天鹅公司认为要求大兴公司支付货款更为有利，能否改为主张由大兴公司履行合同义务？为什么？

参考答案 不能。因为受托人以自己名义与第三人订立合同时，因委托人的原因对第三人不履行义务，受托人向第三人披露委托人后，第三人可以选择受托人或者委托人作为相对人主张其权利。但是，第三人选定了相对人后，不能再变更选定的相对人。

十七、2003年司考卷四第三题（本题7分）

案情：

　　张某在一风景区旅游，爬到山顶后，见一女子孤身站在山顶悬崖边上，目光异样，即心生疑惑。该女子见有人来，便向悬崖下跳去，张某情急中拉住女子衣服，将女子救上来。张某救人过程中，随身携带的价值 2000 元的照相机被碰坏，手臂被擦伤；女子的头也被碰伤，衣服被撕破。张某将女子送到山下医院，为其支付各种费用 500 元，并为包扎自己的伤口用去 20 元。当晚，张某住在医院招待所，但已身无分文，只好向服务员借了 100 元，用以支付食宿费。次日，轻生女子的家人赶到医院，向张某表示感谢。

问题：

1. 张某与轻生女子之间存在何种民事法律关系？

参考答案 张某为女子之利益，在没有法律义务的前提下，实施救助行为，与女子形成无因管理之债。

2. 张某的照相机被损坏以及治疗自己伤口的费用女子应否偿付？为什么？

参考答案 张某有权请求女子适当补偿。根据《民法典》第 979 条第 1 款的规定，无因管理中，管理人因实施管理行为所遭受的损害，被管理人应予适当补偿。

3. 张某为女子支付的医疗费等费用能否请求女子偿付？为什么？

参考答案 应当。无因管理中，管理人因实施管理行为所支出的费用，被管理人应予偿付。

4. 张某向服务员借的 100 元，应当由谁偿付？为什么？

参考答案 无因管理中，管理人因实施管理行为所负担的债务，被管理人应予偿付。本题中，如果该笔债务系因无因管理所支出的债务，应当由女子偿付。反之，如果该笔债务与无因管理行为无关，则由张某自负。

5. 张某能否请求女子给付一定的报酬？为什么？

参考答案 不能。无因管理之债中，管理人只享有损失、费用、债务求偿权，不得享有报酬请求权。

6. 张某应否赔偿女子衣服损失？为什么？

参考答案 不能。因为张某对于女子的衣服损失，既没有故意、又没有重大过失，未违反管理人的谨慎管理义务，故不承担赔偿责任。

十八、2002年司考卷四第四、五题

第四题（本题 10 分）

案情：

赵某孤身一人，因外出打工，将一祖传古董交由邻居钱某保管。钱某因结婚用钱，情急之下谎称该古董为自己所有，卖给了古董收藏商孙某，得款 10 000 元。孙某因资金周转需要，向李某借款 20 000 元，双方约定将该古董押给李某，如孙某到期不回赎，古董归李某所有。在赵某外出打工期间，其住房有倒塌危险，因此房与钱某的房屋相邻，如该房屋倒塌，有危及钱某房屋之虞。钱某遂请施工队修缮赵某的房屋，并约定，施工费用待赵某回来后由赵某付款。房屋修缮以后，因遇百年不遇的台风而倒塌。年末，赵某回村，因古董和房屋修缮款与钱某发生纠纷。请回答下列问题：

问题：

1. 钱某与孙某之间的买卖合同效力如何？为什么？

参考答案 有效。钱某将赵某的古董出卖于孙某，属于无权处分。但是无权处分所订立的买卖合同依然有效。

2. 孙某能否取得该古董的所有权？为什么？

参考答案 可以。孙某可基于善意取得，获得该古董的所有权。

3. 孙某将古董押给李某，形成何种法律关系？

参考答案 孙某将古董当给李某，形成质押法律关系。孙某将古董作为质物，出质给李某，担保其对于李某贷款债务的履行。

4. 孙某与李某之间约定孙某到期不回赎，古董归李某所有，该约定效力如何？为什么？

参考答案 孙某与李某之间约定孙某到期不回赎，古董归李某所有的约定无效。因为该项约定为流质约款的约定，依法应属无效。

5. 钱某请施工队加固赵某的房屋，这一事实在钱某和赵某之间形成何种法律关系？

参考答案 钱某为赵某利益之考量，在无法律依据的情况下，管理赵某的事务。故钱某和赵某之间形成无因管理之债的关系。

6. 若赵某拒绝向施工队付款，施工队应向谁请求付款？为什么？

参考答案 施工队应当向钱某请求付款。因为钱某与工程队之间存在承揽合同，钱某承担付款债务。钱某和施工队约定施工费用待赵某回来后由赵某付款，属于第三人代为履行的约定。当事人约定由第三人向债权人履行债务的，第三人不履行债务或者履行债务不符合约定，债务人应当向债权人承担违约责任。

7. 赵某对钱某擅自出卖古董之行为，可提出何种之诉？

参考答案 赵某对钱某擅自出卖古董的行为，可基于保管合同，提出违约之诉；也可基于对古董的所有权的灭失，提出侵权之诉；还可基于钱某擅自出卖所得价金，提起不当得利之诉。但只能择一行使。

第五题 （本题 10 分）

案情：

新疆兴都公司将五百包长绒棉通过铁路运至郑州准备出售，委托郑州的伏牛公司将棉花存放于当地仓库，并约定在棉花出售后按售价比例给伏牛公司提成。伏牛公司将棉花存放于郑州北营仓库，并将仓单的复印件、发票等凭证寄回给兴都公司。半月后，兴都公司找到买家某纺织厂，双方签订了 500 包长绒棉的买卖合同。合同约定先由纺织厂交付总价额 50% 的价金，兴都公司收到该款后将委托伏牛公司把全部货物的仓单背书给纺织厂，纺织厂在提货并验收以后 1 个月内付清余款。

过了首付款的约定期限多日，兴都公司仍未收到纺织厂的首付款，却打听到一个消息，该纺织厂因严重亏损将被其他企业收购。兴都公司立即致电伏牛公司，没有兴都公司的书面确认通知书，不得将棉花的仓单交给任何人。数日后纺织厂派人到伏牛公司取棉花仓单，并出示了与兴都公司的买卖合同和由某银行签发的付款保证书。伏牛公司见到合同及付款保证书，就将仓单背书给纺织厂，在纺织厂取完货给了回执后，就急急向兴都公司要提成。兴都公司立即回了个电传：没发给你们书面确认书怎么就随便放货，他们首付的钱还没给呢，如果这笔钱要不回来就要你们赔偿！

根据以上案情，请回答下列问题并简要说明理由。

问题：

1. 兴都公司与纺织厂买卖合同约定的是哪种类型的交付，所交付棉花所有权从什么时候起转移？

参考答案 兴都公司与纺织厂买卖合同约定的是拟制交付。棉花所有权自伏牛公司将仓单交付给纺织厂时转移。

2. 在纺织厂提交付款保证书并请求交付时，兴都公司有何理由拒绝向纺织厂交付货物？

参考答案 兴都公司对纺织厂既享有先履行抗辩权，又享有不安抗辩权。纺织厂提交银行"付款保证书"，可以消除兴都公司的不安事由，但是兴都公司依然可以根据先履行抗辩权拒绝向纺织厂交付货物。

3. 伏牛公司未经兴都公司同意向纺织厂交付仓单要承担什么责任？

参考答案 伏牛公司违反了与兴都公司之间的委托合同，承担违约责任。因为本题中"兴都公司立即致电伏牛公司，没有兴都公司的书面确认通知书，不得将棉花的仓单交给任何人"的事实，表明伏牛公司在未接到兴都公司的书面确认通知书的情况下，擅自将仓单交付给纺织厂的行为，构成违约。

4. 纺织厂在取得仓单但未付款以前对棉花有没有所有权？为什么？

参考答案 纺织厂在取得仓单未支付货款时取得了所有权，因为仓单作为一种权利凭证，一经背书取得，持有人即为权利人。

刑　法

一、2019年法考回忆题（本题35分）

案情：

1995 年 7 月，在甲市生活的洪某与蓝某共谋抢劫，蓝某事前打探了被害人赵某的行踪后，二人决定在同年 7 月 13 日晚 20 点拦路抢劫赵某的财物。当晚 19 点 55 分，洪某到达了现场，但没有发现蓝某，赵某出现后，洪某决定独自抢劫赵某。于是，洪某使用事先准备的凶器，击打赵某的后脑部，导致赵某昏倒在地不省人事，蓝某此时到达了现场，与洪某一并从赵某身上和提包中找出价值 2 万余元的财物。随后蓝某先离开了现场，洪某以为赵某已经死亡，便将赵某扔到附近的水库，导致赵某溺死（经鉴定赵某在死亡前头部受重伤），公安机关一直未能破案，洪某逃至乙市，化名在某保险公司做保险代理。

2006 年 9 月，洪某被保险公司辞退后回到甲市，由于没有经济来源，洪某打算从事个体经营。洪某使用虚假的产权证明作担保，从 A 银行贷款 30 万元用于经营活动，但由于经营不善而亏损。为了归还贷款，洪某想通过租车用于质押骗取他人借款。洪某从 B 汽车租赁公司员工钱某那里得知，所有的汽车都装有 GPS 系统，如果租车人没有按时归还，B 公司就会根据 GPS 定位强行将汽车收回。洪某心想，即使自己欺骗了 B 公司，租期届满时 B 公司也会将汽车收回，因而不会有财产损失。于是，洪某于 2017 年 3 月 12 日以真实身份与 B 公司签订了租车协议，从 B 公司租了一辆奥迪车，约定租车一周，并在租车时交付了租金。租到车后，洪某伪造了车辆行驶证与购车发票，找到 C 小贷公司的孙某借款 50 万元，孙某信以为真，将奥迪车留在公司（但没有办理质押手续），借给洪某 50 万元。洪某归还了 A 银行的 30 万元贷款本息，一周后，B 公司发现洪某没有归还车辆，便通过 GPS 定位找到车辆，并将车辆开回。孙某发现自己上当后报警。

公安机关以洪某犯诈骗罪为由在网上通缉洪某。洪某看到通缉后，得知公安机关并没有掌握自己1995年的犯罪事实，便找到甲市环保局副局长白某，请白某向公安局领导说情，并给白某5万元现金，白某向公安局副局长李某说情时，李某假装答应大事化小，同时从白某处打听到洪某的藏身之处。随后，李某带领公安人员抓获了洪某。洪某到案后，如实供述了自己对C小贷公司的诈骗事实，但否认自己对B公司构成合同诈骗罪，也没有交代1995年的犯罪事实，但主动交代了公安机关尚未掌握的另一起犯罪事实，并且检举了黄某与程某的一起犯罪事实。

洪某主动交代的另一起犯罪事实是：2016年10月5日，洪某潜入某机关办公室，发现办公桌内有一个装有现金的信封，便将信封和现金一起盗走。次日，洪某取出信封中的现金（共8000元）时，意外发现信封里还有一张背面写着密码的银行卡。于是，洪某就对其妻青某说："我捡了一张银行卡，你到商场给自己买点衣服去吧！"青某没有去商场购买衣服，而是用银行卡从自动取款机里取出了4万元现金，但没有将此真相告诉洪某。

洪某检举的犯罪事实，是其与程某喝酒时由酒后的程某透露出来的：黄某雇请程某伤害黄某的前妻周某，声称只要将周某手臂砍成轻伤就行，程某表示同意，黄某预付给程某10万元，并许诺事成后再给20万元。程某跟踪周某后，威胁周某说："有人雇我杀你，如果你给我40万元，我就不杀你了，否则我就杀了你。"周某说："你不要骗我，我才不相信呢！"程某为了从黄某那里再得到20万元，于是拿出水果刀砍向周某的手臂。周某以为程某真的杀害自己，情急之下用手臂抵挡，程某手中的水果刀正好划伤了周某手臂（构成轻伤）。周某因患有白血病，受伤后流血不止而死亡。程某不知道周某患有白血病，但黄某知道。

程某后来向黄某索要约定的20万元时，黄某说："我只要你砍成轻伤你却把人砍死了，所以20万元就不给了"。程某恼羞成怒将黄某打成重伤。洪某主动交代的事实与检举的事实，经公安机关查证属实。经公安机关进一步讯问，洪某如实交代了自己1995年犯罪事实（公安机关虽然知道该犯罪事实，但一直未发觉犯罪嫌疑人）。

问题：

请按照案情描述顺序分析各犯罪嫌疑人所犯罪行的性质，犯罪形态与法定量刑情节及其他需要说明的问题，并陈述理由；如就罪行的性质、犯罪形态等存在争议，请说明相关争议观点及理由，并发表自己的看法。

参考答案

1. 洪某、蓝某抢劫一案

（1）洪某、蓝某成立共同犯罪。

两人以上共同故意犯罪成立共同犯罪。

❶洪某、蓝某具有共同抢劫的故意；

❷客观上两人有共谋行为，洪某有使用暴力的抢劫行为，蓝某有取财的抢劫行为，两人有共同犯罪的行为；

❸因此两人成立共同犯罪。

（2）洪某、蓝某构成抢劫罪。

以暴力、胁迫或其他手段截取他人财物的构成抢劫罪。洪某、蓝某有共同抢劫的故意，客观上有共同抢劫的行为，因此两人均构成抢劫罪。

（3）洪某构成加重形态的抢劫罪（致人死亡）或标准形态的抢劫罪与过失致人死亡罪的数罪并罚。

洪某实施了两个行为。第一个行为是抢劫的暴力行为，第二个行为是抛"尸"行为。实际上洪某第二个行为导致赵某死亡，但是洪某以为第一个行为导致赵某死亡。洪某发生了具体事实认识错误，这种认识错误又叫"事前的故意"。关于事前的故意主要有两种观点。

[观点一]洪某构成加重形态的抢劫罪（致人死亡）。

若采取合并说，则认为洪某两个行为实际上是属于一个抢劫行为，洪某对此行为持有概括的抢劫故意，则洪某构成抢劫罪（致人死亡）。

[观点二]洪某构成抢劫罪（致人重伤）与过失致人死亡罪，应数罪并罚。

若采取区分说，则认为洪某分别实施了抢劫行为和抛"尸"行为。则洪某第一个行为构成抢劫致人重伤。第二个行为过失导致了赵某死亡，构成过失致人死亡罪。两个行为触犯两罪，应数罪并罚。

（4）蓝某构成抢劫罪。

共同犯罪人应对共同犯罪的犯罪行为及犯罪结果负责任。蓝某、洪某构成共同犯罪。

如果采取合并说，洪某构成抢劫致人死亡，则蓝某也属于抢劫致人死亡，因为蓝某对死亡结果至少存在过失，属于结果加重犯的共犯；

如果采取区分说，洪某构成抢劫致人重伤和过失致人死亡罪，那么蓝某也属于抢劫致人重伤的共同犯罪，但对过失致人死亡不承担责任，因为过失犯罪没有共同犯罪。

2. 洪某骗取贷款、租车质押、诈骗一案

(1) 洪某对银行不构成贷款诈骗罪、不构成骗取贷款罪。

❶洪某在骗取贷款时，仅为经营，并没有非法占有目的，因此不构成贷款诈骗罪。

❷洪某虽然主观上有骗取贷款的故意，客观上也有使用虚假产权证明做担保的骗取贷款的行为，但由于洪某及时归还贷款，所以不属于给金融机构造成严重损害结果或具有严重情节的行为。因此不构成骗取贷款罪。

(2) 洪某对B公司不构成合同诈骗罪。

合同诈骗罪要求被骗人具有财产损失。本案中，客观上，B公司并无财产损失。主观上，洪某明知B公司不可能有财产损失，洪某没有合同诈骗的故意。因此洪某对B公司不构成合同诈骗罪（或诈骗罪）。

(3) 洪某对C公司构成贷款诈骗罪。

洪某客观上有伪造车辆行驶证与购车发票，在C小贷公司办理抵押贷款的贷款诈骗行为，主观上不想归还贷款，有非法占有贷款的目的，有贷款诈骗的故意。因此洪某对C公司构成贷款诈骗罪。

3. 洪某行贿白某、李某一案

(1) 洪某构成行贿罪。

客观上洪某具有为谋求不正当利益，给予国家工作人员白某5万元的行贿行为，主观上有行贿的故意。故洪某构成行贿罪。

(2) 白某构成受贿罪（斡旋受贿）。

白某客观上有利用国家工作人员地位形成的便利，通过其他国家工作人员（李某）的职务行为，为请托人洪某谋取不正当利益而收取5万元的受贿行为，主观上有受贿故意，故白某构成受贿罪。

(3) 李某不构成犯罪。

李某假装答应受贿，实际是为抓获洪某，其行为客观上不具有社会危害性，主观上不具有人身危险性，因此不构成犯罪。

4. 洪某、青某盗窃、信用卡诈骗一案

(1) 洪某成立盗窃罪。

洪某盗窃8000元同时也让青某使用自己所盗窃的信用卡的盗窃行为，属于普通盗窃和盗窃信用卡并使用型的盗窃，盗窃数额为48 000元。

(2) 青某成立信用卡诈骗罪。

青某客观上有使用他人信用卡取钱的信用卡诈骗行为，主观上有非法占有他人信用卡内金额的目的，具有信用卡诈骗的故意，构成信用卡诈骗罪。

5. 黄某教唆程某伤害周某一案

（1）程某构成故意伤害罪（致人死亡）。

程某客观上实施了砍人至轻伤的行为，虽然介入了周某白血病的介入因素，但被害人特殊体质的介入因素不影响因果关系，所以程某客观上实施了伤害的行为，造成了周某死亡的结果。同时，程某主观上有伤害的故意，对死亡也有过失，所以属于结果加重犯。

（2）黄某构成故意杀人罪的间接正犯。

黄某主观上明知周某有白血病，依然教唆程某将周某砍至轻伤，这属于利用他人的伤害行为达到杀人的目的，属于利用有故意的工具。当然，黄某和程某还在故意伤害罪的范围内成立共同犯罪。黄某的行为应当以故意杀人罪的间接正犯和故意伤害罪的教唆犯从一重罪论处。

（3）程某单独成立敲诈勒索罪（未遂）。

程某客观上实施了敲诈勒索周某20万元的行为，主观上具有敲诈勒索周某20万元的故意，构成敲诈勒索罪。由于意志之外的原因未得逞的，构成犯罪未遂。

6. 程某暴打黄某一案

程某客观上有故意伤害致人重伤的行为，主观上有故意伤害致人重伤的故意，故程某构成故意伤害罪（致人重伤）。

7. 关于洪某的量刑情节

（1）洪某交代对C公司的诈骗（贷款诈骗）的事实，构成坦白，不构成自首。对其可以从轻处罚。洪某交代的犯罪事实（诈骗）正是司法机关所掌握的罪行。因此洪某不构成特别自首。洪某如实供述所犯罪行，可以从轻处罚。

（2）洪某主动交代自己所犯盗窃罪的事实，构成特别自首。

洪某虽已被采取刑事强制措施，但其如实供述了司法机关所不掌握的其他罪行（盗窃罪），构成自首，可以从轻、减轻处罚，情节较轻可以免除处罚。

（3）洪某检举黄某、程某杀人案，构成重大立功。

黄某涉嫌故意杀人罪，属于重大犯罪。洪某检举黄某与程某的一起犯罪事实，并经公安查证属实，构成重大立功，可以减轻或者免除处罚。

8. 关于追诉时效

洪某所犯抢劫罪可能判处死刑或无期徒刑，追诉时效最长为20年，如果经最高人民检察院核准，也可以追究洪某所犯之抢劫罪的刑事责任。

二、2018年法考回忆题（本题35分）

案情：

  王某组织某黑社会性质组织，刘某、林某、丁某积极参加。一日，王某、刘某在某酒店就餐，消费3000元。在王某结账时，收银员吴某偷偷调整了POS机上的数额，故意将3000元餐费改成30 000元，交给王某结账。王某果然认错，支付了30 000元。

  王某发现多付了钱以后，与刘某去找吴某还钱，吴某拒不返还。王某、刘某恼羞成怒，准备劫持吴某让其还钱。在捆绑吴某过程中，不慎将吴某摔成重伤，因为担心酒店其他人员报警，故放弃挟持，离开酒店。

  王某和刘某走出酒店时，在门口被武某等四名保安拦截。王某遂让刘某打电话叫人过来帮忙，刘某给林某、丁某打电话，并私下叫二人带枪过来，林某二人将枪支藏在衣服里，护送王某上了私家车。

  武某等人见状遂散开，让四人离开。王某上车以后气不过，让刘某"好好教训这个保安"，随即开车离开。刘某随即让林某、丁某二人开枪。林某、丁某二人分别朝武某腿部、腹部开枪。不过，最终只有一枪击中武某腹部，导致其死亡，但现无法查明是谁击中。

问题：

1. 关于吴某的行为定性，有几种处理意见？须说明理由。

【参考答案】吴某的行为根据不同的学说，或者构成盗窃罪，或者构成诈骗罪。

  这主要涉及的是如何认定诈骗的处分意思，有抽象处分说和具体处分说两种观点。

  （1）抽象处分说认为处分者只需对财产的属性有抽象的认识即可，而具体处分说认为处分者必须对财产性质、种类、数量、价值有具体的认识。（参见厚大讲义《168金题串讲·罗翔讲刑法》第57页第134题，比如甲在商场购物时，在方便面箱子中装上照相机，最后以买方便面的钱获得了照相机。在此案中，无论是按照抽象处分说，还是具体处分说，被害人都无处分意图，都应以盗窃罪论处，这没有争议。但如果甲在商场购物时，在一个照相机的盒子中装入两台照相机，用购买一台照相机的价钱买了两台照相机，按照抽象处分说，被害人知道自己在处分照相机，具备处分意图，这属于诈骗；按照具体处分说，被害人由于缺乏对财物具体数量的认识，故无处分意图，甲的行为构成盗窃罪，而非诈骗罪。）

（2）在本案中，如果按照抽象处分说，王某在处分财物，故吴某构成诈骗罪。如果按照具体符合说，构成盗窃罪。

2. 王某、刘某对吴某构成何罪？须说明理由。

参考答案 王某、刘某对吴某构成故意伤害罪。《最高人民法院关于审理抢劫、抢夺刑事案件适用法律若干问题的意见》规定："行为人为索取债务，使用暴力、暴力威胁等手段的，一般不以抢劫罪定罪处罚。构成故意伤害等其他犯罪的，依照刑法第234条等规定处罚。"

（1）在本案中，由于王某刘某等人没有非法占有的目的，所以不构成抢劫罪。

（2）根据案情，如果行为人的拘禁已经达到犯罪标准，则可构成非法拘禁致人重伤，应当在加重量刑幅度内量刑。

（3）如果行为人的拘禁还未达到犯罪标准，那么捆绑行为本身属于一种伤害，在捆绑过程中造成的伤害，可以直接认定为故意伤害罪。故意伤害致人重伤对重伤结果可以出于过失，故可直接以故意伤害罪（致人重伤）追究责任，应当在加重量刑幅度内量刑。（参考最高人民法院刑事审判参考第179号指导案例，捆绑的时间较短一般不宜认定为非法拘禁罪）

非法拘禁是一种继续犯，因此拘禁行为必须要在一定时间内处于继续状态，具有时间上的不间断性（参见曲新久：《刑法学原理》，高等教育出版社2009年版，第340页）。如果本案的案情并未描述出这种拘禁的继续状态，以故意伤害罪论处会更加合适。

（**小提醒**：有部分同学认为本案具有防卫或自救性质，这种思路值得鼓励，肯定会给分。但由于手段和目的要匹配，本案目的正当，但手段不正义，按照这种思路仍应认定为防卫过当或自救过当。防卫过当或自救过当本身也是一种犯罪，故仍然成立故意伤害罪，但应当减轻或免除处罚。如果这么答，估计会加分。）

3. 王某、刘某、林某、丁某对武某的死亡构成何罪？（其中王某的行为有几种处理意见）？须说明理由。

参考答案 王某、刘某、林某、丁某对武某的死亡涉及结果加重犯共同犯罪的认定问题。

这里涉及结果加重犯（一个弹孔案）的定性（参见厚大讲义《理论卷·罗翔讲刑法》第122页）。

对于被害人的死亡，王某是指示者，刘某是授意者，丁、林是实施者。但刘某私下叫丁、林带枪过来。

（1）如果试题描述为林某故意朝武某腿部射击，则其主观心态为伤害，丁朝腹部开枪，则丁某、刘某的主观心态为故意杀人的放任心态。但王某的主观心态仍为故意伤害。（同上理论卷"一个弹孔案例4"）

在这种情况下，对于四人的行为如何定性？有两种观点：

[观点一] 认为故意杀人与故意伤害是对立关系，杀人故意排斥伤害故意。根据这种观点，一人故意杀人，一人故意伤害，就无法成立共同犯罪，而应当分别定性。但由于在本案中无法查明死亡结果是谁所导致的，那么丁的行为成立故意杀人的未遂，林某的行为也只成立故意伤害罪（重伤）的未遂。（参见陈兴良：《口授刑法学》，中国人民大学出版社2007年版，第560页）

作为教唆者的刘某构成故意杀人罪未遂的教唆犯。

[观点二] 认为故意杀人与故意伤害不是对立关系，杀人行为包括伤害行为，杀人故意包括伤害故意。根据这种观点，一人故意杀人，一人故意伤害，两人至少可以在故意伤害的范围内成立共同犯罪。都要对死亡结果承担责任。

作为教唆者的刘某同样要对死亡结果承担责任，成立故意杀人和故意伤害致人死亡的想象竞合。

由于王某是指示者，但其主观心态是故意伤害，因此：

根据观点一，其指示行为构成故意伤害罪（重伤）的未遂。

根据观点二，其指示行为构成故意伤害罪（致人死亡）。

需要说明的是，黑社会性质组织的组织者、领导者，应当按照其所组织、领导的黑社会性质组织所犯的全部罪行处罚。这里所谓黑社会性质组织所犯的全部罪行是指组织所犯的罪行，而非组织中的成员所犯的全部罪行。换言之，组织所犯的罪行是指组织者、领导者所组织、领导、发动组织的罪行。组织者、领导者需对罪行具有概括性故意。故王某只需对故意伤害行为承担刑事责任。（当然，如果考生愿意，也可以在这个地方作为开放性知识论述，应该也会适当给分）

（2）如果试题没有描述林某故意朝武某腿部射击，则三人的主观心态都可以认为是故意杀人。但王某的主观心态仍为故意伤害。

在这种情况中，刘某、丁某、林某均构成故意杀人罪的既遂。（同上理论卷"一个弹孔案例1"）

但是对于王某的行为应当如何处理，也有多种观点：

[第一种做题方向] 故意杀人罪与故意伤害罪是对立关系还是包容关系（同上文）。

如果采取对立说，由于被教唆者实施了故意杀人罪，而故意杀人罪和故意伤害罪无法成立共同犯罪。所以王某构成故意伤害罪的教唆未遂，可以从轻或减轻处罚。

如果采取包容说，故意杀人罪和故意伤害罪可以成立共同犯罪。则王某构成故意伤害罪致人死亡的教唆既遂。

[第二种做题方向] 结果加重犯的共犯的肯定说和否定说。

肯定说认为，在二人以上共同故意实施某种具体犯罪的基本犯罪中，如果由于其中一人或数人的行为引起了较重结果，刑法对此结果规定了较重刑罚的，全体共同犯罪人不仅在基本犯罪内可以成立共同犯罪，而且在较重的结果范围内，亦可以成立共同犯罪。（这是通说，今年客观题考了两次，如抢劫共犯吸烟看同伙杀人案）

否定说认为，在二人以上共同故意实施基本犯罪行为，其中一人或数人的行为过失地引起重结果时，其余的人的行为如果没有引起重结果，就不应对重结果负责，重结果只能由引起重结果的行为人负责任。（李邦友：《共同犯罪中的结果加重犯》，载《法学评论》1997 年第 6 期）

因此按照肯定说，王某对死亡结果要承担责任，构成故意伤害罪（致人死亡）的教唆既遂；如果采取否定说，王某对死亡结果只有过失，所以不承担故意伤害致人死亡的责任，属于故意伤害罪的教唆未遂，在故意伤害罪重伤的量刑幅度内从轻或减轻处罚。

三、2017 年司考卷四第二题（本题22分）

案情：

甲生意上亏钱，乙欠下赌债，二人合谋干一件"靠谱"的事情以摆脱困境。甲按分工找到丙，骗丙使其相信钱某欠债不还，丙答应控制钱某的小孩以逼钱某还债，否则不放人。

丙按照甲所给线索将钱某的小孩骗到自己的住处看管起来，电告甲控制了钱某的小孩，甲通知乙行动。乙给钱某打电话："你的儿子在我们手上，赶快交 50 万元赎人，否则撕票！"钱某看了一眼身旁的儿子，回了句："骗子！"便挂断电话，不再理睬。乙感觉异常，将情况告诉甲。甲来到丙处发现这个孩子不是钱某的小孩而是赵某的小孩，但没有告诉丙，只是嘱咐丙看好小孩，并从小孩口中套出其父赵某的电话号码。

甲与乙商定转而勒索赵某的钱财。第二天，小孩哭闹不止要离开，丙恐被人发觉，用手捂住小孩口、鼻，然后用胶带捆绑其双手并将嘴缠住，致其机械性窒息死亡。甲得知后与乙商定放弃勒索赵某财物，由乙和丙处理尸体。乙、丙二人将尸体连夜运至城外掩埋。第三天，乙打电话给赵某，威胁赵某赶快向指定账号打款30万元，不许报警，否则撕票。赵某当即报案，甲、乙、丙三人很快归案。

问题：

请分析甲、乙、丙的刑事责任（包括犯罪性质即罪名、犯罪形态、共同犯罪、数罪并罚等），须简述相应理由。

参考答案

1. 甲、乙构成共同绑架罪。

（1）甲与乙预谋绑架，并利用丙的不知情行为，尽管丙误将赵某的小孩作为钱某的小孩非法拘禁，但是甲、乙借此实施索要钱某财物的行为，是绑架他人为人质，进而勒索第三人的财物，符合绑架罪犯罪构成，构成共同绑架罪。

（2）甲、乙犯绑架罪时发生的错误是一种打击错误，如果按照具体符合说，属于犯罪未遂，可以从轻或者减轻处罚。理由是：从具体人的角度，虽然侵犯了赵某小孩的人身权利，但是没有造成钱某的担忧，没有侵犯也不可能侵犯到钱某的人身自由与权利，当然也不可能勒索到钱某的财物，所以是绑架罪未遂。

但是如果按照法定符合说，甲乙的绑架罪则成立犯罪既遂，因为法定符合说关注的是抽象的人，而非具体的人。

2. 在甲与乙商定放弃犯罪时，乙假意答应甲放弃犯罪，实际上借助于原来的犯罪，对赵某谎称绑架了其小孩，继续实施勒索赵某财物的行为，构成敲诈勒索罪与诈骗罪想象竞合犯，应当从一重罪论处。理由是：因为人质已经不复存在，其行为不仅构成敲诈勒索罪，同时构成诈骗罪。因为乙向赵某发出的是虚假的能够引起赵某恐慌、担忧的信息，同时具有虚假性质和要挟性质，因而构成敲诈勒索罪与诈骗罪的想象竞合犯，应当从一重罪论处，并与之前所犯绑架罪（未遂），数罪并罚。

3. 丙构成非法拘禁罪和故意杀人罪，应当分别定罪量刑，然后数罪并罚。

（1）①丙哄骗小孩离开父母，并实际控制，是出于非法剥夺他人人身自由目的而实行的行为，所以构成非法拘禁罪；②因为丙没有参加甲、乙绑架预谋，对于甲、乙实施绑架犯罪不知情，所以不能与甲、乙构成共同绑架罪，而是单独构成非法拘禁罪。

丙犯非法拘禁罪，是甲、乙共同实施绑架罪的一部分——绑架他人作为人质，甲、乙对丙的非法拘禁行为负责。甲、乙、丙在非法拘禁罪范围内构成共同犯罪；甲、乙既构成绑架罪又构成非法拘禁罪，是想象竞合犯，从一重罪论处；丙则因为没有绑架犯罪故意，仅有非法拘禁罪故意，所以只成立非法拘禁罪。

（2）①丙为控制小孩采取捆绑行为致其死亡，构成故意杀人罪。用手捂住小孩口、鼻，这是一种具有高度危险的侵犯人身权利的行为，可能造成死亡的结果，可以评价为杀人行为，丙主观上对此有明知并持放任的态度，是间接故意杀人，因而构成故意杀人罪。②甲、乙对于人质的死亡没有故意、过失，没有罪责。具体来说，丙的杀人故意行为超出了非法拘禁之共同犯罪故意范围，应当由丙单独负责，甲乙没有罪过、罪责。

四、2016年司考卷四第二题（本题22分）

案情：

赵某与钱某原本是好友，赵某受钱某之托，为钱某保管一幅名画（价值800万元）达3年之久。某日，钱某来赵某家取画时，赵某要求钱某支付10万元保管费，钱某不同意。赵某突然起了杀意，为使名画不被钱某取回进而据为己有，用花瓶猛砸钱某的头部，钱某头部受重伤后昏倒，不省人事，赵某以为钱某已经死亡。刚好此时，赵某的朋友孙某来访。赵某向孙某说"我摊上大事了"，要求孙某和自己一起将钱某的尸体埋在野外，孙某同意。

二人一起将钱某抬至汽车的后座，由赵某开车，孙某坐在钱某身边。开车期间，赵某不断地说"真不该一时冲动"，"悔之晚矣"。其间，孙某感觉钱某身体动了下，仔细察看，发现钱某并没有死。但是，孙某未将此事告诉赵某。到野外后，赵某一人挖坑并将钱某埋入地下（致钱某窒息身亡），孙某一直站在旁边没做什么，只是反复催促赵某动作快一点。

1个月后，孙某对赵某说："你做了一件对不起朋友的事，我也做一件对不起朋友的事。你将那幅名画给我，否则向公安机关揭发你的杀人罪行。"3日后，赵某将一幅赝品（价值8000元）交给孙某。孙某误以为是真品，以600万元的价格卖给李某。李某发现自己购买了赝品，向公安机关告发孙某，导致案发。

问题：

1. 关于赵某杀害钱某以便将名画据为己有这一事实，可能存在哪几种处理意见？各自的理由是什么？

参考答案 关于赵某杀害钱某以便将名画据为己有这一事实，可能存在两种处理意见。

（1）认定为侵占罪与故意杀人罪，实行数罪并罚。理由是：赵某已经占有了名画，不可能对名画实施抢劫行为，杀人行为同时使得赵某将名画据为己有，所以，赵某对名画成立（委托物）侵占罪，对钱某的死亡成立故意杀人罪。

（2）认定成立抢劫罪一罪。理由是：赵某杀害钱某是为了使名画不被返还，钱某对名画的返还请求权是一种财产性利益，财产性利益可以成为抢劫罪的对象，所以，赵某属于抢劫财产性利益。

2. 关于赵某以为钱某已经死亡，为毁灭罪证而将钱某活埋导致其窒息死亡这一事实，可能存在哪几种主要处理意见？各自的理由是什么？

参考答案 赵某以为钱某已经死亡，为毁灭罪证而将钱某活埋导致其窒息死亡，属于事前的故意或概括的故意。

对此现象的处理，主要有两种观点：

（1）将赵某的前行为认定为故意杀人未遂（或普通抢劫），将后行为认定为过失致人死亡，对二者实行数罪并罚或者按想象竞合处理。理由是：毕竟是后行为导致死亡，但行为人对后行为只有过失。

（2）应认定为故意杀人既遂一罪（或故意的抢劫致人死亡即对死亡持故意一罪）。理由是：前行为与死亡结果之间的因果关系并未中断，前行为与后行为具有一体性，故意不需要存在于实行行为的全过程。（答出其他有一定道理的观点的，适当给分）

3. 孙某对钱某的死亡构成何罪（说明理由）？是成立间接正犯还是成立帮助犯（从犯）？

参考答案 孙某对钱某的死亡构成故意杀人罪。孙某明知钱某没有死亡，却催促赵某动作快一点，显然具有杀人故意，客观上对钱某的死亡也起到了作用。即使认为赵某对钱某成立抢劫致人死亡，但由于孙某不对抢劫负责，也只能认定为故意杀人罪。

倘若在前一问题上认为赵某成立故意杀人未遂（或普通抢劫）与过失致人死亡罪，那么，孙某就是利用过失行为实施杀人的间接正犯；倘若在前一问题上认为赵某成立故意杀人既遂（或故意的抢劫致人死亡即对死亡持故意），则孙某成立故意杀人罪的帮助犯（从犯）。

4. 孙某向赵某索要名画的行为构成何罪（说明理由）？关于法定刑的适用与犯罪形态的认定，可能存在哪几种观点？

参考答案 孙某索要名画的行为构成敲诈勒索罪。理由是：孙某的行为完全符合本罪的构成要件，因为利用合法行为使他人产生恐惧心理的也属于敲诈勒索。一种观点是，对孙某应当按 800 万元适用数额特别巨大的法定刑，同时适用未遂犯的规定，并将取得价值 8000 元的赝品的事实作为量刑情节，这种观点将数额巨大与特别巨大作为加重构成要件；另一种观点是，对孙某应当按 8000 元适用数额较大的法定刑，认定为犯罪既遂，不适用未遂犯的规定，这种观点将数额较大视为单纯的量刑因素或量刑规则。

5. 孙某将赝品出卖给李某的行为是否构成犯罪？为什么？

参考答案 孙某出卖赝品的行为不构成诈骗罪，因为孙某以为出卖的是名画，不具有诈骗故意。

五、2015年司考卷四第二题（本题22分）

案情:

高某（男）与钱某（女）在网上相识，后发展为网恋关系，其间，钱某知晓了高某一些隐情，并以开店缺钱为由，骗取了高某 20 万元现金。见面后，高某对钱某相貌大失所望，相处不久更感到她性格古怪，便决定断绝关系。但钱某百般纠缠，最后竟以公开隐情相要挟，要求高某给予 500 万元补偿费。高某假意筹钱，实际打算除掉钱某。

随后，高某找到密友夏某和认识钱某的宗某，共谋将钱某诱骗至湖边小屋，先将其掐昏，然后扔入湖中溺死。事后，高某给夏某、宗某各 20 万元作为酬劳。

按照事前分工，宗某发微信将钱某诱骗到湖边小屋。但宗某得知钱某到达后害怕出事后被抓，给高某打电话说："我不想继续参与了。一日网恋十日恩，你也别杀她了。"高某大怒说："你太不义气啦，算了，别管我了！"宗某又随即打钱某电话，打算让其离开小屋，但钱某手机关机未通。

高某、夏某到达小屋后，高某寻机抱住钱某，夏某掐钱某脖子。待钱某不能挣扎后，二人均误以为钱某已昏迷（实际上已经死亡），便准备给钱某身上绑上石块将其扔入湖中溺死。此时，夏某也突然反悔，对高某说："算了吧，教训她一下就行了。"高某说："好吧，没你事了，你走吧！"夏某离开后，高某在钱某身上绑石块时，发现钱某已死亡。为了湮灭证据，高某将钱某尸体扔入湖中。

高某回到小屋时，发现了钱某的 LV 手提包（价值 5 万元），包内有 5000 元现金、身份证和一张储蓄卡，高某将现金据为己有。

3 天后，高某将 LV 提包送给前女友尹某，尹某发现提包不是新的，也没有包装，问："是偷来的还是骗来的"，高某说："不要问包从哪里来。我这里还有一张储蓄卡和身份证，身份证上的人很像你，你拿着卡和身份证到银行柜台取钱后，钱全部归你。"尹某虽然不知道全部真相，但能猜到包与卡都可能是高某犯罪所得，但由于爱财还是收下了手提包，并冒充钱某从银行柜台取出了该储蓄卡中的 2 万元。

问题：

请根据《刑法》相关规定与刑法原理分析高某、夏某、宗某和尹某的刑事责任（要求注重说明理由，并可以同时答出不同观点和理由）。

参考答案

1. 高某的刑事责任

（1）高某对钱某成立故意杀人罪。是成立故意杀人既遂还是故意杀人未遂与过失致人死亡罪的想象竞合，关键在于如何处理构成要件的提前实现。

［答案一］虽然构成要件结果提前发生，但掐脖子本身有致人死亡的紧迫危险，能够认定掐脖子时就已经实施杀人行为，故意存在于着手实行时即可，故高某应对钱某的死亡承担故意杀人既遂的刑事责任。

［答案二］高某、夏某掐钱某的脖子时只是想致钱某昏迷，没有认识到掐脖子的行为会导致钱某死亡，亦即缺乏既遂的故意，因而不能对故意杀人既遂负责，只能认定高某的行为是过失致人死亡与故意杀人未遂（想杀活人却杀了死人）的想象竞合。

（2）关于拿走钱某的手提包和 5000 元现金的行为性质，关键在于如何认定死者的占有。

[答案一] 高某对钱某的手提包和5000元现金成立侵占罪，理由是死者并不占有自己生前的财物，故手提包和5000元现金属于遗忘物。

[答案二] 高某对钱某的手提包和5000元现金成立盗窃罪，理由是死者继续占有生前的财物，高某的行为属于将他人占有财产转移给自己占有的盗窃行为，成立盗窃罪。

（3）高某将钱某的储蓄卡与身份证交给尹某取款2万元的行为性质。

[答案一] 构成信用卡诈骗罪的教唆犯。因为高某不是盗窃信用卡，而是侵占信用卡，利用拾得的他人信用卡取款的，属于冒用他人信用卡，高某唆使尹某冒用，故属于信用卡诈骗罪的教唆犯。

[答案二] 构成盗窃罪。因为高某是盗窃信用卡，盗窃信用卡并使用的，不管是自己直接使用还是让第三者使用，均应认定为盗窃罪。

2. 夏某的刑事责任

（1）夏某参与杀人共谋，掐钱某的脖子，构成故意杀人罪既遂；（或：夏某成立故意杀人未遂与过失致人死亡的想象竞合，理由与高某相同）

（2）由于发生了钱某死亡结果，夏某的行为是钱某死亡的原因，夏某没有切断对共犯的影响力，不可能成立犯罪中止。

3. 宗某的刑事责任

宗某参与共谋，并将钱某诱骗到湖边小屋，成立故意杀人既遂。宗某虽然后来没有实行行为，但其前行为与钱某死亡之间具有因果性，没有脱离共犯关系；宗某虽然给钱某打过电话，但该中止行为未能有效防止结果发生，不能成立犯罪中止。

4. 尹某的刑事责任

（1）尹某构成掩饰、隐瞒犯罪所得罪。因为从客观上说，该包属于高某犯罪所得，而且尹某的行为属于掩饰、隐瞒犯罪所得的行为；尹某认识到可能是高某犯罪所得，因而具备明知的条件。

（2）尹某冒充钱某取出2万元的行为性质。

[答案一] 构成信用卡诈骗罪。因为尹某属于冒用他人信用卡，完全符合信用卡诈骗罪的构成要件。

[答案二] 构成盗窃罪。尹某虽然没有盗窃储蓄卡，但认识到储蓄卡可能是高某盗窃所得，并且实施使用行为，属于承继的共犯，故应以盗窃罪论处。

六、2014年司考卷四第二题（本题22分）

案情：

国有化工厂车间主任甲与副厂长乙（均为国家工作人员）共谋，在车间的某贵重零件仍能使用时，利用职务之便，制造该零件报废、需向五金厂（非国有企业）购买的假象（该零件价格26万元），以便非法占有货款。甲将实情告知五金厂负责人丙，嘱丙接到订单后，只向化工厂寄出供货单、发票而不需要实际供货，等五金厂收到化工厂的货款后，丙再将26万元货款汇至乙的个人账户。

丙为使五金厂能长期向化工厂供货，便提前将五金厂的26万元现金汇至乙的个人账户。乙随即让事后知情的妻子丁去银行取出26万元现金，并让丁将其中的13万元送给甲。3天后，化工厂会计准备按照乙的指示将26万元汇给五金厂时，因有人举报而未汇出。甲、乙见事情败露，主动向检察院投案，如实交待了上述罪行，并将26万元上交检察院。

此外，甲还向检察院揭发乙的其他犯罪事实：乙利用职务之便，长期以明显高于市场的价格向其远房亲戚戊经营的原料公司采购商品，使化工厂损失近300万元；戊为了使乙长期关照原料公司，让乙的妻子丁未出资却享有原料公司10%的股份（乙、丁均知情），虽未进行股权转让登记，但已分给红利58万元，每次分红都是丁去原料公司领取现金。

问题：

请分析甲、乙、丙、丁、戊的刑事责任（包括犯罪性质、犯罪形态、共同犯罪、数罪并罚与法定量刑情节），须答出相应理由。

参考答案

1. 甲、乙利用职务便利实施了贪污行为，虽然客观上获得了26万元，构成贪污罪，但该26万元不是化工厂的财产，没有给化工厂造成实际损失；甲、乙也不可能贪污五金厂的财物，所以，对甲、乙的贪污行为只能认定为贪污未遂。甲乙犯贪污罪后自首，可以从轻或者减轻处罚。甲揭发了乙为亲友非法牟利罪与受贿罪的犯罪事实，构成立功，可以从轻或者减轻处罚。

需要说明的是本案的标准流程本应是国有化工厂将26万汇给五金厂，五金厂再将 26 万交给甲乙，但五金厂负责人丙却垫付了款项。虽然甲乙形式上获得了自己所希望的 26 万元财物，但这 26 万其实是五金厂提前垫付的钱，只有当甲乙所在的国有化工厂将 26 万汇至五金厂，才能认为国有化工厂造成了财物损失。因此，甲乙主观上想利用职务之便侵吞本单位财物，但客观上没有实际侵吞本单位财物，主客观不统一，故成立犯罪未遂。

2. 乙长期以明显高于市场的价格向其远房亲戚戊经营的原料公司采购商品，使化工厂损失近 300 万元的行为构成为亲友非法牟利罪。乙以妻子丁的名义在原料公司享有 10% 的股份分得红利 58 万元的行为，符合受贿罪的构成要件，成立受贿罪。对于为亲友非法牟利罪与受贿罪以及上述贪污罪，应当实行数罪并罚。

3. 丙将五金厂的 26 万元汇给乙的个人账户，属于为单位利益的挪用，不是为了个人使用，也不是为了谋取个人利益，不能认定为挪用资金罪。但是，丙明知甲、乙二人实施贪污行为，客观上也帮助甲、乙实施了贪污行为，所以，丙构成贪污罪的共犯（从犯）。

4. 丁将 26 万元取出的行为，不构成掩饰、隐瞒犯罪所得罪，因为该 26 万元不是贪污犯罪所得，也不是其他犯罪所得。丁也不成立贪污罪的共犯，因为丁取出 26 万元时该 26 万元不是贪污犯罪所得。丁将其中的 13 万元送给甲，既不是帮助分赃，也不是行贿，因而不成立犯罪。丁对自己名义的干股知情，并领取贿赂款，构成受贿罪的共犯（从犯）。

5. 戊作为回报让乙的妻子丁未出资却享有原料公司 10% 的股份，虽未进行股权转让登记，但让丁分得红利 58 万元的行为，是为了谋取不正当利益，构成行贿罪。

七、2013年司考卷四第二题（本题22分）

案情：

甲与余某有一面之交，知其孤身一人。某日凌晨，甲携匕首到余家盗窃，物色一段时间后，未发现可盗财物。此时，熟睡中的余某偶然大动作翻身，且口中念念有词。甲怕被余某认出，用匕首刺死余某，仓皇逃离。（事实一）

逃跑中，因身上有血迹，甲被便衣警察程某盘查。程某上前揪住甲的衣领，试图将其带走。甲怀疑遇上劫匪，与程某扭打。甲的朋友乙开黑车经过此地，见状停车，和甲一起殴打程某。程某边退边说："你们不要乱来，我是警察。"甲对乙说："别听他的，假警察该打。"程某被打倒摔成轻伤。（事实二）

司机谢某见甲、乙打人后驾车逃离，对乙车紧追。甲让乙提高车速并走"蛇形"，以防谢某超车。汽车开出2公里后，乙慌乱中操作不当，车辆失控撞向路中间的水泥隔离墩。谢某刹车不及撞上乙车受重伤。赶来的警察将甲、乙抓获。（事实三）

在甲、乙被起诉后，甲父丙为使甲获得轻判，四处托人，得知丁的表兄刘某是法院刑庭庭长，遂托丁将15万元转交刘某。丁给刘某送15万元时，遭到刘某坚决拒绝。（事实四）

丁告知丙事情办不成，但仅退还丙5万元，其余10万元用于自己炒股。在甲被定罪判刑后，无论丙如何要求，丁均拒绝退还余款10万元。丙向法院自诉丁犯有侵占罪。（事实五）

问题：

1. 就事实一，对甲的行为应当如何定性？理由是什么？

参考答案 甲携带凶器盗窃、入户盗窃，应当成立盗窃罪。如暴力行为不是作为压制财物占有人反抗的手段而使用的，只能视情况单独定罪。在盗窃过程中，为窝藏赃物、抗拒抓捕、毁灭罪证而使用暴力的，才能定抢劫罪。甲并非出于上述目的，因而不应认定为抢劫罪。在本案中，被害人并未发现罪犯的盗窃行为，并未反抗；甲也未在杀害被害人后再取得财物，故对甲的行为应以盗窃罪和故意杀人罪并罚，不能对甲定抢劫罪。

2. 就事实二，对甲、乙的行为应当如何定性？理由是什么？

参考答案 甲、乙的行为系假想防卫。假想防卫视情况成立过失犯罪或意外事件。在本案中，甲、乙在程某明确告知是警察的情况下，仍然对被害人使用暴力，主观上有过失。但是，过失行为只有在造成重伤结果的场合，才构成犯罪。甲、乙仅造成轻伤结果，因此，对于事实二，甲、乙均无罪。

3. 就事实三，甲、乙是否应当对谢某重伤的结果负责？理由是什么？

参考答案 在被告人高速驾车走蛇形和被害人重伤之间，介入被害人的过失行为（如对车速的控制不当等）。谢某的重伤与甲乙的行为之间，仅有条件关系，从规范判断的角度看，是谢某自己驾驶的汽车对乙车追尾所造成，该结果不应当由甲、乙负责。

需要说明的是，当年的题目在因果关系上考察了规范目的的实质判断，这非常复杂，也有一定的争议。被告人高速驾车走蛇形所创造的危险主要是针对自身而言的，对他人没有创造太大的危险，谢某的重伤从规范判断的角度来看，是谢某自己在对危险有充分认识的情况下，仍然驾驶汽车对乙车追尾所造成的，该结果从规范评价的角度来看，不应当由甲、乙负责。

4. 就事实四，丁是否构成介绍贿赂罪？是否构成行贿罪（共犯）？是否构成利用影响力受贿罪？理由分别是什么？

参考答案

（1）丁没有在丙和法官刘某之间牵线搭桥，没有促成行贿受贿事实的介绍行为，不构成介绍贿赂罪；

（2）丁接受丙的委托，帮助丙实施行贿行为，构成行贿罪（未遂）共犯；

（3）丁客观上并未索取或者收受他人财物，主观上并无收受财物的意思，不构成利用影响力受贿罪。

5. 就事实五，有人认为丁构成侵占罪，有人认为丁不构成侵占罪。你赞成哪一观点？具体理由是什么？

参考答案

（1）构成。理由：

❶丁将代为保管的他人财物非法占为己有，数额较大，拒不退还，完全符合侵占罪的犯罪构成；

❷无论丙对10万元是否具有返还请求权，10万元都不属于丁的财物，因此该财物属于"他人财物"；

❸虽然民法不保护非法的委托关系，但刑法的目的不是确认财产的所有权，而是打击侵犯财产的犯罪行为，如果不处罚侵犯代为保管的非法财物的行为，将可能使大批侵占赃款、赃物的行为无罪化，这并不合适。

（2）不构成。理由：

❶10万元为贿赂款，丙没有返还请求权，该财物已经不属于丙，因此，丁没有侵占"他人的财物"。

❷该财产在丁的实际控制下，不能认为其已经属于国家财产，故该财产不属于代为保管的"他人财物"。据此，不能认为丁虽未侵占丙的财物但侵占了国家财产。

❸如认定为侵占罪，会得出民法上丙没有返还请求权，但刑法上认为其有返还请求权的结论。刑法和民法对相同问题会得出不同结论，会使法秩序的统一性受到破坏。

八、2012年司考卷四第二题（本题22分）

案情：

镇长黄某负责某重点工程项目占地前期的拆迁和评估工作。黄某和村民李某勾结，由李某出面向某村租赁可能被占用的荒山20亩植树，以骗取补偿款。但村长不同意出租荒山。黄某打电话给村长施压，并安排李某给村长送去1万元现金后，村长才同意签订租赁合同。李某出资1万元购买小树苗5000棵，雇人种在荒山上。

副县长赵某带队前来开展拆迁、评估工作的验收。李某给赵某的父亲（原县民政局局长，已退休）送去1万元现金，请其帮忙说话。赵某得知父亲收钱后答应关照李某，令人将邻近山坡的树苗都算到李某名下。

后李某获得补偿款50万元，分给黄某30万元。黄某认为自己应分得40万元，二人发生争执，李某无奈又给黄某10万元。

李某非常恼火，回家与妻子陈某诉说。陈某说："这种人太贪心，咱可把钱偷回来。"李某深夜到黄家伺机作案，但未能发现机会，便将黄某的汽车玻璃（价值1万元）砸坏。

黄某认定是李某作案，决意报复李某，深夜对其租赁的山坡放火（李某住在山坡上）。

树苗刚起火时，被路过的村民邢某发现。邢某明知法律规定发现火情时，任何人都有报警的义务，但因与李某素有矛盾，便悄然离去。

大火烧毁山坡上的全部树苗，烧伤了李某，并延烧至村民范某家。范某被火势惊醒逃至屋外，想起卧室有5000元现金，即返身取钱，被烧断的房梁砸死。

问题：

1. 对村长收受黄某、李某现金1万元一节，应如何定罪？为什么？

参考答案 村长构成非国家工作人员受贿罪，黄某、李某构成对非国家工作人员行贿罪。出租荒山是村民自治组织事务，不是接受乡镇政府从事公共管理活动，村长此时不具有国家工作人员身份，不构成受贿罪。

2. 对赵某父亲收受1万元一节，对赵某父亲及赵某应如何定罪？为什么？

参考答案 赵某父亲与赵某构成受贿罪共犯。赵某是国家工作人员，知道其父收钱，仍然为他人谋取利益，双方成立受贿罪的共同犯罪。

　　赵某父亲不成立利用影响力受贿罪。因为只有在离退休人员利用过去的职务便利收受财物，且与国家工作人员没有共犯关系的场合，才有构成利用影响力受贿罪的余地。

3. 对黄某、李某取得补偿款的行为，应如何定性？二人的犯罪数额应如何认定？

参考答案 伙同他人贪污的，以共犯论。黄某、李某取得补偿款的行为构成贪污罪，二人是贪污罪共犯。因为二人共同利用了黄某的职务便利骗取公共财物。二人要对共同贪污的犯罪数额负责，犯罪数额都是 50 万元，而不能按照各自最终分得的赃物确定犯罪数额。

　　值得注意的是，2011 年卷二第 63 题曾考察"土地管理部门的工作人员乙，为农民多报青苗数，使其从房地产开发商处多领取 20 万元补偿款，自己分得 10 万元"。该题中乙的行为构成诈骗罪，而非贪污罪。

　　这两个案件的差异在于，本题的侵害对象是公共财物，但 2011 年试题的侵害对象是房地产开发商占有的补偿款，不是贪污罪的对象。

4. 对陈某让李某盗窃及汽车玻璃被砸坏一节，对二人应如何定罪？为什么？

参考答案 根据教唆独立说，陈某构成盗窃罪的教唆犯，属于教唆未遂。根据教唆从属说，陈某的教唆不构成犯罪。李某构成故意毁坏财物罪。李某虽然接受盗窃教唆，但并未按照陈某的教唆造成危害后果，对汽车玻璃被砸坏这一结果，属于超过共同故意之外的行为，由李某自己负责。

5. 村民邢某是否构成不作为的放火罪？为什么？

参考答案 邢某不构成不作为的放火罪。虽然法律明文规定发现火情时，任何人都有报警的义务，但是，报警义务不等于救助义务，同时，仅在行为人创设了危险或者具有保护、救助法益的义务时，其他法律、法规规定的义务才能构成刑法上的不作为的义务来源。本案中火情是黄某造成的，邢某仅是偶然路过，其并未创设火灾的危险，因此邢某并无刑法上的作为义务，不构成不作为的放火罪。

6. 如认定黄某放火与范某被砸死之间存在因果关系，可能有哪些理由？如否定黄某放火与范某被砸死之间存在因果关系，可能有哪些理由？（两问均须作答）

参考答案 黄某放火与范某死亡之间，介入了被害人范某的行为。

肯定因果关系的大致理由：

（1）根据条件说，可以认为放火行为和死亡之间具有"无A就无B"的条件关系；

（2）被害人在当时情况下，来不及精确判断返回住宅取财的危险性；

（3）被害人在当时情况下，返回住宅取财符合常理。

否定因果关系的大致理由：

（1）根据相当因果关系说，放火和被害人死亡之间不具有相当性；

（2）被告人实施的放火行为并未烧死范某，范某为抢救数额有限的财物返回高度危险的场所，违反常理；

（3）被害人是精神正常的成年人，对自己行为的后果非常清楚，因此要对自己的选择负责；

（4）被害人试图保护的法益价值有限。只有甲对乙的住宅放火，如乙为了抢救婴儿而进入住宅内被烧死的，才能肯定放火行为和死亡后果之间的因果关系。

九、2011年司考卷四第二题（本题22分）

案情：

陈某因没有收入来源，以虚假身份证明骗领了一张信用卡，使用该卡从商场购物10余次，金额达3万余元，从未还款。（事实一）

陈某为求职，要求制作假证的李某为其定制一份本科文凭。双方因价格发生争执，陈某恼羞成怒，长时间勒住李某脖子，致其窒息身亡。（事实二）

陈某将李某尸体拖入树林，准备逃跑时忽然想到李某身有财物，遂拿走李某手机、现金等物，价值1万余元。（事实三）

陈某在手机中查到李某丈夫赵某手机号，以李某被绑架为名，发短信要求赵某交20万元"安全费"。由于赵某及时报案，陈某未得逞。（事实四）

陈某逃至外地。几日后，走投无路向公安机关投案，如实交待了上述事实二与事实四。（事实五）

陈某在检察机关审查起诉阶段，将自己担任警察期间查办犯罪活动时掌握的刘某抢劫财物的犯罪线索告诉检察人员，经查证属实。（事实六）

问题:

1. 对事实一应如何定罪? 为什么?

参考答案 对事实一应认定为信用卡诈骗罪。因为以虚假身份证明骗领信用卡触犯了妨害信用卡管理罪,使用以虚假的身份证明骗领的信用卡,数额较大,构成信用卡诈骗罪,二者具有手段行为与目的行为的牵连关系,从一重罪论处,应认定为信用卡诈骗罪。

2. 对事实二应如何定罪? 为什么?

参考答案 对事实二应认定为故意杀人罪。陈某长时间勒住被害人的脖子,不仅表明其行为是杀人行为,而且表明其具有杀人故意。

3. 对事实三可能存在哪几种处理意见 (包括结论与基本理由)?

参考答案 对事实三主要存在两种处理意见:

(1) 如认为死者仍然占有其财物,事实三成立盗窃罪;

(2) 如认为死者不可占有其财物,事实三成立侵占罪。

4. 对事实四应如何定罪? 为什么?

参考答案 事实四成立敲诈勒索罪 (未遂) 与诈骗罪 (未遂) 的竞合。因为陈某的行为同时符合二罪的犯罪构成,属于想象竞合。陈某对赵某实行威胁,意图索取财物未果,构成敲诈勒索罪 (未遂);陈某隐瞒李某死亡的事实,意图骗取财物未果,构成诈骗罪 (未遂)。由于只有一个行为,故从一重罪论处。

5. 事实五是否成立自首? 为什么?

参考答案 事实五对故意杀人罪与敲诈勒索罪或诈骗罪成立自首。因为走投无路而投案的,属于自动投案,不影响自首的成立。

6. 事实六是否构成立功? 为什么?

参考答案 事实六不构成立功。因为根据《刑法》规定,陈某提供的犯罪线索虽属实,但是其以前查办犯罪活动中掌握的,故不构成立功。

十、2010年司考卷四第二题（本题22分）

案情：

被告人赵某与被害人钱某曾合伙做生意（双方没有债权债务关系）。2009年5月23日，赵某通过技术手段，将钱某银行存折上的9万元存款划转到自己的账户上（没有取出现金）。钱某向银行查询知道真相后，让赵某还给自己9万元。

同年6月26日，赵某将钱某约至某大桥西侧泵房后，二人发生争执。赵某顿生杀意，突然勒钱某的颈部、捂钱某的口鼻，致钱某昏迷。赵某以为钱某已死亡，便将钱某"尸体"缚重扔入河中。

6月28日凌晨，赵某将恐吓信置于钱某家门口，谎称钱某被绑架，让钱某之妻孙某（某国有企业出纳）拿20万元到某大桥赎人，如报警将杀死钱某。孙某不敢报警，但手中只有3万元，于是在上班之前从本单位保险柜拿出17万元，急忙将20万元送至某大桥处。赵某蒙面接收20万元后，声称2小时后孙某即可见到丈夫。

28日下午，钱某的尸体被人发现（经鉴定，钱某系溺水死亡）。赵某觉得罪行迟早会败露，于29日向公安机关投案，如实交待了上述全部犯罪事实，并将勒索的20万元交给公安人员（公安人员将20万元退还孙某，孙某于8月3日将17万元还给公司）。公安人员李某听了赵某的交待后随口说了一句"你罪行不轻啊"，赵某担心被判死刑，逃跑至外地。在被通缉的过程中，赵某身患重病无钱治疗，向当地公安机关投案，再次如实交待了自己的全部罪行。

问题：

1. 赵某将钱某的9万元存款划转到自己账户的行为，是什么性质？为什么？

[参考答案] 赵某将钱某的9万元存款划转到自己账户的行为，成立盗窃罪。在我国，存款属于盗窃罪的对象，赵某的行为完全符合盗窃罪的构成要件，而且是盗窃既遂。

2. 赵某致钱某死亡的事实，在刑法理论上称为什么？刑法理论对这种情况有哪几种处理意见？你认为应当如何处理？为什么？

[参考答案] 赵某致钱某死亡的行为，在刑法理论上称为事前的故意。刑法理论对这种

情况有以下处理意见：

（1）第一行为即勒颈部、捂口鼻的行为成立故意杀人未遂，第二行为即将钱某"尸体"缚重扔入河中的行为成立过失致人死亡罪。

（2）如果在实施第二行为时对死亡有间接故意（或未必的故意），则成立一个故意杀人既遂；否则成立故意杀人未遂与过失致人死亡罪。

（3）将两个行为视为一个行为，将支配行为的故意视为概括的故意，认定为一个故意杀人既遂。

（4）将两个行为视为一体，作为对因果关系的认识错误来处理，只要存在相当的因果关系，就认定为一个故意杀人既遂。应当认为，第一行为与结果之间的因果关系并未中断，而且客观发生的结果与行为人意欲发生的结果完全一致，故应肯定赵某的行为成立故意杀人既遂。

3. 赵某向孙某索要 20 万元的行为是什么性质？为什么？

参考答案 赵某向孙某勒索 20 万元的行为是敲诈勒索罪与诈骗罪的想象竞合犯。

一方面，赵某实施了胁迫行为，使孙某产生了恐惧心理，并交付了财物。所以，赵某的行为触犯了敲诈勒索罪。

另一方面，钱某已经死亡，赵某的行为具有欺骗性质，孙某产生了认识错误。如果孙某知道真相就不会受骗、不会将 20 万元交付给赵某。因此，赵某的行为也触犯了诈骗罪。

但是，由于只有一个行为，故成立想象竞合犯，从一重罪论处。

4. 赵某的行为是否成立自首？为什么？

参考答案 赵某的行为成立自首。虽然相关司法解释规定"犯罪嫌疑人自动投案后又逃跑的，不能认定为自首"，但这是针对后来不再投案自首而言。在本案中，虽然可以根据司法解释否认赵某的前一次投案成立自首，但不能否认后一次自动投案与如实交待成立自首。

5. 孙某从公司拿出 17 万元的行为是否成立犯罪？为什么？

参考答案 孙某的行为虽然属于挪用公款，但不成立挪用公款罪。因为孙某虽然将公款挪用给个人使用，但并没有超过 3 个月未还。

十一、2009年司考卷四第二题（本题22分）

案情：

甲和乙均缺钱。乙得知甲的情妇丙家是信用社代办点，配有保险柜，认为肯定有钱，便提议去丙家借钱，并说："如果她不借，也许我们可以偷或者抢她的钱。"甲说："别瞎整！"乙未再吭声。某晚，甲、乙一起开车前往丙家。乙在车上等，甲进屋向丙借钱，丙说："家里没钱。"甲在丙家吃饭过夜。乙见甲长时间不出来，只好开车回家。甲一觉醒来，见丙已睡着，便起身试图打开保险柜。丙惊醒大声斥责甲，说道："快住手，不然我报警了！"甲恼怒之下将丙打死，藏尸地窖。

甲不知密码打不开保险柜，翻箱倒柜只找到了丙的一张储蓄卡及身份证。甲回家后想到乙会开保险柜，即套问乙开柜方法，但未提及杀丙一事。甲将丙的储蓄卡和身份证交乙保管，声称系从丙处所借。两天后甲又到丙家，按照乙的方法打开保险柜，发现柜内并无钱款。乙未与甲商量，通过丙的身份证号码试出储蓄卡密码，到商场刷卡购买了一件价值2万元的皮衣。

案发后，公安机关认为甲有犯罪嫌疑，即对其实施拘传。甲在派出所乘民警应对突发事件无人看管之机逃跑。半年后，得知甲行踪的乙告知甲，公安机关正在对甲进行网上通缉，甲于是到派出所交代了自己的罪行。

问题：

请根据《刑法》有关规定，对上述案件中甲、乙的各种行为和相关事实、情节进行分析，分别提出处理意见，并简要说明理由。

参考答案

1. 关于甲的行为定性

甲在着手盗窃丙的保险柜过程中，因罪行败露而实施杀害丙的行为，由于甲的犯罪目的是取得财物，客观上采取了暴力手段，应当成立抢劫罪。根据《刑法》第263条的规定，甲的行为属于抢劫致人死亡，成立抢劫罪的结果加重犯，应适用升格的法定刑。

甲的杀人、抢劫行为，都与乙无关，甲乙之间没有共同故意和共同行为，根据《刑法》第25条的规定，不成立共犯；甲将丙的储蓄卡和身份证给乙，不构成盗窃罪的教唆犯。甲两天后回到丙家，打开保险柜试图窃取丙的钱财的行为，属于抢劫罪中取财行为的一部分，不单独构成盗窃罪。

根据最高人民法院《关于处理自首和立功具体应用法律若干问题的解释》第1条的规定，只有在案发后没有受到讯问、未被采取强制措施，自动投案并如实供述自己的罪行的，才能成立自首。本案中，甲被公安机关采取强制措施后逃跑再归案的，即便如实供述也不能成立自首。

2. 关于乙的行为定性

甲并未接受乙事先的提议，当时没有达成合意，二人没有共同犯罪故意。甲的抢劫行为属于临时起意，系单独犯罪，不能认为乙的行为构成教唆犯。乙不成立教唆犯，当然就不能对乙的行为适用《刑法》第29条第2款。在甲实施抢劫行为之时，乙已经离开现场，与甲之间没有共犯关系，乙没有帮助故意，也缺乏帮助行为，不成立帮助犯。

甲套问乙打开保险柜的方法，将丙的储蓄卡、身份证交乙保管时，均未告知乙实情，乙缺乏传授犯罪方法罪，掩饰、隐瞒犯罪所得、犯罪所得收益罪的故意。乙去商场购物的行为，根据《刑法》第196条的规定，属于冒用他人信用卡，构成信用卡诈骗罪。

十二、2008年司考延考卷四第二题（本题22分）

案情：

瓜农王某在自家田地里种了5亩西瓜。因在西瓜成熟季节经常被盗，王某便在全村喊话："西瓜打了农药（其实没有打药），偷吃西瓜出了人命我不负责"，但此后西瓜仍然被盗。于是，王某果真在西瓜上打了农药，并用注射器将农药注入瓜田中较大的5个西瓜内，并在西瓜地里插上写有"瓜内有毒，请勿食用"的白旗。

邻村李某路过瓜地，虽然看见了白旗，但以为是吓唬人的，仍然摘了一大一小两个西瓜，其中大的西瓜是注入了农药的。回家后，李某先把小的西瓜吃了，然后出门干活。

当天，正好家里来了3位客人，李某的妻子赵某见桌子上放着一个大西瓜，以为是李某买的，就用来招待客人，结果导致2个客人死亡，1个重伤。

问题：

1. 王某的行为构成犯罪还是属于正当防卫？为什么？

参考答案 王某的行为构成投放危险物质罪而不是正当防卫，因为不符合正当防卫的构成条件。

2. 李某的行为触犯了哪些罪名？

参考答案 李某的行为分别触犯了过失致人死亡罪和过失致人重伤罪。李某看到了"瓜内有毒，请勿食用"的提示，但轻信是吓唬人的，存在过失。

3. 李某触犯的数个罪名是否构成数罪？为什么？

参考答案 李某触犯的过失致人死亡罪和过失致人重伤罪不构成数罪，属于想象竞合犯。

4. 李某触犯的数个罪名应当如何处理？

参考答案 李某触犯的数个罪名应从一重罪处断，即按照过失致人死亡罪论处。

5. 赵某的行为是否构成犯罪？为什么？

参考答案 赵某的行为不构成犯罪，其行为属于意外事件。

十三、2008年司考卷四第二、七题

第二题（本题22分）

案情：

　　徐某系某市国有黄河商贸公司的经理，顾某系该公司的副经理。2005年，黄河商贸公司进行产权制度改革，将国有公司改制为管理层控股的股份有限公司。其中，徐某、顾某及其他15名干部职工分别占40%、30%、30%股份。

　　在改制过程中，国有资产管理部门委托某资产评估所对黄河商贸公司的资产进行评估，资产评估所指派周某具体参与评估。在评估时，徐某与顾某明知在公司的应付款账户中有100万元系上一年度为少交利润而虚设的，经徐某与顾某以及公司其他领导班子成员商量，决定予以隐瞒，转入改制后的公司，按照股份分配给个人。

当周某发现了该 100 万元应付款的问题时，公司领导班子决定以辛苦费的名义，从公司的其他公款中取出 1 万元送给周某。周某收下该款后，出具了隐瞒该 100 万元虚假的应付款的评估报告。随后，国有资产管理部门经研究批准了公司的改制方案。在尚未办理产权过户手续时，徐某等人因被举报而案发。

问题：

1. 徐某与顾某构成贪污罪还是私分国有资产罪？为什么？

参考答案 徐某与顾某构成贪污罪，而不构成私分国有资产罪。本案不符合以单位名义集体私分的特征，而是采取隐瞒的方式将公款予以非法占有，符合贪污罪的特征。

2. 徐某与顾某的犯罪数额如何计算？为什么？

参考答案 徐某与顾某应对 100 万元的贪污总数额负责，而不是只对个人所得部分负责；此外，用于行贿的 1 万元也应计入贪污数额。

3. 徐某与顾某的犯罪属于既遂还是未遂？为什么？

参考答案 徐某与顾某贪污 100 万元属于未遂，因为公司产权尚未过户，但贪污 1 万元属于既遂。

4. 给周某送的 1 万元是单位行贿还是个人行贿？为什么？

参考答案 给周某送的 1 万元属于个人行贿，因为不是为单位谋取不正当利益。

5. 周某的行为是否以非国家工作人员受贿罪与提供虚假证明文件罪实行数罪并罚？为什么？

参考答案 周某构成提供虚假证明文件罪，不应与非国家工作人员受贿罪实行并罚。

6. 周某是否构成徐某与顾某的共犯？为什么？

参考答案 周某构成徐某与顾某犯罪的共犯，属于提供虚假证明文件罪与贪污罪共犯的想象竞合。

第七题（本题 25 分）

材料：

　　案例 1：2005 年 9 月 15 日，B 市的家庭主妇张某在家中利用计算机 ADSL 拨号上网，以 E 话通的方式，使用视频与多人共同进行"裸聊"被公安机关查获。对于本案，B 市 S 区检察院以聚众淫乱罪向 S 区法院提起公诉，后又撤回起诉。

案例 2：从 2006 年 11 月到 2007 年 5 月，Z 省 L 县的无业女子方某在网上从事有偿"裸聊"，"裸聊"对象遍及全国 22 个省、自治区、直辖市，在电脑上查获的聊天记录就有 300 多人，网上银行汇款记录 1000 余次，获利 2.4 万元。对于本案，Z 省 L 县检察院以传播淫秽物品牟利罪起诉，L 县法院以传播淫秽物品牟利罪判处方某有期徒刑 6 个月，缓刑 1 年，并处罚金 5000 元。

关于上述两个网上"裸聊"案，在司法机关处理过程中，对于张某和方某的行为如何定罪存在以下三种意见：第一种意见认为应定传播淫秽物品罪（张某）或者传播淫秽物品牟利罪（方某）；第二种意见认为应定聚众淫乱罪；第三种意见认为"裸聊"不构成犯罪。

问题：（本题共有两问，我们仅选取和刑法相关的一问）

根据罪刑法定原则，评述上述两个网上"裸聊"案的处理结果。

答题要求：

1. 在综合分析基础上，提出观点并运用法学知识阐述理由；

2. 观点明确，论证充分，逻辑严谨，文字通顺；

3. 不少于 500 字，不必重复案情。

《刑法》参考条文：

※**第 3 条** 法律明文规定为犯罪行为的，依照法律定罪处刑；法律没有明文规定为犯罪行为的，不得定罪处刑。

※**第 363 条（第 1 款）** 以牟利为目的，制作、复制、出版、贩卖、传播淫秽物品的，处 3 年以下有期徒刑、拘役或者管制，并处罚金；情节严重的，处 3 年以上 10 年以下有期徒刑，并处罚金；情节特别严重的，处 10 年以上有期徒刑或者无期徒刑，并处罚金或者没收财产。

※**第 364 条（第 1 款）** 传播淫秽的书刊、影片、音像、图片或者其他淫秽物品，情节严重的，处 2 年以下有期徒刑、拘役或者管制。

※**第 301 条（第 1 款）** 聚众进行淫乱活动的，对首要分子或者多次参加的，处 5 年以下有期徒刑、拘役或者管制。

※**第 367 条** 本法所称淫秽物品，是指具体描绘性行为或者露骨宣扬色情的诲淫性的书刊、影片、录像带、录音带、图片及其他淫秽物品。

有关人体生理、医学知识的科学著作不是淫秽物品。

包含有色情内容的有艺术价值的文学、艺术作品不视为淫秽物品。

参考范文

裸聊，该当何罪？

裸聊行为，应当如何定性？这涉及对罪刑法定原则的理解。

法无明文规定不为罪，法无明文规定不处罚，这是法治国最重要的刑法原则。罪刑法定原则的本质在于限制国家的刑罚权，防止刑罚权的滥用。

罪刑法定包括形式和实质两个层次的内容。罪刑法定的形式层面主要限制的是司法机关的权力。当司法机关在解释法律时，一方面不能超越法律语言的最大范围，以体现立法权对司法权的约束。罪刑法定的实质侧面主要限制的是立法机关的权力。刑法本身应是"善法"。否则，单纯符合罪刑法定形式侧面要求的刑法也可能成为压迫民众的工具。刑法的处罚范围与处罚程度必须具有合理性，禁止将轻微危害行为当作犯罪处理。一个表面上符合法条的行为并不能理所当然地被视为犯罪，司法机关还应该从实质上根据刑法目的去解释法律，使得刑罚的处罚具有合理性，这是司法权对立法权的限制。

裸体视频聊天可以扩张解释为"淫秽物品"。罪刑法定原则允许扩张，但却禁止类推。扩张解释是将刑法规范可能蕴含的最大含义揭示出来，是在一定限度内的解释极限化；类推解释是将刑法规范本身没有包含的内容解释进去，是解释的过限化。裸体视频聊天，是一种淫秽信息。将淫秽信息解释为淫秽物品，这并未超越"淫秽物品"这个词语的极限，可以视之为一种扩张解释。事实上，全国人大常委会《关于维护互联网安全的决定》也明确认为，淫秽信息属于淫秽物品。

然而，根据刑法目的，无论是传播淫秽物品罪，还是传播淫秽物品牟利罪，"传播"必须限定为向不特定多数人传播，否则，刑罚的处罚范围就太过宽广。点对点的"传播"淫秽信息并无严重的社会危害性，没有打击的必要。如果连这种行为都以犯罪论处，那么朋友之间互发几个"荤段子"，恋人之间发张不雅的照片都属于犯罪。甚至，公安机关向检察机关移送载有淫秽信息的案卷材料也符合传播淫秽物品的犯罪构成。这样，刑罚权的边界就太过模糊了。事实上，刑法也明确规定，传播淫秽物品，情节严重才可构成犯罪。只有向不特定多数人传播淫秽物品，才可能属于情节严重。

至于聚众淫乱罪中的"聚众"更应当作限制解释，不能扩张至网络空间，否则民众的私人空间都处于刑罚的打击之下，权力将恣意侵扰公民的私生活。如果裸聊属于聚众淫乱，司法机关为了掌握犯罪线索，就可能对这种犯罪从策划、预备到着手实施的全过程进行跟踪调查，这不可避免地会殃及无辜，干扰公民的正常的私生活。比如，当某人准备上网，或者发送信件，公安机关都可能怀疑他们将实施聚众淫乱，从而进行侦查布控，公民的私人生活就会暴露于权力之下，无法遁逃。因此，在材料二中，商业性的裸聊，是一种典型的向不特定多数人传播淫秽信息的行为，可以按照传播淫秽物品牟利罪定罪处罚，但是材料一中，网友之间私密的裸聊行为，不得以犯罪论处。

十四、2007年司考卷四第二题（本题22分）

案情：

　　陈某见熟人赵某做生意赚了不少钱便产生歹意，勾结高某，谎称赵某欠自己10万元货款未还，请高某协助索要，并承诺要回款项后给高某1万元作为酬谢。高某同意。某日，陈某和高某以谈生意为名把赵某诱骗到稻香楼宾馆某房间，共同将赵某扣押，并由高某对赵某进行看管。

　　次日，陈某和高某对赵某拳打脚踢，强迫赵某拿钱。赵某迫于无奈给其公司出纳李某打电话，以谈成一笔生意急需10万元现金为由，让李某将现金送到宾馆附近一公园交给陈某。陈某指派高某到公园取钱。李某来到约定地点，见来人不认识，就不肯把钱交给高某。高某威胁李某说："赵某已被我们扣押，不把钱给我，我们就把赵某给杀了"。李某不得已将10万元现金交给高某。

　　高某回到宾馆房间，发现陈某不在，赵某倒在窗前已经断气。见此情形，高某到公安机关投案，并协助司法机关将陈某抓获归案。事后查明，赵某因爬窗逃跑被陈某用木棒猛击脑部，致赵某身亡。

问题：

1. 陈某将赵某扣押向其索要10万元的行为构成何种犯罪？为什么？

　　参考答案 构成抢劫罪而非绑架罪，因为陈某是直接向赵某索取财物，而非向第三者索取财物。

2. 高某将赵某扣押向其索要10万元的行为构成何种犯罪？为什么？

[参考答案] 构成非法拘禁罪，因为高某并无绑架的故意，而以为是索要债务。

3. 陈某与高某是否构成共同犯罪？为什么？

[参考答案] 构成共同犯罪。因为根据部分犯罪共同说，陈某的抢劫罪与高某的非法拘禁罪之间成立共同犯罪。

4. 高某在公园取得李某10万元的行为是否另行构成敲诈勒索罪？为什么？

[参考答案] 不另外构成敲诈勒索罪，因为高某的行为属于拘禁他人之后，索取债务的行为，缺乏非法占有的目的。

5. 陈某对赵某的死亡，应当如何承担刑事责任？为什么？

[参考答案] 不另定故意杀人罪，因为陈某的故意杀人行为包含在抢劫罪当中。

6. 高某对赵某的死亡后果是否承担刑事责任？为什么？

[参考答案] 不负刑事责任，因为陈某的杀人行为超出了高某的故意范围。

7. 高某的投案行为是否成立自首与立功？为什么？

[参考答案] 成立自首与重大立功，因为被检举人有可能被判处无期徒刑以上的刑罚。

十五、2006年司考卷四第六题（本题35分）

某民法典第1条规定："民事活动，法律有规定的，依照法律；法律没有规定的，依照习惯；没有习惯的，依照法理。"

问题：

1. 比较该条规定与刑法中"法无明文规定不为罪"原则的区别及理论基础；
2. 从法的渊源的角度分析该条规定的涵义及效力根据；

3. 从法律解释与法律推理的角度分析该条规定在法律适用上的价值与条件。

答题要求:

1. 在上述三个问题中任选其一作答,或者自行选择其他角度作答;

2. 在分析、比较、评价的基础上,提出观点并运用法学知识阐述理由;

3. 观点明确,论证充分,逻辑严谨,文字通顺;

4. 不少于600字。

参考范文

民法的扩张与刑法的克制

某民法典第1条规定:"民事活动,法律有规定的,依照法律;法律没有规定的,依照习惯;没有习惯的,依照法理。"与民法的扩张形成鲜明对比的是刑法的克制。"法无明文规定不为罪",在法律没有规定的情况下,司法机关绝对不能按照习惯或者法理将一种行为规定为犯罪。

之所以会有这样的区别。这主要有两个原因:

首先,刑法是最严厉的法律,轻则剥夺人的财产,重则剥夺人的自由甚至生命。因此,司法机关对于刑罚权要保持足够的克制,不到万不得已,不应轻易动用刑罚。权力导致腐败,绝对权力导致绝对腐败,所有的权力天然都有扩张的倾向,无法仅靠自身保持克制。因此对于刑罚权这种最可怕的权力一定要保持最严格的约束。"法无明文规定不为罪,法无明文规定不处罚",刑罚权必须套上法治的镣铐,才能防止它的滥用。如果司法机关仅凭习惯或者法理就可以对法律没有规定的行为施加刑罚,那么公民的自由也就岌岌可危。每一个守法公民都有可能成为刑罚权滥用的对象。欲加之罪,何患无辞,这是我们这个民族用无数的鲜血所换来的教训。

其次,刑法涉及国家与犯罪人这两方面的主体。二者之间,国家处于绝对的强势地位。如果刑罚权不受法律的严格约束,那么处于弱势一方的犯罪人,在强大国家权力面前,几无还手之力。滥用刑罚,随意定罪,定会成为司法的常态。在现代社会,刑法不再是刀把子,而是双刃剑,刑法既要惩罚犯罪,也要保障人权。一如德国法学家拉德布鲁赫所言:"刑法不仅要面对犯罪人以保护国家,也要面对国家保护犯罪人,不单面对犯罪人,也要面对检察官保护市民,成为公民反对司法专横和错误的大宪章。"总之,刑罚权必须受到罪刑法定原则最严格的约束,在法无明文规定的情况下,即便行为的危害性再大,也不能突破法律,滥用刑罚。

然而,民法所调整的却是平等主体的财产关系和人身关系。民事当事人双方的法律地位是平等的。当双方出现民事纠纷，必须通过法律解决，司法必须定分止争，不能坐视不管，否则会引发更大的纷争。因此，在民法没有规定的情况下，应该寻求民法以外的法理、习惯等作为裁判的依据。

　　总之，在现代社会，民法的扩张与刑法的克制正是法治的真谛。

行政法与行政诉讼法

一、2019年法考回忆题

案情：

某建设单位在李某的家门口设置消防栓，李某入室需后退避让，等门扇开启后再前行入室，李某的门扇开不到 60 至 70 度根本出不来。某建设单位就设置的消防栓向市公安消防支队报送相关资料，市公安消防支队对消防栓抽查后作出《建设工程消防验收备案结果通知》。

李某认为消防栓的设置和建设影响了其生活而市公安消防支队却验收合格，严重侵犯了其合法权益，遂提起行政诉讼，请求法院撤销市公安消防支队批准在其门前设置的消防栓通过验收的决定，判令市公安消防支队责令报批单位依据国家标准限期整改。法院受理案件。

市公安消防支队辩称：建设工程消防验收备案结果通知是按照建设工程消防验收评定标准完成工程检查，是检查记录的体现。如果备案结果合格，则表明建设工程是符合相关消防技术规范的；如果不合格，公安机关消防机构将依法采取措施，要求建设单位整改有关问题，其性质属于技术性验收，并不是一项独立、完整的具体行政行为，不具有可诉性，不属于人民法院行政诉讼的受案范围，请求驳回李某的起诉。一审法院裁定驳回李某的起诉。

李某提起上诉。二审期间，市公安消防支队撤销《建设工程消防验收备案结果通知》，李某申请撤回上诉。

材料：

1.《中华人民共和国消防法》（2019 年已被修改）

第 4 条第 1 款 ……县级以上地方人民政府公安机关对本行政区域内的消防工作实施监督管理，并由本级人民政府公安机关消防机构负责实施。……

第13条 按照国家工程建设消防技术标准需要进行消防设计的建设工程竣工，依照下列规定进行消防验收、备案：……

（二）其他建设工程，建设单位在验收后应当报公安机关消防机构备案，公安机关消防机构应当进行抽查。

依法应当进行消防验收的建设工程，未经消防验收或者消防验收不合格的，禁止投入使用；其他建设工程经依法抽查不合格的，应当停止使用。

2.《公安部建设工程消防监督管理规定》（现已失效）

第3条第2款 公安机关消防机构依法实施建设工程消防设计审核、消防验收和备案、抽查，对建设工程进行消防监督。

问题：

请根据案情、材料和相关法律规定，回答下列问题：

1. 市公安消防支队作出的《建设工程消防验收备案结果通知》是否属于法院的受案范围？为什么？

考　点 行政诉讼的受案范围

解题思路 根据《行政诉讼法》第2条的规定，公民、法人或者其他组织认为行政机关和行政机关工作人员的行政行为侵犯其合法权益，有权依照本法向人民法院提起诉讼。前款所称行政行为，包括法律、法规、规章授权的组织作出的行政行为。根据《行诉解释》第1条第1款的规定，公民、法人或者其他组织对行政机关及其工作人员的行政行为不服，依法提起诉讼的，属于人民法院行政诉讼的受案范围。由此可知，行政诉讼的受案标准是行政行为，市公安消防支队作出的《建设工程消防验收备案结果通知》是否属于行政行为就成为判断是否属于法院受案范围的关键。行政诉讼受案范围中的行政行为可以从三个要件认定：①主体要件是行为的作出主体是行政机关或者是有行政权的组织；②职权要件是行为背后是运用或行使行政职权；③结果要件是行为对公民、组织权利义务的具体处理、强制处理或者实际影响。该案中市公安消防支队作出的《建设工程消防验收备案结果通知》是根据《消防法》第4、13条和《公安部建设工程消防监督管理规定》第3条第2款的规定作出的行为，从主体要件看，市公安消防支队是行政机关或者是有行政权的组织；从职权要件看，《建设工程消防验收备案结果通知》是根据《消防法》和《公安部建设工程消防监督管理规定》作出的职权行为；从结果要件看，《建设工程消防验收备案结果通知》对李某的权利义务产生了实际影响。因此，市公安消防支队作出的《建设工程消防验收备案结果通知》属于法院行政诉讼的受案范围。

提　示 行政诉讼受案范围最难的题目是，案例中出现的行为既不是《行政诉讼法》第12条明确规定属于行政诉讼受案范围的行为，也不是《行政诉讼法》第13条和《行诉解释》第1条第2款的明确规定不属于行政诉讼受案范围的行为，这就需要从行政诉讼受案标准——行政行为来进行判断。

参考答案 属于法院的受案范围。市公安消防支队作出的《建设工程消防验收备案结果通知》是实际影响李某权利义务的行政行为，根据《行政诉讼法》第2条和《行诉解释》第1条第1款的规定，属于法院行政诉讼的受案范围。

2. 《建设工程消防验收备案结果通知》属于什么性质的行为？

考　点 行政确认的概念

解题思路 行政确认是指行政机关对相对人的法律关系、法律事实或者法律地位给予确定、认可、证明的具体行政行为。根据《消防法》第4、13条和《公安部建设工程消防监督管理规定》第3条第2款的规定，消防验收、备案是公安机关消防机构对需要进行消防设计的建设工程进行抽查后认定是否合格的行政行为，一旦消防设施被消防机构评定为合格，那就视为消防机构在事实上确认了消防工程质量合格，行政相关人也将受到该行为的拘束。本案中《建设工程消防验收备案结果通知》是对消防工程竣工验收是否合格的评定，是对行政相对人的法律事实、法律关系予以认定、确认的行政行为，所以该行为应当定性为行政确认。

提　示 行政许可与行政确认的区别：

（1）对象不同。行政许可一般是使相对人获得某种行为的权利或者从事某种活动的资格；行政确认则仅仅是确认相对人的法律地位、权利义务和法律事实等。

（2）法律效果不同。行政许可是允许被许可人今后可以进行某种行为或活动，其法律效果具有后及性，没有前溯性；而行政确认是对相对人既有的身份、能力、权利、事实的确定和认可，其法律效果具有前溯性。

参考答案 属于行政确认。行政确认是行政机关对相对人的法律关系、法律事实或者法律地位给予确定、认可、证明的具体行政行为。根据《消防法》第4、13条和《公安部建设工程消防监督管理规定》第3条第2款的规定，消防设施被消防机构评定为合格，那就视为消防机构在事实上确认了消防工程质量合格，而《建设工程消防验收备案结果通知》含有消防竣工验收是否合格的评定，具有行政确认的性质。

3. 二审期间市公安消防支队能否撤销《建设工程消防验收备案结果通知》？为什么？

考　点 行政诉讼中被告改变被诉行政行为

解题思路 根据《行政诉讼法》第62条的规定，人民法院对行政案件宣告判决或者裁定前，原告申请撤诉的，或者被告改变其所作的行政行为，原告同意并申请撤诉的，是否准许，由人民法院裁定。根据《行政诉讼撤诉规定》第3条的规定，有下列情形之一的，属于《行政诉讼法》第51条（现为第62条）规定的"被告改变其所作的具体行政行为"：①改变被诉具体行政行为所认定的主要事实和证据；②改变被诉具体行政行为所适用的规范依据且对定性产生影响；③撤销、部分撤销或者变更被诉具体行政行为处理结果。根据《行政诉讼撤诉规定》第8条第1款的规定，第二审或者再审期间行政机关改变被诉具体行政行为，当事人申请撤回上诉或者再审申请的，参照本规定。由此可知，行政诉讼第一审、第二审或者再审期间行政机关可以改变其所作的行政行为，行政机关改变行政行为包括行政机关撤销行政行为。本案中市公安消防支队可以在行政诉讼第二审期间撤销其作出的《建设工程消防验收备案结果通知》。

<u>提　示</u> 为妥善化解行政争议，在行政诉讼第一审、第二审或者再审期间行政机关都可以改变其所作的行政行为。行政机关改变行政行为既包括改变行政行为认定的事实，也包括改变行政行为适用的法律依据，还包括改变行政行为的处理结果。

<u>参考答案</u> 可以撤销。根据《行政诉讼法》第62条和《行政诉讼撤诉规定》第3、8条的规定，第二审期间行政机关可以改变其作出的行政行为，市公安消防支队撤销《建设工程消防验收备案结果通知》属于改变被诉行政行为。

4. 二审法院是否可以准许李某撤回上诉？若可以，需要具备什么条件？若不可以，二审法院的审理对象是什么？

<u>考　点</u> 行政诉讼的撤诉

<u>解题思路</u> 根据《行政诉讼法》第62条的规定，人民法院对行政案件宣告判决或者裁定前，原告申请撤诉的，或者被告改变其所作的行政行为，原告同意并申请撤诉的，是否准许，由人民法院裁定。根据《行政诉讼法》第87条的规定，人民法院审理上诉案件，应当对原审人民法院的判决、裁定和被诉行政行为进行全面审查。根据《行政诉讼撤诉规定》第2条的规定，被告改变被诉具体行政行为，原告申请撤诉，符合下列条件的，人民法院应当裁定准许：①申请撤诉是当事人真实意思表示；②被告改变被诉具体行政行为，不违反法律、法规的禁止性规定，不超越或者放弃职权，不损害公共利益和他人合法权益；③被告已经改变或者决定改变被诉具体行政行为，并书面告知人民法院；④第三人无异议。本案中由二审法院裁定是否准许李某的撤回上诉；若法院准许李某撤诉，需要同时具备《行政诉讼撤诉规定》第2条规定的四个条件；若法院不准许李某撤诉，根据《行政诉讼法》第87条的规定，二审法院要进行全面审查，不仅要审理一审法院驳回李某起诉的裁定，而且还要审查一审被诉行政行为——《建设工程消防验收备案结果通知》。

<u>提　示</u> 行政诉讼中被告改变其所作的行政行为，原告同意并申请撤诉，法院准许撤诉要满足四点要求：

（1）申请撤诉是当事人真实意思；

（2）被告改变被诉行政行为，不违法、不损害公共利益和他人合法权益；

（3）被告已经改变或者决定改变被诉行政行为，并书面告知人民法院；

（4）第三人无异议。二审法院审理上诉案件对原审法院的裁判和被诉行政行为进行全面审查。

参考答案 可以准许李某撤诉。根据《行政诉讼法》第62条和《行政诉讼撤诉规定》第2条的规定，二审法院准许李某撤诉需要具备四个条件：

（1）申请撤诉是李某的真实意思表示；

（2）市公安消防支队撤销《建设工程消防验收备案结果通知》，不违反法律、法规的禁止性规定，不超越或者放弃职权，不损害公共利益和他人合法权益；

（3）市公安消防支队撤销《建设工程消防验收备案结果通知》并且书面告知人民法院；

（4）第三人某建设单位无异议。

根据《行政诉讼法》第87条的规定，若二审法院没有准许李某撤诉，审理对象是一审法院驳回李某起诉的裁定和《建设工程消防验收备案结果通知》。

5. 市公安消防支队撤销了《建设工程消防验收备案结果通知》，某建设单位不服如何救济？

考 点 行政法的救济途径

解题思路 行政法上的救济途径包括行政复议、行政诉讼和行政赔偿。行政复议是指行政机关根据当事人的申请，按照行政复议程序对具体行政行为进行合法性和适当性审查，解决行政争议的活动，行政复议是为受到行政侵害的公民、法人和其他组织的合法权益提供的法律救济。行政诉讼是法院应公民、法人或其他组织的请求，通过审查行政行为合法性的方式，解决特定范围内行政争议的活动，行政诉讼的重要目的是保护公民、法人或其他组织的合法权益。国家赔偿是指国家机关及其工作人员在行使职权过程中侵犯公民、法人或其他组织的合法权益并造成损害，国家对此承担的赔偿责任，国家赔偿是对受害公民、法人或其他组织的法律补救。本案中市公安消防支队的撤销《建设工程消防验收备案结果通知》是一项具体的行政行为，实际影响了某建设单位的权利义务。根据《行政复议法》第2条的规定，公民、法人或者其他组织认为具体行政行为侵犯其合法权益，向行政机关提出行政复议申请，行政机关受理行政复议申请、作出行政复议决定，适用本法。某建设单位可以申请行政复议。根据《行政诉讼法》第2条第1款的规定，公民、法人或者其他组织认为行政机关和行政机关工作人员的行政行为侵犯其合法权益，有权依照本法向人民法院提起诉讼。某建设单位可以提起行政诉讼。根据《国家赔偿法》第2条第1款的规定，国家机关和国家机关工作人员行使职权，有本法规定的侵犯公民、法人和其他组织合法权益的情形，造成损害的，受害人有依照本法取得国家赔偿的权利。如果市公安消防支队的撤销《建设工程消防验收备案结果通知》对某建设单位造成损害，某建设单位可以申请国家赔偿。

提　示　行政行为损害的法律救济途径包括行政复议、行政诉讼、行政赔偿。一般情况下，既可以选择行政复议，也可以直接提起行政诉讼，还可以在行政复议之后提起行政诉讼。既可以在行政复议或行政诉讼中一并申请行政赔偿，也可以直接申请行政赔偿。

参考答案　市公安消防支队撤销《建设工程消防验收备案结果通知》是实际影响某建设单位权利义务的具体行政行为，某建设单位可以根据《行政复议法》申请行政复议，可以根据《行政诉讼法》提起行政诉讼，若《建设工程消防验收备案结果通知》给某建设单位造成合法权益损害的，还可以根据《国家赔偿法》申请国家赔偿。

6. 若法院支持李某的诉讼请求，应当如何判决？

考　点　行政诉讼的判决

解题思路　根据《行政诉讼法》第70条的规定，行政行为有下列情形之一的，人民法院判决撤销或者部分撤销，并可以判决被告重新作出行政行为：①主要证据不足的；②适用法律、法规错误的；③违反法定程序的；④超越职权的；⑤滥用职权的；⑥明显不当的。根据《行政诉讼法》第72条的规定，人民法院经过审理，查明被告不履行法定职责的，判决被告在一定期限内履行。本案中李某的诉讼请求是两项：请求法院撤销市公安消防支队批准在其门前设置的消防栓通过验收的决定，判令市公安消防支队责令报批单位依据国家标准限期整改。若法院支持李某的诉讼请求：根据《行政诉讼法》第70条的规定，法院应当适用撤销判决，即撤销市公安消防支队批准在其门前设置的消防栓通过验收的决定；根据《行政诉讼法》第72条的规定，法院应当适用履行判决，判令市公安消防支队责令报批单位依据国家标准限期整改。

提　示　行政诉讼中被诉行政行为违法的判决是近年法考主观题的热门选择。被诉行政行为违法分为行政作为违法和不作为违法：

（1）对于行政作为违法，法院一般适用撤销判决，不能撤销或者不需要撤销的，法院适用确认违法判决，确认违法判决是对撤销判决的补充；

（2）对于行政不作为违法，法院一般适用履行判决，判决履行没有意义的，法院适用确认违法判决，确认违法判决是对履行判决的补充。

参考答案　针对李某的诉讼请求，根据《行政诉讼法》第70条的规定，法院应当判决撤销市公安消防支队作出的《建设工程消防验收备案结果通知》，根据《行政诉讼法》第72条的规定，法院应当判决市公安消防支队责令某建设单位依据国家标准限期整改。

二、2018年法考回忆题

案情：

　　某区镇上一村民王某建盖房屋，区国土资源局发现王某建设审批手续不齐全，通知王某停止建设违法建筑并限期整改。王某并未整改。区建设规划局立案调查，确认王某所建房屋属于违法建筑，向王某发出《责令限期拆除违法建筑通知》，告知王某其所建房屋违法，限王某收到通知后1日内拆除。王某未拆除所建房屋。

　　区建设规划局向区城管执法大队发送委托书，委托区城管执法大队拆除王某所建房屋。区城管执法大队以王某未在规定期限内拆除所建房屋为由，第2日即组织人员将王某所建房屋拆除，并邀请镇政府、区管委会到场见证拆除过程。区城管执法大队在拆除王某房屋时，用铲车直接推倒房屋，并未制作物品登记清单，也未采取保全措施。

　　王某以区国土资源局、区城建规划局、区管委会、区城建大队、镇政府为被告向法院提起诉讼，请求确认拆除房屋行为违法并赔偿损失。法院受理案件并通知行政机关负责人出庭应诉。

问题：

1. 区建设规划局作出《责令限期拆除违法建筑通知》属于什么性质？为什么？

考　点 行政处罚的概念

解题思路 行政处罚是一种对违反行政秩序行为的行政惩罚。行政处罚的内容是对当事人权利（包括名誉权、财产权、自由等）的处理，会给当事人带来不利后果。行政处罚以制裁为目的，这是行政处罚与其他行政行为的本质区别。区建设规划局责令王某限期拆除房屋是针对王某的违法建设行为，对王某的违建房屋作出的拆除处理，这是对王某财物——所建房屋实施的行政制裁，符合行政处罚的制裁性目的。

提　示 行政处罚的目的是对违反行政秩序行为人的制裁，其本质是惩罚，其他行政行为都不具有制裁性的目的。

参考答案 区建设规划局作出《责令限期拆除违法建筑通知》属于行政处罚。因为区建设规划局作出《责令限期拆除违法建筑通知》是针对王某的违法建设行为，对王某的违建房屋作出的拆除处理，这是对王某财物——所建房屋实施的行政制裁，符合行政处罚的制裁性目的。

2. 区城管执法大队拆除房屋行为是否违法？为什么？

考　点 行政机关强制执行程序

解题思路 区城管执法大队拆除房屋行为属于行政机关对违法建筑物的强制拆除，这一强制拆除行为在程序上存在诸多违法之处：

（1）根据《行政强制法》第44条的规定，对违法的建筑物、构筑物、设施等需要强制拆除的，应当由行政机关予以公告，限期当事人自行拆除。当事人在法定期限内不申请行政复议或者提起行政诉讼，又不拆除的，行政机关可以依法强制拆除。区城管执法大队拆除房屋行为没有进行公告程序，存在程序违法。另外，强制拆除应当在王某在法定期限内不申请行政复议或者提起行政诉讼、又不拆除的情况下才能实施，而区城管执法大队拆除房屋是在王某未自行拆除房屋的第2日即实施强制拆除，存在程序违法。

（2）根据《行政强制法》第35条的规定，行政机关作出强制执行决定前，应当事先催告当事人履行义务。根据《行政强制法》第36条的规定，当事人收到催告书后有权进行陈述和申辩。行政机关应当充分听取当事人的意见，对当事人提出的事实、理由和证据，应当进行记录、复核。区城管执法大队拆除王某房屋前并未事先催告王某履行拆除房屋义务和听取王某意见，存在程序违法。

（3）根据《行政强制法》第37条第1款的规定，经催告，当事人逾期仍不履行行政决定，且无正当理由的，行政机关可以作出强制执行决定。根据《行政强制法》第38条的规定，催告书、行政强制执行决定书应当直接送达当事人。区城管执法大队拆除王某房屋并未作出书面的催告书和强制执行决定，也未将催告书、强制执行决定书送达王某，同样存在程序违法。

提　示 违法建筑物强制拆除的基本程序：行政机关公告——当事人不复议、不诉讼、不履行——行政机关书面催告——当事人陈述、申辩——行政机关听取意见——行政机关作出书面强制执行决定并送达——行政机关强制拆除。

参考答案 区城管执法大队拆除房屋行为违法。根据《行政强制法》第35~38、44条的规定，区城管执法大队强制拆除行为存在程序违法，具体有：没有进行强制拆除公告、王某申请行政复议和提起行政诉讼的期限没有届满、没有书面催告王某拆除房屋、没有听取王某陈述申辩、没有制作书面强制拆除决定并送达等。

3. 王某的起诉期限如何确定？

考 点 行政诉讼的起诉期限

解题思路 根据《行政诉讼法》第46条第1款的规定，公民、法人或者其他组织直接向人民法院提起诉讼的，应当自知道或者应当知道作出行政行为之日起6个月内提出。法律另有规定的除外。因此，王某直接向法院提起诉讼请求确认拆除房屋行为违法，应当自知道或者应当知道拆除房屋行为之日起6个月内提起。

提 示 行政诉讼起诉期限分为两种情况：

（1）直接起诉，起诉期限是从自知道或者应当知道作出行政行为之日起6个月；

（2）复议后起诉，起诉期限是从收到复议决定书之日起或者在复议期满之日起15日。

参考答案 根据《行政诉讼法》第46条第1款的规定，王某的起诉期限是自其知道或者应当知道拆除房屋行为之日起6个月。

4. 王某起诉所列被告是否正确？为什么？

考 点 行政诉讼的被告

解题思路 根据《行政诉讼法》第26条第1款的规定，公民、法人或者其他组织直接向人民法院提起诉讼的，作出行政行为的行政机关是被告。行政诉讼中是根据被诉行政行为来确定被告的。题目中，王某诉讼请求是确认限期拆除房屋行为违法，区建设规划局作出《责令限期拆除违法建筑通知》并委托区城管执法大队拆除，区城管执法大队邀请镇政府、区管委会等主体见证拆除。根据《行政诉讼法》第26条第5款的规定，行政机关委托的组织所作的行政行为，委托的行政机关是被告。区城管执法大队受区建设规划局委托实施拆除行为，故区城管执法大队不能成为行政诉讼的被告，镇政府、区管委会等见证拆除的主体也不能成为本案行政诉讼的被告，而是由委托机关——区建设规划局作为被告。

提 示 行政诉讼中采取"谁行为，谁被告"原则，但在行政委托中，不是以受委托的行政机关或组织为被告，应当以委托的行政机关为被告。

参考答案 王某起诉所列被告不正确。根据《行政诉讼法》第26条第1、5款的规定，应以被诉行政行为来确定行政诉讼的被告，区建设规划局作出《责令限期拆除违法建筑通知》，区城管执法大队受区建设规划局委托实施拆除行为，王某起诉应当以委托机关——区建设规划局为被告，镇政府、区管委会等见证拆除的主体也不能成为本案被告。

5. 若在一审开庭时，行政机关的负责人没有出庭应诉，只委托城管执法大队的相关工作人员和律师出庭，法庭是否应予准许？为什么？

考 点 行政机关负责人出庭应诉

解题思路 根据《行政机关负责人出庭应诉规定》第4条的规定，对于涉及食品药品安全、生态环境和资源保护、公共卫生安全等重大公共利益，社会高度关注或者可能引发群体性事件等的案件，人民法院应当通知行政机关负责人出庭应诉。有下列情形之一，需要行政机关负责人出庭的，人民法院可以通知行政机关负责人出庭应诉：①被诉行政行为涉及公民、法人或者其他组织重大人身、财产权益的；②行政公益诉讼；③被诉行政机关的上级机关规范性文件要求行政机关负责人出庭应诉的；④人民法院认为需要通知行政机关负责人出庭应诉的其他情形。由于本案是人民法院通知行政机关负责人出庭的案件，行政机关负责人必须出庭。根据《行政机关负责人出庭应诉规定》第8、9条的规定，行政机关负责人不能出庭应诉的应当具有正当理由并经过法院审查，因此只委派城管执法大队工作人员和律师出庭，法庭不予准许。

提　示 行政诉讼中行政机关负责人应当出庭应诉案件中不能出庭应诉的正当事由和审查：

（1）不可抗力、意外事件、需要履行他人不能代替的公务、无法出庭的其他正当事由；

（2）行政机关应当提交相关证明材料，法院应当进行审查。

参考答案 法庭不予准许。根据《行政机关负责人出庭应诉规定》第8、9条的规定，本案属于法院通知行政机关负责人出庭应诉的案件，行政机关负责人应当出庭应诉，若行政机关负责人没有出庭应诉，只委托城管执法大队的相关工作人员和律师出庭，法庭不予准许。

6. 王某请求损失赔偿的举证责任如何分配？

考　点 行政赔偿的举证责任

解题思路 根据《行政诉讼法》第38条第2款的规定，在行政赔偿、补偿的案件中，原告应当对行政行为造成的损害提供证据。因被告的原因导致原告无法举证的，由被告承担举证责任。《行诉解释》第47条第1款规定，根据《行政诉讼法》第38条第2款的规定，在行政赔偿、补偿案件中，因被告的原因导致原告无法就损害情况举证的，应当由被告就该损害情况承担举证责任。本案属于行政赔偿案件，应当由王某对拆除行为造成的损失承担举证责任，但区城管执法大队拆除房屋过程中，用铲车直接推倒房屋，未制作物品登记清单，也未采取保全措施，导致王某无法就损害情况举证，应当由行政机关就拆除行为造成的损害情况承担举证责任。

提　示 行政赔偿遵循"谁主张，谁举证"的原则，所以应当由原告对行政行为造成的损害举证，但因被告原因导致原告无法举证的，由被告对行政行为造成的损害举证。

参考答案 根据《行政诉讼法》第38条第2款和《行诉解释》第47条第1款的规定，

由于被告在拆除房屋过程中未制作物品登记清单、未采取保全措施，王某请求损失赔偿的举证责任应当由被告承担。

三、2017年司考卷四第七题（本题23分）

案情：

某省盐业公司从外省盐厂购进 300 吨工业盐运回本地，当地市盐务管理局认为购进工业盐的行为涉嫌违法，遂对该批工业盐予以先行登记保存，并将《先行登记保存通知书》送达该公司。其后，市盐务管理局经听证、集体讨论后，认定该公司未办理工业盐准运证从省外购进工业盐，违反了省政府制定的《盐业管理办法》第 20 条，决定没收该公司违法购进的工业盐，并处罚款 15 万元。公司不服处罚决定，向市政府申请行政复议。市政府维持市盐务管理局的处罚决定。公司不服向法院起诉。

材料一：

1.《盐业管理条例》（国务院 1990 年 3 月 2 日第 51 号令发布，自发布之日起施行）

第 24 条　运输部门应当将盐列为重要运输物资，对食用盐和指令性计划的纯碱、烧碱用盐的运输应当重点保证。

2.《盐业管理办法》（2003 年 6 月 29 日省人民政府发布，2009 年 3 月 20 日修正）

第 20 条　盐的运销站发运盐产品实行准运证制度。在途及运输期间必须货、单、证同行。无单、无证的，运输部门不得承运，购盐单位不得入库。

材料二： 2016 年 4 月 22 日，国务院发布的《盐业体制改革方案》指出，要推进盐业体制改革，实现盐业资源有效配置，进一步释放市场活力，取消食盐产销区域限制。要改革食盐生产批发区域限制。取消食盐定点生产企业只能销售给指定批发企业的规定，允许生产企业进入流通和销售领域，自主确定生产销售数量并建立销售渠道，以自有品牌开展跨区域经营，实现产销一体，或者委托有食盐批发资质的企业代理销售。要改革工业盐运销管理。取消各地自行设立的两碱工业盐备案制和准运证制度，取消对小工业盐及盐产品进入市场的各类限制，放开小工业盐及盐产品市场和价格。

材料三： 2017 年 6 月 13 日，李克强总理在全国深化简政放权放管结合优化服务改革电视电话会议上的讲话强调，我们推动的"放管服"改革、转变政府职能是一个系统的整体，首先要在"放"上下更大功夫，进一步做好简政放权的"减法"，又要在创新政府管理上破难题，善于做加强监管的"加法"和优化服务的"乘法"。如果说做好简化行政审批、减税降费等"减法"是革自己的命，是壮士断腕，那么做好强监管"加法"和优服务"乘法"，也是啃政府职能转变的"硬骨头"。放宽市场准入，可以促进公平竞争、防止垄断，也能为更好的"管"和更优的"服"创造条件。

问题：

（一）请根据案情、材料一和相关法律规定，回答下列问题：

1. 请简答行政机关适用先行登记保存的条件和程序。

考　　点 行政处罚的调查

解题思路 根据《行政处罚法》第 37 条第 2 款的规定，行政机关在收集证据时，可以采取抽样取证的方法；在证据可能灭失或者以后难以取得的情况下，经行政机关负责人批准，可以先行登记保存，并应当在 7 日内及时作出处理决定，在此期间，当事人或者有关人员不得销毁或者转移证据。因此，行政机关适用先行登记保存的条件是证据可能灭失或者以后难以取得，行政机关适用先行登记保存的程序是先行登记保存前要经行政机关负责人批准，先行登记保存后要在 7 日内作出处理决定。

提　　示 先行登记保存是行政处罚中调查取证的一种手段，法律上对先行登记保存有三点要求：

（1）只有在证据可能灭失或者以后难以取得的情况下才能适用；

（2）先行登记保存前须经行政机关负责人批准；

（3）先行登记保存后要在 7 日内作出处理决定。

参考答案 根据《行政处罚法》第 37 条第 2 款的规定，行政机关在证据可能灭失或者以后难以取得的情况下，经行政机关负责人批准，可以先行登记保存，并应当在 7 日内及时作出处理决定。

2.《行政处罚法》对市盐务管理局举行听证的主持人的要求是什么？

考　　点 行政处罚的听证

解题思路《行政处罚法》第 42 条不仅规定了适用听证的事项，而且还规定了听证的程序，其中对听证主持人提出了要求：听证由行政机关指定的非本案调查人员主持；当事人认为主持人与本案有直接利害关系的，有权申请回避。由此可以看出，为了确保听证的公正性，听证主持人保持中立，法律对听证主持人的要求比较严格，本案调查人员不能作为主持人，有直接利害关系的人员不能作为主持人。

提 示 调查人员不能作为主持人的原因是防止 先入为主，听证体现为一个申辩质证的过程，若调查人员能够担任主持人，主持人就很难 保持中立性。

参考答案 根据《行政处罚法》第42条第1款的规定，听证由市盐务管理局指定的非本案调查人员主持；当事人认为主持人与本案有直接利害关系的，有权申请回避。

3. 市盐务管理局以某公司未办理工业盐准运证从省外购进工业盐构成违法的理由是否成立？为什么？

考 点 行政许可的设定

解题思路 由题目可知《盐业管理办法》是省人民政府发布的，能看出《盐业管理办法》是省政府规章，市盐务管理局处罚盐业公司的理由是该公司未办理工业盐准运证从省外购进工业盐，而工业盐准运证是由省政府规章设定的行政许可。根据《行政许可法》第15条第1款的规定，本法第12条所列事项，尚未制定法律、行政法规的，地方性法规可以设定行政许可；尚未制定法律、行政法规和地方性法规的，因行政管理的需要，确需立即实施行政许可的，省、自治区、直辖市人民政府规章可以设定临时性的行政许可。《行政许可法》第16条第3款规定，规章可以在上位法设定的行政许可事项范围内，对实施该行政许可作出具体规定。由此可知，对于盐业管理事项，作为上位法的法律及《盐业管理条例》没有设定工业盐准运证这一行政许可，作为下位法的省政府规章不能设定工业盐准运证制度。故市盐务管理局以无权设定行政许可的省政府规章作为认定某公司未办理工业盐准运证从省外购进工业盐构成违法的理由，应当属于适用法律错误，理由不能成立。

提 示 在某类管理事项上已经制定 法律、行政法规，若法律、行政法规没有设定行政许可，地方性法规、规章不得 设定行政许可，若法律、行政法规设定了行政许可，地方性法规、规章不得设定行政许可，地方性法规、规章可以对法律、行政法规设定的行政许可作出具体规定。在某类管理事项上没有制定法律、行政法规，地方性法规可以设定行政许可，省级地方政府规章可以设定临时性的行政许可，而部门规章和市级地方政府规章不得设定许可。

参考答案 市盐务管理局以某公司未办理工业盐准运证从省外购进工业盐构成违法的理由不成立。根据《行政许可法》第15、16条的规定，盐业管理事项已经制定了法律、行政法规，但法律及国务院《盐业管理条例》没有设定工业盐准运证这一行政许可，省政府规章《盐业管理办法》不能设定工业盐准运证制度。

4. 如何确定本案的被告？为什么？

考 点 行政诉讼的被告

解题思路 根据《行政诉讼法》第 26 条第 2 款的规定，经复议的案件，复议机关决定维持原行政行为的，作出原行政行为的行政机关和复议机关是共同被告；复议机关改变原行政行为的，复议机关是被告。题目中公司不服市盐务管理局的处罚决定，向市政府申请行政复议，市政府维持市盐务管理局的处罚决定。这属于复议机关决定维持原行政行为的案件，由作出原行政行为的行政机关——市盐务管理局和复议机关——市政府为共同被告。

提 示 经复议的案件，复议维持的，原行政行为机关和复议机关为共同被告；复议改变的，复议机关为被告。

参考答案 市盐务管理局和市政府为共同被告。根据《行政诉讼法》第 26 条第 2 款的规定，经复议的案件，复议机关决定维持原行政行为的，作出原行政行为的行政机关和复议机关是共同被告。本案中，复议机关市政府维持了市盐务管理局的处罚决定。

（二）请基于案情，结合材料二、材料三和相关法律作答（要求观点明确，说理充分，文字通畅，字数不少于 400 字）：

谈谈深化简政放权放管结合优质服务改革，对推进政府职能转变，建设法治政府的意义。

考 点 行政法原理与法治政府的基本要求

解题思路 题目要求考生论述当前政府改革对建设法治政府的意义。命题背景是中共中央、国务院印发《法治政府建设实施纲要（2015～2020 年）》，论述可以从深化简政放权放管结合优质服务改革角度，提出当前政府管理创新的重要内容，对推进政府职能转变、建设法治政府的意义。论述要基于本案案情并结合《盐业体制改革方案》（材料二）和李克强总理的讲话（材料三）展开，能否紧扣案情与材料，将直接影响题目的得分。简政放权与优质服务对政府职能转变而言体现为两个方面：既要有"减法"（放权），又要有"加法"（监管）和"乘法"（服务）。当然考生要从简政放权和优质服务两个方面进行分析论证，做到提出的主旨观点鲜明，论证说理充分，字数达到最低要求。

提 示 行政法论述题是开放性题目，无标准答案可言，只要能言之有理，自圆其说就可以，但应当把深化简政放权放管结合优质服务的改革内容和推进政府职能转变、法治政府建设紧密结合起来，从做好简政放权的"加法""减法""乘法"角度，突出建设法治政府的意义。注意当前行政法论述题的热点就是法治政府。

参考答案

（1）法治政府是权责法定的政府，简政放权可以有效清理和取消行政机关于法无据、擅自设置的权力，实现职权法定，《盐业体制改革方案》取消各地自行设立的两碱工业盐备案制和准运证制度，体现了这一要求；

（2）法治政府是有限政府，深化简政放权改革，做好简政放权的"减法"，可以卸载政府不必要的职能和权力，《盐业体制改革方案》及简政放权的其他一系列改革措施，均体现了这一要求；

（3）法治政府是责任政府，要做好放管服改革的"加法"，李克强总理讲话明确指出要在创新政府管理上破难题，善于加强监管，改革的方向是政府要更好地履行职责；

（4）法治政府是服务政府，李克强总理讲话指出要优化服务的"乘法"，致力于更优的政府服务，实现行政工作的高效便民。

四、2016年司考卷四第七题（本题24分）

材料一（案情）： 孙某与村委会达成在该村采砂的协议，期限为5年。孙某向甲市乙县国土资源局申请采矿许可，该局向孙某发放采矿许可证，载明采矿的有效期为2年，至2015年10月20日止。

2015年10月15日，乙县国土资源局通知孙某，根据甲市国土资源局日前发布的《严禁在自然保护区采砂的规定》，采矿许可证到期后不再延续，被许可人应立即停止采砂行为，撤回采砂设施和设备。

孙某以与村委会协议未到期、投资未收回为由继续开采，并于2015年10月28日向乙县国土资源局申请延续采矿许可证的有效期。该局通知其许可证已失效，无法续期。

2015年11月20日，乙县国土资源局接到举报，得知孙某仍在采砂，以孙某未经批准非法采砂，违反《矿产资源法》为由，发出《责令停止违法行为通知书》，要求其停止违法行为。孙某向法院起诉请求撤销通知书，一并请求对《严禁在自然保护区采砂的规定》进行审查。

孙某为了解《严禁在自然保护区采砂的规定》内容，向甲市国土资源局提出政府信息公开申请。

材料二： 涉及公民、法人或其他组织权利和义务的规范性文件，按照政府信息公开要求和程序予以公布。推行行政执法公示制度。推进政务公开信息化，加强互联网政务信息数据服务平台和便民服务平台建设。

（摘自《中共中央关于全面推进依法治国若干重大问题的决定》）

问题：

（一）结合材料一回答以下问题：

1. 《行政许可法》对被许可人申请延续行政许可有效期有何要求？行政许可机关接到申请后应如何处理？

考　点　行政许可的延续

解题思路　根据《行政许可法》第50条第1款的规定，被许可人需要延续依法取得的行政许可的有效期的，应当在该行政许可有效期届满30日前向作出行政许可决定的行政机关提出申请。但是，法律、法规、规章另有规定的，依照其规定。被许可人申请延续行政许可有效期的要求一般情形是行政许可有效期届满30日前，特别情形是法律、法规、规章的另有规定。

　　根据《行政许可法》第50条第2款的规定，行政机关应当根据被许可人的申请，在该行政许可有效期届满前作出是否准予延续的决定；逾期未作决定的，视为准予延续。行政机关应当在行政许可有效期届满前作出是否准予延续的决定，否则推定行政许可延续。

提　示　为了保护被许可人的权利，行政机关拒绝延续要采取明示方式，而视为延续采取默示方式。

参考答案　根据《行政许可法》第50条的规定，被许可人需要延续依法取得的行政许可的有效期的，应在该许可有效期届满30日前向作出许可决定的行政机关提出申请。但法律、法规、规章另有规定的，从其规定。行政机关应根据被许可人的申请，在该许可有效期届满前作出是否准予延续的决定；逾期未作出决定的，视为准予延续。

2. 孙某一并审查的请求是否符合要求？根据有关规定，原告在行政诉讼中提出一并请求审查行政规范性文件的具体要求是什么？

考　点　行政诉讼中规范性文件的附带审查

解题思路　根据《行政诉讼法》第53条的规定，公民、法人或者其他组织认为行政行为所依据的国务院部门和地方人民政府及其部门制定的规范性文件不合法，在对行政行为提起诉讼时，可以一并请求对该规范性文件进行审查。前款规定的规范性文件不含规章。《行诉解释》第146条规定，公民、法人或者其他组织请求人民法院一并审查《行政诉讼法》第53条规定的规范性文件的，应当在第一审开庭审理前提出；有正当理由的，也可以在法庭调查中提出。

　　原告在行政诉讼中提出一并请求审查行政规范性文件的具体要求有三个：

（1）申请审查的对象是国务院部门和地方政府及其部门制定的规范性文件，不含部门规章，也不含地方政府规章；

（2）规范性文件的关联性，也就是规范性文件属于被诉行政行为的作出依据；

（3）提出审查的时间，应在第一审开庭审理前，除非有正当理由才可以在法庭调查中提出。

由题目可知，国土资源局以孙某违反《矿产资源法》为由作出的《责令停止违法行为通知书》，没有依据《严禁在自然保护区采砂的规定》，因此孙某请求的《严禁在自然保护区采砂的规定》不属于被诉的行政行为（责令停止违法行为通知）作出的依据，故孙某一并审查《严禁在自然保护区采砂的规定》的请求不符合要求。

提　示 在行政诉讼中法院审查行政规范性文件是附带审查，行政规范性文件直接诉到法院，法院不予受理。

参考答案 本案中，因《严禁在自然保护区采砂的规定》并非被诉行政行为（责令停止违法行为通知）作出的依据，孙某的请求不成立。根据《行政诉讼法》第53条和《行诉解释》第146条的规定，原告在行政诉讼中一并请求审查规范性文件需要符合三个要求：①该规范性文件为国务院部门和地方政府及其部门制定的规范性文件，但不含规章。②该规范性文件是被诉行政行为作出的依据。③应在第一审开庭审理前提出；有正当理由的，也可以在法庭调查中提出。

3. 行政诉讼中，如法院经审查认为规范性文件不合法，应如何处理？

考　点 行政诉讼中规范性文件的审查

解题思路 根据《行诉解释》第149条第1款的规定，人民法院经审查认为行政行为所依据的规范性文件合法的，应当作为认定行政行为合法的依据；经审查认为规范性文件不合法的，不作为人民法院认定行政行为合法的依据，并在裁判理由中予以阐明。作出生效裁判的人民法院应当向规范性文件的制定机关提出处理建议，并可以抄送制定机关的同级人民政府、上一级行政机关、监察机关以及规范性文件的备案机关。

由此可知，法院经审查认为规范性文件不合法的处理有四点：

（1）规范性文件不作为认定行政行为合法的依据；

（2）阐明规范性文件不作为认定行政行为合法依据的裁判理由；

（3）法院应当向规范性文件的制定机关提出处理建议；

（4）法院可以向制定机关的同级人民政府、上一级行政机关、监察机关以及规范性文件的备案机关抄送处理建议。

提　示 法院审查认为规范性文件不合法，既无权在判决中撤销该规范性文件，也无权在判决中宣告该规范性文件无效。

参考答案 根据《行诉解释》第149条第1款的规定，法院不得将该规范性文件作为认定行政行为合法的依据，并应在裁判理由中予以阐明。作出生效裁判的人民法院应当向规范性文件的制定机关提出处理建议，并可以抄送制定机关的同级人民政府、上一级行政机关、监察机关以及规范性文件的备案机关。

4. 对《责令停止违法行为通知书》的性质作出判断，并简要比较行政处罚与行政强制措施的不同点。

`考　　点` 行政强制措施与行政处罚的区别

`解题思路` 根据《行政强制法》第2条第2款的规定，行政强制措施，是指行政机关在行政管理过程中，为制止违法行为、防止证据损毁、避免危害发生、控制危险扩大等情形，依法对公民的人身自由实施暂时性限制，或者对公民、法人或者其他组织的财物实施暂时性控制的行为。乙县国土资源局针对孙某未经批准非法采砂，向其发出《责令停止违法行为通知书》，目的在于停止违法行为，即其违法开采行为，符合行政强制措施的目的——制止违法行为，《责令停止违法行为通知书》属于行政强制措施。

根据《行政处罚法》第3条第1款的规定，公民、法人或者其他组织违反行政管理秩序的行为，应当给予行政处罚的，依照本法由法律、法规或者规章规定，并由行政机关依照本法规定的程序实施。行政处罚是对公民、法人或者其他组织违反行政管理秩序的行为给予的处罚，其目的是制裁性。

`提　　示` 行政强制措施的目的是制止违法行为、防止证据损毁、避免危害发生、控制危险扩大等，预防性和制止性是其本质特点。行政处罚的目的是对违法行为的制裁，制裁性是其本质特点。

`参考答案` 本案中，责令停止违法行为通知的目的在于制止孙某的违法行为，不具有制裁性质，属于行政强制措施。行政处罚和行政强制措施的不同主要体现在下列方面：

（1）目的不同。行政处罚的目的是制裁性，给予违法者制裁是其本质特征；行政强制措施主要目的在于制止性和预防性，即在行政管理中制止违法行为、防止证据损毁、避免危害发生、控制危险扩大等。

（2）阶段性不同。行政处罚是对违法行为查处作出的处理决定，常发生在行政程序终了之时；行政强制措施是对人身自由、财物等实施的暂时性限制、控制措施，常发生在行政程序前端。

（3）表现形式不同。行政处罚主要有警告、罚款、没收违法所得、责令停产停业、暂扣或吊销许可证或执照、行政拘留等；行政强制措施主要有限制公民自由、查封、扣押、冻结等。

（二）结合材料一和材料二作答（要求观点明确，逻辑清晰、说理充分、文字通畅；总字数不得少于500字）：

谈谈政府信息公开的意义和作用，以及处理公开与不公开关系的看法。

考　点 政府信息公开

解题思路 政府信息公开的意义和作用可以从多个角度分析：既可以从信息对经济社会的意义和价值角度分析，也可以从信息对民主政治的意义和价值角度分析；既可以从保障公民知情权、参与权的角度分析，也可以从监督权力、防止腐败的角度分析；既可以从促进法治政府建设的角度分析，也可以从促进科学研究的角度分析。处理公开与不公开关系论述时要把握一个标准：信息公开是原则，信息不公开是例外。在具体操作中要处理好各方面的利益关系：既要保障公民知情权，又要保障个人隐私和商业秘密，既要保障个人合法权益，又要保障公共利益。按照上述几个方面，围绕着核心观点加以论证。

提　示 题目中是两个问题，既要论述政府信息公开的意义和作用，又要分析政府信息公开与不公开的关系，防止对一个问题论述过多而忽略另一个问题，这是我们在审题时要特别注意的。

参考答案 政府信息公开的意义和作用表现为多个方面：

（1）在当今信息时代，信息的价值和意义难以估量，对经济和社会发展的作用巨大，充分发挥信息的效用，是政府的重要职责；

（2）推行政府信息公开，让公众了解政府运作的情况和掌握所需要的资料，是公众行使对国家和政府管理活动的参与权和监督权的前提，是民主政治的核心内容之一；

（3）"阳光是最好的防腐剂"，政府信息公开可以将政府的活动置于公众的监督之下，可以保证行政的公正性，对防止腐败具有重要作用；

（4）政府信息公开还具有能满足公民和组织的个人需要、推动科学研究发展等功能和作用。

处理政府信息公开与不公开关系应确立一个基本原则：以公开为常态，以不公开为例外。具体可以从以下几个方面分析：

（1）政府信息公开要保证公民、法人和其他组织及时、准确地获取政府信息；

（2）防止出现因公开不当导致失密、泄密而损害国家安全、公共安全、经济安全，影响社会稳定和侵犯公民、法人或者其他组织的合法权益；

（3）处理政府信息公开与不公开关系需要注意公共利益与个人利益之间的平衡。

五、2015年司考卷四第六题（本题20分）

案情：

某公司系转制成立的有限责任公司，股东 15 人。全体股东通过的公司章程规定，董事长为法定代表人。对董事长产生及变更办法，章程未作规定。股东会议选举甲、乙、丙、丁四人担任公司董事并组成董事会，董事会选举甲为董事长。

后乙、丙、丁三人组织召开临时股东会议，会议通过罢免甲董事长职务并解除其董事，选举乙为董事长的决议。乙向区工商分局递交法定代表人变更登记申请，经多次补正后该局受理其申请。

其后，该局以乙递交的申请，缺少修改后明确董事长变更办法的公司章程和公司法定代表人签署的变更登记申请书等材料，不符合法律、法规规定为由，作出登记驳回通知书。

乙、丙、丁三人向市工商局提出复议申请，市工商局经复议后认定三人提出的变更登记申请不符合受理条件，分局作出的登记驳回通知错误，决定予以撤销。

三人遂向法院起诉，并向法院提交了公司的章程、经过公证的临时股东会决议。

问题：

1. 请分析公司的设立登记和变更登记的法律性质。

考 点 行政许可的概念

解题思路 根据《公司法》第 6 条的规定，公司的设立登记的法律效力是使公司取得法人资格，进而取得从事经营活动的合法身份。根据《行政许可法》第 2、12 条的规定，公司的设立登记需符合《行政许可法》规定的行政许可——"行政机关根据公民、法人或者其他组织的申请，经依法审查，准予其从事特定活动"。

公司的变更登记指公司设立登记事项中的某一项或某几项改变，向公司登记机关申请变更的登记。根据《公司法》第 7 条第 3 款的规定，公司营业执照记载的事项发生变更的，公司应当依法办理变更登记，由公司登记机关换发营业执照。对于变更登记可以定性为行政许可，理由是出现变更情形公司应当依法办理变更登记，未经核准变更登记，公司不得擅自变更登记事项；公司登记事项发生变更时未依法办理变更登记的，需要承担相应法律责任。这符合《行政许可法》第 2 条对行政许可的界定，即"本法所称行政许可，是指行政机关根据公民、法人或者其他组织的申请，经依法审查，准予其从事特定活动的行为"。

提　示 题目要求考生在遇到案例时能结合《公司法》和《行政许可法》进行分析。同时，题目不仅要求考生作出判断，更要求考生进行分析论证。

参考答案 公司的设立登记为行政许可。根据《行政许可法》第12条第5项的规定，企业或者其他组织的设立等，需要确定主体资格的事项可以设定行政许可。公司的设立登记的法律效力是使公司取得法人资格，进而取得从事经营活动的合法身份，符合《行政许可法》第2条规定的行政许可，行政机关根据公民、法人或者其他组织的申请，经依法审查，准予其从事特定活动。

公司的变更登记为行政许可。公司的变更登记指公司设立登记事项中的某一项或某几项改变，向公司登记机关申请变更的登记。未经核准变更登记，公司不得擅自变更登记事项；公司登记事项发生变更时未依法办理变更登记的，需要承担相应法律责任。因此，公司的变更登记应符合《行政许可法》第2条规定的行政许可。

2. 如市工商局维持了区工商分局的行政行为，请确定本案中的原告和被告，并说明理由。

考　点 行政诉讼的原告与被告

解题思路 题目考查的是复议维持案件的原告、被告的确定问题。此案的起因是乙向区工商分局递交法定代表人变更登记申请，该局以申请不符合法律、法规规定为由作出登记驳回通知书，乙、丙、丁三人向市工商局提出复议申请，市工商局予以维持。根据《行政诉讼法》第25条第1款的规定，行政行为的相对人以及其他与行政行为有利害关系的公民、法人或者其他组织，有权提起诉讼。因此，乙、丙、丁为原告。根据《行政诉讼法》第26条第2款的规定，复议机关维持原行政行为的，作出原行政行为的行政机关和行政复议机关是共同被告，故市工商局和区工商分局为共同被告。

提　示 复议机关维持原行政行为的，作出原行政行为的行政机关和行政复议机关是共同被告；复议机关改变原行政行为的，复议机关是被告。

参考答案 乙、丙、丁为原告，被告为市工商局和区工商分局。本案中，针对区工商分局的决定，乙、丙、丁申请复议。如市工商局作出维持决定，根据《行政诉讼法》第26条第2款的规定，复议机关维持原行政行为的，作出原行政行为的行政机关和行政复议机关是共同被告，故市工商局和区工商分局为共同被告。根据《行政诉讼法》第25条第1款的规定，行政行为的相对人以及其他与行政行为有利害关系的公民、法人或者其他组织，有权提起诉讼。故乙、丙、丁为原告。

3. 如何确定本案的审理和裁判对象？如市工商局在行政复议中维持区工商分局的行为，有何不同？

考 点 行政诉讼审理和裁判的对象

解题思路 乙向区工商分局递交变更申请，该局以缺少相关材料、不符合法律、法规规定为由，作出登记驳回通知书。乙、丙、丁三人向市工商局提出复议申请，市工商局经复议后认定三人提出的变更登记申请不符合受理条件，分局作出的登记驳回通知错误，决定予以撤销。三人遂向法院起诉。因此，此种情形属于复议改变原行为的情形，复议机关市工商局为被告，复议机关的行为，即市工商局撤销区工商分局的通知为审理裁判对象。

如果市工商局维持了区工商分局的行为，根据《行政诉讼法》第26条第2款的规定，市工商局和区工商分局为共同被告。《行政诉讼法》第79条规定，复议机关与作出原行政行为的行政机关为共同被告的案件，人民法院应当对复议决定和原行政行为一并作出裁判。故原行政行为——登记驳回通知书和复议决定——维持决定均为案件的审理对象，法院应一并作出裁判。

提 示 复议维持还是复议改变直接决定着行政诉讼的审理和裁判对象的不同：

（1）复议维持的，复议维持决定和原行政行为是行政诉讼的审查和裁判对象；

（2）复议改变的，复议改变决定是行政诉讼的审查和裁判对象，原行政行为不是行政诉讼的审查和裁判对象。

参考答案 本案的审理裁判对象是市工商局撤销区工商分局通知的行为。如果市工商局维持了区工商分局的行为，根据《行政诉讼法》第79条的规定，区工商分局的登记驳回通知书和市工商局的维持决定均为案件的审理对象，法院应一并作出裁判。

4. 法院接到起诉状决定是否立案时通常面临哪些情况？如何处理？

考 点 行政诉讼的登记立案

解题思路 为解决行政诉讼"立案难"的问题，《行政诉讼法》对法院接到起诉状后的处理作出明确规定。根据《行政诉讼法》第51条的规定，主要有下列情形，处理的方式有所不同：

（1）对符合本法规定的起诉条件的，应当登记立案；

（2）不符合起诉条件的，作出不予立案的裁定，裁定书应当载明不予立案的理由，原告对裁定不服的，可以提起上诉；

（3）对当场不能判定是否符合本法规定的起诉条件的，应当接收起诉状，出具注明收到日期的书面凭证，并在7日内决定是否立案；

（4）起诉状内容欠缺或者有其他错误的，应当给予指导和释明，并一次性告知当事人需要补正的内容，不得未经指导和释明即以起诉不符合条件为由不接收起诉状。

提 示 法院接到起诉状后的处理：

（1）当场能判定的，对符合法定起诉条件的，应当登记立案，对不符合法定起诉条件的，裁定不予立案；

（2）当场不能判定的，应当接收起诉状，出具注明收到日期的书面凭证，并在7日内决定是否立案；

（3）起诉状内容欠缺或有其他错误的，应给予指导和释明，并一次性告知当事人需要补正的内容。

参考答案 根据《行政诉讼法》第51条的规定，接到起诉状时，对符合法定起诉条件的，应当登记立案。当场不能判定的，应当接收起诉状，出具注明收到日期的书面凭证，并在7日内决定是否立案；不符合起诉条件的，作出不予立案的裁定。如起诉状内容欠缺或有其他错误的，应给予指导和释明，并一次性告知当事人需要补正的内容。不得未经指导和释明即以起诉不符合条件为由不接收起诉状。

5. 《行政诉讼法》对一审法院宣判有何要求？

考 点 行政诉讼一审的宣判

解题思路 根据《行政诉讼法》第80条的规定，人民法院对公开审理和不公开审理的案件，一律公开宣告判决。当庭宣判的，应当在10日内发送判决书；定期宣判的，宣判后立即发给判决书。宣告判决时，必须告知当事人上诉权利、上诉期限和上诉的人民法院。因此，行政诉讼要求一律公开宣告判决。当庭宣判的，应当在10日内发送判决书；定期宣判的，宣判后立即发送判决书。宣判时，必须告知当事人上诉权利、上诉期限和上诉的法院。

提 示 行政诉讼一审宣判有三个要求：

（1）宣判形式——公开宣判；

（2）判决书送达——当庭宣判的判决书应当在10日内发送，定期宣判的判决书在宣判后立即发给；

（3）权利告知——宣判时告知当事人上诉权利、上诉期限和上诉的法院。

参考答案 根据《行政诉讼法》第80条的规定，法院一律公开宣告判决。当庭宣判的，应当在10日内发送判决书；定期宣判的，宣判后立即发送判决书。宣判时，必须告知当事人上诉权利、上诉期限和上诉的法院。

六、2014年司考卷四第七题（本题26分）

材料一（案情）： 2012年3月，建筑施工企业原野公司股东王某和张某向工商局提出增资扩股变更登记的申请，将注册资本由200万元变更为800万元。工商局根据王某、张某提交的验资报告等材料办理了变更登记。后市公安局向工商局发出10号公函称，王某与张某涉嫌虚报注册资本被采取强制措施，建议工商局吊销原野公司营业执照。工商局经调查发现验资报告有涂改变造嫌疑，向公司发出处罚告知书，拟吊销公司营业执照。王某、张某得知此事后迅速向公司补足了600万元现金，并向工商局提交了证明材料。工商局根据此情形作出责令改正、缴纳罚款的20号处罚决定。公安局向市政府报告，市政府召开协调会，形成3号会议纪要，认为原野公司虚报注册资本情节严重，而工商局处罚过轻，要求工商局撤销原处罚决定。后工商局作出吊销原野公司营业执照的25号处罚决定。原野公司不服，向法院提起诉讼。

材料二： 2013年修改的《公司法》，对我国的公司资本制度作了重大修订，主要体现在：一是取消了公司最低注册资本的限额，二是取消公司注册资本实缴制，实行公司注册资本认缴制，三是取消货币出资比例限制，四是公司成立时不需要提交验资报告，公司的认缴出资额、实收资本不再作为公司登记事项。

2014年2月7日，国务院根据上述立法精神批准了《注册资本登记制度改革方案》，进一步明确了注册资本登记制度改革的指导思想、总体目标和基本原则，从放松市场主体准入管制、严格市场主体监督管理和保障措施等方面，提出了推进公司注册资本及其他登记事项改革和配套监管制度改革的具体措施。

答题要求：

1. 无本人观点或论述、照搬材料原文不得分；

2. 观点明确，逻辑清晰，说理充分，文字通畅；

3. 请按提问顺序逐一作答，总字数不得少于600字。

问题：

1. 材料一中，王某、张某是否构成虚报注册资本骗取公司登记的行为？对在工商局作出20号处罚决定前补足注册资金的行为如何认定？

`考　点`行政处罚的适用

解题思路 题目案情发生在 2012 年 3 月，2013 年 12 月 28 日《公司法》修订，因此本案还应适用于修订前的《公司法》。修订前的《公司法》第 199 条规定，违反本法规定，虚报注册资本、提交虚假材料或者采取其他欺诈手段隐瞒重要事实取得公司登记的，由公司登记机关责令改正，对虚报注册资本的公司，处以虚报注册资本金额 5% 以上 15% 以下的罚款；对提交虚假材料或者采取其他欺诈手段隐瞒重要事实的公司，处以 5 万元以上 50 万元以下的罚款；情节严重的，撤销公司登记或者吊销营业执照。题目中，王某、张某二者提供虚假验资报告取得公司变更登记，二者的行为构成虚报注册资本骗取公司登记的行为。在工商局作出 20 号处罚决定前得知此事后迅速向公司补足了 600 万元现金，系对二人违法行为的纠正。根据《行政处罚法》第 27 条的规定，当事人有下列情形之一的，应当依法从轻或者减轻行政处罚：①主动消除或者减轻违法行为危害后果的；……违法行为轻微并及时纠正，没有造成危害后果的，不予行政处罚。这一纠正行为在实施处罚时可以作为处罚重要考虑情节。

提　　示 认定违法行为是行政处罚的前提，当事人对违法行为的纠正是行政处罚适用中应考虑的情节。

参考答案 根据修订前的《公司法》第 199 条的规定，王某、张某的行为构成虚报注册资本骗取公司登记的行为。在工商局作出 20 号处罚决定前得知此事后迅速向公司补足了 600 万元现金，根据《行政处罚法》第 27 条的规定，这属于二人对违法行为的纠正，实施行政处罚时应当从轻、减轻或者不予处罚。

2. 材料一中，市政府能否以会议纪要的形式要求工商局撤销原处罚决定？

考　　点 具体行政行为的概念

解题思路 市政府不能以会议纪要的形式要求工商局撤销原处罚决定。原因有两个方面：一方面会议纪要作为内部性很强的行为去处理当事人重大权益是违法的。该会议纪要认为原野公司虚报注册资本情节严重，而工商局处罚过轻，要求工商局撤销原处罚决定，因此该会议纪要对当事人的权益产生实质性影响，通常只是政府及相关职能部门参加，当事人不能去陈述和申辩，因此是违法的。另一方面，用会议纪要形式要求工商局撤销原处罚决定涉嫌侵犯工商局的职能。根据《行政处罚法》第 55 条的规定，行政机关实施行政处罚，有下列情形之一的，由上级行政机关或者有关部门责令改正，可以对直接负责的主管人员和其他直接责任人员依法给予行政处分：①没有法定的行政处罚依据的；②擅自改变行政处罚种类、幅度的；③违反法定的行政处罚程序的；④违反本法第 18 条关于委托处罚的规定的。该规定严格限定了上级行政机关的职权，对适用的情形作了严格限制，市政府以会议纪要形式撤销原处罚决定是不恰当的。

提　　示 会议纪要表面上看属于行政机关的内部性行为，但在实践中和题目中是对当事人权利义务的重大处理行为，符合具体行政行为的特征。

参考答案 市政府不能以会议纪要的形式要求工商局撤销原处罚决定。

3. 材料一中，工商局做出 25 号处罚决定应当履行什么程序？

考　点 行政处罚的听证

解题思路 工商局作出吊销原野公司营业执照的 25 号处罚决定，应当适用行政处罚程序。《行政处罚法》第 42 条第 1 款规定，行政机关作出责令停产停业、吊销许可证或者执照、较大数额罚款等行政处罚决定之前，应当告知当事人有要求举行听证的权利；当事人要求听证的，行政机关应当组织听证。因此，工商局作出吊销原野公司营业执照的处罚决定应适用听证程序。

提　示 行政处罚决定程序有简易程序和普通程序，听证程序是在普通程序中的附加程序，只有重大的处罚行为——责令停产停业、吊销许可证或者执照、较大数额罚款，才适用听证程序。

参考答案 根据《行政处罚法》第 42 条的规定，工商局做出 25 号处罚决定应适用听证程序。

4. 结合材料一和材料二，运用行政法基本原理，阐述我国公司注册资本登记制度改革在法治政府建设方面的主要意义。

考　点 法治政府

解题思路 法治政府属于行政法的目标，依法行政与法治政府具有同质性，依法行政的六个基本原则属于法治政府的基本内容。题目论述可以从注册资本登记制改革角度，提出注册资本登记制度改革是当前我国简政放权中的重要内容，对实现行政权力有效规范与推动法治政府建设具有重要的关联性，可以从有利于建设有限政府、服务政府、廉洁政府、效能政府和责任政府等方面进行阐述，考生对这几个方面的内容无需面面俱到，只要围绕其中的几个方面展开分析即可，但要观点鲜明，逻辑清晰，论证充分，字数符合要求。

提　示 题目是开放性问题，无标准答案，但论述内容要把公司登记改革、简政放权和法治政府这三者结合起来，防止只就公司登记改革论简政放权，一定要突出法治政府的主旨目的。

参考答案

(1) 注册资本登记制度改革可以卸载政府不必要的职能和权力，减少政府过度干预市场和企业的自主经营，有利于建设有限政府；

(2) 注册资本登记制度改革放松市场主体准入门槛，为市场主体和企业松绑，充分调动市场主体和企业的积极性，激发市场活力，有利于建设服务政府；

（3）注册资本登记制度改革规范政府在公司登记中的行政行为，约束行政机关在登记中的权力，防止权力滥用，减少权力寻租的机会，有利于建设廉洁政府；

（4）注册资本登记制度改革提高行政机关的办事效率，强调公司登记中的服务和便民，极大方便公众和企业办事，实现行政权力有效运行，有利于建设效能政府；

（5）注册资本登记制度改革实现市场主体的宽进严管，放掉不该管的权力，加强监管权力，加强行政机关在市场主体管理上的严格责任，形成和维护公平、有序的市场秩序，有利于建设责任政府。

七、2013年司考卷四第六题（本题21分）

案情：

《政府采购法》规定，对属于地方预算的政府采购项目，其集中采购目录由省、自治区、直辖市政府或其授权的机构确定并公布。张某在浏览某省财政厅网站时未发现该省政府集中采购项目目录，在通过各种方法均未获得该目录后，于2013年2月25日向省财政厅提出公开申请。财政厅答复，政府集中采购项目目录与张某的生产、生活和科研等特殊需要没有直接关系，拒绝公开。张某向省政府申请行政复议，要求认定省财政厅未主动公开目录违法，并责令其公开。省政府于4月10日受理，但在法定期限内未作出复议决定。张某不服，于6月18日以省政府为被告向法院提起诉讼。

问题：

1. 法院是否应当受理此案？为什么？

考 点 行政诉讼的受案

解题思路 题目中，张某向省政府申请行政复议，要求认定省财政厅未主动公开目录违法，并责令其公开。省政府于4月10日受理，但在法定期限内未作出复议决定。张某在6月18日以省政府为被告向法院提起诉讼。根据《行政诉讼法》第26条第3款的规定，复议机关在法定期限内未作出复议决定，公民、法人或其他组织起诉原行政行为的，作出原行政行为的行政机关是被告；起诉复议机关不作为的，复议机关是被告。因此，这一诉讼属于行政诉讼受案范围，张某作为行政复议申请人，自然具有原告资格，省政府作为复议机关应为本案的被告。

题目中的起诉期限计算，属于经过复议后的诉讼问题。根据《行政诉讼法》第 45 条的规定，公民、法人或者其他组织不服复议决定的，可以在收到复议决定书之日起 15 日内向人民法院提起诉讼。复议机关逾期不作决定的，申请人可以在复议期满之日起 15 日内向人民法院提起诉讼。法律另有规定的除外。《政府信息公开条例》未规定行政复议的特别期限，应按照一般期限。因此，根据《行政复议法》第 31 条规定，行政复议一般期限为 60 日，申请人可以自复议期满之日起 15 日内起诉。题目中，省政府于 4 月 10 日受理，6 月 11 日是复议期满之日，张某于 6 月 18 日起诉，属于在法定起诉期限内起诉。同时，题目中又不存在不受理的其他情形，故法院应当受理此案。

提　示　要确定法院是否应受理此案，就要分析这一诉讼的性质。题目中有两个行政机关：省财政厅和省政府，且经过行政复议，省政府是对省财政厅的政府信息公开进行行政复议，省政府在法定期限内未作出复议决定，张某以省政府为被告向法院提起诉讼，这是一起起诉省政府未履行复议职责的行政诉讼。

参考答案　法院应当受理此案。根据《行政诉讼法》第 49 条的规定，复议机关在法定期限内不作复议决定，当事人对复议机关不作为不服向法院起诉的，属于行政诉讼受案范围，被告为复议机关，且张某具有原告资格，起诉未超过法定期限，不存在不受理的情形，故法院应当受理此案。

2. 财政厅拒绝公开政府集中采购项目目录的理由是否成立？为什么？

考　点　政府信息公开的范围

解题思路　题目中，张某向省财政厅提出公开申请的信息是政府集中采购项目目录。省财政厅拒绝公开，理由是政府集中采购项目目录与张某的生产、生活和科研等特殊需要没有直接关系。

根据《政府采购法》的规定，该目录属于应当主动公开的政府信息。同时，《政府信息公开条例》第 20 条第 9 项规定，行政机关应当依照本条例第 19 条的规定，主动公开本行政机关的下列政府信息：……⑨政府集中采购项目的目录、标准及实施情况。《政府信息公开条例》第 13 条规定，除本条例第 14 条、第 15 条、第 16 条规定的政府信息外，政府信息应当公开。行政机关公开政府信息，采取主动公开和依申请公开的方式。上述规定表明：对应主动公开而未主动公开的政府信息，公民、法人或者其他组织有权提出申请，并无申请人资格的限制。因此，省财政厅以张某无申请人资格作为拒绝公开政府集中采购项目目录的理由是不成立的。注意：即使依申请公开的政府信息，2019 年修订后的《政府信息公开条例》也取消了申请人申请公开政府信息要"根据自身生产、生活、科研等特殊需要"的要求。

提　示 行政机关应当主动公开的政府信息是涉及公众利益调整、需要公众广泛知晓或者需要公众参与决策的政府信息。

参考答案 不成立。根据《政府信息公开条例》第13条和第20条的规定，政府集中采购项目的目录属于政府主动公开的信息，不应当要求该信息与申请人的生产、生活和科研等特殊需要有关。

3. 省政府在受理此行政复议案件后应当如何处理才符合《行政复议法》和《政府信息公开条例》的规定？

考　点 行政复议的审理

解题思路 根据《行政复议法》第4条的规定，行政复议机关履行行政复议职责，应当遵循合法、公正、公开、及时、便民的原则，坚持有错必纠，保障法律、法规的正确实施。题目中，张某向省财政厅提出公开政府集中采购项目目录公开请求，省财政厅拒绝公开，因而张某向省政府提出复议申请，要求认定省财政厅未主动公开目录违法，并责令其公开。因此，省政府在受理此行政复议案件后应当就省财政厅拒绝公开决定是否合法适当进行审查，并在法定复议期限内作出复议决定。

由于根据《政府采购法》和《政府信息公开条例》的规定，政府采购项目目录属于主动公开的政府信息，同时，根据《政府采购法》的规定，该目录由省、自治区、直辖市政府或其授权的机构确定并公布，因此，省政府如果已授权省财政厅确定并公布，省政府应责令财政厅及时公布；如未授权相关机构确定并公布，省政府应主动公布。

提　示 行政复议机关是依法履行行政复议职责的行政机关，应当对被申请复议的具体行政行为是否合法与适当进行审查，并在法定期限内作出复议决定。

参考答案 根据《行政复议法》第4条的规定，省政府应当审查省财政厅拒绝公开目录的行为是否合法适当，并在法定期限内作出复议决定。政府集中采购项目的目录属主动公开信息，如省政府已授权财政厅确定并公布，省政府应责令财政厅及时公布；如未授权相关机构确定并公布，省政府应主动公布。

4. 对于行政机关应当主动公开的信息未予公开的，应当如何监督？

考　点 政府信息公开的监督

解题思路 针对政府信息公开的监督，《政府信息公开条例》第47条规定，政府信息公开工作主管部门应当加强对政府信息公开工作的日常指导和监督检查，对行政机关未按照要求开展政府信息公开工作的，予以督促整改或者通报批评；需要对负有责任的领导人员和直接责任人员追究责任的，依法向有权机关提出处理建议。公民、法人或者其他组织认为行政机关未按照要求主动公开政府信息或者对政府信息公开申请不依法答复处理的，可以向政府信息公开工作主管部门提出。政府信息公开工作主管部门查证属实的，应当予以督促整改或者通报批评。由此可知，行政机关应当主动公开的信息未予公开的，由政府信息公开工作主管部门予以督促整改或者通报批评。

〔提　示〕公民、法人和其他组织对政府信息公开的监督与救济：

（1）公民、法人或者其他组织认为行政机关未按照要求主动公开政府信息或者对政府信息公开申请不依法答复处理的，可以向政府信息公开工作主管部门提出；

（2）公民、法人或者其他组织认为行政机关在政府信息公开工作中侵犯其合法权益的，可以向上一级行政机关或者政府信息公开工作主管部门投诉、举报，也可以依法申请行政复议或者提起行政诉讼。

〔参考答案〕对于行政机关应当主动公开的信息未予公开的，按照《政府信息公开条例》第47条的规定，公民、法人或者其他组织可以向政府信息公开工作主管部门提出，政府信息公开工作主管部门查证属实的，应当予以督促整改或者通报批评。

5. 如果张某未向财政厅提出过公开申请，而以财政厅未主动公开政府集中采购项目目录的行为违法直接向法院提起诉讼，法院应当如何处理？

〔考　点〕政府信息公开诉讼

〔解题思路〕根据《政府信息公开行政案件规定》第3条的规定，公民、法人或者其他组织认为行政机关不依法履行主动公开政府信息义务，直接向人民法院提起诉讼的，应当告知其先向行政机关申请获取相关政府信息。对行政机关的答复或者逾期不予答复不服的，可以向人民法院提起诉讼。由此可知，公民、法人或者其他组织认为行政机关不依法履行主动公开政府信息义务，直接向人民法院提起诉讼的，法院不予受理。不过，法院应当告知其先向行政机关申请获取相关政府信息，对行政机关的答复或者逾期不予答复不服的，可以向人民法院提起诉讼，这种情况属于法院受案范围。

〔提　示〕直接诉行政机关不履行主动公开信息义务，法院不受理；诉行政机关不履行依申请公开信息义务，法院受理。实际上就是把行政机关主动公开信息义务转化为依申请公开信息的义务。

〔参考答案〕按照《政府信息公开行政案件规定》第3条的规定，法院应当告知张某先向行政机关申请获取相关政府信息，张某对行政机关的答复或者逾期不予答复不服的，可以向法院提起诉讼。

八、2012年司考卷四第六题（本题22分）

案情：

　　1997年11月，某省政府所在地的市政府决定征收含有某村集体土地在内的地块作为旅游区用地，并划定征用土地的四至界线范围。2007年，市国土局将其中一地块与甲公司签订《国有土地使用权出让合同》。2008年12月16日，甲公司获得市政府发放的第1号《国有土地使用权证》。2009年3月28日，甲公司将此地块转让给乙公司，市政府向乙公司发放第2号《国有土地使用权证》。后，乙公司申请在此地块上动工建设。2010年9月15日，市政府张贴公告，要求在该土地范围内使用土地的单位和个人，限期自行清理农作物和附着物设施，否则强制清理。2010年11月，某村得知市政府给乙公司颁发第2号《国有土地使用权证》后，认为此证涉及的部分土地仍属该村集体所有，向省政府申请复议要求撤销该土地使用权证。省政府维持后，某村向法院起诉。法院通知甲公司与乙公司作为第三人参加诉讼。

　　在诉讼过程中，市政府组织有关部门强制拆除了征地范围内的附着物设施。某村为收集证据材料，向市国土局申请公开1997年征收时划定的四至界线范围等相关资料，市国土局以涉及商业秘密为由拒绝提供。

问题：

1. 市政府共实施了多少个具体行政行为？哪些属于行政诉讼受案范围？

考　点 具体行政行为的概念、行政诉讼的受案范围

解题思路 具体行政行为，是行政主体依法就特定事项对特定的公民、法人和其他组织权利义务作出的单方行政职权行为。具体行政行为的四个特征：处分性、特定性、单方性和外部性。

　　本案中政府总共作出了五项行为，即：

　　（1）政府决定征收含有某村集体土地在内的地块作为旅游区用地；

　　（2）市国土局将其中一地块与甲公司签订《国有土地使用权出让合同》；

　　（3）市政府向甲公司发放第1号《国有土地使用权证》；

　　（4）市政府向乙公司发放第2号《国有土地使用权证》；

　　（5）市政府张贴公告要求在该土地范围内使用土地的单位和个人限期自行清理农作物

和附着物设施。

这五项均对当事人权利义务进行处分，具备处分性；都是对特定对象的处理，具备特定性；都是对行政系统以外作为管理对象的当事人权利义务的处分，具备外部性。但是，其中第2个行为是与甲公司签订合同的行为，是双方意思表示一致方形成权利义务安排的，不具备具体行政行为单方性的特征，属于双方行为的行政协议，因此只有其他四个行为是具体行政行为。

根据《行政诉讼法》第2条的规定，公民、法人或者其他组织认为行政机关和行政机关工作人员的行政行为侵犯其合法权益，有权依照本法向人民法院提起诉讼。具体行政行为作为行政行为的一种，属于人民法院的受案范围。因此，以上四个行为均属于人民法院行政诉讼受案范围。值得一提的是，第5项"行政协议"的双方行为虽然不属于具体行政行为，但属于人民法院行政诉讼受案范围。

提　示　具体行政行为与行政协议行为的区别在于：单方性的行为，行政机关无须对方同意，就可以单方意志决定具体行政行为，且决定后即发生法律效力。虽然行政机关在作出行政处罚、行政许可、行政强制等具体行政行为过程中要听取公民、法人或者其他组织的意见，但行为结果最终仍然是行政机关的单方意志的体现。

参考答案　四个，具体为：市政府征收含有某村集体土地在内的地块的行为；市政府向甲、乙两公司发放《国有土地使用权证》的行为；市政府发布公告要求使用土地的单位和个人自行清理农作物和附着物设施的行为。上述行为均属于行政诉讼受案范围。

2. 如何确定本案的被告、级别管辖、起诉期限？请分别说明理由。

考　点　行政诉讼的被告、管辖、起诉期限

解题思路　题目中，某村得知市政府给乙公司颁发第2号《国有土地使用权证》后，认为此证涉及的部分土地仍属该村集体所有，向省政府申请复议，省政府维持了市政府的决定。根据《行政诉讼法》第26条第2款的规定，复议机关维持原行政行为的，作出原行政行为的行政机关和行政复议机关是共同被告，故市政府和省政府为共同被告。

根据《行诉解释》第134条第3款的规定，复议机关作共同被告的案件，以作出原行政行为的行政机关确定案件的级别管辖。根据《行政诉讼法》第15条第1项的规定，中级人民法院管辖下列第一审行政案件：①对国务院部门或者县级以上地方人民政府所作的行政行为提起诉讼的案件；……本案作出原行政行为的行政机关是市政府，属于县级以上人民政府，因此应由中级人民法院管辖。

根据《行政诉讼法》第45条的规定，公民、法人或者其他组织不服复议决定的，可以在收到复议决定书之日起15日内向人民法院提起诉讼……法律另有规定的除外。同时，《土地管理法》等法律未对此种情形下的起诉期限作出规定。本案是经过复议的案件，应适用复议后起诉期限，某村应当在收到省政府复议决定书之日起的 15 日内向法院起诉。

提　示 复议机关维持原行政行为的，作出原行政行为的行政机关和行政复议机关是共同被告；复议机关改变原行政行为的，复议机关是被告。

复议维持案件中的级别管辖——按照原机关确定管辖级别，复议维持案件中的地域管辖——原机关所在地法院和复议机关所在地法院。

行政诉讼起诉期限分为直接向法院提起行政诉讼的期限与经过复议后向法院提起行政诉讼的期限两种情形：

（1）直接起诉期限是自知道或者应当知道作出行政行为之日起 6 个月；

（2）经复议后的起诉期限是收到复议决定书或者复议期满之日起 15 日。

参考答案

（1）本案的被告为市政府和省政府。根据《行政诉讼法》第 26 条第 2 款的规定，复议机关维持原行政行为的，作出原行政行为的行政机关和行政复议机关是共同被告，故本案市政府和省政府为共同被告。

（2）本案由中级法院管辖。本案市政府和省政府为共同被告，根据《行诉解释》第 134 条第 3 款的规定，管辖法院由作出原行政行为的行政机关定级别，本案作出原行政行为的行政机关是市政府，根据《行政诉讼法》第 15 条的规定，被告是县级以上人民政府的，应由中级法院管辖。

（3）本案中某村应当在收到省政府复议决定书之日的 15 日内向法院起诉。因为本案是经过复议起诉的，根据《行政诉讼法》第 45 条的规定，应适用收到复议决定书之日起 15 日的起诉期限。

3. 甲公司能否提出诉讼主张？如乙公司经合法传唤无正当理由不到庭，法院如何处理？

考　点 行政诉讼的第三人

解题思路 行政诉讼的第三人是指因与被提起行政诉讼的行政行为有利害关系但未起诉，通过申请或法院通知的形式，参加到诉讼中的当事人。根据《行政诉讼法》第 29 条的规定，公民、法人或者其他组织同被诉行政行为有利害关系但没有提起诉讼，或者同案件处理结果有利害关系的，可以作为第三人申请参加诉讼，或者由人民法院通知参加诉讼。人民法院判决第三人承担义务或者减损第三人权益的，第三人有权依法提起上诉。根据《行诉解释》第 30 条第 1、2 款的规定，行政机关的同一行政行为涉及两个以上利害关系人，其中一部分利害关系人对行政行为不服提起诉讼，人民法院应当通知没有起诉的其他利害关系人作为第三人参加诉讼。与行政案件处理结果有利害关系的第三人，可以申请参加诉讼，或者由人民法院通知其参加诉讼。人民法院判决其承担义务或者减损其权益的第三人，有权提出上诉或者申请再审。根据《行诉解释》第 28 条的规定，人民法院追加共同诉讼的当事人时，应当通知其他当事人。应当追加的原告，已明确表示放弃实体权利的，可不予追加；既不愿意参加诉讼，又不放弃实体权利的，应追加为第三人，其不参加诉讼，不能阻碍人民法院对案件的审理和裁判。由此可知，行政诉讼的第三人有独立的诉讼地位，可以放弃自己的诉讼权利。故本案中，作为诉讼第三人的甲公司和乙公司有权提出与本案有关的诉讼主张，其经合法传唤无正当理由不到庭的，不影响法院对案件的审理，法院会继续审理案件。

提　示 行政诉讼的第三人特点：

（1）第三人与行政诉讼有利害关系，既包括与被诉行政行为的利害关系，也包括与诉讼结果的利害关系；

（2）第三人不是通过起诉参加到行政诉讼中，而是在他人开始诉讼之后，申请参加诉讼或者被法院通知参加诉讼，法院应当（而不是可以）通知参加诉讼而不通知的，构成诉讼主体的遗漏；

（3）第三人有独立的诉讼地位，既不依附原告也不依附被告，可以提出自己的请求，法院判决第三人承担义务或者减损第三人权益的，第三人有权依法提起上诉或者申请再审；

（4）第三人经传票传唤无正当理由拒不到庭，或者未经法庭许可中途退庭的，不发生阻止案件审理的效果。

参考答案 根据《行政诉讼法》第29条及《行诉解释》第28条和第30条第1、2款的规定，甲公司作为第三人，有权提出与本案有关的诉讼主张。乙公司作为第三人经合法传唤无正当理由不到庭，不影响法院对案件的审理。

4. 如法院经审理发现市政府发放第1号《国有土地使用权证》的行为明显缺乏事实根据，应如何处理?

考　点 行政诉讼审理裁判的对象

解题思路 根据《行政诉讼法》第6条的规定，人民法院审理行政案件，对行政行为是否合法进行审查。《行政诉讼法》第79条规定，复议机关与作出原行政行为的行政机关为共同被告的案件，人民法院应当对复议决定和原行政行为一并作出裁判。因此，行政诉讼的审理对象是被诉行政行为。复议维持案件，复议维持决定和原行政行为是行政诉讼的审查和裁判对象。某村得知市政府给乙公司颁发第2号《国有土地使用权证》后，认为此证涉及的部分土地仍属该村集体所有，向省政府申请复议要求撤销该土地使用权证。省政府维持后，某村向法院起诉。市政府给乙公司颁发第2号《国有土地使用权证》的原行政行为以及复议决定是法院审理裁判的对象，但先是甲公司取得1号《国有土地使用权证》，然后将土地转让给乙公司。因此，可以说1号《国有土地使用权证》是构成本案被诉行政行为的基础性、关联性行政行为。根据《行政许可案件规定》第7条的规定，作为被诉行政许可行为基础的其他行政决定或者文书存在以下情形之一的，人民法院不予认可：①明显缺乏事实根据；②明显缺乏法律依据；③超越职权；④其他重大明显违法情形。因此，如法院经审理发现市政府发放第1号《国有土地使用权证》的行为明显缺乏事实根据，对此行为不予认可。

提　示 行政诉讼的审理对象是被诉行政行为。行政复议机关作出决定的案件中，复议维持还是复议改变直接决定着行政诉讼的审理裁判对象：

（1）复议维持的，复议维持决定和原行政行为是行政诉讼的审理裁判对象；

（2）复议改变的，复议改变决定是行政诉讼的审查和裁判对象，原行政行为不是行政诉讼的审理裁判对象。

参考答案 法院应不予认可。根据《行政诉讼法》第6、79条的规定，市政府发放第1号《国有土地使用权证》的行为虽然不属于本案的审理裁判对象，但构成本案被诉行政行为的基础性、关联性行政行为，由于市政府发放第1号《国有土地使用权证》的行为明显缺乏事实根据，根据《行政许可案件规定》第7条的规定，法院对此行为不予认可。

5. **市政府强制拆除征地范围内的附着物设施应当遵循的主要法定程序和执行原则是什么？**

考　点 行政强制执行程序

解题思路 根据《行政强制法》第35~43条的规定，《行政强制法》关于行政机关自行执行的程序，主要包括：

（1）催告。行政机关作出强制执行决定之前，应当事先书面催告当事人履行义务。催告应载明履行义务的期限、方式，以及当事人的陈述、申辩权利。

（2）听取意见。当事人收到催告书后可进行陈述申辩，行政机关应当充分听取当事人意见并进行记录、复核。当事人提出的事实、理由、证据成立的，行政机关应当采纳。

（3）强制执行决定。经催告当事人逾期无正当理由仍不履行的，行政机关可以作出强制执行决定。强制执行决定应以书面形式作出，载明当事人的姓名（名称）、地址，强制执行的理由和依据、方式和时间，复议、诉讼的途径和期限，行政机关的名称、印章和日期。催告和强制执行决定均应直接送达当事人，当事人拒绝接收或无法直接送达的，按照《民事诉讼法》有关规定送达。

（4）执行中还应当注意，不得在夜间或法定节假日实施强制执行，不得对居民生活采取停水、停电、停热、停气等方式迫使当事人履行行政决定。

提　示 《行政强制法》第四章规定的是行政机关依法具有强制执行权的执行程序，

若行政机关不具有强制执行权的，应当适用《行政强制法》第五章规定的执行程序。

参考答案 按照《行政强制法》第四章的规定，市政府采取强制执行措施应当遵循事先催告当事人履行义务，当事人有权陈述申辩，行政机关应当充分听取当事人意见，书面决定强制执行并送达当事人，与当事人可达成执行协议；不得在夜间或法定节假日实施强制执行，不得对居民生活采取停水、停电、停热、停气等方式迫使当事人执行等程序和执行原则。

6. 如某村对市国土局拒绝公开相关资料的决定不服，向法院起诉，法院应采用何种方式审理？如法院经审理认为市国土局应当公开相关资料，应如何判决？

考　点 政府信息公开案件的审理和裁判

解题思路 根据《政府信息公开行政案件规定》第6条的规定，人民法院审理政府信息公开行政案件，应当视情况采取适当的审理方式，以避免泄露涉及国家秘密、商业秘密、个人隐私或者法律规定的其他应当保密的政府信息。根据《政府信息公开行政案件规定》第9条第1款的规定，被告对依法应当公开的政府信息拒绝或者部分拒绝公开的，人民法院应当撤销或者部分撤销被诉不予公开决定，并判决被告在一定期限内公开。尚需被告调查、裁量的，判决其在一定期限内重新答复。因此，法院应当视情况采取适当的审理方式，以避免泄露涉及商业秘密的政府信息。法院应当判决撤销不予公开决定，并判决市国土局在一定期限公开，尚需市国土局调查、裁量的，判决其在一定的期限内重新答复。

提　示 题目考查的是对政府信息公开案件的审理和裁判，应当适用《政府信息公开行政案件规定》关于信息公开案件的特别规定。

参考答案 根据《政府信息公开行政案件规定》第6条的规定，法院应当视情况采取适当的审理方式，以避免泄露涉及商业秘密的政府信息。根据《政府信息公开行政案件规定》第9条第1款的规定，法院应当撤销不予公开决定，并判决市国土局在一定期限公开，尚需市国土局调查、裁量的，判决其在一定的期限内重新答复。

九、2011年司考卷四第六题（本题22分）

案情：

经工商局核准，甲公司取得企业法人营业执照，经营范围为木材切片加工。甲公司与乙公司签订合同，由乙公司供应加工木材 1 万吨。不久，省林业局致函甲公司，告知按照本省地方性法规的规定，新建木材加工企业必须经省林业局办理木材加工许可证后，方能向工商行政管理部门申请企业登记，违者将受到处罚。1 个月后，省林业局以甲公司无证加工木材为由没收其加工的全部木片，并处以 30 万元罚款。期间，省林业公安局曾传唤甲公司人员李某到公安局询问该公司木材加工情况。甲公司向法院起诉要求撤销省林业局的处罚决定。

因甲公司停产，无法履行与乙公司签订的合同，乙公司要求支付货款并赔偿损失，甲公司表示无力支付和赔偿，乙公司向当地公安局报案。2010 年 10 月 8 日，公安局以涉嫌诈骗为由将甲公司法定代表人张某刑事拘留，1 个月后，张某被批捕。2011 年 4 月 1 日，检察院以证据不足为由作出不起诉决定，张某被释放。张某遂向乙公司所在地公安局提出国家赔偿请求，公安局以未经确认程序为由拒绝张某请求。张某又向检察院提出赔偿请求，检察院以本案应当适用修正前的《国家赔偿法》，此种情形不属于国家赔偿范围为由拒绝张某请求。

问题：

1. 甲公司向法院提起行政诉讼，如何确定本案的地域管辖？

考　点 行政诉讼的地域管辖

解题思路 行政诉讼的地域管辖分为一般地域管辖和特殊地域管辖。根据《行政诉讼法》第 18 条第 1 款的规定，行政案件由最初作出行政行为的行政机关所在地人民法院管辖。经复议的案件，也可以由复议机关所在地人民法院管辖。此规定确立了行政诉讼一般地域管辖实行原告就被告原则。根据《行政诉讼法》第 19 条的规定，对限制人身自由的行政强制措施不服提起的诉讼，由被告所在地或者原告所在地人民法院管辖。此条规定确立了特殊地域管辖中原告所在地管辖。根据《行政诉讼法》第 20 条的规定，因不动产提起的行政诉讼，由不动产所在地人民法院管辖。此条规定确立了特殊地域管辖中的不动产所在地专属管辖。根据《最高人民法院关于审理行政协议案件若干问题的规定》第 7 条规定，当事人书面协议约定选择被告所在地、原告所在地、协议履行地、协议订立地、标的物所在地等与争议有实际联系地点的人民法院管辖的，人民法院从其约定，但违反级别管辖和专属管辖的除外。此条规定确立了特殊地域管辖中行政协议案件的约定管辖。题目中，被诉行政行为为省林业局的没收和罚款处罚决定，既不涉及不动产也不涉及人身自由，又不是行政协议案件，不属于行政诉讼特殊地域管辖的情形，应按照行政诉讼一般地域管辖规则确定本案的管辖法院，由作出行政行为的行政机关所在地法院管辖。

提　示 行政诉讼的地域管辖的原则是被告所在地法院，经复议改变的案件增加原机关所在地法院，限制人身自由的案件增加原告所在地法院，涉及不动产案件采取不动产所在地法院专属管辖，行政协议案件尊重当事人约定，由当事人选择的、与争议有实际联系地点的法院管辖。

[参考答案] 根据《行政诉讼法》第 18 条第 1 款的规定，由省林业局所在地的法院管辖。因为本案被诉行为为省林业局直接作出的没收和罚款的行政处罚，且不属于行政诉讼特殊地域管辖的情形，故应由作出行政行为的行政机关所在地法院管辖。

2. 对省林业局的处罚决定，乙公司是否有原告资格？为什么？

[考　点] 行政诉讼的原告

[解题思路] 根据《行政诉讼法》第 25 条第 1 款的规定，行政行为的相对人以及其他与行政行为有利害关系的公民、法人或者其他组织，有权提起诉讼。由此可知，行政行为的相对人和利害关系人具有原告资格。利害关系，是指当事人的合法权益与行政行为之间存在直接、内在的关联。根据《行诉解释》第 13 条的规定，债权人以行政机关对债务人所作的行政行为损害债权实现为由提起行政诉讼的，人民法院应当告知其就民事争议提起民事诉讼，但行政机关作出行政行为时依法应予保护或者应予考虑的除外。由此可知，债权人在一般情况下没有原告资格，只有债权人与行政行为有利害关系的情况下才具有原告资格，债权人与行政行为有利害关系就是行政机关作出行政行为时依法应予保护或者应予考虑债权人的权益。题目中，处罚对象针对的是甲公司，甲公司作为行政行为的相对人具有原告资格，乙公司只是依双方签订的合同为甲公司提供木材，甲乙公司之间的合同属于买卖合同，乙公司是买卖合同的债权人，虽然省林业局对甲公司的处罚行为会对乙公司产生影响，如处罚致使甲公司无法履行合同支付乙公司货款，但这种联系是间接的，因为省林业局对甲公司处罚时没有法律要求去保护或者考虑乙公司的权益，乙公司与处罚行为没有利害关系，乙公司不能对省林业局提起行政诉讼但可以通过对甲公司提起民事诉讼等途径维护权益。

[提　示] 如果甲乙公司之间的合同不是买卖合同，而是承揽合同，乙公司对甲公司加工的木材拥有所有权，此时省林业局对甲公司处罚时依法应保护或者考虑乙公司的权益，乙公司与处罚行为中的没收就有利害关系，乙公司就具有原告资格。

[参考答案] 根据《行政诉讼法》第 25 条和《行诉解释》第 13 条的规定，对省林业局的处罚决定，乙公司不具有原告资格。因为乙公司与省林业局的处罚行为没有利害关系，对甲公司不能履行合同给乙公司带来的损失，乙公司可以通过对甲公司提起民事诉讼等途径获得救济。

3. 甲公司对省林业局的致函能否提起行政诉讼？为什么？

[考　点] 行政诉讼的受案范围

解题思路 题目需要从致函行为的性质来判断是否属于受案范围。题目中省林业局向甲公司致函的内容是"告知按照本省地方性法规的规定，新建木材加工企业必须经省林业局办理木材加工许可证后，方能向工商行政管理部门申请企业登记，违者将受到处罚。"从内容上分析，致函并未确认、改变或消灭甲公司法律上的权利义务，而是一种信息告知和劝导行为，该行为属于行政指导行为。根据《行诉解释》第1条第2款第3项的规定，下列行为不属于人民法院行政诉讼的受案范围：……③行政指导行为。因此致函行为不属于行政诉讼受案范围，甲公司不能对致函提起行政诉讼。

提　　示 由于行政指导没有强制性，不属于行政诉讼受案范围。如果行政机关在实施行政指导时带有强制性，这种假指导真强制的行为，就属于行政诉讼受案范围。

参考答案 不能。因为致函是一种告知、劝告行为，并未确认、改变或消灭甲公司法律上的权利义务，是行政指导行为。根据《行诉解释》第1条第2款第3项的规定，致函不属于行政诉讼受案范围。

4. 省林业公安局对李某的传唤能否成为本案的审理对象？为什么？李某能否成为传唤对象？为什么？

考　　点 行政诉讼的审理对象、治安传唤

解题思路 根据《行政诉讼法》第6条的规定，人民法院审理行政案件，对行政行为是否合法进行审查。题目已明确，甲公司向法院起诉要求撤销省林业局的处罚决定，因此案件的被诉行政行为是行政处罚决定，法院的审理对象为省林业局的处罚决定。传唤由省林业公安局实施，所针对的对象为甲公司人员李某，遵循不告不理的原则，传唤不是本案的审理对象。

　　由题目可知，省林业公安局对李某的传唤是询问甲公司木材加工情况，而不是李某自身的违法行为。根据《治安管理处罚法》第82条第1款的规定，需要传唤违反治安管理行为人接受调查的……；根据《治安管理处罚法》第83条的规定，对违反治安管理行为人，公安机关传唤后应当及时询问查证……；根据《治安管理处罚法》第85条的规定，人民警察询问被侵害人或者其他证人，可以到其所在单位或者住处进行；必要时，也可以通知其到公安机关提供证言。由此可知，传唤适用于违反治安管理行为人，对于没有违反治安管理的人，不是采用传唤方式而是通知方式。因此，李某不是违反治安管理行为人，不能成为传唤对象。

提　　示 行政诉讼审理对象不是由法院决定的，而是法院根据原告的诉求来确定的。

参考答案 省林业公安局对李某的传唤不能成为本案的审理对象，因为本案原告的诉讼请求是撤销省林业局的处罚行为，传唤行为由省林业公安局采取，与本案诉求无关，不能作为本案审理对象。李某不能成为传唤对象，因为根据《治安管理处罚法》

第82条第1款的规定，治安传唤适用的对象是违反治安管理行为人，李某并未违反治安管理规定，故省林业公安局不得对李某进行治安传唤。

5. 省林业局要求甲公司办理的木材加工许可证属于何种性质的许可？地方性法规是否有权创设？

考　　点 行政许可的设定

解题思路 由题目可知，省林业局根据本省地方性法规的规定，凡办理新建木材加工的企业应先办理木材加工许可证，才能向工商行政管理部门申请企业登记。因此，省林业局要求甲公司办理的木材加工许可证属于设立木材加工企业的前置性行政许可。根据《行政许可法》第15条第2款的规定，地方性法规和省、自治区、直辖市人民政府规章，不得设定应当由国家统一确定的公民、法人或者其他组织的资格、资质的行政许可；不得设定企业或者其他组织的设立登记及其前置性行政许可。……由此可知，地方性法规不得设定"前置性行政许可"。

提　　示 地方性法规设定行政许可的五个限制：

（1）不得设定国家统一确定的公民、法人或者其他组织的资格、资质的许可；

（2）不得设定企业或者其他组织的设立登记的许可；

（3）不得设定企业或者其他组织的设立登记的前置性许可；

（4）不得设定限制其他地区的个人或者企业到本地区从事生产经营和提供服务的许可；

（5）不得设定限制其他地区的商品进入本地区市场的许可。

参考答案 省林业局要求甲公司办理的木材加工许可证属于企业设立的前置性行政许可。根据《行政许可法》第15条第2款的规定，地方性法规不得设定企业或其他组织的设立登记的前置性行政许可。

6. 对张某被羁押是否应当给予国家赔偿？为什么？

考　　点 刑事赔偿范围

解题思路 张某是在2010年10月8日被公安局刑事拘留，后被逮捕，2011年4月1日检察院以证据不足为由作出不起诉决定，张某被释放。根据《国家赔偿法》第17条第2项的规定，行使侦查、检察、审判职权的机关以及看守所、监狱管理机关及其工作人员在行使职权时有下列侵犯人身权情形之一的，受害人有取得赔偿的权利：……②对公民采取逮捕措施后，决定撤销案件、不起诉或者判决宣告无罪终止追究刑事责任的。这是错误逮捕的刑事赔偿规定。张某属于被逮捕后决定不起诉的，张某被羁押应当给予其国家赔偿。

提　　示 错误逮捕的国家赔偿采取结果归责，只要逮捕之后，决定撤销案件、不起诉或者判决宣告无罪终止追究刑事责任的，受到羁押的当事人都应当给予其国家赔偿。

参考答案 对张某被羁押应当给予国家赔偿，因为根据《国家赔偿法》第17条第2项的规定，对公民采取逮捕措施后，决定不起诉或终止追究刑事责任的，受害人有取得国家赔偿的权利。

7. 公安局拒绝赔偿的理由是否成立？为什么？

考 点 刑事赔偿程序

解题思路 张某是在2010年10月8日被公安局刑事拘留，后被逮捕；2011年4月1日，检察院以证据不足为由作出不起诉决定，张某被释放。如上所述，张某申请的国家赔偿属于刑事赔偿，应适用刑事赔偿程序。对张某的侵权行为虽发生在修正后的《国家赔偿法》生效前，但持续至其生效后，2010年12月1日修正后的《国家赔偿法》生效，张某是在2011年4月1日之后向公安局提出赔偿请求。根据《国家赔偿法解释（一）》第2条第2项的规定，国家机关及其工作人员行使职权侵犯公民、法人和其他组织合法权益的行为发生在2010年12月1日以前的，适用修正前的国家赔偿法，但有下列情形之一的，适用修正的国家赔偿法：……②赔偿请求人在2010年12月1日以后提出赔偿请求的。张某申请的国家赔偿应适用修正后的《国家赔偿法》，而修正后的《国家赔偿法》取消了刑事赔偿中的确认程序，因此公安局以未经确认程序为由拒绝赔偿没有法律依据，此理由不能成立。如果公安局以其不是赔偿义务机关为由拒绝赔偿就具有法律依据，根据《国家赔偿法》第21条第2款的规定，对公民采取逮捕措施后决定撤销案件、不起诉或者判决宣告无罪的，作出逮捕决定的机关为赔偿义务机关。赔偿义务机关是检察院，张某应当向检察院提出赔偿请求。

提 示 注意2010年修正后的《国家赔偿法》只是取消刑事赔偿中的确认程序，并不是刑事赔偿不需要对刑事侵权行为进行确认，而是为了方便赔偿请求人，对刑事赔偿程序的简化，刑事赔偿仍然要对刑事侵权行为进行确认。

参考答案 公安局拒绝赔偿的理由不成立，因为2010年修正后的《国家赔偿法》已经取消了刑事赔偿的确认程序，以此为由拒绝赔偿缺乏法律依据。

8. 检察院拒绝赔偿的理由是否成立？为什么？

考 点 新旧国家赔偿法的适用

解题思路 张某在2010年10月8日被公安局刑事拘留，后被逮捕；2011年4月1日，检察院以证据不足为由作出不起诉决定，张某被释放。张某向检察院提出赔偿请求，但检察院以本案应当适用修正前的《国家赔偿法》，此种情形不属于国家赔偿范围为由拒绝张某提出的赔偿请求。根据《国家赔偿法解释（一）》第1条的规定，国家机关及其工作人员行使职权侵犯公民、法人和其他组织合法权益的行为发生在2010年12月1日以后，或者发生在2010年12月1日以前、持续至2010年12月1日以后的，适用修正的国家赔偿法。张某被逮捕后的羁押一直持续到2011年4月1日，因此对张某被羁押是否赔偿应适用修正后的《国家赔偿法》，根据《国家赔偿法》第17条第2项的规定，张某被羁押是错误逮捕，属于国家赔偿范围。因此，检察院拒绝赔偿张某的理由不能成立。

提　　示 新旧国家赔偿法的适用

具体情形		适用结果
侵权行为发生在旧法实施期间	一般情况下	适用旧法
	侵权行为持续至新法实施	适用新法
	需要在新法实施期间作出生效赔偿决定（旧法实施期间已经受理赔偿请求但尚未作出生效赔偿决定）	
	赔偿请求人在新法实施期间提出赔偿请求	
作出并已生效的不予确认职务行为违法的法律文书	公民、法人和其他组织直接申请赔偿（职务行为未经有权机关作出侵权确认结论）	适用旧法（不予受理）
发生法律效力的赔偿决定	公民、法人和其他组织提出申诉	适用旧法
	公民、法人和其他组织仅就新法增加的赔偿项目及标准提出申诉	适用旧法（不予受理）
发生法律效力的确认裁定、赔偿决定	人民法院审查发现确有错误	适用旧法

参考答案 检察院拒绝赔偿的理由不成立。因为本案侵权行为持续到2010年12月1日以后，根据《国家赔偿法解释（一）》第1条的规定，应当适用修正后的《国家赔偿法》，张某被羁押是错误逮捕情形，根据《国家赔偿法》第17条第2项的规定，属于国家赔偿范围。

十、2010年司考卷四第七题（本题25分）

材料：近年来，为妥善化解行政争议，促进公民、法人或者其他组织与行政机关相互理解沟通，维护社会和谐稳定，全国各级法院积极探索运用协调、和解方式解决行政争议。2008年，最高人民法院发布《关于行政诉讼撤诉若干问题的规定》，从制度层面对行政诉讼的协调、和解工作机制作出规范，为促进行政争议双方和解，通过原告自愿撤诉实现"案结事了"提供了更大的空间。

近日，最高人民法院《人民法院工作年度报告（2009）》披露，"在2009年审结的行政诉讼案件中，通过加大协调力度，行政相对人与行政机关和解后撤诉的案件达43 280件，占一审行政案件的35.91%。"

总体上看，法院的上述做法取得了较好的社会效果，赢得了公众和社会的认可。但也有人担心，普遍运用协调、和解方式解决行政争议，与行政诉讼法规定的合法性审查原则不完全一致，也与行政诉讼的功能与作用不完全相符。

答题要求：

1. 观点明确，逻辑严谨，说理充分，层次清晰，文字通畅；
2. 字数不少于500字。

问题：

请对运用协调、和解方式解决行政争议的做法等问题谈谈你的意见。

考　点 行政诉讼的功能与作用、合法性审查、和解与调解

解题思路 2014年修改前的《行政诉讼法》第50条规定，人民法院审理行政案件，不适用调解。即当时不允许法院采取行政调解书的方式实现行政诉讼结案。其第51条规定，人民法院对行政案件宣告判决或者裁定前，原告申请撤诉的，或者被告改变其所作的具体行政行为而原告同意并申请撤诉的，是否准许，由人民法院裁定。即允许法院通过被告改变具体行政行为而原告撤诉的方式实现行政诉讼和解。这道题目是立足于当时的社会现实需求和法律制度规定设计的题目。

题目表面上看似要求考生分析行政诉讼和解或者调解的意义和价值，但实质上是从行政诉讼制度的原则和功能上来分析行政诉讼能否存在和解或者调解制度。考生可以按照以下思路来分析论证：首先需要解释《行政诉讼法》规定行政诉讼不得调解的理由，其次从行政诉讼化解行政争议的角度讨论行政诉讼和解与调解的可能性，再次从行政行为合法性审查角度分析对行政诉讼中和解与调解的限制，最后提出行政诉讼和解与调解制度的发展要求。

提　示 注意要把行政诉讼和解与行政诉讼的合法性审查原则、行政诉讼化解行政争议的功能结合起来论证，不能单独就行政诉讼和解进行论述，要回应题目中的问题——"与行政诉讼法规定的合法性审查原则不完全一致""也与行政诉讼的功能与作用不完全相符"。

参考答案

（1）和解与调解是解决民事争议的重要方式。行政法的核心原则是合法行政，行政机关行使的国家职权不能随意处分，行政诉讼重在审查和判定行政机关作出的行政行为是否合法，行政诉讼作为行政争议解决机制原则上没有和解与调解的空间和可能。

（2）随着实践发展，对和解与调解引入行政诉讼有新的认识。虽然行政机关不得放弃或任意处分自己的权力，但行政机关享有广泛的裁量权力，和解与调解在行政争议解决中并非完全没有空间和可能，与行政诉讼合法性审查原则并非相悖。《行政诉讼法》所规定的撤诉制度在实践中也的确起到和解的作用。

（3）在行政诉讼中运用和解与调解与民事诉讼的使用有所不同，须受到行政诉讼合法性审查原则的限制。行政赔偿、补偿以及行政机关行使法律、法规规定的自由裁量权的案件可以调解。行政诉讼中运用和解与调解不得违反法律、法规的禁止性规定，不得超越或者放弃职权，不得损害公共利益和他人合法权益，要实现保护公民、法人或者其他组织合法权益的目的。

（4）行政诉讼中对和解与调解的使用，既要保持开放态度，实现行政诉讼制度的基本功能——化解行政争议，但要保持一定的警惕，要克服把和解与调解转化成为"和稀泥"和无原则调处的倾向，更要避免把它们演化成为对原告的压制和对法治放弃的做法。

十一、2009年司考卷四第六题（本题20分）

案情：

高某系 A 省甲县个体工商户，其持有的工商营业执照载明经营范围是林产品加工，经营方式是加工、收购、销售。高某向甲县工商局缴纳了松香运销管理费后，将自己加工的松香运往 A 省乙县出售。当高某进入乙县时，被乙县林业局执法人员拦截。乙县林业局以高某未办理运输证为由，依据 A 省地方性法规《林业行政处罚条例》以及授权省林业厅制定的《林产品目录》（该目录规定松香为林产品，应当办理运输证）的规定，将高某无证运输的松香认定为"非法财物"，予以没收。高某提起行政诉讼要求撤销没收决定，法院予以受理。

有关规定：

《森林法》及行政法规《森林法实施条例》涉及运输证的规定如下：除国家统一调拨的木材外，从林区运出木材，必须持有运输证，否则由林业部门给予没收、罚款等处罚。

A省地方性法规《林业行政处罚条例》规定"对规定林产品无运输证的，予以没收"。

问题：

1. 如何确定本案的管辖法院？如高某经过行政复议再提起诉讼，如何确定管辖法院？

考　点 行政诉讼的管辖

解题思路 关于地域管辖的问题，根据《行政诉讼法》第18条第1款的规定，行政案件由最初作出行政行为的行政机关所在地人民法院管辖。经复议的案件，也可以由复议机关所在地人民法院管辖。因此，如果高某直接起诉乙县林业局，乙县法院具有管辖权。如高某经过行政复议提起行政诉讼，复议机关所在地或原机关所在地的法院都具有管辖权。

关于级别管辖的问题，事实上取决于复议机关是谁，以及复议后被告是谁。根据《行政复议法》第12条的规定，对县级以上地方各级人民政府工作部门的具体行政行为不服的，由申请人选择，可以向该部门的本级人民政府申请行政复议，也可以向上一级主管部门申请行政复议。因此，高某可以选择乙县林业局的上一级主管部门——市林业局或者乙县林业局的本级政府——乙县政府申请复议。

（1）如果复议不作为，根据《行政诉讼法》第26条第3款的规定，复议机关在法定期限内未作出复议决定，公民、法人或者其他组织起诉原行政行为的，作出原行政行为的行政机关是被告；起诉复议机关不作为的，复议机关是被告。当事人选择起诉原机关——乙县林业局的原行为，管辖法院为基层法院；如果起诉的是复议机关——市林业局的复议不作为，则管辖法院为基层法院，如果起诉的是复议机关——乙县政府的复议不作为，则管辖法院为中级法院。法律依据是《行政诉讼法》第14条的规定，即基层人民法院管辖第一审行政案件。《行政诉讼法》第15条第1项规定，中级人民法院管辖下列第一审行政案件：①对国务院部门或者县级以上地方人民政府所作的行政行为提起诉讼的案件；……这里的政府是狭义的，专指一般地方政府，不包括地方政府所属的工作部门。

（2）如果复议改变，根据《行政诉讼法》第26条第2款的规定，经复议的案件，……复议机关改变原行政行为的，复议机关是被告。高某起诉有两种情况：被告为复议机关——市林业局的，根据《行政诉讼法》第14条的规定，管辖法院为基层法院；被告为复议机关——乙县政府的，根据《行政诉讼法》第15条第1项的规定，管辖法院为中级法院。

（3）如果复议维持，根据《行政诉讼法》第26条第2款的规定，经复议的案件，复议机关决定维持原行政行为的，作出原行政行为的行政机关和复议机关是共同被告；……高某起诉有两种情况：被告为原行政行为机关——乙县林业局和复议机关——市林业局的，管辖法院为基层法院；被告为原行政行为机关——乙县林业局和复议机关——乙县政府的，管辖法院为基层法院。法律依据是《行诉解释》第134条第3款的规定，复议机关作共同被告的案件，以作出原行政行为的行政机关确定案件的级别管辖。

提　示 行政案件确定管辖法院既要满足地域管辖的要求，又要满足级别管辖的要求。

参考答案 根据《行政诉讼法》第15条第1项和第18条第1款的规定，本案的管辖法院为乙县法院。如高某经过行政复议提起行政诉讼，则管辖法院根据以下几种情况分别确定：

（1）如果复议不作为：当事人选择起诉原机关——乙县林业局的原行为，管辖法院为乙县法院；如果起诉的是复议机关——市林业局的复议不作为，则管辖法院为市林业局所在地的基层法院，如果起诉的是复议机关——乙县政府的复议不作为，则管辖法院为乙县政府所在地的中级法院。

（2）如果复议改变，高某起诉复议改变行为：被告为复议机关——市林业局的，管辖法院为市林业局所在地的基层法院或者乙县法院；被告为复议机关——乙县政府的，管辖法院为乙县政府所在地的中级法院或者乙县林业局所在地的中级法院（实际上是同一个中级法院）。

（3）如果复议维持，高某起诉原行政行为和复议维持行为：根据《行诉解释》第134条第3款的规定，被告为原行政行为机关——乙县林业局和复议机关——市林业局的，管辖法院为市林业局所在地的基层法院或者乙县法院；被告为原行政行为机关——乙县林业局和复议机关——乙县政府的，管辖法院为乙县林业局所在地的基层法院或者乙县政府所在地的基层法院（实际上都是乙县法院）。

2. 如高某在起诉时一并提出行政赔偿请求，法院应如何立案？对该请求可否进行单独审理？

考　点 行政诉讼中一并处理行政赔偿

解题思路 根据《行政赔偿案件规定》第28条的规定，当事人在提起行政诉讼的同时一并提出行政赔偿请求，或者因具体行政行为和与行使行政职权有关的其他行为侵权造成损害一并提出行政赔偿请求的，人民法院应当分别立案，根据具体情况可以合并审理，也可以单独审理。题目中，高某在提起诉讼时一并提出行政赔偿请求，法院应分别立案，可以进行单独审理或者合并审理。

提　示 当事人在提起行政诉讼的同时一并提出行政赔偿请求，法院立案应当分别立案，审理既可以合并审理，也可以单独审理。

参考答案 根据《行政赔偿案件规定》第28条的规定，法院应当对撤销没收决定请求与赔偿请求分别立案；根据具体情况可以对行政赔偿的请求进行单独审理或者对两项请求合并审理。

3. 省林业厅制定的《林产品目录》的性质是什么？可否适用于本案？理由是什么？

考　点 规范性文件的行政诉讼地位

解题思路 根据国办发〔2018〕37号《国务院办公厅关于加强行政规范性文件制定和监督管理工作的通知》，行政规范性文件是除国务院的行政法规、决定、命令以及部门规章和地方政府规章外，由行政机关或者经法律、法规授权的具有管理公共事务职能的组织依照法定权限、程序制定并公开发布，涉及公民、法人和其他组织权利义务，具有普遍约束力，在一定期限内反复适用的公文。省林业厅制定的《林产品目录》是根据地方性法规授权制定的，除国务院的行政法规、决定、命令以及部门规章和地方政府规章外的行政规范性文件。

　　省林业厅制定的《林产品目录》规定松香为林产品，应当办理运输证。乙县林业局以高某未办理运输证为由，依据A省地方性法规《林业行政处罚条例》以及授权省林业厅制定的《林产品目录》的规定，将高某无证运输的松香认定为"非法财物"，予以没收。由此可知，《林产品目录》属于没收决定的依据，与本案有直接关联。但根据《行政诉讼法》第63条第1款的规定，人民法院审理行政案件，以法律和行政法规、地方性法规为依据。根据《行政诉讼法》第63条第3款的规定，人民法院审理行政案件，参照规章。《林产品目录》作为行政规范性文件，不属于法院审理行政案件的依据和参照。根据《行诉解释》第100条第2款的规定，人民法院审理行政案件，可以在裁判文书中引用合法有效的规章及其他规范性文件。可见，《林产品目录》可以作为证明被诉行政行为合法的事实依据之一。

提　示 人民法院审理行政案件，以法律和行政法规、地方性法规为依据，参照规章，可以在裁判文书中引用合法有效的规章及其他规范性文件。

参考答案 省林业厅制定的《林产品目录》是根据地方性法规授权制定的规范性文件。根据《行政诉讼法》第63条第1、3款以及《行诉解释》第100条第2款的规定，《林产品目录》在行政诉讼中不属于法院应当依据或者参照适用的规范，但可以作为证明被诉行政行为合法的事实依据之一。

4. 高某运输的松香是否属于"非法财物"？理由是什么？

考　点 行政诉讼的事实认定

解题思路 非法财物是指违法行为人从事违法行为时使用的违法工具、物品或违禁品。题目中，高某持有工商局颁发的合法许可证，并向工商局缴纳了运销管理费。因此，高某从事的是合法行为，既然高某不是从事违法行为，那么相关的财物就不是非法财物。

提　示 非法财物是违法行为人从事违法行为时使用的违法工具、物品或违禁品。

参考答案 高某运输的松香不是"非法财物"。因为高某具有加工、收购、销售松香的主体资格，也向甲县工商局缴纳了松香运销管理费，对该批松香享有合法所有权，因此乙县林业局不能将该批松香认定为"非法财物"予以没收。

5.（1）法院审理本案时应如何适用法律、法规？理由是什么？

（2）依《行政处罚法》，法律、行政法规对违法行为已经作出行政处罚规定，地方性法规需要作出具体规定的，应当符合什么要求？本案《林业行政处罚条例》关于没收的规定是否符合该要求？

考　点 行政诉讼的法律适用、行政处罚的设定

解题思路《森林法》及行政法规《森林法实施条例》涉及运输证的规定如下：除国家统一调拨的木材外，从林区运出木材，必须持有运输证，否则由林业部门给予没收、罚款等处罚。《森林法》及《森林法实施条例》并没有规定对木材以外的林产品予以没收处罚，A省地方性法规《林业行政处罚条例》规定"对规定林产品无运输证的，予以没收"，扩大了《森林法》及其实施条例关于应受行政处罚行为以及没收处罚的适用范围。所以，A省地方性法规《林业行政处罚条例》是违反上位法《森林法》及《森林法实施条例》的规定，根据最高人民法院《关于审理行政案件适用法律规范问题的座谈会纪要》的规定，"下位法的规定不符合上位法的，人民法院原则上应当适用上位法"。因此法院不能适用A省地方性法规《林业行政处罚条例》，应当适用上位法《森林法》及《森林法实施条例》。

提　示 法律、行政法规对违法行为已经作出行政处罚规定，地方性法规只能作出具体规定。法律、行政法规对相关行为没有作出行政处罚规定，地方性法规不能设定行政处罚。

参考答案

（1）《森林法》及《森林法实施条例》均未将木材以外的林产品的无证运输行为纳入行政处罚的范围，也未规定对无证运输其他林产品的行为给予没收处罚，A省地方性法规《林业行政处罚条例》的有关规定扩大了《森林法》及其实施条例关于应受行政处罚行为以及没收处罚的适用范围，不符合上位法。根据最高人民法院

《关于审理行政案件适用法律规范问题的座谈会纪要》的规定，法院应当适用《森林法》及《森林法实施条例》）。

（2）根据《行政处罚法》第 11 条第 2 款的规定，法律、行政法规对违法行为已经作出行政处罚规定，地方性法规需要作出具体规定的，必须在法律、行政法规规定的给予行政处罚的行为、种类和幅度的范围内规定。本案中《林业行政处罚条例》关于没收的规定超出了《森林法》及《森林法实施条例》所规定的行政处罚行为、种类和幅度的范围，不符合《行政处罚法》的要求。

十二、2008年司考卷四第六题（本题20分）

案情：

因某市某区花园小区进行旧城改造，区政府作出《关于做好花园小区旧城改造房屋拆迁补偿安置工作的通知》，王某等 205 户被拆迁户对该通知不服，向区政府申请行政复议，要求撤销该通知。区政府作出《行政复议告知书》，告知王某等被拆迁户向市政府申请复议。市政府作出《行政复议决定书》，认为《通知》是抽象行政行为，裁定不予受理复议申请。王某等 205 户被拆迁户不服市政府不予受理复议申请的决定，向法院提起诉讼。一审法院认为，在非复议前置前提下，当事人对复议机关不予受理决定不服而起诉，要求法院立案受理缺乏法律依据，裁定驳回原告起诉。

问题：

1. 本案是否需要确定诉讼代表人？如何确定？

考　点　行政诉讼代表人

解题思路　根据《行政诉讼法》第 28 条的规定，当事人一方人数众多的共同诉讼，可以由当事人推选代表人进行诉讼。代表人的诉讼行为对其所代表的当事人发生效力，但代表人变更、放弃诉讼请求或者承认对方当事人的诉讼请求，应当经被代表的当事人同意。根据《行诉解释》第 29 条的规定，《行政诉讼法》第 28 条规定的"人数众多"，一般指 10 人以上。根据《行政诉讼法》第 28 条的规定，当事人一方人数众多的，由当事人推选代表人。当事人推选不出的，可以由人民法院在起诉的当事人中指定代表人。《行政诉讼法》

第28条规定的代表人为2至5人。代表人可以委托1至2人作为诉讼代理人。本案中提起诉讼的原告有205户被拆迁户，达到同案原告10人以上的标准。因此，需要确定诉讼代表人，首先由当事人推选代表人，当事人推选不出的，可以由人民法院在起诉的当事人中指定代表人。

提 示 当事人一方人数众多的共同诉讼需要确定诉讼代表人，人数众多指10人以上，诉讼代表人先由当事人推选，当事人推选不出的，由人民法院指定代表人。

参考答案 根据《行政诉讼法》第28条和《行诉解释》第29条的规定，本案需要确定诉讼代表人。本案中205户被拆迁户提起共同诉讼，原告方达到人数众多的标准，应由205户被拆迁户推选代表人，205户被拆迁户推选不出的，可以由人民法院在205户被拆迁户中指定代表人。

2. 行政诉讼中以复议机关为被告的情形主要包括哪些？

考 点 行政诉讼的被告

解题思路

（1）在复议机关作为的情况下，根据《行政诉讼法》第26条第2款的规定，经复议的案件，复议机关决定维持原行政行为的，作出原行政行为的行政机关和复议机关是共同被告；复议机关改变原行政行为的，复议机关是被告。

（2）复议机关不作为的情况下，根据《行政诉讼法》第26条第3款的规定，复议机关在法定期限内未作出复议决定，公民、法人或者其他组织起诉原行政行为的，作出原行政行为的行政机关是被告；起诉复议机关不作为的，复议机关是被告。这里的复议机关在法定期间内不作复议决定，还包括复议机关拒绝受理或者不予答复两种情况。

提 示 经过复议的案件有两种情形：复议不作为和复议作为，确定被告的关键在于诉什么行为。

（1）复议不作为：起诉复议不作为的，被告为复议机关；起诉原行为的，被告为原行为机关。

（2）复议作为：复议改变原行为的，起诉复议改变行为，被告为复议机关；复议维持原行为的，起诉原行为和复议维持行为，被告为原行为机关和复议机关。

参考答案 根据《行政诉讼法》第26条第2、3款的规定，行政诉讼中以复议机关为被告的情形主要包括：

（1）复议机关在复议期限内未作出复议决定（包括复议机关拒绝受理复议申请或者不予答复），原告起诉复议机关不作为的，复议机关为被告；

（2）复议机关改变原行政行为，原告起诉复议机关改变决定的，复议机关为被告；

（3）复议机关维持原行政行为，原告起诉复议机关维持决定和原机关行政行为的，复议机关和原机关为共同被告。

3. 若本案原告不服一审裁定，提起上诉的主要理由是什么？

考　点 行政诉讼裁定的上诉

解题思路 根据《行政诉讼法》第26条第3款的规定，复议机关在法定期限内未作出复议决定，公民、法人或者其他组织起诉原行政行为的，作出原行政行为的行政机关是被告；起诉复议机关不作为的，复议机关是被告。该规定并未区分复议前置与否，而是统一把复议不作为看作是一项独立的诉讼事由。本案中一审法院认为，在非复议前置前提下，当事人对复议机关不予受理决定不服而起诉，要求法院立案受理缺乏法律依据，故裁定驳回原告起诉。即一审法院的观点是：如果复议前置，当事人对复议机关不予受理决定不服而起诉，法院可以受理；但是，非复议前置，复议机关不予受理，当事人只能起诉原行政行为。这种观点没有法律依据，复议机关不受理复议申请决定是行政复议机关的一项具体行为，无论复议前置与否，当事人对复议不作为不服，都可以提起行政诉讼。

提　示 复议机关在法定期限内未作出复议决定，公民、法人或者其他组织既可以起诉原行政行为，也可以起诉复议机关不作为，与复议前置与否无关，复议不作为是行政复议机关的独立行为，也是独立的诉讼事由。

参考答案 根据《行政诉讼法》第26条第3款的规定，若本案原告不服一审裁定，提起上诉的主要理由是：复议机关不受理复议申请的行为是行政复议机关的一项具体行为，无论是否属于行政复议前置的情形，只要原告不服该复议决定，均可以起诉，法院应予受理。

4. 如果二审法院认为复议机关不予受理行政复议申请的理由不成立，应当如何判决？

考　点 行政诉讼的判决

解题思路 根据《行政诉讼法》第70条的规定，行政行为有下列情形之一的，人民法院判决撤销或者部分撤销，并可以判决被告重新作出行政行为：①主要证据不足的；②适用法律、法规错误的；③违反法定程序的；④超越职权的；⑤滥用职权的；⑥明显不当的。根据《行政诉讼法》第72条的规定，人民法院经过审理，查明被告不履行法定职责的，判决被告在一定期限内履行。本案中，复议机关不予受理复议申请，属于违反法律、不履行法定职责的行为。因此，人民法院认为复议机关不予受理行政复议申请的理由不成立，应当判决撤销复议机关不予受理行政复议申请的决定并责令复议机关受理复议申请。

提　示 判决撤销并责令被告重新作出行政行为，其适用于违法行政行为撤销后需要被告对行政行为所涉及事项作出处理的情形。

参考答案 根据《行政诉讼法》第 70、72 条的规定，如果二审法院认为复议机关不予受理行政复议申请的理由不成立，应当判决撤销"不予受理决定书"，责令复议机关受理复议申请。

5. 本案一、二审法院审理的对象是什么？为什么？

考　点 行政诉讼的审理对象

解题思路 根据《行政诉讼法》第 6 条的规定，人民法院审理行政案件，对行政行为是否合法进行审查。因此，行政诉讼的审理对象是被诉行政行为。本案中，王某等 205 户被拆迁户不服市政府不予受理复议申请的决定，向法院提起诉讼，被诉讼的行政行为就是市政府不予受理复议申请的决定，故本案一审法院审理的对象是市政府不予受理复议申请的决定的合法性。《行政诉讼法》第 87 条规定，人民法院审理上诉案件，应当对原审人民法院的判决、裁定和被诉行政行为进行全面审查。本案中一审法院裁定驳回原告起诉，因此，二审法院不仅要审查一审法院驳回原告起诉的裁定，而且还要审查市政府不予受理复议申请的决定。

提　示 行政诉讼的一审法院审理对象是被诉行政行为，二审法院审理对象是一审法院的裁判和被诉行政行为。

参考答案 本案一审法院审理的对象是市政府不予受理复议申请的决定。根据《行政诉讼法》第 6 条的规定，原告起诉要求撤销市政府不予受理复议申请的决定，故法院应当以该决定作为合法性审查的对象。二审法院审理的对象是市政府不予受理复议申请的决定和一审驳回起诉的裁定。根据《行政诉讼法》第 87 条的规定，人民法院审理上诉案件，应当对原审人民法院的判决、裁定和被诉行政行为进行全面审查。

6. 若本案原告不服一审裁定提起上诉，在二审期间市政府会同区政府调整了补偿标准，上诉人申请撤回上诉，法院是否应予准许？理由是什么？

考　点 行政诉讼的撤诉

解题思路 根据《行政诉讼撤诉规定》第 8 条第 1 款的规定，第二审或者再审期间行政机关改变被诉具体行政行为，当事人申请撤回上诉或者再审申请的，参照本规定。实际上是参照《行政诉讼撤诉规定》第 2 条的规定，被告改变被诉具体行政行为，原告申请撤诉，符合下列条件的，人民法院应当裁定准许：①申请撤诉是当事人真实意思表示；②被告改变被诉具体行政行为，不违反法律、法规的禁止性规定，不超越或者放弃职权，不损害公共利益和他人合法权益；③被告已经改变或者决定改变被诉具体行政行为，并书面告知人民法院；④第三人无异议。因此，二审期间市政府会同区政府调整了补偿标准属于行政机关改变被诉行政行为，上诉人可以在二审期间撤回上诉，只要符合《行政诉讼撤诉规定》第2条规定的条件，法院应当裁定准许撤回上诉。

提　　示 行政机关可以在一审中改变行政行为，原告可以在一审期间撤回起诉；行政机关也可以在二审中改变行政行为，上诉人可以在二审期间撤回上诉；行政机关也可以在再审中改变行政行为，再审申请人可以在再审期间撤回再审申请。法院是否准许取决于是否符合《行政诉讼撤诉规定》第2条所规定的条件。

参考答案 根据《行政诉讼撤诉规定》第2条和第8条的规定，若本案原告上诉后市政府会同区政府调整了补偿标准，上诉人可以申请撤回上诉，法院经审查，若认为该市、区政府调整补偿标准的行为不违反法律、法规的禁止性规定，不超越或放弃职权，不损害公共利益和他人合法权益，申请撤回上诉是上诉人的真实意思表示，第三人也无异议，法院应予准许。

十三、2008年司考延考卷四第六题（本题20分）

案情：

　　2006年10月11日晚，王某酒后在某酒店酗酒闹事，砸碎店里玻璃数块。此时某区公安分局太平派出所民警任某、赵某执勤路过酒店，任某等人欲将王某带回派出所处理，王某不从，与任某发生推搡。双方在扭推过程中，王某被推倒，头撞在水泥地上，当时失去知觉，送往医院途中死亡，后被鉴定为颅内出血死亡。2006年12月20日，王某之父申请国家赔偿。

问题：

1. 公安机关是否应当对王某的死亡承担国家赔偿责任？为什么？

考　　点 行政赔偿责任的构成

解题思路 根据《国家赔偿法》第3条第5项的规定，行政机关及其工作人员在行使行政职权时有下列侵犯人身权情形之一的，受害人有取得赔偿的权利：……⑤造成公民身体伤害或者死亡的其他违法行为。本案中公安民警任某属于国家机关工作人员，其在执行职务过程中与王某发生推搡致王某摔倒死亡，未尽到合理注意义务，其执行职务行为构成违法，造成王某死亡的后果，符合国家赔偿责任构成要件，王某虽也有过错，但不能免除国家赔偿责任，国家应当承担赔偿责任。

提　示 国家承担行政赔偿责任既需要行政侵权的加害行为，又需要行政侵权的损害后果：

(1) 加害行为必须是与行使行政职权有关的行为；

(2) 加害行为既可以是作为，也可以是不作为；

(3) 加害行为是违法行为；

(4) 损害后果是存在人身权、财产权的实际损害。

参考答案 公安机关应当对王某的死亡承担国家赔偿责任。根据《国家赔偿法》第 3 条的规定，公安民警在执行职务过程中与王某发生推搡致王某摔倒死亡，未尽到合理注意义务，其行为构成违法，并造成王某死亡的后果，符合国家赔偿责任构成要件，王某虽也有过错，但不能免除国家赔偿责任。

2. 王某的父亲是否有权以自己的名义提出国家赔偿请求？

考　点 行政赔偿请求人

解题思路 根据《国家赔偿法》第 6 条第 2 款的规定，受害的公民死亡，其继承人和其他有扶养关系的亲属有权要求赔偿。本案中公安民警违法执行职务致王某死亡，王某的父亲作为王某的继承人有权以自己的名义提出国家赔偿请求。

提　示 行政赔偿请求人资格转移分两种情况：

(1) 公民死亡的，其继承人和其他有抚养关系的亲属作为赔偿请求人；

(2) 法人或组织终止的，其权利承受人作为赔偿请求人。

参考答案 王某的父亲有权以自己名义提出国家赔偿请求。根据《国家赔偿法》第 6 条第 2 款的规定，受害的公民死亡，其继承人和其他有扶养关系的亲属有权要求赔偿。

3. 本案请求国家赔偿的时效如何计算？

考　点 国家赔偿时效

解题思路 根据《国家赔偿法》第 39 条第 1 款的规定，赔偿请求人请求国家赔偿的时效为 2 年，自其知道或者应当知道国家机关及其工作人员行使职权时的行为侵犯其人身权、财产权之日起计算，但被羁押等限制人身自由期间不计算在内。在申请行政复议或者提起行政诉讼时一并提出赔偿请求的，适用行政复议法、行政诉讼法有关时效的规定。本案中，王某之父直接申请国家赔偿，其请求国家赔偿的时效应当为其自知道或者应当知道民警执行职务的行为侵犯王某的人身权之日起 2 年。

提　示 国家赔偿中，赔偿请求人请求国家赔偿的时效为 2 年。但是注意在行政赔偿中，在申请行政复议时一并请求赔偿的，按照行政复议的申请期限为 60 日，在行政诉讼中一并请求赔偿的，按照行政诉讼的起诉期限为 6 个月，单独提起行政赔偿诉讼的，按照行政赔偿诉讼的起诉期限为 3 个月。

参考**答案** 根据《国家赔偿法》第 39 条第 1 款的规定，本案王某之父请求国家赔偿的时效应当自知道或者应当知道民警执行职务的行为侵犯王某的人身权之日起 2 年。

4. 本案国家赔偿义务机关是谁？

考　点 行政赔偿义务机关

解题思路 根据《国家赔偿法》第 7 条第 1 款的规定，行政机关及其工作人员行使行政职权侵犯公民、法人和其他组织的合法权益造成损害的，该行政机关为赔偿义务机关。本案中任某在执行职务过程中与王某发生推搡致王某摔倒死亡，任某属于某区公安分局太平派出所民警，应由其所属的行政机关——区公安分局赔偿。

提　示 行政赔偿义务机关确认的基本规则——谁损害，谁赔偿，行政机关工作人员实施侵权行为的，由工作人员所属的行政机关为赔偿义务机关。

参考**答案** 根据《国家赔偿法》第 7 条第 1 款的规定，本案的国家赔偿义务机关是民警任某所属的某区公安分局。

5. 若本案公安机关需承担赔偿责任，赔偿方式和标准是什么？

考　点 国家赔偿方式和标准

解题思路 根据《国家赔偿法》第 34 条的规定，侵犯公民生命健康权的，赔偿金按照下列规定计算：……③造成死亡的，应当支付死亡赔偿金、丧葬费，总额为国家上年度职工年平均工资的 20 倍。对死者生前扶养的无劳动能力的人，还应当支付生活费。前款第 2 项、第 3 项规定的生活费的发放标准，参照当地最低生活保障标准执行。被扶养的人是未成年人的，生活费给付至 18 周岁止；其他无劳动能力的人，生活费给付至死亡时止。本案中在民警任某执行职务过程中与王某发生推搡致王某摔倒死亡，属于侵犯公民生命权，其赔偿方式是金钱赔偿，包括：①死亡赔偿金、丧葬费，总额为国家上年度职工平均工资的 20 倍；②死者生前扶养的无劳动能力的人的生活费，标准是参照当地最低生活保障标准，未成年人的，给付至 18 周岁，其他无劳动能力的人，给付至死亡。

提　示 对于人身权的损害赔偿涉及五种权利——自由权、健康权、生命权、名誉权和荣誉权。侵犯人身自由的，按日支付赔偿金；造成身体伤害的，支付医疗费和按日支付误工收入赔偿金；造成丧失劳动能力的，支付医疗费、护理费、残疾生活辅助具费、康复费等因残疾而增加的必要支出和继续治疗所需的费用和残疾赔偿金，造成全部丧失劳动能力的，还应支付其扶养的无劳动能力的人的生活费；造成名誉权、荣誉权损害的，采取消除影响、恢复名誉、赔礼道歉的赔偿方式，若造成严重后果的，还应支付精神损害抚慰金。

参考**答案**　根据《国家赔偿法》第 34 条的规定，若公安机关承担国家赔偿责任，赔偿方式为支付被害人死亡赔偿金和丧葬费，总额为国家上年度职工年平均工资的 20 倍；对死者生前抚养的无劳动能力的人还应当支付生活费，标准参照当地最低生活保障标准，被抚养人是未成年人的，支付到 18 周岁为止，其他无劳动能力的人支付到死亡时止。

6. 如果公安机关对受害人赔偿后，对民警如何处理？

考　点　行政追偿

解题思路　行政追偿是国家在向行政赔偿请求人支付赔偿费用之后，依法责令具有故意或重大过失的工作人员、受委托的组织或者个人承担部分或全部赔偿费用的法律制度。根据《国家赔偿法》第 16 条第 1 款的规定，赔偿义务机关赔偿损失后，应当责令有故意或者重大过失的工作人员或者受委托的组织或个人承担部分或者全部赔偿费用。本案中，如果公安机关对受害人赔偿后，认定民警的职权行为存在故意或者重大过失的，可以责令该民警承担部分或全部赔偿费用。

提　示　行政追偿必须具备两个条件：

（1）行政赔偿义务机关已经履行了赔偿责任；

（2）行政机关工作人员具有故意或者重大过失。

参考**答案**　根据《国家赔偿法》第 16 条第 1 款的规定，公安机关对受害人赔偿后，若认为民警存在故意或者重大过失的，可以责令该民警承担部分或全部赔偿费用。

7. 若王某的父亲获得国家赔偿，他能否再要求民警任某承担刑事附带民事责任？

考　点　国家赔偿与民事赔偿的关系

解题思路　根据《国家赔偿法》第 2 条第 1 款的规定，国家机关和国家机关工作人员行使职权，有本法规定的侵犯公民、法人和其他组织合法权益的情形，造成损害的，受害人有依照本法取得国家赔偿的权利。本案中，民警任某属于国家机关工作人员，其在执行职务过程中与王某发生推搡致王某摔倒死亡，对王某死亡的赔偿属于国家赔偿责任，不属于民警任某的民事赔偿责任，因此王某的父亲获得国家赔偿后不能再要求民警任某承担民事赔偿责任。

提　示　国家机关工作人员致使公民人身或财产损害的，要区分是个人行为造成的损害还是职权行为造成的损害。个人行为造成损害的，由个人承担民事赔偿责任；职权行为造成损害的，由所属机关承担国家赔偿责任。受害人不能既获得国家赔偿，又获得民事赔偿。

参考答案 根据《国家赔偿法》第2条第1款的规定，本案属于国家承担赔偿责任，王某的父亲不能再要求民警任某承担刑事附带民事责任。

十四、2007年司考卷四第七题（本题25分）

案情：

据报道，在城市建设中，有的政府部门发出有关土地使用的许可证照后，因法律、法规、规章的修改、废止，或城市规划修改等许可所依据的客观情况发生重大变化，为了公共利益而撤回已生效的许可。也曾有个别地方的政府部门在颁发土地使用证照过程中确有审查不严的问题，为弥补过错过失而以公共利益需要为由收回已生效的许可；或为了以更高价位将土地出让给他人，而以公共利益需要为由收回已生效的许可。

答题要求：

1. 观点明确，论证充分，逻辑严谨，文字通顺；
2. 不少于500字。

问题：（本年分甲、乙题，我们仅选取和行政法相关的乙题）

请就上述情况，根据行政法有关原则，谈谈你的看法及建议。

考　点 行政法基本原则

解题思路 题目要求结合材料运用行政法原则进行论述，考生可以从权责统一原则和信赖保护原则的角度进行阐述。假借公共利益之名，而行违反法律之实，无视法律规定的许可范围、许可条件、许可程序，滥用行政权，侵犯公民合法权益，政府的这种行为要承担法律责任，违法行政造成的相对人合法权益损害应承担赔偿责任，这体现为权责统一原则。公民、法人或其他组织对行政机关作出的行政许可已经产生了信赖，行政机关要么不改变行政许可，对相对人的预期利益进行存续保护；要么改变行政许可，对相对人的利益损害进行补偿，实现财产保护，这体现为信赖保护原则。

提　示 论述题作为开放性题目虽然没有标准答案，但有答题的形式要求和实质要求。形式要求一是要把行政法的原则与题目中给的材料结合起来，切忌就原则论原则，二是字数不少于500字，三是论述要做到观点明确，论证充分，逻辑严谨，文字通顺。实质要求就是把行政法的原则作为分析工具对材料中政府行为进行评述并且提出完善建议。

参考答案

（1）政府部门发出土地使用的许可证照作为行政许可行为，是典型的授益性行政行为，对于生效的行政许可是不能随意撤回的，这是对被许可人的存续保护，但因法律、法规、规章的修改、废止，或城市规划修改等许可所依据的客观情况发生重大变化，为了公共利益需要可以撤回已生效的许可，但必须补偿相对人的信赖损失，这是对被许可人的财产保护。不管是存续保护还是财产保护，都是信赖保护原则的要求。

（2）政府部门在颁发土地使用证照过程中存在审查不严的过错过失，这属于违法作出的行政许可行为，应当是撤销许可而不是撤回许可，政府部门以公共利益需要为由收回已生效的许可属于违法行政；政府部门为了以更高价位将土地出让给他人，假借公共利益需要收回已生效的许可也属于违法行政，政府部门应当对违法行政造成被许可人的利益损害进行赔偿，这是权责统一原则中侵权要赔偿的要求。

（3）行政机关为了公共利益撤回行政许可是合法行政，行政机关假借公共利益撤回行政许可就是违法行政，因而公共利益就成为行政行为合法违法的关键判断标准。因此，建议在立法上应尽快弥补公共利益解释的空白，具体明确规定公共利益的范围，防止给行政机关利用公共利益名义滥用职权留下立法漏洞，在复议诉讼中严格审查撤回行政许可中的公共利益，切实保护行政许可相对人的合法权益。

十五、2006年司考卷四第五题（本题35分）

案情：

2002年7月，某港资企业投资2.7亿元人民币与内地某市自来水公司签订合作合同，经营该市污水处理。享有规章制定权的该市政府为此还专门制定了《污水处理专营管理办法》，对港方作出一系列承诺，并规定政府承担污水处理费优先支付和差额补足的义务，该办法至合作期结束时废止。

2005年2月市政府以合作项目系国家明令禁止的变相对外融资举债的"固定回报"项目，违反了《国务院办公厅关于妥善处理现有保证外方投资固定回报项目有关问题的通知》的精神，属于应清理、废止、撤销的范围为由，作出"关于废止《污水处理专营管理办法》的决定"，但并未将该决定告知合作公司和港方。港方认为市政府的做法不当，理由是：其一，国务院文件明确要求，各级政府对涉及固定回报的外商投资项目应"充分协商"、"妥善处理"，市政府事前不做充分论证，事后也不通知对方，违反了文件精神；其二，1998年9月国务院通知中已明令禁止审批新的"固定回报"项目，而污水处理合作项目是2002年经过市政府同意、省外经贸厅审批、原国家外经贸部备案后成立的手续齐全、程序合法的项目。

答题要求：

1. 观点明确，论证充分，逻辑严谨，文字通顺；
2. 不少于600字。

问题：（本题共有两问，我们仅选取和行政法相关的第一问）

运用行政法原理对某市政府的上述做法进行评论。

考　点 行政法基本原则

解题思路 题目涉及行政法的基本原则，考生需要运用行政法基本原则来评论案例中某市政府的做法。针对某市政府的做法，考生可以从行政法原理中的合法行政、程序正当、诚实守信等角度进行评论。合法行政原则要求某市政府应依法承诺某港资企业污水处理合作项目合同的回报，程序正当要求某市政府清理废止污水处理合作项目应当保障某港资企业的知情权、参与权等程序权利，诚实守信要求某市政府承诺某港资企业污水处理合作项目合同的回报应当基于诚实、清理废止某港资企业污水处理合作项目合同应基于守信。

提　示 论述题属于开放性题目，无标准答案可言，只要能言之有理，自圆其说即可，但要紧密结合题目中给的材料运用行政法基本原则进行评论，有观点、有论证。

参考答案 某市政府的行为违反了合法行政原则，违背了诚信政府的基本品质与对公民信赖利益的保护。某港资企业之所以在合作项目中投入巨资，一个很重要的原因就是相信政府、信赖政府，因为该项目经过各级政府和主管部门同意，程序合法，甚至市政府还专门为此制定了规章——《污水处理专营管理办法》，尽管市政府违法出台政府规章与承诺，但某港资企业对政府规章和与自来水公司签署的合作合同的合法性深信不疑。随后出于公共利益的需要，撤销、废止规章是市政府的职权。表面上市政府是在严格依法行政，纠正不当文件，而实际上该行为已经侵犯了某港资企业的信赖利益：

（1）某港资企业对该项目是否属于国务院政策明令禁止要求妥善处理的事项并不清楚；

（2）即使《污水处理专营管理办法》违反了国务院的有关规定，属于必须废止的文件，但责任也完全在市政府，而不是某港资企业；

（3）即使确属需要废止规章和清理合同，也应依法补偿信赖利益遭受损失的某港资企业。

十六、2005年司考卷四第一题（本题10分）

案情：

甲市人民政府在召集有关职能部门、城市公共交通运营公司（以下简称城市公交公司）召开协调会后，下发了甲市人民政府《会议纪要》，明确：城市公交公司的运营范围，界定在经批准的城市规划区内；城市公交公司在城市规划区内开通的线路要保证正常运营，免缴交通规费，在规划区范围内，原由交通部门负责的对城市公交公司违法运营的查处，交由建设部门负责。《会议纪要》下发后，甲市城区交通局按照《会议纪要》的要求，中止了对城市公交公司违法运营的查处。

田某、孙某和王某是经交通部门批准的三家运输经营户，他们运营的线路与《会议纪要》规定免缴交通规费的城市公交公司的两条运营线路重叠，但依《会议纪要》，不能享受免缴交通规费的优惠。三人不服，向法院提起诉讼，要求撤销《会议纪要》中关于城市公交公司免缴交通规费的规定，并请求确认市政府《会议纪要》关于中止城区交通局对城市公交公司违法运营查处的内容违法。

问题：

1. 甲市人民政府《会议纪要》所作出的城市公交公司免缴交通规费的内容是否属于行政诉讼受案范围？为什么？

考　点　行政诉讼的受案范围

解题思路　根据《行政诉讼法》和《行诉解释》的规定，具体行政行为仍然是确定行政诉讼的受案范围的标准。考生可以从行为的主体要件、职权要件和结果要件来判断是否属于具体行政行为、是否属于行政诉讼的受案范围：①主体要件要求行为的主体是行政机关或者是有行政权的组织；②职权要件要求行为是在运用或行使行政权的情况下作出的；③结果要件是行为的结果，是对公民、组织权利义务的具体处理、强制处理或者实际影响。会议纪要用于记载和传达会议情况和议定事项，是否属于行政诉讼受案范围中的具体行政行为，需要具体分析判断。本案中《会议纪要》是甲市人民政府下发的，符合具体行政行为的主体要件和职权要件。《会议纪要》的内容是对城市公交公司免缴交通规费的处理，也符合结果要件，因此甲市人民政府《会议纪要》所作出的城市公交公司免缴交通规费的内容构成具体行政行为，属于行政诉讼受案范围。

提　示 具体行政行为是判断行政诉讼受案范围的标准。具体行政行为可以从三个要件来综合认定：

（1）主体要件——行为主体是行政机关或有行政权力的主体；

（2）职权要件——行为主体行使的是行政权力；

（3）结果要件——行为内容对公民、组织的权利义务进行具体处理或产生实际影响。

参考答案 甲市人民政府《会议纪要》所作出的城市公交公司免缴交通规费的内容属于行政诉讼受案范围。因为本案中《会议纪要》所作出的城市公交公司免缴交通规费的内容，是甲市人民政府对城市公交公司权利义务作出的具体处理，作为具体行政行为属于行政诉讼受案范围。

2. 田某、孙某和王某三人是否具有原告资格？为什么？

考　点 行政诉讼的原告

解题思路 根据《行政诉讼法》第25条第1款的规定，行政行为的相对人以及其他与行政行为有利害关系的公民、法人或者其他组织，有权提起诉讼。根据《行诉解释》第12条第1项的规定，有下列情形之一的，属于行政诉讼法第25条第1款规定的"与行政行为有利害关系"：①被诉的行政行为涉及其相邻权或者公平竞争权的；……在本案，田某、孙某和王某是经交通部门批准的三家运输经营户，他们运营的线路与《会议纪要》规定免缴交通规费的城市公交公司的两条运营线路重叠，这意味着该田某、孙某和王某与城市公交公司存在竞争关系。市政府《会议纪要》授予城市公交公司免缴交通规费的优惠，而田某、孙某和王某不能享受免缴交通规费的优惠，涉及田某、孙某和王某的公平竞争权，田某、孙某和王某与市政府《会议纪要》作出的城市公交公司免缴交通规费的决定有利害关系，因此田某、孙某和王某三人具有原告资格。

提　示 行政诉讼原告是行政行为的相对人以及与行政行为有利害关系的公民、法人或者其他组织。考试中主要考查与行政行为有利害关系的原告资格问题。利害关系需要以法律的明确规定为依据，与行政行为有利害关系的公民、法人或者其他组织主要包括：相邻权人、公平竞争权人、行政复议第三人、受害人、投诉人以及撤销或者变更行政行为的利害关系人等。

参考答案 田某、孙某和王某三人具有原告资格。根据《行诉解释》第 12 条第 1 项的规定，具体行政行为涉及公民、法人或者其他组织公平竞争权的，可以提起行政诉讼。甲市人民政府的决定直接影响到了田某、孙某和王某三人的公平竞争权，因此三人具有原告资格。

3. 田某、孙某和王某三人提出的确认甲市人民政府中止城区交通局对城市公交公司违法运营查处的内容违法的请求，是否属于法院的审理范围？为什么？

考 点 行政诉讼的受案范围

解题思路 法院的审理范围受制于行政诉讼的受案范围。根据《行政诉讼法》第 13 条第 3 项的规定，人民法院不受理公民、法人或者其他组织对下列事项提起的诉讼：……③行政机关对行政机关工作人员的奖惩、任免等决定。根据《行诉解释》第 1 条第 2 款第 5 项的规定，下列行为不属于人民法院行政诉讼的受案范围：……⑤行政机关作出的不产生外部法律效力的行为。由此可知，内部行政行为不属于行政诉讼受案范围。甲市人民政府中止城区交通局对城市公交公司违法运营查处是上级行政机关对下级行政机关的职权调整，作为内部行政行为不属于行政诉讼的受案范围，也不能成为法院的审理范围。

提 示 内部行政行为既包括行政机关的内部人事管理行为，即行政机关对其工作人员的奖惩、任免等决定以及行政机关对其工作人员作出的培训、考核、离退休、工资、休假等方面的决定，也包括行政机关、行政机构之间的行为，即上级行政机关对下级行政机关所作出的行为、行政机关对内设机构作出的行为等。

参考答案 田某、孙某和王某三人提出的请求不属于法院的审理范围。行政机关的内部行为不属于行政诉讼受案范围。田某、孙某和王某三人提出的请求涉及甲市人民政府对建设局和交通局的职能调整，属于政府对行政机关之间的职权分配，作为内部行为不属于法院受案和审查的范围。

一、2019年法考回忆题

材料：

王某系 A 市法院刑事审判庭庭长。2016 年 9 月，王某在审理本市吴某抢劫案中，违反法律规定认为吴某有立功情节，对吴某减轻处罚判处有期徒刑 10 年，吴某的弟弟为此向王某行贿 50 万元。王某为规避法律，让其侄子王小六收钱并保管。

2018 年 11 月，A 市监察委接到举报后对王某（受贿）立案调查，调查中另查明王某在担任审判监督庭法官时犯有徇私舞弊减刑的犯罪事实，A 市监察委对本案调查终结，移送检察机关审查起诉，检察机关以王某涉嫌受贿罪和徇私舞弊减刑罪向 A 市法院提起公诉，同时以王小六构成掩饰隐瞒犯罪所得罪另案起诉。

法院审理期间，王某改变了在监察委调查和检察机关审查起诉期间不认罪的态度，主动承认被指控的犯罪并自愿接受处罚，法院按照认罪认罚从宽的规定，对王某从轻作出了判决。一审判决后检察机关没有抗诉，王某未上诉，一审判决发生法律效力。

试题点评：

本题中，命题者巧妙设了三个罪名（受贿罪、徇私舞弊减刑罪、掩饰隐瞒犯罪所得罪），而这三个罪名又可能分别属于公安机关、人民检察院、监察机关立案侦查或调查，以此综合考查了刑事诉讼的管辖问题，同时又结合了《监察法》这部新增法律文件进行了热点问题的考查。第 1 问、第 2 问都属于管辖的传统考点，难度不大，丢分可能性较小。第 3 问，审查起诉阶段发现"漏罪"或者"漏人"的情形，能否径行起诉的问题，这属于一个刑诉前沿问题考查，很多同学不敢轻易下笔作答，甚至反向揣测命题者心理，导致答非所问。第 4 问，考查了审判阶段的认罪认罚问题，这个问题属于 2019 年刑事诉讼法新增必考问题，很多同学误以为审前阶段不认罪认罚，到了审判阶段就丧失了认罪认罚从宽的机会，忽略了认罪认罚无禁区的基本原理。总体来说，今年的刑诉题是几大学科中难度系数相对较小的科目，不会拖大家的后腿。

问题：

1. **本案管辖是否有问题？请说明理由。**

解题思路 本题综合考查的管辖这个传统重点问题，难度系数不高。首先分析本案中的立案管辖问题，根据《刑事诉讼法》第 19 条规定，刑事案件的侦查由公安机关进行，法律另有规定的除外。人民检察院在对诉讼活动实行法律监督中发现的司法工作人员利用职权实施的非法拘禁、刑讯逼供、非法搜查等侵犯公民权利、损害司法公正的犯罪，可以由人民检察院立案侦查。对于公安机关管辖的国家机关工作人员利用职权实施的重大犯罪案件，需要由人民检察院直接受理的时候，经省级以上人民检察院决定，可以由人民检察院立案侦查。自诉案件，由人民法院直接受理。又根据《监察法》第 11 条第 2 项规定可知，监察机关对涉嫌贪污贿赂、滥用职权、玩忽职守、权力寻租、利益输送、徇私舞弊以及浪费国家资财等职务违法和职务犯罪进行调查；由此可知，王小六涉嫌的掩饰隐瞒犯罪所得罪属于公安机关立案侦查的案件范围。王某涉嫌的受贿罪，属于《监察法》第 11 条中的贪污贿赂案件范围，属于监察机关立案调查的案件范围。另外，王某涉嫌的徇私舞弊减刑罪，既可能由人民检察院立案侦查，也可能由监委立案调查。如果是人民检察院在诉讼监督中发现该罪，可以由人民检察院立案侦查，但是本案是监委在调查中发现的，并非人民检察院在诉讼监督中发现，因此监委对王某所涉嫌的徇私舞弊减刑罪有立案调查权。

参考答案 本案存在管辖错误的问题。

（1）本案在立案管辖上没有错误。王某涉嫌的受贿罪，属于《监察法》第 11 条中的贪污贿赂案件范围，属于监察机关立案调查的案件范围。另外，王某涉嫌的徇私舞弊减刑罪，既可能由人民检察院立案侦查，也可能由监委立案调查。修改后的《刑事诉讼法》第 19 条第 2 款规定："人民检察院在对诉讼活动实行法律监督中发现的司法工作人员利用职权实施的非法拘禁、刑讯逼供、非法搜查等侵犯公民权利、损害司法公正的犯罪，可以由人民检察院立案侦查。"根据该条可知，如果是人民检察院在诉讼监督中发现该罪，可以由人民检察院立案侦查，但是本案是监委在调查中发现的，并非人民检察院在诉讼监督中发现，因此监委对王某所涉嫌的徇私舞弊减刑罪有立案调查权。另外，王小六涉嫌的掩饰隐瞒犯罪所得罪属于公安机关立案侦查的案件范围。

（2）本案在审判管辖上存在错误。由于王某系 A 市法院刑事审判庭庭长，因此

A 市中级人民法院以及 A 市的所有基层法院都存在管辖不宜的情形，根据《刑诉解释》第 16 条规定，A 市中院可以请求移送上一级人民法院管辖。上一级人民法院可以管辖，也可以指定与提出请求的人民法院同级的其他人民法院管辖。

2. 在监察机关调查过程中，发现有检察院、公安机关负责的犯罪事实，该如何分工？

解题思路 本题考查的是管辖竞合的处理。根据《监察法》第 34 条的规定，人民法院、人民检察院、公安机关、审计机关等国家机关在工作中发现公职人员涉嫌贪污贿赂、失职渎职等职务违法或者职务犯罪的问题线索，应当移送监察机关，由监察机关依法调查处置。被调查人既涉嫌严重职务违法或者职务犯罪，又涉嫌其他违法犯罪的，一般应当由监察机关为主调查，其他机关予以协助。又根据《监察法》第 35 条的规定，监察机关对于报案或者举报，应当接受并按照有关规定处理。对于不属于本机关管辖的，应当移送主管机关处理。

参考答案

　　(1) 监察机关对于不属于本机关管辖的，应当移送主管机关处理；

　　(2) 被调查人既涉嫌严重职务违法或者职务犯罪，又涉嫌其他违法犯罪的，一般应当由监察机关为主调查，其他机关予以协助。

3. 王小六涉嫌掩饰、隐瞒犯罪所得罪在未经立案侦查的前提下，检察机关能否径行起诉，为什么？

解题思路 根据刑事案件办理一般流程分析，案件在未经立案侦查的情况下，是不能径行起诉的。立案是刑事诉讼的必经程序，只有经过立案其他诉讼阶段才能依次进行，公安司法机关进行侦查、起诉和审判活动才有法律依据，才能产生法律效力。但是，本题作为一个如此高级别的法律职业资格考试，命题者不可能考查如此常识而且简单的问题，所以，考生必须进一步揣摩命题者的命题心思。这道题目考查的是在审查起诉阶段，发现遗漏罪行或者有依法应当移送起诉的同案犯罪嫌疑人未移送起诉的处理问题。根据《高检规则》第 356 条的规定，人民检察院在办理公安机关移送起诉的案件中，发现遗漏罪行或者有依法应当移送起诉的同案犯罪嫌疑人未移送起诉的，应当要求公安机关补充侦查或者补充移送起诉。对于犯罪事实清楚，证据确实、充分的，也可以直接提起公诉。

参考答案 针对王小六涉嫌掩饰、隐瞒犯罪所得罪，事实清楚，证据确实、充分的，人民检察院可以直接提起公诉。

4. 法院对王某按照认罪认罚从宽处理的做法是否合法？

解题思路 本题考查的是审判阶段的认罪认罚的处理问题。根据《刑事诉讼法》第 15 条的规定，犯罪嫌疑人、被告人自愿如实供述自己的罪行，承认指控的犯罪事实，愿意接受处罚的，可以依法从宽处理。认罪认罚从宽原则被确立为刑事诉讼的基本原则，贯穿于主要的诉讼阶段。被告人在不同诉讼阶段认罪认罚的量刑幅度上会有所差别，但是王某在审判阶段认罪认罚，仍然可以适用认罪认罚从宽处理的法律规定。从诉讼效率和司法成本的角度讲，即便是在审判阶段，被告人认罪认罚，也有利于节约诉讼成本和提高诉讼效率。尤其是针对一些复杂疑难的共同犯罪案件，争取个别被告人认罪认罚，可以很大程度上降低指控难度。对于一些简易的案件，到审判阶段才适用认罪认罚从宽，虽然对节约诉讼资源的意义并不明显，但是如果从社会治理的角度考虑，认罪认罚有助于修复被损害的社会关系，且认罪认罚作为被告人自己的选择，必然会消解其心中的抵触情绪，降低社会的风险，无疑也有利于社会和谐稳定。因此，审判阶段被告人请求适用认罪认罚从宽，检察机关可以根据情况决定是否与被告人开展认罪认罚协商，而非必须，但应当尽可能地利用这一制度促成实现被告人认罪认罚。在具体操作上，对于审查起诉阶段已经进行过认罪认罚协商（没有达成）的案件，及其他简单案件，尽可能采用当庭提出新的量刑建议协商并当庭具结的方式，对于个别的疑难复杂或有特殊情况（如被告人提出退赃、赔偿等）的案件，可以采用中止审理后协商并具结的方式。

参考答案 根据最高人民法院、最高人民检察院、公安部、国家安全部、司法部《关于适用认罪认罚从宽制度的指导意见》第49条的规定，被告人在侦查、审查起诉阶段没有认罪认罚，但当庭认罪，愿意接受处罚的，人民法院应当根据审理查明的事实，就定罪和量刑听取控辩双方意见，依法作出裁判。不过法院在确定从宽幅度时应当与审前认罪认罚有所区别。

二、2018年法考回忆题

案情：

李四和王大到饭店吃饭，遇到了王大的仇人张三。王大（另案处理）和张三发生口角，李四劝阻不成，王大拿起饭店的板凳砸在张三头部，张三晕倒在地。李四和店小二赵小六找来了车，李四将张三送往医院，王大独自跑回家。李四开车半小时到达医院停车场后，突然担心惹祸上身，便将张三留在车内跑到王大家与其商量与张三私了之事，第二天凌晨将张三送往医院时，张三已经死亡。

检察机关以故意杀人罪，对李四提起公诉，以下为本案证据：

1. 李四的供述：王大将张三打昏迷后，当晚10：20左右李四和赵小六将张三抬上车，10：50李四驾车到达医院停车场时，发现张三大量出血，呼吸微弱，害怕承担责任所以不敢把张三送到医院，于是把车停在停车场后，自己回去和王大商量。第二天凌晨5点，自己和王大一起赶回停车场把张三送到医院，医院认定张三已经死亡。

2. 王大的证言：晚上将张三打昏迷后，李四送张三去医院，半夜的时候，李四找王大商量，告诉他并没有把张三送到医院就医，然后二人次日将张三送往医院就医。但当晚张三被送到医院时还活着。

3. 赵小六的证言：当晚10：20左右和李四把张三抬上车的时候，张三仍有心跳和呼吸，只是昏迷，没有出血，觉得张三伤的不重，如果能及时送医救治就不会死亡。

4. 饭店监控录像：当晚10：20李四和赵小六一起将张三抬上车。

5. 医院停车场监控录像：当晚10：50左右，李四的车出现在停车场，李四独自下车离开，一直将车留在停车场，直到次日凌晨5点和王大一起出现在停车场，将张三抬往医院。

6. 法医鉴定：张三头部受重击，痕迹与饭店板凳吻合，无其他伤，张三自身有凝血止血障碍，因大量出血而死亡，但无法确定具体死亡时间。

7. 侦查实验笔录：公安机关人员做了测试，从小吃店到医院的车程就是半小时。

8. 医院送诊记录：凌晨5点，李四、王大将张三送往医院，但张三已经完全死亡。

公诉机关以故意杀人罪起诉到中院，庭审中李四当庭翻供，提出遭到刑讯逼供才说张三到医院停车场时没有死，而实际上当晚将张三送往医院停车场时，张三已经完全没有了呼吸。李四向法院提出了刑讯逼供的具体时间和地点，用什么工具打了他。李四的辩护人提出了排非申请。法院要求公安机关提供录像，公安机关说因为设备时好时坏，所以只提供了部分李四所提供时间的讯问录像，该录像显示并没有刑讯逼供发生。李四的辩护人提出重新鉴定张三具体死亡时间并申请调查取证，但新证据均无法确定张三的具体死亡时间。

答题要求：

逻辑清楚，专业性强，说理充分，要求列明法条作答。

问题：

根据以上证据，法院应当对李四做出什么判决？

解题思路 2018 年的这道题目中规中矩，围绕传统重点——刑事证据的审查判断以及定罪标准进行考查。本题是一道开放性命题，整道题目就是一个问题，要求考生综合全案交代的事实和在案证据对被告人李四是否有罪做出裁判。2018 年这道题目透露了刑诉主观题的另外一个重要的命题信号就是，刑事程序法与实体法之间的交叉考查。

本题涉及的刑法考点是李四通过不作为的方式涉嫌故意杀人罪。由于其先前行为，即独自开车将张三送往医院，此时张三的生命法益风险处于李四支配的特定领域，李四负有对张三生命危险的救助义务。如果不予救助，而是弃之车内，最终导致张三因得不到及时的救治而死亡，则李四构成不作为的故意杀人罪。通过阅读案情可知，本案的争议焦点就是张三被送到医院停车场时是否已经死亡，如果张三在 10：50 已经死亡，即使李四及时送医救治也不能避免张三死亡结果的发生，那么张三的死亡和李四的不及时救治的行为之间不具有因果关系，则李四不构成故意杀人罪。所以，本案定罪的关键就是要证明 10：50 张三是否存活。

关于张三死亡时间的认定，由于张三自身有凝血性障碍，被重击后大量出血，死亡速度可能比一般人要快，法医无法通过鉴定判断死亡的时间。虽然李四在侦查阶段供述称，其将张兰送到医院停车场的时候，发现张三大量出血，气息微弱，但仍然活着。然而，在庭审的时候，李四翻供称遭到了刑讯逼供，并指出，案发当晚，李四将张三送至停车场时，张三已经没有呼吸心跳，已经死亡。迫于侦查人员的刑讯他才承认张三当时并未死亡。如果法院能够认定或不能排除刑讯逼供行为的发生，那么李四的供述就将作为非法证据予以排除。剩下的在案证据只能证明李四案发当晚 10：50 将张三送至医院停车场，而案发当晚 10：50 张三是否死亡无法查明，属于事实不清、证据不足。按照存疑有利被告的原则，法院只能认定张三在案发当晚 10：50 已经死亡，李四当时即使将张三送医也不具有避免死亡结果的可能性，所以李四不构成故意杀人罪。

参考答案 由于案情全凭考生回忆，因此可能存在案情交代不完整，结论仅供大家参考。根据本案现有案情和证据，没有充分证据证明李四实施了故意杀人行为，不能排除合理怀疑，根据疑罪从无的原理，应当对李四作出事实不清、证据不足的无罪判决。

根据《刑事诉讼法》第 55 条的规定，刑事诉讼的定罪标准是事实清楚、证据确实、充分。证据确实、充分，应当符合以下条件：①定罪量刑的事实都有证据证明；②据以定案的证据均经法定程序查证属实；③综合全案证据，对所认定事实已排除合理怀疑。

本案，检察院指控李四对被害人张三负有救助义务的情况下，以不作为的方式放任张三死亡的结果的出现，构成故意杀人罪。本案的争议焦点就是张三被送到医院停车场时是否已经死亡，如果张三在 10：50 已经死亡，即使李四及时送医救治也不能避免张三死亡结果的发生，那么张三的死亡和李四的不及时救治的行为之间不具有因果关系，则李四不构成故意杀人罪。所以，本案定罪的关键就是要证明10：50张三是否存活。关于本案争议焦点的证据事实分析如下：

证据1：李四的供述称，案发当晚10：50自己驾车到医院停车场时，发现张三大量出血，呼吸微弱，害怕承担责任所以不敢把张三送到医院。该供述可以证明案件的主要事实，属于直接证据。但是，庭审中李四当庭翻供，提出遭到刑讯逼供才说张三到医院停车场时没有死，而实际上当晚将张三送往医院停车场时，张三已经完全没有了呼吸。由于李四提出了遭受了刑讯逼供的线索，在证据合法性调查中应当由控方承担证明取证合法的证明责任。如果公安机关不能提供完整的录像来证明合法的讯问过程，不能排除刑讯逼供的可能，因此法院应当依法排除该口供作为定案依据。

证据2：王大的证言，证明张三被送到医院时还活着。王大当时并没有随车前往医院，因此，对于张三送到医院时是否活着的判断只有两种可能，要么王大自己猜测的，要么是李四告诉王大的，如果是猜测的，该内容不能作为定案依据。如果是李四告诉王大的，那么王大的供述只能算是传来证据，且由于李四的供述被排除，王大的供述无法与李四的口供形成印证关系。

证据3：赵小六的证言证实，当晚10：20左右和李四把张三抬上车的时候，张三仍有心跳和呼吸，只是昏迷，没有出血，觉得张三伤的不重，如果能及时送医救治就不会死亡。该证言只能证明张三上车时还有心跳，并不能证明到达医院停车场时，张三是否死亡。

证据4：饭店的监控录像只能证明李四与被害人张三的上车时间，并不能单独证明案件的主要事实。

证据5：医院停车场监控录像，可以证明到达医院的时间，以及李四没有及时将被害人送医的事实，但是并不能证明10：50张三是否死亡的事实。

证据6：法医鉴定意见，只能证明张三死亡原因，并不能证明张三具体的死亡时间，依然属于间接证据。

证据7：医院送诊记录，只能证明次日凌晨张三被送医时已经死亡，并不能证明案发当天10：50被害人是否死亡的状况。因此，属于间接证据。

综上所述，本案确定李四是否有罪的关键事实不能有足够证据证实，不能排除合理怀疑，根据疑罪从无的原理，法院应当判决李四无罪。

三、2017年司考卷四第三题（本题21分）

案情：

被告人李某于2014年7月的一天晚上，和几个朋友聚会，饭后又一起卡拉OK，期间餐厅经理派服务员胡某陪侍。次日凌晨两点结束后，李某送胡某回家的路上，在一废弃的工棚内强行与胡某发生了性关系。案发后李某坚称是通奸而不是强奸。此案由S市Y区检察院起诉。Y区法院经不公开审理，以事实不清证据不足为由作出无罪判决。检察机关提起抗诉，S市中级法院改判被告人构成强奸罪并处有期徒刑3年。二审法院定期宣判，并向抗诉的检察机关送达了判决书，没有向被告人李某送达判决书，但在中国裁判文书网上发布了判决书。

问题：

1. 本案二审判决是否生效？为什么？我国刑事裁判一审生效与二审生效有无区别？为什么？

解题思路 本题考查的是裁判的生效时间。民事诉讼法、刑事诉讼法和行政诉讼法对一审裁判文书何时生效问题规定得比较明确，实践中一般不会产生异议，问题主要是出在二审裁判文书何时生效上。根据《刑事诉讼法》第230条的规定，不服判决的上诉和抗诉的期限为10日，不服裁定的上诉和抗诉的期限为5日，从接到判决书、裁定书的第2日起算。可知，我国刑事诉讼法对一审判决生效时间规定得很明确，自判决送达之日起，10日内为上诉期，过10日未上诉的判决就生效。

二审判决作为终审判决，没有上诉期，二审判决何时开始生效没有明文规定。目前我国的法律仅规定二审判决是生效判决，并没有明确具体的生效时间。那么在司法实践中，主要有三种观点：①二审判决作出之日生效；②二审判决宣判之日生效；③二审判决送达之日生效。由于法律并没有明确规定，很容易引起纠纷。根据最高人民法院《关于刑事案件终审判决和裁定何时发生法律效力问题的批复》观点，认为终审的裁判，自宣告之日起发生法律效力。主要基于两方面原因：第一，宣告判决一律公开进行；第二，刑事诉讼法中没有规定送达的期限，由于送达的方式不同，如何确定送达之日仍会发生歧义，从而导致不能确定裁判生效之日。

参考答案

（1）本案二审判决尚未生效。二审判决应当在宣告后才生效，而本案二审判决后始终未向被告人李某送达判决书，裁判文书网上发布判决书也不能等同于向李某送达判决，李某始终不知道判决的内容，因此本案二审未完成宣告，判决尚未生效。

（2）一审裁判送达后次日开始计算上诉、抗诉期限，经过上诉、抗诉期限，未上诉、抗诉的，一审裁判才生效。由于我国实行二审终审制，普通案件二审裁判为终审裁判，但需要宣告后开始生效，即二审当庭宣判或定期宣判送达裁判文书后发生法律效力。

2. 此案生效后当事人向检察院申诉，程序要求是什么？

解题思路 当事人再审申诉既可以选择向法院申诉，也可以选择向检察院申诉。本题考查的是向检察院申诉的程序。

根据《高检规则》第593条的规定：

（1）当事人及其法定代理人、近亲属认为人民法院已经发生法律效力的刑事判决、裁定确有错误，向人民检察院申诉的，由作出生效判决、裁定的人民法院的同级人民检察院刑事申诉检察部门依法办理。

（2）当事人及其法定代理人、近亲属直接向上级人民检察院申诉的，上级人民检察院可以交由作出生效判决、裁定的人民法院的同级人民检察院受理；案情重大、疑难、复杂的，上级人民检察院可以直接受理。

（3）当事人及其法定代理人、近亲属对人民法院已经发生法律效力的判决、裁定提出申诉，经人民检察院复查决定不予抗诉后继续提出申诉的，上一级人民检察院应当受理。

根据《高检规则》第594条的规定，对不服人民法院已经发生法律效力的刑事判决、裁定的申诉，经两级人民检察院办理且省级人民检察院已经复查的，如果没有新的证据，人民检察院不再立案复查，但原审被告人可能被宣告无罪或者判决、裁定有其他重大错误可能的除外。根据《刑事诉讼法》第254条第3款的规定，最高人民检察院对各级人民法院已经发生法律效力的判决和裁定，上级人民检察院对下级人民法院已经发生法律效力的判决和裁定，如果发现确有错误，有权按照审判监督程序向同级人民法院提出抗诉。

本案是由S市中院做出的生效裁判，因此应当由作出生效判决、裁定的人民法院的同级人民检察院（S市检察院）刑事申诉检察部门依法办理。如果当事人直接向省人民检察院申诉的，省检察院可以交由S市检察院受理；案情重大、疑难、复杂的，省级人民检察院也可以直接受理。如果经S市检察院复查决定不予抗诉后继续向省检察院提出申诉的，省人民检察院应当受理。经两级人民检察院办理且省级人民检察院已经复查的，如果没有新的证据，人民检察院不再立案复查，但原审被告人可能被宣告无罪或者判决、裁定有其他重大错误可能的除外。

参考答案

（1）当事人及其法定代理人、近亲属首先应当向 S 市检察院提出申诉。

（2）如果当事人直接向省级人民检察院申诉的，省检察院可以交由 S 市检察院受理；案情重大、疑难、复杂的，省级人民检察院也可以直接受理。

（3）当事人一方对 S 市检决定不予抗诉而继续向省检察院申诉的，省检察院应当受理，但是经省、市两级检察院办理后，没有新的证据不再立案复查。

（4）S 市检认为判决、裁定确有错误需要抗诉的，应当提请省检抗诉。省检认为判决、裁定确有错误，可以直接向省高院抗诉。

3. 省检察院按审判监督程序向省高级法院提起抗诉，对于原判决、裁定事实不清或者证据不足的再审案件，省高级法院应当如何处理？

解题思路　本题考查的是经人民检察院抗诉后，人民法院的再审程序。根据《刑事诉讼法》第 254 条第 4 款规定，人民检察院抗诉的案件，接受抗诉的人民法院应当组成合议庭重新审理，对于原判决事实不清楚或者证据不足的，可以指令下级人民法院再审。从这条规定可知，对于检察院抗诉的案件，原则上都是由接受抗诉的法院来重新审理，但是对于原判决事实不清楚或者证据不足的，也可以指令下级人民法院再审。本案就属于原判决、裁定事实不清或者证据不足的情形，因此省高院可以指令下级法院再审，也可以决定自己来重新审理。又根据《刑诉解释》第 389 条的规定，再审案件经过重新审理后，应当按照下列情形分别处理：①原判决、裁定认定事实和适用法律正确、量刑适当的，应当裁定驳回申诉或者抗诉，维持原判决、裁定；②原判决、裁定定罪准确、量刑适当，但在认定事实、适用法律等方面有瑕疵的，应当裁定纠正并维持原判决、裁定；③原判决、裁定认定事实没有错误，但适用法律错误，或者量刑不当的，应当撤销原判决、裁定，依法改判；④依照第二审程序审理的案件，原判决、裁定事实不清或者证据不足的，可以在查清事实后改判，也可以裁定撤销原判，发回原审人民法院重新审判。原判决、裁定事实不清或者证据不足，经审理事实已经查清的，应当根据查清的事实依法裁判；事实仍无法查清，证据不足，不能认定被告人有罪的，应当撤销原判决、裁定，判决宣告被告人无罪。

参考答案

（1）省高院接受抗诉后既可以指令下级法院再审，也可以决定自己来重新审理。

（2）省高院重新审理后认为原判决、裁定事实不清或者证据不足的，可以在查清事实后改判，也可以裁定撤销原判，发回原审人民法院重新审判。

（3）省高院认为原判决、裁定事实不清或者证据不足，经审理事实已经查清的，应当根据查清的事实依法裁判；事实仍无法查清，证据不足，不能认定被告人有罪的，应当撤销原判决、裁定，判决宣告被告人无罪。

4. 如果省高级法院认为 S 市中级法院生效判决确有错误，应当如何纠正？

解题思路 本题考查的是上级法院对下级法院生效裁判的监督程序。根据《刑诉解释》第 379 条的规定，上级人民法院发现下级人民法院已经发生法律效力的判决、裁定确有错误的，可以指令下级人民法院再审；原判决、裁定认定事实正确但适用法律错误，或者案件疑难、复杂、重大，或者有不宜由原审人民法院审理情形的，也可以提审。上级人民法院指令下级人民法院再审的，一般应当指令原审人民法院以外的下级人民法院审理；由原审人民法院审理更有利于查明案件事实、纠正裁判错误的，可以指令原审人民法院审理。

参考答案 省高级法院认为 S 市中级法院生效判决确有错误，有两种途径解决：

（1）可以指令下级人民法院再审。省高院指令再审，一般应当指令 S 市中院以外的中级法院再审，依照第二审程序进行；如果更有利于查明案件事实、纠正裁判错误，也可以指令 S 市中院再审，S 市中院应当另行组成合议庭，依照二审程序进行。

（2）如果原判决、裁定认定事实正确但适用法律错误，或者案件疑难、复杂、重大，或者有不宜由原审人民法院审理情形的，也可以提审。提审由省高院组成合议庭，所作出判决、裁定为终审判决、裁定。

5. 此案在由省检察院向省高级法院抗诉中，请求改判被告人无罪，被告人及其辩护人也辩称无罪，省高级法院根据控辩双方一致意见，是否应当做出无罪判决？为什么？

解题思路 法院作为独立、中立的裁判者，并不以检察院抗诉的意见作为最终裁判的依据，而是应当以案件事实和法律作为最终裁判的依据。根据《刑诉解释》第 389 条的规定，再审案件经过重新审理后，应当按照下列情形分别处理：

（1）原判决、裁定认定事实和适用法律正确、量刑适当的，应当裁定驳回申诉或者抗诉，维持原判决、裁定；

（2）原判决、裁定定罪准确、量刑适当，但在认定事实、适用法律等方面有瑕疵的，应当裁定纠正并维持原判决、裁定；

（3）原判决、裁定认定事实没有错误，但适用法律错误，或者量刑不当的，应当撤销原判决、裁定，依法改判；

（4）依照第二审程序审理的案件，原判决、裁定事实不清或者证据不足的，可以在查清事实后改判，也可以裁定撤销原判，发回原审人民法院重新审判。

原判决、裁定事实不清或者证据不足，经审理事实已经查清的，应当根据查清的事实依法裁判；事实仍无法查清，证据不足，不能认定被告人有罪的，应当撤销原判决、裁定，判决宣告被告人无罪。

参考答案 法院可以根据具体情况，既可以作有罪判决，也可以作无罪判决。

（1）本案系适用审判监督程序的案件，法庭审理的目标是判断生效的法院判决、裁定是否有错误，判决有罪无罪的依据是案件事实、证据及适用的法律是否确有错误；

（2）检察机关的抗诉是引起再审程序的缘由，其请求改判无罪已经不是控诉的含义，也不是控方，不存在控辩双方意见一致的情形。

四、2016年司考卷四第三题（本题22分）

案情：

顾某（中国籍）常年居住 M 国，以丰厚报酬诱使徐某（另案处理）两次回国携带毒品甲基苯丙胺进行贩卖。2014 年 3 月 15 日 15 时，徐某在 B 市某郊区交易时被公安人员当场抓获。侦查中徐某供出了顾某。我方公安机关组成工作组按照与该国司法协助协定赴该国侦查取证，由 M 国警方抓获了顾某，对其进行了讯问取证和住处搜查，并将顾某及相关证据移交中方。

检察院以走私、贩卖毒品罪对顾某提起公诉。鉴于被告人顾某不认罪并声称受到刑讯逼供，要求排除非法证据，一审法院召开了庭前会议，通过听取控辩双方的意见及调查证据材料，审判人员认定非法取证不成立。开庭审理后，一审法院认定被告人两次分别贩卖一包甲基苯丙胺和另一包重 7.6 克甲基苯丙胺判处其有期徒刑 6 年 6 个月。顾某不服提出上诉，二审法院以事实不清发回重审。原审法院重审期间，检察院对一包甲基苯丙胺重量明确为 2.3 克并作出了补充起诉，据此原审法院以被告人两次分别贩卖 2.3 克、7.6 克毒品改判顾某有期徒刑 7 年 6 个月。被告人不服判决再次上诉到二审法院。

问题：

1. M 国警方移交的证据能否作为认定被告人有罪的证据？对控辩双方提供的境外证据，法院应当如何处理？

解题思路 本题首先考查的是域外证据在我国能否成为法院定案的依据，然后考查的是人民法院对于域外证据的审查方法。根据《刑诉解释》第 405 条的规定，对来自境外的证据材料，人民法院应当对材料来源、提供人、提供时间以及提取人、提取时间等进行审查。经审查，能够证明案件事实且符合刑事诉讼法规定的，可以作为证据使用，但提供人或者我国与有关国家签订的双边条约对材料的使用范围有明确限制的除外；材料来源不明或者其真实性无法确认的，不得作为定案的根据。当事人及其辩护人、诉讼代理人提供来自境外的证据材料的，该证据材料应当经所在国公证机关证明，所在国中央外交主管机关或者其授权机关认证，并经我国驻该国使、领馆认证。从该条文内容可以直接找到本题的答题依据。

参考答案 M国警方移交的证据可以作为认定被告人有罪的证据。我国刑事诉讼法规定我国司法机关可以进行刑事司法协助，警方赴M国请求该国警方抓捕、取证属于司法协助的范围，我国法院对境外证据认可其证据效力，本案司法协助程序符合规范，符合办理刑事案件程序规定。

根据《刑诉解释》第405条的规定，人民法院对来自境外的证据材料，应当对材料来源、提供人、提供时间以及提取人、提取时间等进行审查。经审查，能够证明案件事实符合《刑事诉讼法》规定的，可以作为证据使用。但提供人或者我国与有关国家签订的双边条约对材料的使用范围有明确限制的除外；材料来源不明或者真实性无法确认的，不得作为定案的证据。

2. 本案一审法院庭前会议对非法证据的处理是否正确？为什么？

解题思路 本题考查的是庭前会议对非法证据排除申请的处理问题。根据《严格排除非法证据规定》第25条第1款的规定，被告人及其辩护人在开庭审理前申请排除非法证据，按照法律规定提供相关线索或者材料的，人民法院应当召开庭前会议。人民检察院应当通过出示有关证据材料等方式，有针对性地对证据收集的合法性作出说明。人民法院可以核实情况，听取意见。

根据《严格排除非法证据规定》第26条的规定，公诉人、被告人及其辩护人在庭前会议中对证据收集是否合法未达成一致意见，人民法院对证据收集的合法性有疑问的，应当在庭审中进行调查；人民法院对证据收集的合法性没有疑问，且没有新的线索或者材料表明可能存在非法取证的，可以决定不再进行调查。

需要注意的是，为了防止庭审流于形式，庭前会议不能进行实质性的审理活动，只能就相关问题了解情况，听取意见，为庭审活动做好准备。因此，一审法院通过庭前会议，听取控辩双方的意见及调查证据材料，就作出非法取证不成立的结论是错误的。

参考答案 不正确。根据《严格排除非法证据规定》的相关规定，在庭前会议中，人民法院可以核实情况，听取意见，但是在庭前会议中直接做出非法取证不成立的结论是错误的。

3. 发回原审法院重审后，检察院对一包甲基苯丙胺重量为 2.3 克的补充起诉是否正确？为什么？

解题思路 考题考查了审判中补充起诉的适用。根据《高检规则》第 423 条的规定，人民法院宣告判决前，人民检察院发现被告人的真实身份或者犯罪事实与起诉书中叙述的身份或者指控犯罪事实不符的，或者事实、证据没有变化，但罪名、适用法律与起诉书不一致的，可以变更起诉。发现遗漏同案犯罪嫌疑人或者罪行的，应当要求公安机关补充移送起诉或者补充侦查；对于犯罪事实清楚，证据确实、充分的，可以直接追加、补充起诉。

可知，审判中只有出现漏罪、漏人的情形，人民检察院才存在补充起诉的问题，而本案中，并没有出现新的犯罪事实，检察院只是对之前的犯罪事实进行了补充说明，并不是补充起诉。

参考答案 不正确。本案第二审法院基于原审法院认定的一包甲基苯丙胺数量不明，以事实不清发回重审，重审中检察机关明确该包毒品重量为 2.3 克，只是补充说明而不是补充起诉。只有当人民法院宣告判决前，人民检察院发现遗漏同案犯罪嫌疑人或者罪行的，才可以直接追加、补充起诉。

4. 发回重审后，原审法院的改判加刑行为是否违背上诉不加刑原则？为什么？

解题思路 本题考查的是上诉不加刑原则。根据《刑事诉讼法》第 237 条的规定，第二审人民法院审理被告人或者他的法定代理人、辩护人、近亲属上诉的案件，不得加重被告人的刑罚。第二审人民法院发回原审人民法院重新审判的案件，除有新的犯罪事实，人民检察院补充起诉的以外，原审人民法院也不得加重被告人的刑罚。人民检察院提出抗诉或者自诉人提出上诉的，不受前款规定的限制。根据该条文可知，在没有检察院抗诉或自诉人上诉的情况下，不仅二审法院不能加重被告人的刑罚，发回重审的法院也不能加重被告人的刑罚，除非重审过程中，有新的犯罪事实，人民检察院补充起诉。而本案补充说明一包重量 2.3 克是原有的指控内容，不是新增加的犯罪事实。因此原审法院也不得加重被告人的刑罚。

参考答案 违反上诉不加刑。第二审人民法院发回原审人民法院重新审理的案件，除有新的犯罪事实，人民检察院补充起诉的以外，原审人民法院不得加重被告人的刑罚。本案补充说明一包甲基苯丙胺重量为 2.3 克是原有的指控内容，不是新增加的犯罪事实。

5. 此案再次上诉后，二审法院在审理程序上应如何处理？

解题思路 本题考查的是二审法院的审理程序，包括审判组织、审理方式、审判结果。根据《刑事诉讼法》第 234 条的规定，第二审人民法院对于下列案件，应当组成合议庭，开庭审理：①被告人、自诉人及其法定代理人对第一审认定的事实、证据提出异议，可能影响定罪量刑的上诉案件；②被告人被判处死刑的上诉案件；③人民检察院抗诉的案件；④其他应当开庭审理的案件。第二审人民法院决定不开庭审理的，应当讯问被告人，听取其他当事人、辩护人、诉讼代理人的意见。第二审人民法院开庭审理上诉、抗诉案件，可以到案件发生地或者原审人民法院所在地进行。

根据《刑事诉讼法》第236条的规定，第二审人民法院对不服第一审判决的上诉、抗诉案件，经过审理后，应当按照下列情形分别处理：①原判决认定事实和适用法律正确、量刑适当的，应当裁定驳回上诉或者抗诉，维持原判。②原判决认定事实没有错误，但适用法律有错误，或者量刑不当的，应当改判。③原判决事实不清楚或者证据不足的，可以在查清事实后改判；也可以裁定撤销原判，发回原审人民法院重新审判。原审人民法院对于依照前款第3项规定发回重新审判的案件作出判决后，被告人提出上诉或者人民检察院提出抗诉的，第二审人民法院应当依法作出判决或者裁定，不得再发回原审人民法院重新审判。

根据《刑事诉讼法》第238条的规定，第二审人民法院发现第一审人民法院的审理有下列违反法律规定的诉讼程序的情形之一的，应当裁定撤销原判，发回原审人民法院重新审判：①违反本法有关公开审判的规定的；②违反回避制度的；③剥夺或者限制了当事人的法定诉讼权利，可能影响公正审判的；④审判组织的组成不合法的；⑤其他违反法律规定的诉讼程序，可能影响公正审判的。

【参考答案】

（1）二审法院应当组成合议庭，可以不开庭审理，但应当讯问被告人、听取辩护人、诉讼代理人意见；

（2）如果认为原判认定事实和适用法律正确、量刑适当，应当裁定驳回上诉，维持原判；

（3）如果认为原判适用法律有错误或量刑不当，应当改判，但受上诉不加刑限制，不得加重刑罚；

（4）鉴于本案系发回重审后的上诉审，第二审法院不得以事实不清再发回原审法院重新审理，只能依据现有证据依法作出裁判；

（5）二审法院发现一审有违反法律规定的诉讼程序的，应当裁定撤销原判，发回原审人民法院重新审判。

五、2015年司考卷四第七题（本题26分）

案情：

某日凌晨，A市某小区地下停车场发现一具男尸，经辨认，死者为刘瑞，达永房地产公司法定代表人。停车场录像显示一男子持刀杀死了被害人，但画面极为模糊，小区某保安向侦查人员证实其巡逻时看见形似刘四的人拿刀捅了被害人后逃走（开庭时该保安已辞职无法联系）。

侦查人员在现场提取了一只白手套，一把三棱刮刀（由于疏忽，提取时未附笔录）。侦查人员对现场提取的血迹进行了ABO血型鉴定，认定其中的血迹与犯罪嫌疑人刘四的血型一致。

刘四到案后几次讯问均不认罪，后来交代了杀人的事实并承认系被他人雇佣所为，公安机关据此抓获了另外两名犯罪嫌疑人康雍房地产公司开发商张文、张武兄弟。

侦查终结后，检察机关提起公诉，认定此案系因开发某地块利益之争，张文、张武雇佣社会人员刘四杀害了被害人。

法庭上张氏兄弟、刘四同时翻供，称侦查中受到严重刑讯，不得不按办案人员意思供认，但均未向法庭提供非法取证的证据或线索，未申请排除非法证据。

公诉人指控定罪的证据有：①小区录像；②小区保安的证言；③现场提取的手套、刮刀；④ABO血型鉴定；⑤侦查预审中三被告人的有罪供述及其相互证明。三被告对以上证据均提出异议，主张自己无罪。

答题要求：

1. 无本人分析、照抄材料原文不得分；

2. 结论、观点正确，逻辑清晰，说理充分，文字通畅；

3. 请按问题顺序作答，总字数不得少于800字。

问题：

1. 请根据《刑事诉讼法》及相关司法解释的规定，对以上证据分别进行简要分析，并作出是否有罪的结论。

解题思路

[第1步] 需要判断本题考查的是刑事诉讼的定罪标准。根据《刑事诉讼法》第200

条第1项的规定，案件事实清楚，证据确实、充分，依据法律认定被告人有罪的，应当作出有罪判决。根据《刑事诉讼法》第55条的规定，对一切案件的判处都要重证据，重调查研究，不轻信口供。只有被告人供述，没有其他证据的，不能认定被告人有罪和处以刑罚；没有被告人供述，证据确实、充分的，可以认定被告人有罪和处以刑罚。证据确实、充分，应当符合以下条件：①定罪量刑的事实都有证据证明；②据以定案的证据均经法定程序查证属实；③综合全案证据，对所认定事实已排除合理怀疑。

［第2步］需要对案例中的证据分别做出审查判断。根据《刑事诉讼法》第50条第3款的规定，证据必须经过查证属实，才能作为定案的根据。

（1）小区监控录像，如果清晰记录了案件发生的全过程，那么该证据可以单独证明案件的主要事实，属于直接证据。但是，案例中监控录像画面极为模糊，并不能判断出谁实施了犯罪，所以不能单独证明案件的主要事实。

（2）小区保安的证言证实其巡逻时看见形似刘四的人拿刀捅了被害人后逃走，但开庭时该保安已辞职无法联系，无法对该证言查证属实。根据《刑诉解释》第78条第3款的规定，经人民法院通知，证人没有正当理由拒绝出庭或者出庭后拒绝作证，法庭对其证言的真实性无法确认的，该证人证言不得作为定案的根据。

（3）现场提取的手套、刮刀，由于疏忽，提取时未附笔录。根据《刑诉解释》第73条第1款的规定，在勘验、检查、搜查过程中提取、扣押的物证、书证，未附笔录或者清单，不能证明物证、书证来源的，不得作为定案的根据。

（4）血型鉴定，认定其中的血迹与犯罪嫌疑人刘四的血型一致，这并不能证明该血迹为刘四所有，因为不同的人可以具有相同的血型。

（5）三被告人的有罪供述，如果为刑讯逼供的违法手段所获取，则该供述不能作为定案依据。

［第3步］综合全案，得出最后结论。

参考答案 本案应当作出事实不清、证据不足的无罪判决。依据刑事诉讼法及解释的有关规定和诉讼理论，我国刑事诉讼证明标准应当是案件事实清楚，证据确实、充分。所谓证据确实、充分，是指：①定罪量刑的事实都有证据证明；②据以定案的证据均经法定程序查证属实；③综合全案证据，对所认定事实已排除合理怀疑。在刑事诉讼中，承担证明被告人有罪这一证明责任的主体是公诉机关，即检察院。被告人张某不承担证明自己无罪的责任。如果检察院不能提供充分的证据来证明被告人有罪，则法院只能作出指控的犯罪不能成立的判决。本案中，小区录像画面极为模糊，不能证明刘四就是本案的杀人凶手。小区保安的证言证明其看见形似刘四的人拿刀捅了被害人后逃走，并不能证明刘四就是本案的杀人凶手，并且该证人没有正当理由没有出庭，法庭不能确定该证言的真实性，不能作为定案依据。现场提取的手套、刮刀没有制作笔录，不能确定该物证来源，不能作为定案依据。ABO 血型鉴定也不能确定刘四就是本案的杀人凶手。侦查预审中三被告人的有罪供述及其相互证明，不能单独作为指控其犯罪的证据。综上所述，以上证据并不能形成一个证据链，不能排除合理怀疑，所以只能根据疑罪从无的原则，不能确定被告人有罪。

2. 请结合本案，谈谈对《中共中央关于全面推进依法治国若干重大问题的决定》中关于"推进以审判为中心的诉讼制度改革，确保侦查、审查起诉的案件事实证据经得起法律的检验"这一部署的认识。

参考范文 习近平总书记在十八届四中全会上所作的关于《中共中央关于全面推进依法治国若干重大问题的决定》的说明，重点说明了 10 个问题，其中之一就是"推进以审判为中心的诉讼制度改革"，要在以审判为中心的前提下解决社会矛盾，包括在法院主导下处理刑事诉讼、民事诉讼和行政诉讼的各项活动。

以审判为中心也就是我们常说的"审判中心主义"，是指在刑事诉讼的各个阶段中，都凸显审判的中心地位，将刑事审判作为整个诉讼的核心。侦查阶段和起诉阶段均是刑事审判的预备阶段，只有审判才具有定分止争的权威性、终局性作用。因为在整个刑事诉讼过程中，只有在审判阶段才能决定被追诉人是否有刑事责任以及责任的大小，虽然在侦查、起诉等环节中也会涉及对犯罪嫌疑人的处理，但这都是程序意义上的处理，不具有实体问题上的既判力。推进以审判为中心的诉讼制度改革是适应司法规律的要求。审判是司法活动的核心环节，是所有社会矛盾解决的终极手段，是社会公正的最后一道"防线"，所以我们理应坚持审判在司法活动中的核心地位，这是尊重司法规律的体现。

"以审判为中心的刑事诉讼制度改革"的理论基础是审判中心主义理论。审判中心主义包括以下几个方面的含义：①实现庭审的实质化。审判程序是刑事诉讼程序的核心，未经人民法院宣告有罪，任何人不得被定罪处罚。庭审又是审判的核心。要实现审判中心主义，首先要实现以庭审为中心，改变庭审虚置化、形式化的倾向，使庭审真正成为事实查明、证据认定、适用法律的核心，发挥庭审的把关作用，使法庭审理的案件经得起法律的考验和历史的考验，实现法律效果和社会效果的统一。②实现审判程序对审前程序的制约。充分发挥审判程序的诉讼制约功能，使侦查程序、审查起诉程序都围绕审判程序展开和进行；充分发挥审判保障诉权、尊重人权的功能，建立健全刑事诉讼中的司法审查机制。③实现依法独立公正行使审判权。审判中心主义就是要求审判者依法独立行使审判权，实现"由审理者裁决，由裁决者负责"的审判权运行机制，坚持"无罪推定原则""证据裁判原则""疑罪从无原则"，严格"排除非法证据"，完善"证人出庭制度""当庭宣判制度"等，使审判真正担负起实现司法公正的重任。

具体到本案，以审判为中心，应当贯彻直接言词原则，确保侦查、审查起诉收集的证据，在法庭上经过质证。如果被告人对证据合法性提出异议法官认为确有疑问的，应当依职权启动调查程序。以审判为中心，应当贯彻证据裁判原则，对所有案件事实的认定，都应当建立在证据的基础之上。作为定案依据的证据必须具有证据能力，所有证据都要经过质证，查证属实；定罪证据应当确实充分，排除合理怀疑。以审判为中心，应当切实发挥审判程序的职能作用，促使侦查程序和公诉程序围绕审判程序的要求进行，确保侦查程序和公诉程序收集的证据达到审判程序的法定定案标准，保证庭审在查明事实、认定证据、保护诉权、公正裁判中发挥决定性作用，最终实现司法公正目标。

总之，推动以审判为中心的刑事诉讼制度改革，就是要坚持审判中心主义，发挥审判维护司法公正、引领社会公平正义的作用，努力让人民群众在每一个司法案件中感受到公平正义。

六、2014年司考卷四第三题（本题22分）

案情：

犯罪嫌疑人段某，1980年出生，甲市丁区人，自幼患有间歇性精神分裂症而辍学在社会上流浪，由于生活无着落便经常偷拿东西。2014年3月，段某窜至丁区一小区内行窃时被事主发现，遂用随身携带的刀子将事主刺成重伤夺路逃走。此案丁区检察院以抢劫罪起诉到丁区法院，被害人的家属提起附带民事诉讼。丁区法院以抢劫罪判处段某有期徒刑10年，赔偿被害人家属3万元人民币。段某以定性不准、量刑过重为由提起上诉。甲市中级法院二审中发现段某符合强制医疗条件，决定发回丁区法院重新审理。

丁区法院对段某依法进行了精神病鉴定，结果清晰表明段某患有精神分裂症，便由审判员张某一人不公开审理，检察员马某和被告人段某出庭分别发表意见。庭审后，法庭作出对段某予以强制医疗的决定。

问题:

1. 结合本案,简答强制医疗程序的适用条件。

解题思路 强制医疗是出于避免社会危害和保障精神疾病患者健康利益的目的,而采取的一项对精神疾病患者的人身自由予以一定限制,并对其所患精神疾病进行治疗的特殊处分措施。强制医疗程序不同于普通程序,所以二者在适用条件上有所差别。本题考查的是强制医疗程序的适用条件。根据《刑事诉讼法》第302条的规定,实施暴力行为,危害公共安全或者严重危害公民人身安全,经法定程序鉴定为依法不负刑事责任的精神病人,有继续危害社会可能的,可以予以强制医疗。

参考答案 强制医疗程序的适用条件是:

(1)实施了危害公共安全或者严重危害公民人身安全的暴力行为;

(2)经法定程序鉴定属依法不负刑事责任的精神病人;

(3)有继续危害社会的可能。

2. 如中级法院直接对段某作出强制医疗决定,如何保障当事人的救济权?

解题思路 强制医疗程序中,法院并没有以判决或裁定的形式结案,而是依法作出强制医疗的"决定",因此,当事人对该"决定"不能提起上诉,只能依法向上一级法院申请复议。根据《刑事诉讼法》第305条的规定,人民法院经审理,对于被申请人或者被告人符合强制医疗条件的,应当在1个月以内作出强制医疗的决定。被决定强制医疗的人、被害人及其法定代理人、近亲属对强制医疗决定不服的,可以向上一级人民法院申请复议。

参考答案 被决定强制医疗的人、被害人及其法定代理人、近亲属对强制医疗不服的,可以向上一级法院申请复议。

3. 发回重审后,丁区法院的做法是否合法?为什么?

解题思路 本题以程序纠错的方式综合考查了法院的审判组织、审理方式以及特殊人员的程序保障。根据《刑事诉讼法》第304条第1款的规定,人民法院受理强制医疗的申请后,应当组成合议庭进行审理。可知,案例中由审判员张某一人独任审理不合法。根据《刑事诉讼法》第188条第1款的规定,人民法院审判第一审案件应当公开进行。但是有关国家秘密或者个人隐私的案件,不公开审理;涉及商业秘密的案件,当事人申请不公开审理的,可以不公开审理。可知,本案并没有不公开审理的理由,不公开审理程序违法。根据《刑事诉讼法》第304条第2款的规定,人民法院审理强制医疗案件,应当通知被申请人或者被告人的法定代理人到场。被申请人或者被告人没有委托诉讼代理人的,人民法院应当通知法律援助机构指派律师为其提供法律帮助。本案中,仅被告人出庭发表意见,未通知被告人的法定代理人到场不合法。对于被告人没有委托诉讼代理人,法院未通知法律援助机构指派律师的程序违法。

参考答案 不合法。按照《刑事诉讼法》和有关司法解释的规定，丁区法院有下列违法行为：

（1）本案由审判员张某一人独任审理不合法，审理强制医疗应当组成合议庭进行；

（2）本案不公开审理不合法，本案被告人系成年人，所犯抢劫罪不属于不公开审理的案件；

（3）未通知段某的法定代理人到场不合法，审理强制医疗案件，应当通知段某的法定代理人到庭；

（4）对于被告人没有委托诉讼代理人，法院未通知法律援助机构指派律师程序违法，法院应当通知法律援助机构指派律师担任其法定代理人，为其提供法律援助。

4. 发回重审后，丁区法院在作出强制医疗决定时应当如何处理被害人家属提出的附带民事诉讼？

解题思路 本题考查的是刑事附带民事诉讼的处理结果。根据《刑诉解释》第160条第1款的规定，人民法院认定公诉案件被告人的行为不构成犯罪，对已经提起的附带民事诉讼，经调解不能达成协议的，应当一并作出刑事附带民事判决。从该条文可知，虽然本案最终法院认定被告人无需负刑事责任，但是民事赔偿责任不能免除，所以如果调解不成，法院需要一并作出附带民事诉讼判决。

参考答案 丁区法院应当就民事赔偿进行调解。调解不成，判决宣告被告人段某不负刑事责任，并在判决中就附带的民事赔偿一并处理，同时作出对被告人段某强制医疗的决定。

七、2013年司考卷四第三题（本题22分）

案情：

李某于2012年7月毕业后到某国有企业从事财务工作。因无钱买房，单位又不分房，在同学、朋友及亲戚家里四处借住，如何弄钱买一套住房成为他的心结。

2013年4月，单位有一笔80万元现金未来得及送银行，存放于单位保险柜，李某借职务之便侵吞了全部现金并伪造外人盗窃现场。李某用该款购买了一套公寓。

李某的反常行为被单位举报到检察机关，检察机关反贪技术侦查部门当即实施技术侦查措施，查明系李某作案并予以立案。在刑事拘留期间，李某供认了全部犯罪事实。鉴于本人最终认罪并将赃物全部追回，根据本案特殊情况和办案需要，检察机关决定对其采取指定居所监视居住。

2013 年 7 月该案提起公诉。李某及其辩护律师向法院提出李某在拘留期间遭受了严重的刑讯逼供，要求排除非法证据。

问题：

1. 检察机关对李某贪污行为采取技术侦查措施，是否正确？为什么？

解题思路 本题考查的是技术侦查的适用条件。根据《刑事诉讼法》第 150 条的规定，公安机关在立案后，对于危害国家安全犯罪、恐怖活动犯罪、黑社会性质的组织犯罪、重大毒品犯罪或者其他严重危害社会的犯罪案件，根据侦查犯罪的需要，经过严格的批准手续，可以采取技术侦查措施。人民检察院在立案后，对于利用职权实施的严重侵犯公民人身权利的重大犯罪案件，根据侦查犯罪的需要，经过严格的批准手续，可以采取技术侦查措施，按照规定交有关机关执行。追捕被通缉或者批准、决定逮捕的在逃的犯罪嫌疑人、被告人，经过批准，可以采取追捕所必需的技术侦查措施。从该条文可知，技术侦查措施不仅对案件范围有所限制，而且还要求必须在立案后方可使用，在立案前不得使用技术侦查手段。本题从阶段上看，在尚未立案的情况下就使用技术侦查手段显然违法，另外，《监察法》出台后，贪污贿赂案件不再属于检察院技术侦查的范围，而是属于监察机关技术调查的案件范围。根据《监察法》第 28 条第 1 款的规定，监察机关调查涉嫌重大贪污贿赂等职务犯罪，根据需要，经过严格的批准手续，可以采取技术调查措施，按照规定交有关机关执行。

参考答案 不正确。首先，本案在立案之前采取技术侦查措施，属程序违法。其次，技术侦查措施需要履行严格的审批手续。最后，人民检察院无权执行技术侦查措施。另外，本案属于监察机关调查的案件范围，检察院无权采取技术侦查措施。根据《监察法》第 28 条第 1 款的规定，监察机关调查涉嫌重大贪污贿赂等职务犯罪，根据需要，经过严格的批准手续，可以采取技术调查措施，按照规定交有关机关执行。

2. 根据修改后的《刑事诉讼法》，技术侦查措施在使用主体、案件范围和适用程序上有哪些特殊要求？

解题思路 本题考查的是《刑事诉讼法》对技术侦查措施的相关规定。

根据《刑事诉讼法》第 150 条的规定，公安机关在立案后，对于危害国家安全犯罪、恐怖活动犯罪、黑社会性质的组织犯罪、重大毒品犯罪或者其他严重危害社会的犯罪案件，根据侦查犯罪的需要，经过严格的批准手续，可以采取技术侦查措施。人民检察院在立案后，对于利用职权实施的严重侵犯公民人身权利的重大犯罪案件，根据侦查犯罪的需要，经过严格的批准手续，可以采取技术侦查措施，按照规定交有关机关执行。追捕被通缉或者批准、决定逮捕的在逃的犯罪嫌疑人、被告人，经过批准，可以采取追捕所必需的技术侦查措施。

根据《刑事诉讼法》第151条的规定，批准决定应当根据侦查犯罪的需要，确定采取技术侦查措施的种类和适用对象。批准决定自签发之日起3个月以内有效。对于不需要继续采取技术侦查措施的，应当及时解除；对于复杂、疑难案件，期限届满仍有必要继续采取技术侦查措施的，经过批准，有效期可以延长，每次不得超过3个月。

根据《刑事诉讼法》第152条的规定，采取技术侦查措施，必须严格按照批准的措施种类、适用对象和期限执行。侦查人员对采取技术侦查措施过程中知悉的国家秘密、商业秘密和个人隐私，应当保密；对采取技术侦查措施获取的与案件无关的材料，必须及时销毁。采取技术侦查措施获取的材料，只能用于对犯罪的侦查、起诉和审判，不得用于其他用途。公安机关依法采取技术侦查措施，有关单位和个人应当配合，并对有关情况予以保密。

参考答案

（1）技术侦查措施的使用主体：公安机关、人民检察院可以决定，但是只能由公安机关（国安机关）执行。

（2）适用范围：公安机关在立案后，对于危害国家安全犯罪、恐怖活动犯罪、黑社会性质的组织犯罪、重大毒品犯罪或者其他严重危害社会的犯罪案件可以采取技术侦查措施；检察机关在立案后，对于利用职权实施的严重侵犯公民人身权利的重大犯罪案件，可以采取技术侦查措施；追捕被通缉或者批准、决定逮捕的在逃的犯罪嫌疑人、被告人，可以采取必要的技术侦查措施。

（3）适用程序上，批准决定应当根据侦查犯罪的需要，确定采取技术侦查措施的种类和适用对象。批准决定自签发之日起3个月以内有效。对于不需要继续采取技术侦查措施的，应当及时解除；对于复杂、疑难案件，期限届满仍有必要继续采取技术侦查措施的，经过批准，有效期可以延长，每次不得超过3个月。采取技术侦查措施，必须严格按照批准的措施种类、适用对象和期限执行。

3. 检察机关对李某采取指定居所监视居住措施是否正确？为什么？

解题思路 本题考查的是监视居住的条件以及监视居住的地点。

首先，从监视居住的适用条件来看，根据《刑事诉讼法》第74条第1款的规定，人民法院、人民检察院和公安机关对符合逮捕条件，有下列情形之一的犯罪嫌疑人、被告人，可以监视居住：①患有严重疾病、生活不能自理的；②怀孕或者正在哺乳自己婴儿的妇女；③系生活不能自理的人的唯一扶养人；④因为案件的特殊情况或者办理案件的需要，采取监视居住措施更为适宜的；⑤羁押期限届满，案件尚未办结，需要采取监视居住措施的。在本案中，李某有证据证明有犯罪事实，可能判处徒刑以上刑罚，符合了逮捕的适用条件，但是因为案件的特殊情况或者办理案件的需要，采取监视居住措施更为适宜，符合该法条所列举的第 4 种情形，故检察机关对李某采取监视居住措施是正确的。

其次，从监视居住的地点来看，根据《刑事诉讼法》第 75 条第 1 款的规定，监视居住应当在犯罪嫌疑人、被告人的住处执行；无固定住处的，可以在指定的居所执行。对于涉嫌危害国家安全犯罪、恐怖活动犯罪，在住处执行可能有碍侦查的，经上一级公安机关批准，也可以在指定的居所执行。但是，不得在羁押场所、专门的办案场所执行。可知，监视居住的执行地点原则上是犯罪嫌疑人、被告人的住所，但有例外，即可以在指定的居所执行。例外的适用条件，适用于无固定住处的犯罪嫌疑人、被告人或涉嫌危害国家安全犯罪、恐怖活动犯罪，在住处执行可能有碍侦查的犯罪嫌疑人、被告人。在本案中，李某虽然不符合这几类案件的标准，但他因为违法所得所购置的公寓已被收缴，没有固定住处，故符合指定居所监视居住的规定。

参考答案　正确。本案符合逮捕条件，但是因为案件的特殊情况或者办理案件的需要，办案机关可以采取监视居住措施。指定居所监视居住适用于无固定住处的，以及有住处但是涉嫌危害国家安全犯罪、恐怖活动犯罪案件，在住处执行可能有碍侦查，本案李某虽然不符合特殊案件的条件，但他没有固定住处，符合指定居所监视居住规定。特别提醒，《监察法》出台后，监察机关在调查阶段是不能适用强制措施的，因为监察机关调查活动并不适用《刑事诉讼法》的规定。如果调查结束后进入后续的刑事诉讼程序，则可以适用监视居住的措施。

4. 法院处理李某及其辩护人申请排除非法证据的程序步骤是什么？

解题思路　本题考查的是申请排除非法证据的程序。由于 2017 年出台了《严格排除非法证据规定》，因此本题需要用最新的条文内容作答。

根据《严格排除非法证据规定》第 23 条的规定，人民法院向被告人及其辩护人送达起诉书副本时，应当告知其有权申请排除非法证据。被告人及其辩护人申请排除非法证据，应当在开庭审理前提出，但在庭审期间发现相关线索或者材料等情形除外。人民法院应当在开庭审理前将申请书和相关线索或者材料的复制件送交人民检察院。

根据《严格排除非法证据规定》第 24 条的规定，被告人及其辩护人在开庭审理前申请排除非法证据，未提供相关线索或者材料，不符合法律规定的申请条件的，人民法院对申请不予受理。

根据《严格排除非法证据规定》第25条的规定，被告人及其辩护人在开庭审理前申请排除非法证据，按照法律规定提供相关线索或者材料的，人民法院应当召开庭前会议。人民检察院应当通过出示有关证据材料等方式，有针对性地对证据收集的合法性作出说明。人民法院可以核实情况，听取意见。人民检察院可以决定撤回有关证据，撤回的证据，没有新的理由，不得在庭审中出示。被告人及其辩护人可以撤回排除非法证据的申请。撤回申请后，没有新的线索或者材料，不得再次对有关证据提出排除申请。

根据《严格排除非法证据规定》第26条的规定，公诉人、被告人及其辩护人在庭前会议中对证据收集是否合法未达成一致意见，人民法院对证据收集的合法性有疑问的，应当在庭审中进行调查；人民法院对证据收集的合法性没有疑问，且没有新的线索或者材料表明可能存在非法取证的，可以决定不再进行调查。

根据《严格排除非法证据规定》第29条的规定，被告人及其辩护人在开庭审理前未申请排除非法证据，在法庭审理过程中提出申请的，应当说明理由。对前述情形，法庭经审查，对证据收集的合法性有疑问的，应当进行调查；没有疑问的，应当驳回申请。法庭驳回排除非法证据申请后，被告人及其辩护人没有新的线索或者材料，以相同理由再次提出申请的，法庭不再审查。

根据《严格排除非法证据规定》第30条的规定，庭审期间，法庭决定对证据收集的合法性进行调查的，应当先行当庭调查。但为防止庭审过分迟延，也可以在法庭调查结束前进行调查。

根据《严格排除非法证据规定》第31条的规定，公诉人对证据收集的合法性加以证明，可以出示讯问笔录、提讯登记、体检记录、采取强制措施或者侦查措施的法律文书、侦查终结前对讯问合法性的核查材料等证据材料，有针对性地播放讯问录音录像，提请法庭通知侦查人员或者其他人员出庭说明情况。被告人及其辩护人可以出示相关线索或者材料，并申请法庭播放特定时段的讯问录音录像。侦查人员或者其他人员出庭，应当向法庭说明证据收集过程，并就相关情况接受发问。对发问方式不当或者内容与证据收集的合法性无关的，法庭应当制止。公诉人、被告人及其辩护人可以对证据收集的合法性进行质证、辩论。

根据《严格排除非法证据规定》第32条的规定，法庭对控辩双方提供的证据有疑问的，可以宣布休庭，对证据进行调查核实。必要时，可以通知公诉人、辩护人到场。

根据《严格排除非法证据规定》第34条的规定，经法庭审理，确认存在本规定所规定的以非法方法收集证据情形的，对有关证据应当予以排除。法庭根据相关线索或者材料对证据收集的合法性有疑问，而人民检察院未提供证据或者提供的证据不能证明证据收集的合法性，不能排除存在本规定所规定的以非法方法收集证据情形的，对有关证据应当予以排除。

对依法予以排除的证据，不得宣读、质证，不得作为判决的根据。

参考答案

（1）被告人及其辩护人在开庭审理前申请排除非法证据，按照法律规定提供相关线索或者材料的，人民法院应当召开庭前会议。

（2）人民法院应当在开庭前及时将申请书及相关线索、材料的复制件送交人民检察院。人民检察院应当通过出示有关证据材料等方式，有针对性地对证据收集的合法性作出说明。人民法院可以核实情况，听取意见。

（3）公诉人、被告人及其辩护人在庭前会议中对证据收集是否合法未达成一致意见，人民法院对证据收集的合法性有疑问的，应当在庭审中进行调查；人民法院对证据收集的合法性没有疑问，且没有新的线索或者材料表明可能存在非法取证的，可以决定不再进行调查。

（4）被告人及其辩护人在开庭审理前未申请排除非法证据，在法庭审理过程中提出申请的，应当说明理由。对前述情形，法庭经审查，对证据收集的合法性有疑问的，应当进行调查；没有疑问的，应当驳回申请。

（5）庭审期间，法庭决定对证据收集的合法性进行调查的，应当先行当庭调查。但为防止庭审过分迟延，也可以在法庭调查结束前进行调查。

（6）经审理，确认或者不能排除存在《刑事诉讼法》第56条规定的以非法方法收集证据情形的，对有关证据应当排除。人民法院对证据收集的合法性进行调查后，应当将调查结论告知公诉人、当事人和辩护人、诉讼代理人。

八、2012年司考卷四第七题（本题28分）

专家观点：刑事诉讼法既有保障刑法实施的工具价值，又具有独立价值。

在刑事诉讼中，以刑讯逼供等非法方法收集证据，不仅违反法定程序，侵犯人权，而且往往导致证据虚假，发生冤错案件。为此，《刑事诉讼法》及有关部门的解释或规定，完善了非法证据排除规则，发挥了刑事诉讼法的应有功效。

案情：

花园小区发生一起入室抢劫杀人案，犯罪现场破坏严重，未发现有价值的痕迹物证。经查，李某有重大犯罪嫌疑，其曾因抢劫被判有期徒刑12年，刚刚刑满释放，案发时小区保安见李某出入小区。李某被东湖市公安局立案侦查并被逮捕羁押。审讯期间，在保安的指认下，李某不得不承认其在小区他处入室盗窃 3000 元，后经查证属实。但李某拒不承认抢劫杀人行为。审讯人员将李某提到公安局办案基地对其实施了捆绑、吊打、电击等行为，3 天 3 夜不许吃饭，不许睡觉，只给少许水喝，并威胁不坦白交代抢劫杀人罪行、认罪态度不好法院会判死刑。最终，李某按审讯人员的意思交代了抢劫杀人的事实。在此期间，侦查人员还对李某的住处进行了搜查，提取扣押了李某鞋子等物品，当场未出示搜查证。

案件经东湖市检察院审查起诉后，向东湖市中级法院提起公诉。庭审中，应李某辩护人的申请，法庭启动了排除非法证据程序。

答题要求：

1. 根据法律、司法解释规定及刑事诉讼法理知识作答；

2. 无本人观点或论述，照抄材料原文不得分；

3. 观点明确，逻辑清晰，说理充分，文字通畅；

4. 请按提问顺序逐一作答，总字数不得少于 800 字。

问题：

1. 本案哪些行为收集的证据属于非法证据？哪些非法证据应当予以排除？

[解题思路] 本题考查了非法证据的类型，以及非法证据排除规则。根据《刑事诉讼法》第 56 条的规定，采用刑讯逼供等非法方法收集的犯罪嫌疑人、被告人供述和采用暴力、威胁等非法方法收集的证人证言、被害人陈述，应当予以排除。收集物证、书证不符合法定程序，可能严重影响司法公正的，应当予以补正或者作出合理解释；不能补正或者作出合理解释的，对该证据应当予以排除。在侦查、审查起诉、审判时发现有应当排除的证据的，应当依法予以排除，不得作为起诉意见、起诉决定和判决的依据。根据《严格排除非法证据规定》第 3 条的规定，采用以暴力或者严重损害本人及其近亲属合法权益等进行威胁的方法，使犯罪嫌疑人、被告人遭受难以忍受的痛苦而违背意愿作出的供述，应当予以排除。可知，非法证据包括两大类，一类是非法的言词证据，一类是非法的实物证据。本案中经过刑讯和威胁收集的口供是直接排除的对象。本案中没有搜查证属于违法，但是不属于直接排除的情形，经过补正或作出合理解释还是可以使用的。

[参考答案] 本案的非法证据有：

（1）审讯人员通过捆绑、吊打、电击等行为，命令李某 3 天 3 夜不许吃饭，不许睡觉，只给少许水喝，并威胁不坦白交代抢劫杀人罪行、认罪态度不好法院会判死刑的情况下获取的供述属于非法证据；

（2）侦查人员还对李某的住处进行了搜查，提取扣押了李某鞋子等物品，当场未出示搜查证也属于非法证据。

上述非法的证据应当排除的是通过刑讯和威胁获得的李某的供述，没有出示搜查证的情形下搜查到的物证虽然违法，但是通过补正或者作出合理解释可以作为证据使用。

2. 本案负有排除非法证据义务的机关有哪些？

解题思路 本题考查了非法证据排除的机关。根据《刑事诉讼法》第56条第2款的规定，在侦查、审查起诉、审判时发现有应当排除的证据的，应当依法予以排除，不得作为起诉意见、起诉决定和判决的依据。可知公、检、法在各自的诉讼阶段发现了非法证据都应该主动予以排除。

参考答案 本案负有排除非法证据义务的机关包括公安机关、人民检察院、人民法院。如果公安机关在侦查阶段发现了非法证据，那么该证据不能作为起诉意见的依据；如果是人民检察院在审查起诉中发现了非法证据，那么该证据不能作为起诉决定的依据；如果是人民法院在审判中发现了非法证据，那么该证据不能作为法院裁判的依据。

3. 针对检察院的指控，东湖市中级法院应当如何判决本案？

解题思路 本题考查了法院的裁判类型，以及定罪的证明标准。法条依据是《刑事诉讼法》第55条："对一切案件的判处都要重证据，重调查研究，不轻信口供。只有被告人供述，没有其他证据的，不能认定被告人有罪和处以刑罚；没有被告人供述，证据确实、充分的，可以认定被告人有罪和处以刑罚。证据确实、充分，应当符合以下条件：①定罪量刑的事实都有证据证明；②据以定案的证据均经法定程序查证属实；③综合全案证据，对所认定事实已排除合理怀疑。"又根据《刑诉解释》第241条的规定，对第一审公诉案件，人民法院审理后，应当按照下列情形分别作出判决、裁定：①起诉指控的事实清楚，证据确实、充分，依据法律认定指控被告人的罪名成立的，应当作出有罪判决。②起诉指控的事实清楚，证据确实、充分，指控的罪名与审理认定的罪名不一致的，应当按照审理认定的罪名作出有罪判决。③案件事实清楚，证据确实、充分，依据法律认定被告人无罪的，应当判决宣告被告人无罪。④证据不足，不能认定被告人有罪的，应当以证据不足、指控的犯罪不能成立，判决宣告被告人无罪。⑤案件部分事实清楚，证据确实、充分的，应当作出有罪或者无罪的判决。对事实不清、证据不足部分，不予认定。⑥被告人因不满16周岁，不予刑事处罚的，应当判决宣告被告人不负刑事责任。⑦被告人是精神病人，在不能辨认或者不能控制自己行为时造成危害结果，不予刑事处罚的，应当判决宣告被告人不负刑事责任。⑧犯罪已过追诉时效期限且不是必须追诉，或者经特赦令免除刑罚的，应当裁定终止审理。⑨被告人死亡的，应当裁定终止审理；根据已查明的案件事实和认定的证据，能够确认无罪的，应当判决宣告被告人无罪。具有前款第2项规定情形的，人民法院应当在判决前听取控辩双方的意见，保障被告人、辩护人充分行使辩护权。必要时，可以重新开庭，组织控辩双方围绕被告人的行为构成何罪进行辩论。综合上述条文，可以得到本题的结论。

参考答案 本案人民法院应当判决李某构成盗窃罪，对于入室抢劫杀人部分宣告无罪。根据《刑事诉讼法》第55条规定可知，我国刑事诉讼定罪标准是：事实清楚，证据确实充分。证据确实、充分，应当符合以下条件：①定罪量刑的事实都有证据证明；②据以定案的证据均经法定程序查证属实；③综合全案证据，对所认定事实已排除合理怀疑。分析本案在案证据可知，证明李某入室抢劫杀人的唯一直接证据就是被告人供述，而该供述是通过刑讯逼供的非法手段获取，依法应当予以排除。小区保安的证言可以证明李某出入过该小区，但是不能证明李某抢劫杀人的事实。另外，本案搜查获取的物证也违反了相关法定程序，可以予以补正或者作出合理解释，但该物证是间接证据，不能证实李某抢劫杀人的主要犯罪事实。本案的证据尚未达到定罪标准，不能得出李某抢劫杀人的唯一结论，不能排除合理怀疑，根据疑罪从无的原则，应当宣告其无罪。另外，李某盗窃的犯罪事实查证属实，应当予以认定。综上可知，本案人民法院应当判决李某构成盗窃罪，对于入室抢劫杀人部分宣告无罪。

4. 结合本案，简要说明刑事诉讼法对保障刑法实施的价值。

解题思路 本题主要考查了《刑事诉讼法》与《刑法》的关系。《刑事诉讼法》作为程序法，既有保障《刑法》正确适用的工具价值，又有自身的独立价值。本题要求简述其工具价值。

参考答案《刑事诉讼法》在保障刑法实施方面的价值有：

（1）通过明确对刑事案件行使侦查权、起诉权、审判权的专门机关，为调查和明确案件事实、适用刑事实体法提供了组织上的保障。

（2）通过明确行使侦查权、起诉权、审判权主体的权力与职责及诉讼参与人的权利与义务，为调查和明确案件事实及适用刑事实体法的活动提供了基本构架；同时，由于有明确的活动方式和程序，也为刑事实体法适用的有序性提供了保障。

（3）规定了收集证据的方法与运用证据的规则，既为获取证据、明确案件事实提供了手段，又为收集证据、运用证据提供了程序规范。

（4）关于程序系统的设计，可以在相当程度上避免、减少案件实体上的误差。

（5）针对不同案件或不同情况，设计不同的具有针对性的程序，使得案件处理简繁有别，保证处理案件的效率。

5. 结合本案，简述非法证据排除规则的完善过程，阐明非法证据排除规则的诉讼价值。

解题思路 本题答题步骤分两步：

　　[第1步] 先简述每一次立法的修改如何完善非法证据排除规则。

　　[第2步] 再阐明非法证据排除规则的诉讼价值。详情见参考答案。

参考答案 非法证据排除规则最早在美国确立，是指以非法方法取得的证据不得在刑事审判中被采纳的规则。在立法层面，1979年《刑事诉讼法》就已确立以事实为根据，以法律为准绳的基本原则，强调依法定程序收集能够证实被告人有罪或者无罪、犯罪情节轻重的各种证据，严禁刑讯逼供和以威胁、引诱、欺骗以及其他非法的方法收集证据。上述规定体现了对法定程序的重视，以及对非法取证的否定态度，但是并没有提出非法证据的概念，当然谈不上非法证据排除规则。直至1996年《刑事诉讼法》施行后，"两高"司法解释才初步确立了非法言词证据的排除规则，但由于规定过于原则，且缺乏程序性规则，导致司法实践中难以适用。在中央直接推动下，最高人民法院于2010年会同最高人民检察院、公安部、国家安全部和司法部出台具有里程碑意义的"两个证据规定"（《关于办理刑事案件排除非法证据若干问题的规定》和《关于办理死刑案件审查判断证据若干问题的规定》）。2012年《刑事诉讼法》吸收了"两个证据规定"的核心内容，在立法层面正式确立了非法证据排除规则。此后，"两高"陆续出台的配套司法解释进一步细化了非法证据的认定标准和排除程序。2013年中央政法委出台《关于切实防止冤假错案的规定》，为了贯彻落实中央文件精神，最高人民法院同年出台《关于建立健全防范刑事冤假错案工作机制的意见》，对非法证据的范围作出进一步明确的规定。此后2013年十八届三中全会明确指出"严禁刑讯逼供、体罚虐待，严格实行非法证据排除规则"，2014年十八届四中全会进一步要求，"健全落实非法证据排除的法律制度，完善对限制人身自由司法措施和侦查手段的司法监督，加强对刑讯逼供和非法取证的源头预防"。2017年6月27日，最高人民法院、最高人民检察院、公安部、国家安全部、司法部联合发布《严格排除非法证据规定》。

　　非法证据排除规则在刑事诉讼中的确立，是价值权衡的结果。如果允许将非法取得的证据作为定案根据，有时对查明案情、实现国家的刑罚权是有帮助的，但这样做又是以侵犯宪法保障的公民基本权利、违反程序公正为代价的；反之，如果为了保障人权而将非法取得的证据一律排除，又可能影响到对犯罪的查明和惩治。为了实现犯罪控制与人权保护之间的平衡，应当就非法获得的实物证据是否可以采用的问题赋予法官一定的裁量权。对非法证据的态度，无疑体现出立法者的价值判断与选择，以及处理程序公正与实体公正二者关系的不同立场。这取决于国家对于追诉犯罪与保护公民权利两种价值之间的权衡与选择，也取决于对程序正义的认识与重视程度。从近现代刑事诉讼制度的发展趋势来看，人权保障的价值目标愈来愈受到重视，日渐成为一种优位的价值理念，当惩罚犯罪与保障人权发生冲突时，各国越来越倾向于优先保障人权。随着我国对人权保障力度的加强，应当继续丰富我国现有的非法证据排除规则，适当扩大非法证据排除的范围，尤其是要明确羁押状态下讯问的时间限制，防止疲劳审讯。

九、2011年司考卷四第三题（本题22分）

案情：

2010 年 10 月 2 日午夜，A 市某区公安人员在辖区内巡逻时，发现路边停靠的一辆轿车内坐着三个年轻人（朱某、尤某、何某）形迹可疑，即上前盘查。经查，在该车后备箱中发现盗窃机动车工具，遂将三人带回区公安分局进一步审查。案件侦查终结后，区检察院向区法院提起公诉。

[证据]

朱某——在侦查中供称，其作案方式是三人乘坐尤某的汽车在街上寻找作案目标，确定目标后由朱某、何某下车盗窃，得手后共同分赃。作案过程由尤某策划、指挥。在法庭调查中承认起诉书指控的犯罪事实，但声称在侦查中被刑讯受伤。

尤某——在侦查中与朱某供述基本相同，但不承认作案由自己策划、指挥。在法庭调查中翻供，不承认参与盗窃机动车的犯罪，声称对朱某盗窃机动车毫不知情，并声称在侦查中被刑讯受伤。

何某——始终否认参与犯罪。声称被抓获当天从 C 市老家来 A 市玩，与原先偶然认识的朱某、尤某一起吃完晚饭后坐在车里闲聊，才被公安机关抓获。声称以前从没有与 A 市的朱某、尤某共同盗窃，并声称在侦查中被刑讯受伤。

公安机关——在朱某、尤某供述的十几起案件中核实认定了 A 市发生的 3 起案件，并依循线索找到被害人，取得当初报案材料和被害人陈述。调取到某一案发地录像，显示朱某、尤某盗窃汽车经过。根据朱某、尤某在侦查阶段的供述，认定何某在 2010 年 3 月 19 日参与一起盗窃机动车案件。

何某辩护人——称在案卷材料中看到朱某、尤某、何某受伤后包有纱布的照片，并提供 4 份书面材料：①何某父亲的书面证言：2010 年 3 月 19 日前后，何某因打架被当地公安机关告知在家等候处理，不得外出。何某未离开 C 市；②2010 年 4 月 5 日，公安机关发出的行政处罚通知书；③C 市某机关工作人员赵某的书面证言：2010 年 3 月 19 日案发前后，经常与何某在一起打牌，何某随叫随到，期间未离开 C 市；④何某女友范某的书面证言：2010 年 3 月期间，何某一直在家，偶尔与朋友打牌，未离开 C 市。

（法庭审判）庭审中，3 名被告人均称受到侦查人员刑讯。辩护人提出，在案卷材料中看到朱某、尤某、何某受伤后包有纱布的照片，被告人供述系通过刑讯逼供取得，属于非法证据，应当予以排除，要求法庭调查。公诉人反驳，被告人受伤系因抓捕时 3 人有逃跑和反抗行为造成，与讯问无关，但未提供相关证据证明。法庭认为，辩护人意见没有足够根据，即开始对案件进行实体审理。

法庭调查中，根据朱某供述，认定尤某为策划、指挥者，系主犯。

审理中，何某辩护人向法庭提供了证明何某没有作案时间的 4 份书面材料。法庭认为，公诉方提供的有罪证据确实充分，辩护人提供的材料不足以充分证明何某在案发时没有来过 A 市，且材料不具有关联性，不予采纳。

最后，法院采纳在侦查中朱某、尤某的供述笔录、被害人陈述、报案材料、监控录像作为定案根据，认定尤某、朱某、何某构成盗窃罪（尤某为主犯），分别判处有期徒刑 9 年、5 年和 3 年。

问题：

1. 法院对于辩护人提出排除非法证据的请求的处理是否正确？为什么？

解题思路 本题考查了法院对辩护人申请排除非法证据请求的处理方法，同时也考查了非法证据排除程序中的证明责任。根据《刑事诉讼法》第 58 条第 2 款的规定，当事人及其辩护人、诉讼代理人有权申请人民法院对以非法方法收集的证据依法予以排除。申请排除以非法方法收集的证据的，应当提供相关线索或者材料。根据《刑事诉讼法》第 59 条第 1 款的规定，在对证据收集的合法性进行法庭调查的过程中，人民检察院应当对证据收集的合法性加以证明。根据《刑事诉讼法》第 60 条的规定，对于经过法庭审理，确认或者不能排除存在《刑事诉讼法》第 56 条规定的以非法方法收集证据情形的，对有关证据应当予以排除。根据上述条文规定，可知，辩护人申请法院排除非法证据只需要提供相关线索或者材料，并不用承担证明被告人遭受刑讯逼供的证明责任，该责任应当由人民检察院承担，如果检察院不能证明其取证的合法性，法院将对该证据予以排除。

参考答案 不正确。案例中，辩护人提出了排除非法证据的请求，且有一定证据支持。法庭经审查，对证据收集的合法性有疑问的，应当进行调查。调查程序中，应当由检察院承担证明责任，法院在公诉人没有证据支持的情况下，不做调查即采纳公诉人的解释，是不正确的。

2. 如法院对证据合法性有疑问，应当如何进行调查？

解题思路 本题集中考查了人民法院对证据合法性的调查程序。根据《严格排除非法证据规定》第30条的规定，庭审期间，法庭决定对证据收集的合法性进行调查的，应当先行当庭调查。但为防止庭审过分迟延，也可以在法庭调查结束前进行调查。根据《严格排除非法证据规定》第31条的规定，公诉人对证据收集的合法性加以证明，可以出示讯问笔录、提讯登记、体检记录、采取强制措施或者侦查措施的法律文书、侦查终结前对讯问合法性的核查材料等证据材料，有针对性地播放讯问录音录像，提请法庭通知侦查人员或者其他人员出庭说明情况。被告人及其辩护人可以出示相关线索或者材料，并申请法庭播放特定时段的讯问录音录像。侦查人员或者其他人员出庭，应当向法庭说明证据收集过程，并就相关情况接受发问。对发问方式不当或者内容与证据收集的合法性无关的，法庭应当制止。公诉人、被告人及其辩护人可以对证据收集的合法性进行质证、辩论。根据《严格排除非法证据规定》第32条的规定，法庭对控辩双方提供的证据有疑问的，可以宣布休庭，对证据进行调查核实。必要时，可以通知公诉人、辩护人到场。根据《严格排除非法证据规定》第33条的规定，法庭对证据收集的合法性进行调查后，应当当庭作出是否排除有关证据的决定。必要时，可以宣布休庭，由合议庭评议或者提交审判委员会讨论，再次开庭时宣布决定。在法庭作出是否排除有关证据的决定前，不得对有关证据宣读、质证。根据《严格排除非法证据规定》第34条的规定，经法庭审理，确认存在本规定所规定的以非法方法收集证据情形的，对有关证据应当予以排除。法庭根据相关线索或者材料对证据收集的合法性有疑问，而人民检察院未提供证据或者提供的证据不能证明证据收集的合法性，不能排除存在本规定所规定的以非法方法收集证据情形的，对有关证据应当予以排除。对依法予以排除的证据，不得宣读、质证，不得作为判决的根据。

参考答案

（1）庭审期间，法庭决定对证据收集的合法性进行调查的，应当先行当庭调查。但为防止庭审过分迟延，也可以在法庭调查结束前进行调查。

（2）公诉人对证据收集的合法性加以证明，可以出示讯问笔录、提讯登记、体检记录、采取强制措施或者侦查措施的法律文书、侦查终结前对讯问合法性的核查材料等证据材料，有针对性地播放讯问录音录像，提请法庭通知侦查人员或者其他人员出庭说明情况。被告人及其辩护人可以出示相关线索或者材料，并申请法庭播放特定时段的讯问录音录像。侦查人员或者其他人员出庭，应当向法庭说明证据收集过程，并就相关情况接受发问。对发问方式不当或者内容与证据收集的合法性无关的，法庭应当制止。公诉人、被告人及其辩护人可以对证据收集的合法性进行质证、辩论。

（3）法庭对控辩双方提供的证据有疑问的，可以宣布休庭，对证据进行调查核实。必要时，可以通知公诉人、辩护人到场。

（4）法庭对证据收集的合法性进行调查后，应当当庭作出是否排除有关证据的决定。必要时，可以宣布休庭，由合议庭评议或者提交审判委员会讨论，再次开庭时宣布决定。

（5）经审理，确认或者不能排除存在《刑事诉讼法》第56条规定的以非法方法收集证据情形的，对有关证据应当排除。人民法院对证据收集的合法性进行调查后，应当将调查结论告知公诉人、当事人和辩护人、诉讼代理人。

3. 法院对尤某的犯罪事实的认定是否已经达到事实清楚、证据确实充分？为什么？

解题思路 本题考查的是对事实清楚、证据确实充分的理解判断。事实清楚，指构成犯罪的各种事实情节，或者定罪量刑所依据的各种事实情节，都必须是清楚的、真实的。证据确实，是指对定案的证据在质量上的要求：①据以定案的单个证据，必须经查证属实；②单个证据与案件事实之间，必须存在客观联系。证据充分，是指对定案的证据在数量上的要求：证据的量必须充足，能够组成一个完整的证明体系，所有属于犯罪构成要件及量刑情节的事实均有相应证据加以证明，不存在任何一环的脱漏，而且证据在总体上已足以对所要证明的案件事实得出确定无疑的结论，即排除其他一切可能性的、唯一的结论。

参考答案 本案对尤某的犯罪事实的认定没有达到事实清楚、证据确实充分的标准。因为共同犯罪案件中，被告人的地位、作用必须均已查清，是证据确实、充分的基本要素。本案仅根据同案犯朱某供述即认定尤某为策划指挥者，并无其他证据印证。

4. 现有证据能否证明何某构成犯罪？为什么？

解题思路 本题考查了刑事诉讼的定罪标准。根据《刑事诉讼法》第200条第1项的规定，案件事实清楚，证据确实、充分，依据法律认定被告人有罪的，应当作出有罪判决。根据《刑事诉讼法》第55条的规定，对一切案件的判处都要重证据，重调查研究，不轻信口供。只有被告人供述，没有其他证据的，不能认定被告人有罪和处以刑罚；没有被告人供述，证据确实、充分的，可以认定被告人有罪和处以刑罚。证据确实、充分，应当符合以下条件：①定罪量刑的事实都有证据证明；②据以定案的证据均经法定程序查证属实；③综合全案证据，对所认定事实已排除合理怀疑。

参考答案 本案不能认定何某有罪。因为根据《刑事诉讼法》和刑事诉讼证明理论可知，我国刑事诉讼证明标准应当是案件事实清楚，证据确实、充分。所谓证据确实充分是指：①定罪量刑的事实都有证据证明；②据以定案的证据均经法定程序查证属实；③综合全案证据，对所认定事实已排除合理怀疑。法庭认定何某犯罪的证据中，朱某、尤某在侦查中的供述笔录尚未排除刑讯逼供可能；被害人陈述笔录和车辆被盗时的报案材料只能证明车辆被盗，不能证明谁是盗车者；监控录像只证明朱某、尤某实施了其中一起犯罪；何某辩护人提供的犯罪时何某不在现场的 4 份证据，法庭没有查明其真伪。因此，现有证据没有排除何某没有犯罪的可能性，不能得出唯一的结论，认定何某犯罪的证据不确实充分。综上所述，不能认定何某有罪。

5. 如何判断证据是否具有关联性？法院认定何某辩护人提供的 4 份书面材料不具有关联性是否适当？为什么？

解题思路 本题是对证据关联性的考查。关联性也称为相关性，是指证据必须与案件事实有客观联系，对证明刑事案件事实具有某种实际意义；反之，与本案无关的事实或材料，都不能成为刑事证据。对证据的证明力，应当根据具体情况，从证据与待证事实的关联程度、证据之间的联系等方面进行审查判断。证据之间具有内在联系，共同指向同一待证事实，不存在无法排除的矛盾和无法解释的疑问的，才能作为定案的根据。

参考答案

（1）判断证据是否具有关联性的依据主要是：①该证据是否用来证明本案的争点问题，与案件证明对象之间是否存在客观联系；②该证据是否能够起到证明的作用，即是否具有对案件事实的证明价值。

（2）法院的处理不适当。因为这些材料与案件证明对象之间存在客观联系，指向何某是否有罪的争点问题；另外，这些材料具有证明案件事实的证明价值，能够实际起到使指控的犯罪事实更无可能的证明作用。

十、2010年司考卷四第三题（本题21分）

案情：

　　张某——某国企副总经理
　　石某——某投资管理有限公司董事长
　　杨某——张某的朋友

姜某——石某公司出纳

石某请张某帮助融资，允诺事成后给张某好处，被张某拒绝。石某请出杨某帮忙说服张某，允诺事成后各给张某、杨某400万股的股份。后经杨某多次撮合，2006年3月6日，张某指令下属分公司将5000万元打入石某公司账户，用于股权收购项目。2006年5月10日，杨某因石某允诺的400万股未兑现，遂将石某诉至法院，并提交了张某出具的书面证明作为重要证据，证明石某曾有给杨某股份的允诺。石某因此对张某大为不满，即向某区检察院揭发了张某收受贿赂的行为。检察院立案侦查，查得证据及事实如下：

——石某称：2006年3月14日，在张某办公室将15万元现金交给张某。同年4月17日，在杨某催促下，让姜某与杨某一起给张某送去40万元。因担心杨某私吞，特别告诉姜某一定与杨某同到张某处（石某讲述了张某办公室桌椅、沙发等摆放的具体位置）。

——姜某称：取出40万元后与杨某约好见面时间和地点，但杨某称堵车迟到很久。自己因有重要事情需要处理，就将钱交杨某送与张某。

——杨某称：确曾介绍张某与石某认识，并积极撮合张某为石某融资。与姜某见面时因堵车迟到，姜某将钱交给他后匆匆离开。他随后在自己车上将钱交给张某，张某拿出10万元给他，说是辛苦费（案发后，杨某将10万元交检察院）。

——张某称：帮助石某公司融资，是受杨某所托（检察院共对张某讯问6次，每次都否认收受过任何贿赂）。

据石某公司日记账、记账凭证、银行对账单等记载，2006年3月6日张某公司的下属分公司将5000万元打入石某公司账户。同年3月14日和4月17日，分别有15万元和40万元现金被提出。

答题要求：

1. 能够根据法律、司法解释相关规定及对刑事证明理论的理解，运用本案证据作出能否认定犯罪的判断，指出法院依法应当作出何种判决。

2. 观点明确，分析有据，逻辑清晰，文字通畅。

问题：

依据有关法律、司法解释规定和刑事证明理论，运用本案现有证据，分析能否认定张某构成受贿罪，请说明理由。

解题思路 本题考查了刑事诉讼的定罪标准。根据《刑事诉讼法》第200条第1项的规定，案件事实清楚，证据确实、充分，依据法律认定被告人有罪的，应当作出有罪判决。根据

《刑事诉讼法》第55条的规定，对一切案件的判处都要重证据，重调查研究，不轻信口供。只有被告人供述，没有其他证据的，不能认定被告人有罪和处以刑罚；没有被告人供述，证据确实、充分的，可以认定被告人有罪和处以刑罚。证据确实、充分，应当符合以下条件：①定罪量刑的事实都有证据证明；②据以定案的证据均经法定程序查证属实；③综合全案证据，对所认定事实已排除合理怀疑。本题的解题关键就是要结合案情判断是否达到事实清楚、证据确实充分的标准。

参考答案 从本案现有的证据来看，无法排除张某没有受贿的嫌疑，依据我国《刑事诉讼法》有关规定，法院应依法作出证据不足、指控的犯罪不能成立的无罪判决。

根据我国刑事诉讼证明理论以及《刑事诉讼法》第200条第1项的规定，案件事实清楚，证据确实、充分，依据法律认定被告人有罪的，应当作出有罪判决。可知，刑事诉讼中的证明标准是"案件事实清楚，证据确实、充分"，具体来说必须达到以下标准：①定罪量刑的事实都有证据证明；②据以定案的证据均经法定程序查证属实；③综合全案证据，对所认定事实已排除合理怀疑。

本案中的证据主要是石某、姜某、杨某的陈述，关于张某是否收受贿赂这一问题，既没有足够证据证明他没有收受贿赂，也没有足够证据证明他收受了贿赂。由于石某、杨某均为本案利害关系人，其所作的陈述很可能是为了自身利益而陷害张某，现有证据不足以排除这种可能性，无法得出张某受贿的唯一结论，因此，不能认定张某构成受贿罪。依据《刑事诉讼法》相关证据规定，证据不足，不能认定被告人有罪的，应当作出证据不足、指控的犯罪不能成立的无罪判决。所以，法院应当依法作出证据不足、指控的犯罪不能成立的无罪判决。

十一、2009年司考卷四第三题（本题21分）

案情：

杨某被单位辞退，对单位领导极度不满，心存报复。一天，杨某纠集董某、樊某携带匕首闯至厂长贾某办公室，将贾某当场杀死。中级人民法院一审以故意杀人罪判处杨某死刑，立即执行，判处董某死刑缓期二年执行，判处樊某有期徒刑15年。

问题:

1. 如一审宣判后,被告人杨某、董某、樊某均未上诉,检察机关亦未抗诉,对被告人杨某、董某、樊某的一审判决,中级人民法院和高级人民法院分别应当如何处理?

解题思路 本题考查的是不同类型的裁判的效力问题。本案对 3 名共犯判处了不同刑罚,樊某的 15 年判决经过上诉期即发生效力,杨某的死刑立即执行判决须经最高人民法院核准,董某的死刑缓期二年执行判决须经高级人民法院核准。

根据《刑事诉讼法》第 230 条的规定,不服判决的上诉和抗诉的期限为 10 日,不服裁定的上诉和抗诉的期限为 5 日,从接到判决书、裁定书的第二日起算。根据《刑诉解释》第 430 条的规定,同案审理的案件中,部分被告人被判处死刑,对未被判处死刑的同案被告人需要羁押执行刑罚的,应当在其判决、裁定生效后 10 日内交付执行。但是,该同案被告人参与实施有关死刑之罪的,应当在最高人民法院复核讯问被判处死刑的被告人后交付执行。

根据《刑事诉讼法》第 247 条的规定,中级人民法院判处死刑的第一审案件,被告人不上诉的,应当由高级人民法院复核后,报请最高人民法院核准。高级人民法院不同意判处死刑的,可以提审或者发回重新审判。高级人民法院判处死刑的第一审案件被告人不上诉的,和判处死刑的第二审案件,都应当报请最高人民法院核准。

根据《刑事诉讼法》第 248 条的规定,中级人民法院判处死刑缓期二年执行的案件,由高级人民法院核准。根据《刑诉解释》第 349 条的规定,高级人民法院复核死刑缓期执行案件,应当按照下列情形分别处理:①原判认定事实和适用法律正确、量刑适当、诉讼程序合法的,应当裁定核准;②原判认定的某一具体事实或者引用的法律条款等存在瑕疵,但判处被告人死刑缓期执行并无不当的,可以在纠正后作出核准的判决、裁定;③原判认定事实正确,但适用法律有错误,或者量刑过重的,应当改判;④原判事实不清、证据不足的,可以裁定不予核准,并撤销原判,发回重新审判,或者依法改判;⑤复核期间出现新的影响定罪量刑的事实、证据的,可以裁定不予核准,并撤销原判,发回重新审判,或者依照《刑诉解释》第 220 条规定审理后依法改判;⑥原审违反法定诉讼程序,可能影响公正审判的,应当裁定不予核准,并撤销原判,发回重新审判。高级人民法院复核死刑缓期执行案件,不得加重被告人的刑罚。

参考答案

(1) 对杨某来说,中级人民法院在上诉、抗诉期满后 10 日内报请高级人民法院复核。高级人民法院同意判处死刑的,应当依法作出裁定后,报请最高人民法院核准;不同意判处死刑的,应当提审或发回重新审判。

(2) 对董某来说,中级人民法院在上诉、抗诉期满后应当报请高级人民法院核准。高级人民法院复核死刑缓期执行案件,应当按照下列情形分别处理:

❶ 原判认定事实和适用法律正确、量刑适当、诉讼程序合法的,应当裁定核准;

❷原判认定的某一具体事实或者引用的法律条款等存在瑕疵，但判处被告人死刑缓期执行并无不当的，可以在纠正后作出核准的判决、裁定；

❸原判认定事实正确，但适用法律有错误，或者量刑过重的，应当改判；

❹原判事实不清、证据不足的，可以裁定不予核准，并撤销原判，发回重新审判，或者依法改判；

❺复核期间出现新的影响定罪量刑的事实、证据的，可以裁定不予核准，并撤销原判，发回重新审判，或者依照《刑诉解释》第220条规定审理后依法改判；

❻原审违反法定诉讼程序，可能影响公正审判的，应当裁定不予核准，并撤销原判，发回重新审判。

（3）对樊某来说，中级人民法院在上诉、抗诉期满后应当交付执行。但是，由于樊某参与实施有关死刑之罪，应当在最高人民法院复核讯问被判处死刑的被告人后交付执行。

2. 如一审宣判后，被告人杨某、董某均未上诉，检察机关亦未抗诉，樊某提出上诉，高级人民法院应按什么程序处理对杨某、董某的一审判决？理由是什么？

解题思路 本题考查了二审的全面审查原则。《刑事诉讼法》第233条规定，第二审人民法院应当就第一审判决认定的事实和适用法律进行全面审查，不受上诉或者抗诉范围的限制。共同犯罪的案件只有部分被告人上诉的，应当对全案进行审查，一并处理。据此，虽然被告人杨某、董某均未上诉，检察机关亦未抗诉，但第二审法院仍应依照全面审查原则对杨某、董某的判决进行审查，并一并作出判决和裁定。

参考答案 高级人民法院应按二审程序对杨某、董某的一审判决进行审查。理由是：杨某和董某、樊某系共同犯罪，一审法院进行了全案审理，一并判决，根据《刑事诉讼法》的规定，共同犯罪的案件只有部分被告人上诉的，二审法院也应当对全案进行审查，一并处理。

3. 如一审宣判后，被告人杨某、董某、樊某均未上诉，检察机关亦未抗诉，但贾某的妻子对附带民事判决不服提起上诉，高级人民法院应按什么程序处理对杨某、董某的一审判决？理由是什么？

解题思路 本题考查的是附带民事部分与刑事部分效力分离的特点。根据《刑诉解释》第314条的规定，刑事附带民事诉讼案件，只有附带民事诉讼当事人及其法定代理人上诉的，第一审刑事部分的判决在上诉期满后即发生法律效力。应当送监执行的第一审刑事被告人是第二审附带民事诉讼被告人的，在第二审附带民事诉讼案件审结前，可以暂缓送监执行。本案仅有贾某妻子对附带民事判决提出上诉，而无其他上诉或抗诉，第一审刑事部分判决本应生效，但是根据该解释第344条第1款第1项的规定，中级人民法院判处死刑的第一审案件，被告人未上诉、人民检察院未抗诉的，在上诉、抗诉期满后10日内报请高级人民法院复核。另根据该解释第345条第1款的规定，中级人民法院判处死刑缓期二年执行的第一审案件，被告人未上诉、人民检察院未抗诉的，应当报请高级人民法院核准。针对董某和杨某的死刑缓期二年执行和死刑立即执行判决仍需经过死刑复核程序的审查，因此高级人民法院应当按照死刑复核程序对两人的一审判决进行处理。

[参考答案] 高级人民法院对杨某、董某的死刑判决不适用二审程序，而应按死刑复核程序处理。高院对杨某适用复核程序，高院如果同意判处死刑的，应当依法作出裁定后，报请最高人民法院核准；不同意判处死刑的，应当提审或发回重新审判。高院对董某应当适用死缓核准程序。

理由是：对刑事附带民事案件，其刑事部分与民事部分可以独立提出上诉，根据《刑诉解释》第314条第1款的规定，只有附带民事诉讼当事人及其法定代理人上诉的，不影响刑事部分判决的效力。

4. 被告人杨某经最高人民法院核准死刑并下达执行死刑命令后，下级法院发现杨某可能另案犯有伤害罪，对杨某应当如何处理？

[解题思路] 本题考查的是死刑的变更程序。根据《刑诉解释》第418条第1款的规定，第一审人民法院在接到执行死刑命令后、执行前，发现有下列情形之一的，应当暂停执行，并立即将请求停止执行死刑的报告和相关材料层报最高人民法院：①罪犯可能有其他犯罪的；②共同犯罪的其他犯罪嫌疑人到案，可能影响罪犯量刑的；③共同犯罪的其他罪犯被暂停或者停止执行死刑，可能影响罪犯量刑的；④罪犯揭发重大犯罪事实或者有其他重大立功表现，可能需要改判的；⑤罪犯怀孕的；⑥判决、裁定可能有影响定罪量刑的其他错误的。最高人民法院经审查，认为可能影响罪犯定罪量刑的，应当裁定停止执行死刑；认为不影响的，应当决定继续执行死刑。

[参考答案] 下级法院应当暂停执行，并立即将请求停止执行死刑的报告和相关材料层报最高人民法院。

一、2019年法考回忆题

（一）与商经法结合的题目

案情：

甲公司是有限责任公司，有 A、B、C、D 四位股东。B 公司持股比例为 37%，D 公司持股 8%。四位股东均全额缴纳出资。其中 B 公司与 E 公司之前存在代持股协议，B 公司代持 E 公司 17% 的股权，B 公司自己持有 20%。E 公司在甲公司有董事，并派员参加股东大会，其他股东知情后未反对。

B 公司将登记其名下 20% 的股权为 D 公司设立质权，D 公司知道 B 公司为 E 公司代持股权的事实。B 公司又将 10% 的股权质押给丙公司，丙公司对 B 公司代持股的事实不知情，都签订了质权合同，均办理质权登记。后 B 公司不能清偿对 D 公司的债务，D 公司遂申请法院拍卖 B 公司质押的 20% 的股权。E 公司知道后，向人民法院寻求救济。

其后，E 公司不能清偿到期债务，其债权人丁公司向法院申请执行 E 公司的财产，法院在执行过程中，查到 E 公司在甲公司中有实际出资，要执行登记在 B 公司名下的股权。

问题：

1. E 公司在法院审理阶段知道，如何救济？在执行阶段知道，如何救济？

解题思路 首先，我们要明确案件中出现的几位主体之间的法律关系，这是分析权利义务关系的立足点。为了便于理解，我制绘了下图，就可以一目了然：

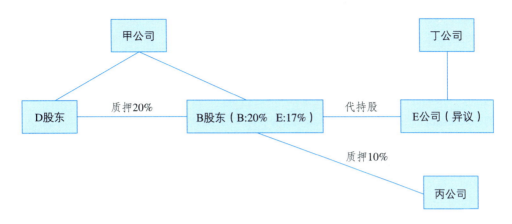

　　然后，我先讲清楚实体法的问题，不搞明白这个，就搞不清楚程序法的问题。B股东以其所持有的股份分别为D股东和丙公司设定了质权。因B股东所持股份包括自持的20%股份和代持的17%股份。但这道题并没有说明设定质权是用自己的股份，还是代持的股份。因D公司了解代持股的情况，并非属于善意第三人，所以，若B股东以自己的股份设定质权，且符合登记要件，则质权成立；若B股东以代持的股权部分设定质权，则此部分质权显属无效。根据《公司法解释（三）》第25条的规定，名义股东将登记于其名下的股权转让、质押或者以其他方式处分，实际出资人以其对于股权享有实际权利为由，请求认定处分股权行为无效的，人民法院可以参照《物权法》第106条（现为《民法典》第311条）[1]的规定处理。名义股东处分股权造成实际出资人损失，实际出资人请求名义股东承担赔偿责任的，人民法院应予支持。为丙公司所设定的质权则产生了类似无权处分的要件，但因丙公司不知情，按照商事外观主义的要求，质权的设定又产生了类似于民法上善意取得的法律效果。尽管质权有效，但此时，若B股东以代持股份为丙公司设定质权，作为股权实际权利人的E公司的合法权益还是会受到侵害。

　　在D股东要求实现对B股东的担保物权的情况下，因为题目描述的是"D公司遂申请法院拍卖B公司的质押的20%的股权"，所以，据此可以判定，D公司选择的是一个依申请启动的非讼程序——实现担保物权程序，而并非是选择了向法院起诉来实现担保物权。插一句题外话，如果题目中说明D公司向法院起诉要求实现对B公司质权，则此时的E公司因拥有股权的所有权，据此产生独立请求权，可以依据《民事诉讼法》第56条第1款

〔1〕《民法典》第311条规定，无处分权人将不动产或者动产转让给受让人的，所有权人有权追回；除法律另有规定外，符合下列情形的，受让人取得该不动产或者动产的所有权：①受让人受让该不动产或者动产时是善意；②以合理的价格转让；③转让的不动产或者动产依照法律规定应当登记的已经登记，不需要登记的已经交付给受让人。受让人依前款规定取得不动产或者动产的所有权的，原所有权人有权向无处分权人请求损害赔偿。当事人善意取得其他物权的，参照适用前两款规定。

的规定以有独立请求权第三人的身份要求参加诉讼。[1] 但本题中却并非如此，本题本身启动的是非讼程序，因此，E 公司并不能提出第三人参加之诉。那么怎么办呢？《民诉解释》第 371 条规定："人民法院应当就主合同的效力、期限、履行情况，担保物权是否有效设立、担保财产的范围、被担保的债权范围、被担保的债权是否已届清偿期等担保物权实现的条件，以及是否损害他人合法权益等内容进行审查。被申请人或者利害关系人提出异议的，人民法院应当一并审查。"第 374 条规定，适用特别程序作出的判决、裁定，当事人、利害关系人认为有错误的，可以向作出该判决、裁定的人民法院提出异议。人民法院经审查，异议成立或者部分成立的，作出新的判决、裁定撤销或者改变原判决、裁定；异议不成立的，裁定驳回。对人民法院作出的确认调解协议、准许实现担保物权的裁定，当事人有异议的，应当自收到裁定之日起 15 日内提出；利害关系人有异议的，自知道或者应当知道其民事权益受到侵害之日起 6 个月内提出。

由此可知，若在审理过程中，E 公司知道自己的权利受到侵害，可以以利害关系人的身份向审理法院提出异议，异议的内容是担保物权不成立。在裁判作出后，E 公司认为拍卖股权的裁定是错误的，侵害自己的合法权益，可以在知道或者应当知道其民事权益受到侵害之日起 6 个月内向作出该判决、裁定的人民法院提出异议。但若案件进入对裁定的执行程序，此时，E 公司可以按照《民事诉讼法》第 227 条[2]的规定，在执行程序终结前，向执行法院提出书面异议，主张对执行标的拥有足以排斥执行的权利，并举证加以证明。

参考答案 若在审理过程中，E 公司知道自己的权利受到侵害，可以以利害关系人的身份向审理法院提出异议，异议的内容是担保物权不成立。但在执行程序中，E 公司可以按照《民事诉讼法》第 227 条的规定，在执行程序终结前，向执行法院提出书面异议，主张对执行标的拥有足以排斥执行的权利，并举证加以证明。

2. 若丁公司对 E 公司股权的执行程序中，B 公司、D 公司、E 公司和丙公司提出执行异议能否获得支持？为什么？

解题思路 这个题很难。因为这个题再一次涉及实体法和程序法的紧密衔接。所以，就这道题，我和可爱而美丽的鄢老师及蠢萌而腿很长的海洋老师私下里做过讨论。要顺利解决这个题目，须明确各个主体的法律地位。本案中，丁公司为债权人，而 E 公司为债务人，B 股东、D 股东和丙公司为案外人。B 股东在实体法上是案涉股权的显名股东，E 公司为

---

[1] 《民事诉讼法》第 56 条第 1 款规定："对当事人双方的诉讼标的，第三人认为有独立请求权的，有权提起诉讼。"

[2] 《民事诉讼法》第 227 条规定，执行过程中，案外人对执行标的提出书面异议的，人民法院应当自收到书面异议之日起 15 日内审查，理由成立的，裁定中止对该标的的执行；理由不成立的，裁定驳回。案外人、当事人对裁定不服，认为原判决、裁定错误的，依照审判监督程序办理；与原判决、裁定无关的，可以自裁定送达之日起 15 日内向人民法院提起诉讼。

案涉股权的隐名股东。

目前我国立法中，债务人仅仅能就执行行为的合法性问题提出执行异议，而对执行标的物的正当性，债务人不可以提出执行异议。也就是说，若本案在执行程序中，执行法院的执行行为违法，作为被执行人的 E 公司是可以提出执行异议的。但对于被执行的股权（执行标的），债务人无权提出异议。

题目中明确说明，丁公司要执行登记在 B 公司名下的股权，也就是 17% 的股权。而 D 股东享有的则是 20% 股份的质权。若 B 公司没有以代持的股权为 D 公司设定质权，执行 17% 的股权都不会影响 D 股东的权利实现，D 股东和本案并无直接利害关系。因此，D 股东无权利提出案外人异议。但若 B 公司以代持股权为 D 公司设定了质权，此时，以此部分股权设定的质权并不成立，则 D 公司依然对执行标的并不享有权利，提出的案外人异议亦无法成立。

至于丙公司，因其对 B 公司持有的股份享有合法的质权，而质权的性质为具有优先性的物权。因我国执行采"涂销主义"，简单说，就是一旦股权被执行，丙在股权上享有的质权也会随着执行而消灭。所以，若 B 公司是以代持股权为丙设定质权，如果执行涉案股权，必然会侵害到丙的利益，丙可以提出案外人异议；而若 B 公司是以自有股权为丙设定质权，丙的权利则不会受到执行的影响，提出的案外人异议当然不能成立。

最后是这个最令人闹心的 B 公司。他能不能提执行异议呢？既有判例里明确，若显名股东的债权人要执行其持有的股权，隐名股东是可以提出案外人异议的。这毫无疑问。但本题却是隐名股东的债权人要执行显名股东名下登记的股权。首先要讨论是否允许显名股东提出执行异议。大家知道，显名股东和隐名股东之间存在代持股协议，但代持股协议不能对抗善意第三人。也就是说，商事外观主义也有明确的界限。

商事外观主义作为商法的基本原则之一，其实际上是一项在特定场合下权衡实际权利人与外部第三人之间利益冲突所应遵循的法律选择适用准则，通常不能直接作为案件处理依据。外观主义原则的目的在于降低成本，维护交易安全，但其适用也可能会损害实际权利人的利益。根据《公司法解释（三）》第 25 条的规定，股权善意取得制度的适用主体仅限于与名义股东存在股权交易的第三人。据此，商事外观主义原则的适用范围不包括非交易第三人。

民商事审判工作要树立正确的审判理念。注意辩证理解并准确把握契约自由、平等保护、诚实信用、公序良俗等民商事审判基本原则；注意树立请求权基础思维、逻辑和价值相一致思维、同案同判思维，通过检索类案、参考指导案例等方式统一裁判尺度，有效防止滥用自由裁量权；注意处理好民商事审判与行政监管的关系，通过穿透式审判思维，查明当事人的真实意思，探求真实法律关系；特别注意外观主义系民商法上的学理概括，并非现行法律规定的原则，现行法律只是规定了体现外观主义的具体规则，如《民法典》第 311 条规定的善意取得，《民法典》第 171 条规定的表见代理，《民法典》第 504 条规定的越权代表,审判实务中应当依据有关具体法律规则进行判断,类推适用亦应当以法律规则设定的情形、条件为基础。从现行法律规则看,外观主义是为保护交易安全设置的例外规定,一般适用于因合理信赖权利外观或意思表示外观的交易行为。实际权利人与名义权利人的关系,应注重财产的实质归属,而不单纯地取决于公示外观。总之,审判实务中要准确把握外观主义的适用边界,避免泛化和滥用。

在本案中,丁公司并非是 B 公司的交易对象,也并非是善意第三人。所以,并不属于严格适用外观主义的主体范围。换言之,如果此时,丁公司要求执行登记在 B 公司名下的 E 公司的财产,B 公司因财产登记在自己名下,法院基于外观主义认定异议成立,必然极大地损害丁公司的合法权益。因此,此时,B 公司如果提出异议,法院必须进行实质审查以判断执行标的的实质权利归属。若认定 B 公司提出的异议成立,应允许丁公司对 B 公司提起债权人异议之诉来确定执行标的的归属。

其次,还要考虑 B 公司提出的执行异议究竟是对执行标的的异议,还是对执行行为违法的异议。如果考虑到必须要判断这17%的股权究竟是何人所有才能判断法院其实是否是执行了案外人的财产,并且必须通过实质的审查或者诉讼才能判定,那么,还是认为 B 公司提出的是针对执行标的的异议,并且在异议被认定成立后,还可以通过诉讼解决,就更加合理。

参考答案 B 公司提出的执行异议不能成立,因为其代持的股权实质上属于 E 公司的财产;D 公司提出的执行异议不能成立,因为 D 公司对执行标的不享有足以排斥执行的权利;E 公司 B 公司提出的执行异议不能成立,其并非是提出执行异议的法定主体;若 B 公司以代持股份为丙公司设定质权,则丙公司提出的执行异议可以成立。

(二) 与民法结合的题目

案情:

甲公司与乙公司之间签订借款合同,由乙借给甲借款800万元。在债权履行期届满前甲乙又达成了一个以物抵债的协议,约定到期如果不能履行债务,用甲的办公大楼抵债,甲将办公楼交付给乙公司使用。甲公司的债权人丙公司得知该情况后,向法院主张撤销该抵债合同,因为甲公司的办公楼价值1.2个亿。乙主张甲公司还有充足的财产可以偿债,故不应支持丙的诉讼请求。

甲公司将公司轮胎出卖给己公司。己公司支付了货款,但由于甲公司没有按期交付轮胎,己公司将其诉至法院。诉讼后甲公司交付了轮胎,但轮胎有严重质量问题,无法使用。于是己公司又起诉甲公司,要求解除轮胎买卖合同。

甲公司设立诸多全资子公司,统一调配资金给子公司,甲公司资金周转不足时,便无偿调用子公司的资金,现因甲公司无法清偿债务。债权人辛公司和庚公司申请甲公司及其全部子公司合并重整。

问题：

1. 债权人丙申请撤销甲乙之间的协议时当事人的地位应当如何列明？

解题思路 债权人撤销权，是指债权人对于债务人所实施的危害债权的行为，可请求法院予以撤销的权利。《民法典》第538条规定，债务人以放弃其债权、放弃债权担保、无偿转让财产等方式无偿处分财产权益，或者恶意延长其到期债权的履行期限，影响债权人的债权实现的，债权人可以请求人民法院撤销债务人的行为。债权人撤销权也为债权的保全方式之一，是为防止因债务人的责任财产减少而致债权不能实现的现象出现。因债权人撤销权的行使是撤销债务人与第三人间的行为，从而使债务人与第三人间已成立的法律关系被破坏，当然地涉及第三人。因此，债权人的撤销权也为债的关系对第三人效力的表现之一。《最高人民法院关于适用〈中华人民共和国合同法〉若干问题的解释（一）》第24条规定："债权人依照合同法第74条（现为《民法典》第538条）的规定提起撤销权诉讼时只以债务人为被告，未将受益人或者受让人列为第三人的，人民法院可以追加该受益人或者受让人为第三人。"因此债权人丙是原告，丙的债务人甲是被告，人民法院可以追加受让人乙为第三人。这样，这个问题就非常明确，不用赘述了。

参考答案 债权人丙起诉撤销甲乙之间的协议时，以债权人丙为原告，以债务人甲为被告，法院可以追加受益人乙为无独立请求权第三人。

2. 己公司的起诉是否构成重复起诉？

解题思路

　　这道题非常诡异，因为这和我们平时考虑的情形完全不同。我看到这道题的时候呆了十几秒，然后才反应过来问题在于哪里。首先，我们还得依靠立法进行判断。《民诉解释》第247条第1款规定，当事人就已经提起诉讼的事项在诉讼过程中或者裁判生效后再次起诉，同时符合下列条件的，构成重复起诉：①后诉与前诉的当事人相同；②后诉与前诉的诉讼标的相同；③后诉与前诉的诉讼请求相同，或者后诉的诉讼请求实质上否定前诉裁判结果。第2款规定，当事人重复起诉的，裁定不予受理；已经受理的，裁定驳回起诉，但法律、司法解释另有规定的除外。

　　己公司第一次将甲公司诉至法院，诉讼请求是给付轮胎。二次起诉是认为轮胎有严重质量问题，无法使用，要求解除轮胎买卖合同。可以很容易判断，前诉与后诉当事人相同，都是己公司诉甲公司，标的相同，都是同一个买卖合同。诉讼请求虽然不同，但一旦后诉请求成立，合同即被解除，合同解除后，前诉判决的结果即被否定。也就是说，合同被解除，甲公司自然不应该再负担给付轮胎的义务。因此，相当于三个条件都充分，因此，构成重复起诉。

唯一需要考虑的是，第一个案件结束后，甲交付的轮胎质量不合格，无法使用，是否属于裁判生效之后发生的新事实呢？如果属于新事实，则可以再次起诉。但本案中，给付轮胎不合格的事实并不会对原来的买卖合同关系产生影响，进而影响到对合同中双方当事人权利义务的评价，也就是说，是和原诉讼标的无关的事实，并非"新事实"。如果债权人认为轮胎质量不合格，就不应验收，此时法院可以继续执行；既然已经验收，说明其认可轮胎质量，案件即已经执行终结。

参考答案 构成重复起诉。甲公司起诉交付轮胎，胜诉后再次起诉解除合同，前诉与后诉当事人相同，标的相同，后诉的诉讼请求实质上否定前诉裁判结果，构成重复起诉。

3. 如果甲公司及其全部子公司可以合并重整，重整程序开始后，已经发生的民事诉讼如何处理？

解题思路

这个题目不难，因为立法有明确规定。《企业破产法》第 20 条规定："人民法院受理破产申请后，已经开始而尚未终结的有关债务人的民事诉讼或者仲裁应当中止；在管理人接管债务人的财产后，该诉讼或者仲裁继续进行。"人民法院受理破产申请后，已经开始而尚未终结的有关债务人的民事诉讼，在管理人接管债务人财产和诉讼事务后才能够继续进行，在判定相关当事人实体权利义务时，应当注意与《企业破产法》及其司法解释的规定相协调。

上述裁判作出并生效前，债权人可以同时向管理人申报债权，但其作为债权尚未确定的债权人，原则上不得行使表决权，除非人民法院临时确定其债权额。上述裁判生效后，债权人应当根据裁判认定的债权数额在破产程序中依法统一受偿，其对债务人享有的债权利息应当按照《企业破产法》第 46 条第 2 款的规定停止计算。

需要注意的是，若人民法院受理破产申请后，债权人新提起要求债务人清偿的民事诉讼，人民法院不予受理，同时告知债权人应当向管理人申报债权。债权人申报债权后，对管理人编制的债权表记载有异议的，可以根据《企业破产法》第 58 条的规定提起债权确认之诉。

参考答案 如果甲公司及其全部子公司可以合并重整，重整程序开始后，已经发生的民事诉讼应当中止，在管理人接管债务人的财产后，该诉讼继续进行。

二、2018年法考回忆题

案情：

开发商甲公司与建设施工单位乙公司签订建设施工合同，乙借给甲几百万，约定该借款算作工程款，并签订了仲裁协议，约定将来发生纠纷由 A 仲裁委员会仲裁。甲将公章存放在乙处，约定乙使用甲的公章必须经过甲的同意。乙拿着公章伪造了一份甲与自己签订的仲裁协议，协议约定了 B 仲裁委员会作为纠纷解决主体。后来双方发生争议，乙方去 B 仲裁委申请仲裁，仲裁委员会作出了裁决。甲在仲裁程序的庭审过程中提出了管辖权异议，但仲裁庭未予以理会。

问题：

1. 仲裁裁决是否有效？
2. 如甲申请撤销仲裁裁决，应向哪个法院申请？
3. 甲乙公司发生借贷纠纷，乙公司先前提起了返还本金之诉，后起诉要求返还利息？是否构成重复起诉？
4. 如乙起诉甲公司，一审起诉解除合同，二审中乙公司能否变更诉讼请求？
5. 甲乙公司间有仲裁协议，现甲公司破产，法院已经受理破产申请时，双方的纠纷是由法院管辖还是由仲裁委管辖？

◤ 命题特点及发展趋势

从 2018 年得到的反馈信息看，新时代的法考体现出如下的命题特点及发展趋势：

1. 传统的重点考点依然是考查的重中之重。2018 年的考题中，涉及仲裁裁决的效力、对仲裁协议效力的异议、撤销仲裁裁决的程序等考点，均是我们民事诉讼法讲授中的传统重点。新的法考命题依然以这些传统重点作为重要的命题基础，命题角度也中规中矩。这就提醒同学们，必须重视对传统重点的学习，失去了对这种重点扎实掌握的基本功，法考复习就成了无源之水、无根之木。

2. 重视抽象理论的现实运用。如第 3 问，其实考查的就是同学们对重复起诉禁止原则的把握。这个现实问题背后有非常复杂的理论背景，涉及残部请求的处理问题。但是，有趣的是，只要你能充分理解掌握我在课上教大家的知识，你依然能够从容地分析、判断出正确的结论。只关注现行法中的制度、程序，几乎不关注抽象理论的命题时代一去不返了，必须适当理解掌握重要理论问题。

3. 学科交叉特色显著。这一点在第5问上体现得淋漓尽致。这一问的正确答案必须综合运用破产法和程序法的相关知识才能得出。因民诉法是民事实体权利的救济法，必然与实体法规定水乳交融，有着千丝万缕的联系。而近几年，民事诉讼法学界最新、最热的研究领域正是实体法和程序法交叉学科的相关问题。要应对这一命题趋势，大家的学习就必须更加深入，必须在记忆的基础上充分理解立法背后的法理。当然，我们在授课中，也会强化这方面的训练。

1. 仲裁裁决是否有效？

解题思路 本题考查的是仲裁裁决的效力。按照一裁终局原则，仲裁裁决作出就生效，且不能上诉或再审。当仲裁裁决存在法定事由时，可以向法院申请撤销或者不予执行仲裁裁决。撤销仲裁裁决和不予执行仲裁裁决的法定事由是一样的，包括：无仲裁条款或仲裁协议，无权仲裁、超裁，违反法定程序、仲裁庭组成不合法，伪造证据或隐瞒足以影响公正裁决的证据，仲裁员贪污受贿，徇私舞弊，枉法裁判，仲裁裁决违背社会公共利益等事由。在本题中，主要涉及的是审查两种事由：是否无权仲裁、是否存在有效的仲裁条款，这是处理此问题的第一个层次。

本题属于典型的建设工程施工合同纠纷，大家马上能想到本案属于专属管辖。但是，适用专属管辖的大前提是本案应该由法院管辖，即属于法院主管的范围。同时，建设工程施工合同纠纷属于典型的财产纠纷，属于可以仲裁的案件范围。如果双方当事人达成有效的仲裁协议，可以排斥法院管辖。那我们就来讨论本案中双方当事人之间是否存在有效的仲裁协议。本案中，当事人的真实意思表示是，希望将来发生纠纷由 A 仲裁委员会仲裁，并没有约定由 B 仲裁委员会仲裁，而约定了 B 仲裁委员会作为纠纷解决主体的仲裁协议是当事人伪造的。因此，当事人之间并没有达成由 B 仲裁委员会仲裁的仲裁协议。

然后是第二个层次，因为仲裁协议无效，仲裁裁决是否也无效呢？大家注意到一个细节："甲在仲裁程序的庭审过程中提出了管辖权异议，但仲裁庭未予以理会。"而若当事人以仲裁协议无效为由提出异议，应在仲裁程序的首次开庭前。本案中，在开庭过程中当事人才提出异议，已经超过了法定期间，裁决作出后，再以不存在有效的仲裁协议为由申请撤销或者不予执行仲裁裁决，法院是不支持的。

综上，仲裁裁决有效。

参考答案 因本案中，仲裁协议系当事人伪造，故仲裁协议本属无效。但根据《民诉解释》第 216 条的规定，当事人对仲裁协议效力提出异议，应在仲裁庭的首次开庭前。本案中，当事人没有在首次开庭前向仲裁庭主张仲裁协议无效，其再向法院确认仲裁协议无效、申请撤销或者不予执行仲裁裁决的，法院不予支持。因此，仲裁裁决有效。

2. 如甲申请撤销仲裁裁决，应向哪个法院申请？

解题思路 这道题超级简单。出题老师出这种题目简直是佛祖慈悲。你再做不对就要蹲在旮旯自己忏悔。撤销仲裁裁决，是司法对仲裁委员会裁决的监督手段。申请撤销仲裁裁决应向仲裁委员会所在地的中级人民法院提出申请。

参考答案 根据《仲裁法》第58条第1款的规定，当事人提出证据证明裁决有下列情形之一的，可以向仲裁委员会所在地的中级人民法院申请撤销裁决。因此，本案中，甲应该向B仲裁委员会所在地的中级人民法院提出申请。

3. 甲乙公司发生借贷纠纷，乙公司先前提起了返还本金之诉，后起诉要求返还利息？是否构成重复起诉？

解题思路 此问题属于民诉法中比较重要的内容，即对于重复起诉的判断。在授课中，我做过详细讲解。根据《民诉解释》相关规定就可以解答。在课上我讲过，要当事人同一、标的同一、请求同一或后诉请求否认前诉结果。按照这个思路，乙公司对甲公司先提出返还本金之诉——诉讼请求是要求返还本金；再提返还利息之诉——诉讼请求是要求返还利息。前后诉当事人同一，都是乙公司起诉甲公司。诉讼标的是同一的，都是同一个债权债务关系产生的纠纷。但是，前后诉的诉讼请求不相同，且后诉请求成立，也与前诉裁判结果不会相悖。因此，可以据此判断，前后诉不构成重复起诉。

　　这可能是大家的理解。但是这个题是很麻烦的，它其实涉及非常复杂的问题，即残部请求的处理问题。这里我不想讲的太复杂，因为其背后是艰深的抽象理论。我只做简单描述：原则上，将一个可分债权拆分为若干个部分债权起诉，先起诉一部分，那么剩余部分被称之为残部请求。对于残部请求，原则上是不得另行起诉的。民法上，利息之债具有附从性，其不能独立存在，必须以主债的存在为成立前提。但通说认为，主债与从债是两个债，这是史尚宽的《债法总论》中的观点。也即，先诉本金再诉利息并不满足部分请求——通过再诉对同一债权的剩余部分提出请求——的基本概念。再按照请求权基础的路径分析，本案中的借款合同纠纷中，我们可以认为借款合同约定的本金条款和利息条款为请求权基础，也可以将《民法典》第667条的规定（《民法典》第667条：借款合同是借款人向贷款人借款，到期返还借款并支付利息的合同）作为请求权基础。无论基于哪种解释语境，本金之债和利息之债的请求权基础都不相同，故先诉本金再诉利息具有合法性。主给付义务与从给付义务是一个债下的两个实体请求权，可以分次起诉；对于以本金和利息为代表的主从债的分次起诉，并不构成重复起诉。

参考答案 《民诉解释》第247条规定："当事人就已经提起诉讼的事项在诉讼过程中或者裁判生效后再次起诉，同时符合下列条件的，构成重复起诉：①后诉与前诉的当事人相同；②后诉与前诉的诉讼标的相同；③后诉与前诉的诉讼请求相同，或者后诉的诉讼请求实质上否定前诉裁判结果。当事人重复起诉的，裁定不予受理；已经受理的，裁定驳回起诉，但法律、司法解释另有规定的除外。"本案中，前后诉的诉讼请求不相同，且后诉请求成立，也与前诉裁判结果不会相悖。因此，可以据此判断，前后诉不构成重复起诉。

4. 如乙起诉甲公司，一审起诉解除合同，二审中乙公司能否变更诉讼请求？

解题思路 本题考查的是变更诉讼请求的处理，在一审程序中，当事人在辩论终结前变更诉讼请求，法院可以合并审理，然后针对变更后的诉讼请求进行判决，当事人对判决不服的可以上诉。在二审中变更诉讼请求，对于变更后的诉讼请求，二审法院不能直接判决，否则，针对变更后的诉讼请求，将直接作出二审判决，当事人无法再上诉，剥夺了当事人的审级利益。正确的做法是，法院可以对当事人在二审中变更后的诉讼请求进行调解，调解不成的，应告知当事人另行起诉。双方当事人同意由第二审人民法院一并审理的，第二审人民法院可以一并裁判。

参考答案 根据《民诉解释》第328条的规定，在第二审程序中，原审原告增加独立的诉讼请求或者原审被告提出反诉的，第二审人民法院可以根据当事人自愿的原则就新增加的诉讼请求或者反诉进行调解；调解不成的，告知当事人另行起诉。双方当事人同意由第二审人民法院一并审理的，第二审人民法院可以一并裁判。因此，本题中，乙公司可以在二审中变更诉讼请求，法院可以对当事人在二审中变更后的诉讼请求进行调解，调解不成的，应告知当事人另行起诉。双方当事人同意由第二审人民法院一并审理的，第二审人民法院可以一并裁判。

5. 甲乙公司间有仲裁协议，现甲公司破产，法院已经受理破产申请时，双方的纠纷是由法院管辖还是由仲裁委管辖？

解题思路 所谓公司清算，是指公司出现法定解散事由或者公司章程所规定的解散事由以后，依法清理公司的债权债务的行为。公司清算是公司解散的必经程序，除因合并或分立而解散外，其余原因引起的公司解散，均须经过清算程序。法定的公司清算包括破产清算和非破产清算（普通清算）两种。破产清算由破产法调整，是在公司不能清偿到期债务的情况下，依照破产法的规定所进行的清算，由法院指定的破产管理人负责清算；普通清算由公司法调整，是在公司解散时，在财产足以偿还债务的情况下，依照公司法的规定所进行的清算。由公司成立清算组，由清算组负责人负责清算。在企业法人面临破产境地的时候，除了破产清算外，还有两条可能的进路：破产重整和破产和解。对于企业而言，这三种方式各有利弊，其要件和流程属于商经法讲授的重点内容，我也就不再赘述。我们只是就关于破产清算的流程做一下简单的回顾：根据《企业破产法》的有关规定，在企业法人不能清偿到期债务，并且资产不足以清偿全部债务或者明显缺乏清偿能力的情况下，债务人或债权人均可以向人民法院提出破产清算申请。人民法院应当自收到破产申请之日起15日内裁定是否受理。人民法院在裁定受理破产申请的同时，指定破产企业管理人。其后，确定债权人申报债权的期限，并按照法定程序召开债权人会议。法院宣告债务人破产后，管理人应当及时拟订破产财产变价和分配方案，提交债权人会议讨论。

只有熟悉了以上破产法的相关基础知识，才能进行我们下面的讨论。下面讨论的核心议题就是，债务人和债权人已经订立仲裁协议，作为债务人的企业法人进入破产清算程序中，还能不能以仲裁方式解决彼此的债权债务纠纷。按照规范研究的立场，我们首先应找到立法中对此问题的规定，并以此为依据展开研究。《企业破产法》第21条规定，人民法院受理破产申请后，有关债务人的民事诉讼，只能向受理破产申请的人民法院提起。有人认为，这个法条说明企业法人进入破产程序后，所有有关债务人的纠纷，都应由法院处理。这样理解，就曲解了法条的本意。文义解释是法解释的最基本方法。从文义看，该法条只强调，在企业进入破产程序后，关于它债权债务纠纷的"诉讼"必须由受理破产申请的法院集中管辖，并没有排斥当事人选择进行仲裁的权利。法条之所以设置集中管辖的要求，是出于诉讼便利和提高效率的考虑，只有由受理破产申请的法院一并处理和破产相关的债权债务纠纷，才最容易查明案情，最能节省司法资源。经过剖析后，大家就能发现，这个法条并非是禁止破产程序启动后当事人选择仲裁解决纠纷。那有没有法条肯定可以仲裁的观点呢？《关于审理公司强制清算案件工作座谈会纪要》第31条规定："人民法院受理强制清算申请后，就强制清算公司的权利义务产生争议的，应当向受理强制清算申请的人民法院提起诉讼，并由清算组负责人代表清算中公司参加诉讼活动。受理强制清算申请的人民法院对此类案件，可以适用《民事诉讼法》第37条和第39条的规定确定审理法院。上述案件在受理法院内部各审判庭之间按照业务分工进行审理。人民法院受理强制清算申请后，就强制清算公司的权利义务产生争议，当事人双方就产生争议约定有明确有效的仲裁条款的，应当按照约定通过仲裁方式解决。"这个法条明确了若存在争议条款，即便法院受理了强制清算申请，也应按照仲裁方式解决债权债务纠纷。但是，大家要注意，该法条仅仅规定了强制清算程序。所谓强制清算，是指公司出现了以上解散原因无法自行清算，债权人或公司股东可申请人民法院指定清算组进行强制清算。无法自行清算的原因很多，例如公司解散事由出现后逾期不成立清算组进行清算的；虽然成立清算组但故意拖延清算的；违法清算可能严重损害债权人或者股东利益的；等等。强制清算属于普通清算范畴，所以，该法条对于破产清算中的仲裁问题仍然语焉不详。那我们只能继续回到破产法中寻求答案。

可以从两种情况进行分析：一种是当事人之间订立了有效的仲裁协议，且已经申请启动了仲裁程序。此时，还要分阶段进一步讨论。若不但启动了仲裁程序，而且仲裁裁决已经做出。则相当于运用仲裁程序解决了双方当事人之间的权利争议，当事人持仲裁裁决作为权利申报的依据直接向受理破产申请的法院申报债权即可。因仲裁已经结束，完全不会影响诉讼进程，仲裁裁决可以作为证据提交。若法院受理破产申请后，仲裁程序已经启动，但尚未做出仲裁裁决，基于程序安定性原理，应允许仲裁程序继续进行，而不用终结程序，统一再由诉讼解决债权债务纠纷。否则，已经进行的仲裁程序所耗费的资源都成了无用功。《企业破产法》第20条规定了此时的程序操作，即人民法院受理破产申请后，已经开始而尚未终结的有关债务人的民事诉讼或者仲裁应当中止；在管理人接管债务人的财产后，该诉讼或者仲裁继续进行。这是为了破产管理人参加仲裁，维护债务人合法权益的考虑。

第二种情况是最为复杂的，即当事人签订了仲裁协议，法院又受理了破产申请。关于此问题，《企业破产法》第47条规定，附条件、附期限的债权和诉讼、仲裁未决的债权，债权人可以申报。其实，在这个法条中，已经承认了在破产程序中，允许单独通过仲裁解决纠纷。否则，就不可能出现申报权利的时候还有"仲裁未决"的债权了。不允许债权人单独通过仲裁程序解决纠纷的一个重要考虑就是，单独通过仲裁程序确定部分债权纠纷会极大地拖延诉讼周期。从我前面描述的破产程序看，仲裁裁决的作用主要是作为债权人申报债权的依据，法院据此指定分配方案。如果仲裁程序没有结束，债权人将无法依据仲裁裁决申报债权，法院就没办法及时确认该债权的数额。但是，总不能一直拖延诉讼程序等待仲裁裁决做出，所以，《企业破产法》第119条规定，破产财产分配时，对于诉讼或者仲裁未决的债权，管理人应当将其分配额提存。自破产程序终结之日起满2年仍不能受领分配的，人民法院应当将提存的分配额分配给其他债权人。这样，通过先就主张份额进行提存，将来再通过二次分配的方式，解决掉对效率问题的关注。

正是基于以上原因，2019年3月28日实施的《破产法解释（三）》第8条规定，债务人、债权人对债权表记载的债权有异议的，应当说明理由和法律依据。经管理人解释或调整后，异议人仍然不服的，或者管理人不予解释或调整的，异议人应当在债权人会议核查结束后15日内向人民法院提起债权确认的诉讼。当事人之间在破产申请受理前订立有仲裁条款或仲裁协议的，应当向选定的仲裁机构申请确认债权债务关系。这是首次以规范文件的形式确认了破产申请受理后仲裁条款的效力问题，至此，问题就具有了确定的答案。

所以，结论是在债务人被申请破产后，债务人和债权人签订有仲裁协议的，可以通过仲裁方式解决债权债务纠纷。法院应将相关债权人的分配额提存。

参考答案 根据《企业破产法》第47、119条以及《破产法解释（三）》第8条的规定，在债务人被申请破产后，债务人和债权人签订有仲裁协议的，可以通过仲裁方式解决债权债务纠纷。法院应将相关债权人的分配额提存。

三、2017年司考卷四第六题（本题19分）

案情：

2013 年 5 月，居住在 S 市二河县的郝志强、迟丽华夫妻将二人共有的位于 S 市三江区的三层楼房出租给包童新居住，协议是以郝志强的名义签订的。2015 年 3 月，住所地在 S 市四海区的温茂昌从该楼房底下路过，被三层掉下的窗户玻璃砸伤，花费医疗费 8500 元。

就温茂昌受伤赔偿问题，利害关系人有关说法是：包童新承认当时自己开了窗户，但没想到玻璃会掉下，应属窗户质量问题，自己不应承担责任；郝志强认为窗户质量没有问题，如果不是包童新使用不当，窗户玻璃不会掉下；此外，温茂昌受伤是在该楼房院子内，作为路人的温茂昌不应未经楼房主人或使用权人同意擅自进入院子里，也有责任；温茂昌认为自己是为了躲避路上的车辆而走到该楼房旁边的，不知道这个区域已属个人私宅的范围。为此，温茂昌将郝志强和包童新诉至法院，要求他们赔偿医疗费用。

法院受理案件后，向被告郝志强、包童新送达了起诉状副本等文件。在起诉状、答辩状中，原告和被告都坚持协商过程中自己的理由。开庭审理 5 天前，法院送达人员将郝志强和包童新的传票都交给包童新，告其将传票转交给郝志强。开庭时，温茂昌、包童新按时到庭，郝志强迟迟未到庭。法庭询问包童新是否将出庭传票交给了郝志强，包童新表示 4 天之前就交了。法院据此在郝志强没有出庭的情况下对案件进行审理并作出了判决，判决郝志强与包童新共同承担赔偿责任：郝志强赔偿4000 元，包童新赔偿 4500 元，两人相互承担连带责任。

一审判决送达后，郝志强不服，在上诉期内提起上诉，认为一审审理程序上存在瑕疵，要求二审法院将案件发回重审。包童新、温茂昌没有提起上诉。

问题：

1. 哪些（个）法院对本案享有管辖权？为什么？
2. 本案的当事人确定是否正确？为什么？

3. 本案涉及的相关案件事实应由谁承担证明责任？

4. 一审案件的审理在程序上有哪些瑕疵？二审法院对此应当如何处理？

▶ 三轮定题法

随着司法改革的深入，法律职业资格考试必将更加重视对书本知识运用能力的考查。在前面，我们分析了命题的发展趋势。这种趋势反映在试题上，就是加强对案例题的考查。通过形象具体的案例，考查大家对于司法实践中出现的问题的分析解决能力。为了更好地解答案例题，我教大家一种由小飞侠老师独创的"三轮定题法"——是通过三轮检索判断，解决所有问题的方法。这种方法稳妥实用。

具体来讲：

［第一轮］定位问题性质。也就是准确判断问题测试的考点和作答的角度，以便在读题的时候能够有的放矢地捕捉知识点。

［第二轮］定准知识本质。也就是通过精细地阅读案例，准确地将案例背后隐藏的知识点还原为我们学习过的法律语言。

［第三轮］定点精确分析。也就是针对每一个问题，展开有效率的分析。这种分析必须依靠平时我对大家的思路训练。

在此基础上，有层次、清晰、工整地完成答案的书写。

下面，我就以2017年卷四第六题为例，向大家讲授该如何在实战中发挥"三轮定题法"的作用。至于其他真题，大家也应按照我讲授的方法自己练习，在每问之后，我都附有详细的分析方法和解题思路。

［第一轮］按照我们上面讲解的方法，第一轮应准确定位考点。本题共有四问，问题中规中矩，涉及的考点非常丰富，我们在做题的时候，需要快速浏览：

（1）哪些（个）法院对本案享有管辖权？为什么？

你马上就清楚，这是考查管辖权问题，并且要陈述理由。

（2）本案的当事人确定是否正确？为什么？

你马上就清楚，这是考查当事人问题，并且要陈述理由。

（3）本案涉及的相关案件事实应由谁承担证明责任？

你马上就清楚，这是考查证明责任问题，虽然没有要求陈述理由，但从分值上看，陈述理由更稳妥。

（4）一审案件的审理在程序上有哪些瑕疵？二审法院对此应当如何处理？

你马上就清楚，这是考查一审程序规定问题和二审的处理方法问题。

总结一下，本题涉及管辖、当事人、证明责任和一审程序规范、二审裁判方法五个考点。

[第二轮] 带着上面的一轮总结的考点开始阅读材料。并且，一边读材料，一边分析材料给我们带来的信息。

2013年5月（交代了时间，要注意时效等和时间有关的问题），居住在S市二河县（这是当事人的住所地）的郝志强、迟丽华夫妻（这是本案的当事人）将二人共有的位于S市三江区（这是租赁物使用地、也是不动产所在地）的三层楼房出租给包童新（这一定是本案的另一个当事人）居住（这是房屋租赁合同，马上想到专属管辖），协议是以郝志强的名义签订（注意财产共有人作为必要共同诉讼人的追加问题）的。2015年3月（哎呦喂，房子租了2年了吼），住所地在S市四海区（住所地）的温茂昌（又出现了一个新当事人）从该楼房底下（侵权行为地）路过，被三层掉下的窗户玻璃砸伤（显然是侵权案件），花费医疗费8500元（这是损害结果）。

就温茂昌受伤赔偿问题（温应该作为原告），利害关系人有关说法是：包童新承认当时自己开了窗户（自认了一个事实），但没想到玻璃会掉下，应属窗户质量问题，自己不应承担责任（表明他自己没有过错）；郝志强认为窗户质量没有问题，如果不是包童新使用不当，窗户玻璃不会掉下（也是表明他自己没有过错）；此外，温茂昌受伤是在该楼房院子内，作为路人的温茂昌不应未经楼房主人或使用权人同意擅自进入院子里，也有责任（表明原告也有过错）；温茂昌认为自己是为了躲避路上的车辆而走到该楼房旁边的，不知道这个区域已属个人私宅的范围（表明他自己没有过错）。（这部分是各自对于侵权是否成立、自己是否可以免责的事实的陈述。）为此，温茂昌将郝志强和包童新诉至法院（当事人初步确定，温是原告，郝、包是共同被告），要求他们赔偿医疗费（诉讼请求，要考虑后面可能就处分原则命题）。

法院受理案件后（嗯，法院的行为出现了），向被告郝志强、包童新送达了起诉状副本等文件（第一个行为，送起诉状副本）。在起诉状、答辩状中，原告和被告都坚持协商过程中自己的理由。开庭审理5天前（至少提前3天送传票），法院送达人员将郝志强和包童新的传票都交给包童新，告其将传票转交给郝志强（显然，这么做是不可以的）。开庭时，温茂昌、包童新按时到庭，郝志强迟迟未到庭（没收到传票，当然没法来）。法庭询问包童新是否将出庭传票交给了郝志强，包童新表示4天之前就交了（骗子）。法院据此在郝志强没有出庭的情况下对案件进行审理并作出了判决（违法缺席判决），判决郝志强与包童新共同承担赔偿责任：郝志强赔偿4000元，包童新赔偿4500元，两人相互承担连带责任。

一审判决送达后，郝志强不服，在上诉期内提起上诉，认为一审审理程序上存在瑕疵，要求二审法院将案件发回重审。包童新、温茂昌没有提起上诉（可能涉及上诉人和被上诉人地位的问题）。

[第三轮] 对问题定点精确分析。这个过程我们放在下面的"解题思路"与

"答案"部分中完成。

1. 哪些（个）法院对本案享有管辖权？为什么？

解题思路 对管辖权问题的分析，必须借助之前我讲过的地域管辖的确定思路。这道题目中涉及的诉讼为侵权诉讼，按照顺序逐步判断：首先，本题中不存在专属管辖，也不存在协议管辖。要注意，房屋租赁合同虽然为专属管辖，但是并不是争议的法律关系。那么，本题就应该按照侵权诉讼的特殊地域来确定管辖法院。侵权案件应由侵权行为地和被告住所地法院来管辖。本案的侵权行为地为 S 市三江区，而被告有两位，郝和包，郝的住所地是在 S 市二河县，而包在 S 市三江区租住的房子已经连续居住了 1 年以上，因此 S 市三江区是包的经常居住地。综上，S 市三江区法院和 S 市二河县法院对本案有管辖权。

参考答案 S 市三江区法院和 S 市二河县法院对本案有管辖权。《民事诉讼法》第 28 条规定，因侵权行为提起的诉讼，由侵权行为地或者被告住所地人民法院管辖。S 市三江区法院为被告郝志强住所地，S 市二河县法院为侵权行为地和被告包童新住所地。

2. 本案的当事人确定是否正确？为什么？

解题思路 要确定本案的当事人，必须深入分析本案的法律关系：

一般我们会持这样的思路：

郝志强、迟丽华为房屋的共同共有人，而包童新是该房屋的承租人，温茂昌为该房屋玻璃掉落砸伤的被侵权人。这样，法律关系就非常清楚。郝志强、迟丽华为房屋的所有人，包童新为房屋的使用人。温茂昌作为原告没有问题，他起诉被告郝志强和包童新，应同时追加该房屋的共有权人迟丽华作为共同被告。官方答案也就是这样得出的。但是，我认为这个答案不够精确，为什么这么说，我们必须以理服人。

我认为本案中，不需要追加迟丽华作为共同被告。法条依据是《民法典》第 178 条："2 人以上依法承担连带责任的，权利人有权请求部分或者全部连带责任人承担责任。连带责任人的责任份额根据各自责任大小确定；难以确定责任大小的，平均承担责任。实际承担责任超过自己责任份额的连带责任人，有权向其他连带责任人追偿。连带责任，由法律规定或者当事人约定。"这个法条就很清楚地表明了，共同侵权中，如果加害人承担连带责任，虽然多个加害人和受害人之间确实只有一个侵权关系，应认定为必要共同诉讼，但是这种必要共同诉讼和一般的必要共同诉讼并不一样。

特殊之处在于哪里呢？在于可以请求"部分人或者全部人"承担责任。也就是说，如果原告仅仅起诉部分人，是允许的，法院应根据原告判定当事人，不能主动追加没有被起诉的另外一部分人。

从立法的宗旨来看，为什么要这样做呢？这样做显然就突破了我们了解的必要共同诉讼的原理。这是因为，如果必须追加所有人进来，法院会判决每个人承担的责任份额。如果被追加的人没有偿还能力，反而对债权人（受害人）不利，如果不追加，而让债权人起诉的部分人承担了全部责任后，被起诉的部分人可以向没有被起诉的人追偿。这样对债权人的保护更有利。

所以，在理论上，我们国家将这种特殊的必要共同诉讼称之为"类似的必要共同诉讼"，以区别于必须追加的必要共同诉讼。当然，也有的学者认为这属于普通共同诉讼，那是学术争议的范围了。

就本案看，郝志强和迟丽华是共有人，其和包童新是否承担连带责任呢？根据《民法典》第1253条的规定，建筑物、构筑物或者其他设施及其搁置物、悬挂物发生脱落、坠落造成他人损害，所有人、管理人或者使用人不能证明自己没有过错的，应当承担侵权责任。所有人、管理人或者使用人赔偿后，有其他责任人的，有权向其他责任人追偿。既然可以彼此追偿，说明他们之间承担的属于连带责任。

综上，既然郝志强、迟丽华和包童新承担连带责任，受害人起诉的时候就可以全部起诉或者只诉部分人。若他只诉部分人，并不需要追加其他人。本案中，温茂昌只起诉了郝志强、包童新，就没必要追加迟丽华作为共同被告。至于他们之间的追偿，是另外的问题。

你觉得有道理吗？

参考答案 本案一审当事人的确定不完全正确（或部分正确或部分错误）：①温茂昌作为原告以及郝志强、包童新作为被告正确，遗漏迟丽华为被告错误。温茂昌是受害人，与案件的处理结果有直接的利害关系，作为原告，正确。②《民法典》第1252条规定，建筑物、构筑物或者其他设施倒塌、塌陷造成他人损害的，由建设单位与施工单位承担连带责任，但是建设单位与施工单位能够证明不存在质量缺陷的除外。建设单位、施工单位赔偿后，有其他责任人的，有权向其他责任人追偿。因所有人、管理人、使用人或者第三人的原因，建筑物、构筑物或者其他设施倒塌、塌陷造成他人损害的，由所有人、管理人、使用人或者第三人承担侵权责任。郝志强为楼房所有人，包童新为楼房使用人，作为被告，正确。

3. 本案涉及的相关案件事实应由谁承担证明责任？

解题思路 涉及证明责任问题，解题思路也很清楚。首先找到待证事实，然后判断对于这些待证事实，是否有特殊的举证责任分配规则，如果没有，就按照谁主张，谁举证的方式分配证明责任即可。

本题中，双方当事人主张的事实包括：

包童新承认自己开窗，玻璃掉下属窗户质量问题。

郝志强否认窗户质量问题，主张损失发生是因为包童新使用不当。温茂昌受伤是在该楼房院子内，作为路人的温茂昌本身也有过错。

温茂昌主张自己被郝志强、迟丽华所有、包童新使用的房屋窗户玻璃砸伤，并花费一定医疗费，自己不知该区域为私人区域，自己进入区域并无过错。

本案属于建筑物脱落致人损害，归责原则为过错推定原则，所以存在证明责任的特殊分配规则，加害人的无过错应由加害人（被告）证明。其他侵权成立要件和免责事实均应为谁主张事实成立，谁负担证明责任。

包童新主张自己是正常开窗，窗户质量有问题，系证明自己没有过错。该事实应由包童新负担证明责任。这是此类侵权成立要件中唯一的特殊分配规则。

同理，郝志强认为窗户质量没问题，损失是包童新使用不当造成，也是证明自己没有过错。该事实也应由被告郝志强负担证明责任。

郝志强主张温茂昌擅自进入也存在过错，属于郝志强的免责事由，按照谁主张谁举证，应由郝志强对这些免责事实负担证明责任。

温茂昌主张自己被郝志强、迟丽华所有、包童新使用的房屋窗户砸伤，这个事实属于违法行为事实；温茂昌主张自己花费一定医疗费，这个事实属于损害结果事实，这些事实都按照谁主张谁举证的分配原则，由温茂昌负担证明责任。

要注意，温茂昌是否有过错（擅自进入私人领域），是郝志强和温茂昌的争议事实，谁主张争议事实成立，谁负担证明责任。因此，应由主张温茂昌过错成立的郝志强负担证明责任。而一个事实只能由一方当事人负担证明责任。因此，温茂昌对此事实就不再负担证明责任。

【参考答案】

（1）郝志强为该楼所有人、包童新为该楼使用人的事实、该楼三层掉下的窗户玻璃砸伤温茂昌的事实、温茂昌受伤状况的事实、温茂昌治伤花费医疗费 8500 元的事实等，由温茂昌承担证明责任；

（2）包童新认为窗户质量存在问题的事实，由包童新承担证明责任；

（3）包童新使用窗户不当的事实、温茂昌未经楼房的主人或使用权人的同意擅自进到楼房的院子里的事实，由郝志强承担证明责任。

4. 一审案件的审理在程序上有哪些瑕疵？二审法院对此应当如何处理？

【解题思路】要做这样的题，必须先找到一审法院有哪些程序行为。这个非常明显，前面我们分析过，本案的被告应为郝志强、迟丽华和包童新，可是法院遗漏了必要共同诉讼人。另外，我们非常清晰地看到，法院让包童新将传票转交给郝志强，不符合法定的送达方式要求（没有直接送达，也不符合转交送达的条件），在郝志强没有接到传票的情况下违法缺席判决。

遗漏必要共同诉讼人和违法缺席判决，正是严重违反法定程序的两种典型情况，二审法院显然应将案件发回重审。

参考答案

（1）一审案件的审理存在如下瑕疵：

❶遗漏被告迟丽华：作为楼房所有人之一，应当作为被告参加诉讼。

❷一审法院通过包童新向郝志强送达开庭传票没有法律根据，属于违法行为；法院未依法向郝志强送达开庭传票，进而导致案件缺席判决，不符合作出缺席判决的条件，并严重限制了郝志强辩论权的行使。

（2）遗漏当事人、违法缺席判决、严重限制当事人辩论权的行使，都属于司法解释中列举的程序上严重违法、案件应当发回重审的行为，因此，二审法院应当裁定发回重审。

四、2016年司考卷四第六题（本题22分）

案情：

陈某转让一辆中巴车给王某但未办过户。王某为了运营，与明星汽运公司签订合同，明确挂靠该公司，王某每月向该公司交纳500元，该公司为王某代交规费、代办各种运营手续、保险等。明星汽运公司依约代王某向鸿运保险公司支付了该车的交强险费用。

2015年5月，王某所雇司机华某驾驶该中巴车致行人李某受伤，交警大队认定中巴车一方负全责，并出具事故认定书。但华某认为该事故认定书有问题，提出虽肇事车辆车速过快，但李某横穿马路没有走人行横道，对事故发生也负有责任。因赔偿问题协商无果，李某将王某和其他相关利害关系人诉至F省N市J县法院，要求王某、相关利害关系人向其赔付治疗费、误工费、交通费、护理费等费用。被告王某委托N市甲律师事务所刘律师担任诉讼代理人。

案件审理中，王某提出其与明星汽运公司存在挂靠关系、明星汽运公司代王某向保险公司交纳了该车的交强险费用、交通事故发生时李某横穿马路没走人行横道等事实；李某陈述了自己受伤、治疗、误工、请他人护理等事实。诉讼中，各利害关系人对上述事实看法不一。李某为支持自己的主张，向法院提交了因误工被扣误工费、为就医而支付交通费、请他人护理而支付护理费的书面证据。但李某声称治疗的相关诊断书、处方、药费和治疗费的发票等不慎丢失，其向医院收集这些证据遭拒绝。李某向法院提出书面申请，请求法院调查收集该证据，J县法院拒绝。

在诉讼中，李某向J县法院主张自己共花治疗费36 650元，误工费、交通费、护理费共计12 000元。被告仅认可治疗费用15 000元。J县法院对案件作出判决，在治疗费方面支持了15 000元。双方当事人都未上诉。

一审判决生效1个月后，李某聘请N市甲律师事务所张律师收集证据、代理本案的再审，并商定实行风险代理收费，约定按协议标的额的35%收取律师费。经律师说服，医院就李某治伤的相关诊断书、处方、药费和治疗费的支付情况出具了证明，李某据此向法院申请再审，法院受理了李某的再审申请并裁定再审。

再审中，李某提出增加赔付精神损失费的诉讼请求，并要求张律师一定坚持该意见，律师将其写入诉状。

问题：

1. 本案的被告是谁？简要说明理由。

解题思路 本题考查大家对于当事人制度的把握。一般做这种题目，方法问题仍然至关重要。我的方法是，将案例中出现的所有人物的法律关系都整理、分析清楚，确定其实体法上的权利义务关系，然后再判断诉讼法上的地位。

从技巧上，我一般借助法律关系图来辅助分析。对于本题，我画成下图：

刘律师（N市甲律师事务所）
↑
陈某 —转让（未过户）→ 王某 —撞伤→ 李某 —委托→ 张律师（N市甲律师事务所）
↓雇佣 ↓挂靠 ↓交强险
华某 明星汽运公司 鸿运保险公司

本题中被侵权人只有李某，所以李某是唯一主张权利的人，在诉讼当中作为原告参加；李某被王某撞伤，而王某和陈某之间是买卖合同关系，王某和明星汽运公司之间是挂靠关系，王某和鸿运保险公司之间是保险合同关系，华某和王某之间是雇主和雇员间的劳务合同关系。

那么，王某一定作为被告，其他四者呢？

首先，华某不可以作为被告。在厚大讲义《理论卷·刘鹏飞讲民诉法》（下称《理论卷》）核心考点13中，我们讲授过，提供劳务一方因劳务造成他人损害，受害人提起诉讼的，以接受劳务一方为被告。显然华某属于提供劳务的人，而王某才是接受劳务的人。

其次，《民法典》第1210条规定："当事人之间已经以买卖或者其他方式转让并交付机动车但是未办理登记，发生交通事故造成损害，属于该机动车一方责任的，由受让人承担赔偿责任。"《民法典》第1213条规定："机动车发生交通事故造成损害，属于该机动车一方责任的，先由承保机动车强制保险的保险人在强制保险责任限额范围内予以赔偿；不足部分，由承保机动车商业保险的保险人按照保险合同的约定予以赔偿；仍然不足或者没有投保机动车商业保险的，由侵权人赔偿。"转让机动车未办理过户手续的，出让人陈某对于侵权行为不承担责任，保险公司对侵权承担交强险范围内的赔偿责任，其余责任由受让人王某承担。由此，可以明确，鸿运保险公司一定和王某一起作为被告（保险公司要承担一部分赔偿责任），出让人陈某不能作为共同被告（陈某不承担赔偿责任）。这是因为，未登记不影响动产物权的变动，因此该机动车的所有权人已经为王某，机动车与陈某之间已经没有法律上的关系。

最后，根据我们讲过的《理论卷》核心考点16中的内容，就是以挂靠形式从事民事活动，当事人请求由挂靠人和被挂靠人依法承担民事责任的，该挂靠人和被挂靠人为共同诉讼人。这也是《民诉解释》第54条的规定："以挂靠形式从事民事活动，当事人请求由挂靠人和被挂靠人依法承担民事责任的，该挂靠人和被挂靠人为共同诉讼人。"也就是说被挂靠的明星汽运公司是否承担责任，要看当事人"如何请求"。王某与明星汽运公司存在挂靠关系，原告可以主张这种挂靠关系，也可以不主张这种挂靠关系。主张挂靠关系时，王某与明星汽运公司为共同被告；不主张挂靠关系时，明星汽运公司不能作为被告。

所以，华某和陈某一定不能做被告，王某和保险公司一定作为共同被告，明星汽运公司能不能作为被告要看原告的主张。

【参考答案】本案被告得以原告的主张来加以确定：原告主张挂靠单位和被挂靠单位承担责任的，王某、明星汽运公司、鸿运保险公司为共同被告。

理由：明星汽运公司为王某从事中巴车运营的被挂靠单位，原告不主张挂靠单位承担责任的，王某、鸿运保险公司为共同被告。

2. 就本案相关事实，由谁承担证明责任？简要说明理由。

【解题思路】按照我们在《理论卷》核心考点43当中所讲授的内容，除了立法有特殊规定的情况外，证明责任分配的一般规则是：谁主张争议的待证事实成立，谁就对该待证事实负担举证责任。

因此，在本题中，王某主张了三个事实：其与明星汽运公司存在挂靠关系，明星汽运公司代王某向保险公司交纳了该车的交强险费用，交通事故发生时李某横穿马路没走人行横道。那么，王某应对这三个事实承担举证责任。

李某主张了自己受伤、治疗、误工、请他人护理等事实，所以李某对其主张成立的事实，应负担证明责任。

这问特别简单。

参考答案 王某与明星汽运公司存在挂靠关系的事实由王某承担证明责任；明星汽运公司依约代王某向鸿运保险公司交纳了该车的强制保险费用的事实由王某承担证明责任；交通事故发生时李某横穿马路没走人行通道的事实，由王某承担证明责任；李某受伤状况、治疗状况、误工状况、请他人护理状况等事实，由李某承担证明责任。

理由：诉讼中，在通常情况下，谁主张事实支持自己的权利主张，由谁来承担自己所主张的事实的证明责任。本案上述事实，不存在特殊情况的情形，因此由相对应的事实主张者承担证明责任。

3. 交警大队出具的事故认定书，是否当然就具有证明力？简要说明理由。

解题思路 要确定交通事故认定书的证明力，首先应搞清楚交通事故认定书的性质。按照我在《理论卷》核心考点52中讲解的判断证据种类的思路，首先排除事故认定书作为勘验笔录和鉴定意见的可能，因为交通事故认定书既非鉴定人作出，也非勘验人员作出。其次，该认定书不具备高科技载体，排除电子数据和视听资料的可能。最后，交通事故认定书是交警作出，交警既不是本案的当事人，也不属于本案的证人（一般而言，事故发生后，交警才接到报警赶到现场，交警并非案件的目击者），所以，交通事故认定书非证人证言或者当事人陈述。交通事故认定书是用其内容证明案件事实，所以，属于书证而非物证。

另外，这个点可以拓展一下。一般而言，交通事故认定书和交通事故证明书不一样。交通事故认定书，除了记录案发的时间、地点、主体和现场情况外，更重要的是对案件的侵权责任分配作出了认定。当事人提交该证据主要是为了证明事故责任分配问题。所以，按照大陆法系的理论，将判定了民事责任分配的交通事故认定书作为一种第三方出具的书证使用，这种书证可以由相反证据推翻。而交通事故证明书，则是在交警无法对事故责任直接作出判断的情况下，出具的对案发时间、地点、主体和现场情况的客观记录，这种证明书，应认定为警察作为目击证人出具的证人证言。

综上，以上的两种交警制作的文书都仅仅是作为证据使用，它们的真实性、合法性、关联性必须经过质证，由法院综合判断、认证，并不具备当然的证明力，法院认定的案件事实和交通事故认定书不符的，以法院认定的事实为准。

[参考答案] 交警大队出具的事故认定书，不当然具有证明力。理由：在诉讼中，交警大队出具的事故认定书只是证据的一种，其所证明的事实与案件其他证据所证明的事实是否一致，以及法院是否确信该事故认定书所确认的事实，法院有权根据案件的综合情况予以判断，即该事故认定书的证明力由法院判断后确定。

4. 李某可以向哪个（些）法院申请再审？其申请再审所依据的理由应当是什么？

[解题思路] 这是两问，先问再审的管辖，再问再审的事由。

按照我在《理论卷》核心考点 98 中讲解的内容，当事人一方人数众多或者当事人双方为公民的案件，既可以向上一级申请，也可以向原审申请；若不满足一方人数众多或者当事人双方为公民的案件，只能向上一级申请再审。这也是《民事诉讼法》第 199 条的规定："当事人对已经发生法律效力的判决、裁定，认为有错误的，可以向上一级人民法院申请再审；当事人一方人数众多或者当事人双方为公民的案件，也可以向原审人民法院申请再审。当事人申请再审的，不停止判决、裁定的执行。"本案中，双方当事人中有保险公司，并非均为公民，双方当事人任何一方也都达不到 10 人以上，所以只能向上一级法院申请再审。因为 J 县法院对案件作出判决，双方当事人都未上诉。本案的终审法院就是 J 县法院，其上一级为 F 省 N 市中级法院。

根据我在《理论卷》核心考点 96 中的讲述，当事人申请再审共有 13 项事由，这也是《民事诉讼法》第 200 条的规定，当事人的申请符合下列情形之一的，人民法院应当再审：①有新的证据，足以推翻原判决、裁定的；②原判决、裁定认定的基本事实缺乏证据证明的；③原判决、裁定认定事实的主要证据是伪造的；④原判决、裁定认定事实的主要证据未经质证的；⑤对审理案件需要的主要证据，当事人因客观原因不能自行收集，书面申请人民法院调查收集，人民法院未调查收集的；……题目中提到，"李某向法院提出书面申请，请求法院调查收集该证据，J 县法院拒绝"，这就是当事人因客观原因不能自行收集，书面申请人民法院调查收集，人民法院未调查收集的，也就是我们总结口诀中的"应收未收集"。

题目中还提到，"经律师说服，医院就李某治伤的相关诊断书、处方、药费和治疗费的支付情况出具了证明，李某据此向法院申请再审"，这是 13 项事由中的发现新证据。

[参考答案] 李某可以向 F 省 N 市中级法院申请再审。

理由：根据民诉司法解释，再审案件原则上向原审法院的上一级法院提出。本案不存在向原审法院申请再审的法定事由。再审的理由为：对审理案件需要的主要证据，当事人因客观原因不能自行收集，书面申请人民法院调查收集，人民法院未调查收集；有新的证据，足以推翻原判决。

5. 再审法院应当按照什么程序对案件进行再审？再审法院对李某增加的再审请求，应当如何处理？简要说明理由。

解题思路 本题是两问，先问再审的审理程序，后问对再审增变反的处理。第一问要使用《理论卷》核心考点 98 中的知识，本案属于基层法院一审终审。当事人向上一级法院申请再审，上一级法院只能提审。提审一律适用二审程序进行再审。

按照《理论卷》核心考点 106 中的讲解，在再审中增变反，属于在再审中提出了新的诉讼请求，而再审只是为了纠正旧的错误，对新请求一律不予处理。这也就是《民诉解释》第 405 条第 1 款规定的再审审理范围："人民法院审理再审案件应当围绕再审请求进行。当事人的再审请求超出原审诉讼请求的，不予审理；符合另案诉讼条件的，告知当事人可以另行起诉。"李某提出增加赔付精神损失费的诉讼请求，在原审当中没有提出，是典型的再审中增加的新请求，因此，应不予受理，本来是应该告知当事人另诉的。但是，这道题非常特殊，因为，《最高人民法院关于确定民事侵权精神损害赔偿责任若干问题的解释》第 6 条规定："当事人在侵权诉讼中没有提出赔偿精神损害的诉讼请求，诉讼终结后又基于同一侵权事实另行起诉请求赔偿精神损害的，人民法院不予受理。"精神损害赔偿请求应和物质损害赔偿请求一并提出，如果物质损害赔偿提出后，单独提出精神损害赔偿请求，即便不是在再审中，法院也不审理。所以，本案也不属于可以另诉的案件，法院既不应受理，也不应告知当事人另诉（因为不允许另诉）。

参考答案 再审法院应当按照第二审程序对案件进行再审。因为受理并裁定对案件进行再审的，是原审法院的上一级法院，应当适用第二审程序对案件进行再审。

再审法院对李某增加的要求被告支付精神损失费的再审请求不予受理；且该请求也不属于可以另行起诉的情形，再审法院也不可告知另行起诉。

理由：当事人在侵权诉讼中没有提出赔偿精神损害的诉讼请求，诉讼终结后又基于同一侵权事实另行起诉请求赔偿精神损害的，人民法院不予受理。

6. 根据律师执业规范，评价甲律师事务所及律师的执业行为，并简要说明理由。

解题思路 既然这道题考查律师执业规范，我们就应先将题目中和律师行为有关的内容摘录出来，这样做题，才能比较稳妥。本题中和律师有关的行为包括：

行为一："被告王某委托 N 市甲律师事务所刘律师担任诉讼代理人。"

行为二："李某（原告）聘请 N 市甲律师事务所张律师收集证据、代理本案的再审，并商定实行风险代理收费，约定按协议标的额的 35% 收取律师费。"

行为三："经律师说服，医院就李某治伤的相关诊断书、处方、药费和治疗费的支付情况出具了证明，李某据此向法院申请再审，法院受理了李某的再审申请并裁定再审。"

行为四："再审中，李某提出增加赔付精神损失费的诉讼请求，并要求张律师一定坚持该意见，律师将其写入诉状。"

然后，就可以开始分析，本题中，律师有的行为符合执业行为规范，有的违反了执业规范。所以要逐一分析：

首先，你就能发现原告和被告委托的是同一个律所的律师。这是不允许的。两个律师在私下有联系，有损害当事人利益的可能。因此，《律师执业行为规范（试行）》第51条规定："有下列情形之一的，律师及律师事务所不得与当事人建立或维持委托关系：……⑦在委托关系终止后，同一律师事务所或同一律师在同一案件后续审理或者处理中又接受对方当事人委托的；……"

其次，甲律师实行风险代理收费，约定按协议标的额的35%收取律师费，这也违反了执业规范。虽然风险代理是允许的，但《律师服务收费管理办法》第13条第2款规定："实行风险代理收费，最高收费金额不得高于收费合同约定标的额的30%。"

最后，《律师执业行为规范（试行）》第44条规定："律师根据委托人提供的事实和证据，依据法律规定进行分析，向委托人提出分析性意见。"在上文中我们提到过，当事人要求提出精神损害赔偿的新请求，法院是不可能受理的。可是本案中，李某提出增加赔付精神损失费的诉讼请求，并要求张律师一定坚持该意见，该律师竟然将其写入诉状，而未提供分析和建议，没有勤勉地履行当事人委托其进行诉讼代理的职责。

至于行为三，没有违反行为规范。

【参考答案】

（1）可以适用风险代理，但风险代理收费按规定不得高于30%；

（2）甲律所张律师担任李某申诉代理人，违反《律师执业行为规范（试行）》第51条第7项规定；

（3）李某增加诉讼请求不符合有关规定（理由如前），律师应指出未能指出，有违"以事实为根据、以法律为准绳"的执业原则及勤勉尽责的要求。

五、2015年司考卷四第四题（本题22分）

案情：

杨之元开设古玩店，因收购藏品等所需巨额周转资金，即以号称"镇店之宝"的一块雕有观音图像的翡翠（下称"翡翠观音"）作为抵押物，向胜洋小额贷款公司（简称"胜洋公司"）贷款200万元，但翡翠观音仍然置于杨之元店里。后，古玩店经营不佳，进入亏损状态，无力如期偿还贷款。胜洋公司遂向法院起诉杨之元。

法院经过审理，确认抵押贷款合同有效，杨之元确实无力还贷，遂判决翡翠观音归胜洋公司所有，以抵偿200万元贷款及利息。判决生效后，杨之元未在期限内履行该判决。胜洋公司遂向法院申请强制执行。

在执行过程中，案外人商玉良向法院提出执行异议，声称该翡翠观音属于自己，杨之元无权抵押。并称：当初杨之元开设古玩店，需要有"镇店之宝"装点门面，经杨之元再三请求，商玉良才将自己的翡翠观音借其使用半年（杨之元为此还支付了6万元的借用费），并约定杨之元不得处分该翡翠观音，如造成损失，商玉良有权索赔。

法院经审查，认为商玉良提出的执行异议所提出的事实没有充分的证据，遂裁定驳回商玉良的异议。

问题：

1. 执行异议被裁定驳回后，商玉良是否可以提出执行异议之诉？为什么？

解题思路 解答本题，方法和思路依然是最关键的。我们依然先来理清本案中的法律关系。

胜洋公司（担保物权人—原告）

标的物为 ← 主张所有权 商玉良
翡翠观音 （案外人）

杨之元（抵押人—被告）

本案中，胜洋公司起诉杨之元，诉讼标的物为翡翠观音，胜洋公司获得胜诉判决"翡翠观音归胜洋公司所有"，判决中涉及了本案的争议标的物。在执行过程中，没有参加诉讼的案外人商玉良对标的物翡翠观音主张独立的请求权，希望中止对标的物的执行。

这样法律关系就非常清晰，本问问的是案外人商玉良的救济方法。

按照我讲的思路，应逐步确定主体、阶段和裁判三个要素。本案中，商玉良主张的是对标的物的全部权利，而商玉良本身未参加诉讼，因此商玉良属于案外第三人。

从阶段上看，题目中交代，本案已经进入执行程序。

从裁判上看，本题中，若翡翠观音为商玉良所有，而法院将观音判决给了胜洋公司，判决本身是错误的。

因此，进入执行阶段，案外第三人对执行标的物主张权利，原判决有错误，案外第三人可以采用第三人撤销之诉或者"先异议，后再审"的方式救济自己的利益。

提出案外人异议之诉是针对原裁判没有错误的情况下，中止执行的救济方法。在本题中无法适用。

参考答案 商玉良不可以提出执行异议之诉。因为，商玉良主张被抵押的翡翠观音属自己所有,即法院将翡翠观音用以抵偿杨之元的债务的判决是错误的,该执行异议与原判决有关,不能提起执行异议之诉。

2. 如商玉良认为作为法院执行根据的判决有错,可以采取哪两种途径保护自己的合法权益?

解题思路 本题与第一问考查的其实是相同的知识点,既然不能提出案外人异议之诉,当然就应通过第三人撤销之诉或者"先异议,后再审"的方式救济自己的利益。上问的精解中我已经做了详细解释,这里不再赘述。

参考答案 商玉良可以根据《民事诉讼法》第56条第3款规定,提起第三人撤销之诉;或根据《民事诉讼法》第227条规定,以案外人身份申请再审。

3. 与第2问"两种途径"相关的两种民事诉讼制度(或程序)在适用程序上有何特点?

解题思路 这道题考查的就是两种救济方式的程序构造,这就要求大家能够将我们讲授过的制度设计较为准确的复述出来。回答的内容要有层次感和准确性。

第三人撤销之诉,应描述诉讼主体、撤销对象和程序要求(条件、时间、管辖等)。案外人申请再审要描述再审的程序要求和再审的审理方式。本题问的知识点较为模糊和分散,参考答案也具有一定开放性,所以尽量全面做答,得分会更加稳妥。

要注意一个问题,就是案外人申请再审时,法院的处理方法。案外人之所以申请再审,就是因为案外人没有机会参加诉讼,致使原裁判出现错误。从法院角度,犯的错误就是"漏人"。因此,法院再审时必须纠正原裁判漏人的这个错误。如何纠正呢?

若再审适用一审程序,则应将漏掉的第三人追加进入诉讼程序,一并审理;若再审适用二审程序,则应进行调解,调解不成,应将全案发回重审。

参考答案

(1) 第三人撤销之诉在适用上的特点

❶诉讼主体:有权提起第三人撤销之诉的须是当事人以外的第三人,该第三人应当具备诉的利益,即其民事权益受到了原案判决书的损害。商玉良是原告,杨之元和胜洋公司是被告。

❷诉讼客体:损害了第三人民事权益的发生法律效力的判决书。

❸提起诉讼的期限、条件与受理法院:期限是自知道或应当知道其民事权益受到损害之日起6个月内。条件为:因不能归责于本人的事由未参加诉讼;发生法律效力的判决的全部或者部分内容错误;判决书内容错误,损害其民事权益。受诉法院为作出生效判决的人民法院。

（2）案外人申请再审程序的特点

❶适用一审程序进行再审的，得追加案外人为当事人；适用二审程序进行再审的，可以进行调解，调解不成的，应撤销原判决，发回重审，并在重审中追加案外人为当事人。

❷其他程序内容与通常的再审程序基本相同。

4. 商玉良可否同时采用上述两种制度（或程序）维护自己的权益？为什么？

解题思路 此问仍然围绕着第三人撤销之诉与案外人申请再审的制度展开。问的是两种救济制度的适用问题。这一问非常简单，一方面，我们明确说过了为了防止浪费司法资源，案外第三人只能从两种制度当中二选一，而不能同时适用。

结合本题的案情，商玉良已经提出了案外人异议，并且法院驳回了商玉良的案外人异议，异议被驳回后，案外人只能向法院申请再审，而不允许再提出第三人撤销之诉。

第三人撤销之诉是可以搭配案外人异议适用的，但是，应先提出第三人撤销之诉，再提出案外人异议，如果先提出的是案外人异议，只能随后申请再审，这就是所谓的"先异议，后再审"的制度构造。

参考答案 商玉良不可以同时适用上述两种制度（或程序）。

根据《民诉解释》第303条规定，第三人提起撤销之诉后，未中止生效判决、裁定、调解书执行的，执行法院对第三人依照《民事诉讼法》第227条规定提出的执行异议，应予审查。第三人不服驳回执行异议裁定，申请对原判决、裁定、调解书再审的，人民法院不予受理。

案外人对人民法院驳回其执行异议裁定不服，认为原判决、裁定、调解书内容错误损害其合法权益的，应当根据《民事诉讼法》第227条规定申请再审，提起第三人撤销之诉的，人民法院不予受理。

六、2014年司考卷四第六题（本题20分）

案情：

赵文、赵武、赵军系亲兄弟，其父赵祖斌于2013年1月去世，除了留有一个元代青花瓷盘外，没有其他遗产。该青花瓷盘在赵军手中，赵文、赵武要求将该瓷盘变卖，变卖款由兄弟三人平均分配。赵军不同意。2013 年 3 月，赵文、赵武到某省甲县法院（赵军居住地和该瓷盘所在地）起诉赵军，要求分割父亲赵祖斌的遗产。经甲县法院调解，赵文、赵武与赵军达成调解协议：赵祖斌留下的青花瓷盘归赵军所有，赵军分别向赵文、赵武支付人民币 20 万元。该款项分 2 期支付：2013 年 6 月各支付 5 万元、2013 年 9 月各支付 15 万元。

但至 2013 年 10 月，赵军未向赵文、赵武支付上述款项。赵文、赵武于 2013 年 10 月向甲县法院申请强制执行。经法院调查，赵军可供执行的款项有其在银行的存款 10 万元，可供执行的其他财产折价为 8 万元，另外赵军手中还有一把名家制作的紫砂壶，市场价值大约 5 万元。赵军声称其父亲留下的那个元代青花瓷盘被卖了，所得款项 50 万元做生意亏掉了。法院全力调查也未发现赵军还有其他的款项和财产。法院将赵军的上述款项冻结，扣押了赵军可供执行的财产和赵军手中的那把紫砂壶。

2013 年 11 月，赵文、赵武与赵军拟达成执行和解协议：2013 年 12 月 30 日之前，赵军将其在银行的存款 10 万元支付给赵文，将可供执行财产折价 8 万元与价值 5 万元的紫砂壶交付给赵武。赵军欠赵文、赵武的剩余债务予以免除。

此时，出现了以下情况：①赵军的朋友李有福向甲县法院报告，声称赵军手中的那把紫砂壶是自己借给赵军的，紫砂壶的所有权是自己的。②赵祖斌的朋友张益友向甲县法院声称，赵祖斌留下的那个元代青花瓷盘是他让赵祖斌保存的，所有权是自己的。自己是在一周之前（2013 年 11 月 1 日）才知道赵祖斌已经去世以及赵文、赵武与赵军进行诉讼的事。③赵军的同事钱进军向甲县法院声称，赵军欠其 5 万元。同时，钱进军还向法院出示了公证机构制作的债权文书执行证书，该债权文书所记载的钱进军对赵军享有的债权是 5 万元，债权到期日是 2013 年 9 月 30 日。

问题：

1. 在不考虑李有福、张益友、钱进军提出的问题的情况下，如果赵文、赵武与赵军达成了执行和解协议，将产生什么法律后果？（考生可以就和解协议履行的情况作出假设）

解题思路 这道题问的是执行和解的法律效果，问题相对独立，不结合案情也可以作答。执行和解的效果我们做过详细讲授：

若达成和解协议，会中断执行时效，债权人可以申请执行中止或者撤回执行申请。

暂缓执行期间届满，债务人拒绝履行：对方当事人可以申请恢复对原生效法律文书的执行，已履行部分应扣除。

和解协议已经履行完毕的，人民法院不得恢复原生效法律文书的执行。

申请执行人因受欺诈、胁迫与被执行人达成和解协议，债权人可以申请恢复对原生效法律文书的执行。

然后将这些法律效果和本案的具体案情结合起来，就能回答得非常准确。

参考答案 如果赵文、赵武与赵军达成了执行和解协议，将产生的法律后果是：

（1）和解协议达成后，执行程序中止，若债权人撤回执行申请，执行程序终结。

（2）如果在执行和解履行期内赵军履行了和解协议，执行程序终结，调解书视为执行完毕。

（3）如果在执行期届满后，赵军没有履行执行和解协议，赵文、赵武可以申请恢复执行，执行将以调解书作为根据，执行和解协议失效。如果赵军履行了执行和解协议的一部分，执行时应当对该部分予以扣除。

（4）赵文、赵武也可以选择就和解协议提起诉讼，要求债务人履行或者承担违约责任。

（5）若债务人瑕疵履行或者迟延履行，债权人可以就和解协议提起违约之诉。

（6）若调解协议无效或可撤销，债权人可以起诉，将和解协议确认无效或者撤销后，申请执行原执行根据。

2. 根据案情，李有福如果要对案中所提到的紫砂壶主张权利，在民事诉讼制度的框架下，其可以采取什么方式？采取相关方式时，应当符合什么条件？（考生可以就李有福采取的方式可能出现的后果作出假设）

解题思路 本题依然是考查李有福这个没有参加诉讼的案外人的救济方式。我们依然从法律关系入手分析：

本题中赵文、赵武为共同原告，赵军为被告。案件中出现的李有福和张益友均未参加诉讼，定位为案外人。

本题中考查李有福的救济方式，还要按照老套路判断主体、阶段和裁判。

本案中，李有福主张的是对紫砂壶的全部权利（所有权），而李有福本身未参加诉讼，因此李有福属于案外第三人。

从阶段上看，题目中交代，法院已经采取了扣押冻结等执行措施，说明本案已经进入执行程序。

从裁判上看，本题中，若紫砂壶为李有福所有，而法院调解书的内容是"赵祖斌留下的青花瓷盘归赵军所有，赵军分别向赵文、赵武支付人民币 20 万元"，并没有涉及紫砂壶，也就是法院的生效法律文书本身与紫砂壶无关，法院执行紫砂壶并不是因为法律文书本身的错误。

因此，进入执行阶段，案外第三人对执行标的物主张权利，生效文书没有错误判断该标的物的归属，案外第三人可以"先异议，后异议之诉"的方式救济自己的利益。

本题还询问了提出异议之诉的具体方式，大家就应结合案外人异议之诉的当事人、管辖、时间限制等具体要素作答。包括案外人异议之诉应由执行法院管辖，应在异议被驳回15日内提出，应以案外人为原告，债权人为被告，债务人视其态度确定。

参考**答案** 李有福如果要对案中所提到的紫砂壶主张权利，在赵文、赵武与赵军的案件已经进入了执行阶段的情况下，在民事诉讼制度的框架下，其可以采取的方式是：

（1）提出对执行标的的异议。提出异议应当以书面的形式向甲县法院提出。

（2）如果法院裁定驳回了李有福的执行标的异议，李有福可以提出案外人异议之诉。提出案外人异议之诉应当符合的条件是：

❶ 起诉的时间应当在收到执行法院对执行标的的异议作出驳回裁定后15日内；

❷ 管辖法院为执行法院，即甲县法院；

❸ 李有福作为原告，赵文、赵武作为被告，如果赵军反对李有福的主张，赵军也作为共同被告。

3. 根据案情，张益友如果要对那个元代青花瓷盘所涉及的权益主张权利，在民事诉讼制度的框架下，其可以采取什么方式？采取该方式时，应当符合什么条件？

解题思路 这道题继续考察案外人的救济制度。按照前面的思路，判断主体、阶段和裁判。

本案中，张益友主张的是对青花瓷盘的全部权利（所有权），而张益友本身未参加诉讼，因此张益友属于案外第三人。

从阶段上看，题目中交代，法院已经采取了扣押冻结等执行措施，说明本案已经进入执行程序。

从裁判上看，调解书的主文中明确"赵祖斌留下的青花瓷盘归赵军所有，赵军分别向赵文、赵武支付人民币20万元"，因青花瓷属于案外人，本来就不应认定为赵军所有，所以生效的调解书本身是错误的。

结论是，进入执行阶段后，案外第三人对执行标的的物主张权利，生效法律文书确有错误，案外第三人有两种救济方式：提出第三人撤销之诉或者"先异议、后再审"。

但是本题司法部的答案却只给了提出第三人撤销之诉。能不能先提出案外人异议，异议被驳回后申请再审呢？从理论上讲应该是可以的。但是，这道题是2014年的题目，当时《民诉解释》尚未出台，所以，关于"先异议，后再审"和第三人撤销之诉的关系不够明确，所以司法部给的答案具有一定时效性。在以后的考试中，大家作答的时候应该认为两种方式可以二选一。有些解析认为案外人没有提出异议，不能直接申请再审，这种解释是没有道理的。这种救济方法是"先异议、后再审"，题目中没有说案外人提出了异议，但现在执行尚未结束，案外人此时提出异议依然符合法定条件，所有案外人都有权提出案外人异议，异议被驳回，案外人有权申请再审。这种救济制度完全可以适用，答案没列出这种方式，只是由于当时《民诉解释》未出台而已。

另外，题目让描述该救济方式的条件，仍需大家对该制度的制度构造详细作答。

参考答案 张益友如果要对那个元代青花瓷盘所涉及的权益主张权利，在赵文、赵武与赵军的案件已经进入了执行阶段的情况下，在民事诉讼制度的框架下，其可以提出第三人撤销之诉。张益友提出第三人撤销之诉应当符合的条件是：

（1）张益友作为原告，赵文、赵武、赵军作为被告；

（2）向作出调解书的法院即甲县法院提出诉讼；

（3）应当在2013年11月1日之后的6个月内提出。

4. 根据案情，钱进军如果要对赵军主张5万元债权，在民事诉讼制度的框架下，其可以采取什么方式？为什么？

解题思路 本题中的钱进军获得了生效的执行根据（已到清偿期的公证机构制作的债权文书执行证书），要求赵军履行债务满足其债权。而本题中赵军的债权人还有赵文、赵武。按照题目中的信息，为了满足赵文赵武的债权，赵军已经将"可供执行的财产折价"，这就说明，赵军的财产仅仅能满足赵文、赵武的权利要求，现在其债权人又增加了一位，赵军的财产已经无法清偿所有债权人的债权。

而此时，三个债权人都取得了执行根据，债务人无法满足所有债权人的权利要求，债权人和债务人都是自然人，只能由法院指定分配方案，将债务人的财产按比例清偿给各个债权人，这个过程，就是大家学过的参与分配制度。

本题作答的关键就是要清晰地回答出参与分配的要件，然后描述本案案情符合了参与分配的法定条件，可以适用参与分配制度满足债权人的权利要求。

参考答案 钱进军如果要对其对赵军所享有的那5万元债权主张权利，在赵文、赵武与赵军的案件已经进入了执行阶段的情况下，在民事诉讼制度的框架下，其可以申请参与分配。

因为其条件符合申请参与分配的条件。按照《民事诉讼法》的规定，参与分配的条件包括：

（1）被执行人的财产无法清偿所有债权人的债权。本案中赵军的财产不足以清偿其所有的债务。

（2）被执行人为自然人或其他组织，而非法人，本案中赵军为自然人。

（3）有多个申请人对同一被申请人享有债权，本案中有三个申请人对赵军享有债权。

（4）申请人必须取得生效的执行根据，本案中钱进军有经过公证的债权文书作为执行根据。

（5）参与分配的债权只限于金钱债权，本案中钱进军对赵军享有的就是金钱债权。

（6）参与分配必须发生在执行程序开始后，被执行人的财产清偿完毕之前，本案情形与此相符。

七、2013年司考卷四第七题（本题25分）

案情：

孙某与钱某合伙经营一家五金店，后因经营理念不合，孙某唆使赵龙、赵虎兄弟寻衅将钱某打伤，钱某花费医疗费 2 万元，营养费 3000 元，交通费 2000 元。钱某委托李律师向甲县法院起诉赵家兄弟，要求其赔偿经济损失 2.5 万元，精神损失5000 元，并提供了医院诊断书、处方、出租车票、发票、目击者周某的书面证言等证据。甲县法院适用简易程序审理本案。二被告没有提供证据，庭审中承认将钱某打伤，但对赔偿金额提出异议。甲县法院最终支持了钱某的所有主张。

二被告不服，向乙市中院提起上诉，并向该法院承认，二人是受孙某唆使。钱某要求追加孙某为共同被告，赔偿损失，并要求退伙析产。乙市中院经过审查，认定孙某是必须参加诉讼的当事人，遂通知孙某参加调解。后各方达成调解协议，钱某放弃精神损害赔偿，孙某即时向钱某支付赔偿金 1.5 万元，赵家兄弟在 7 日内向钱某支付赔偿金 1 万元，孙某和钱某同意继续合伙经营。乙市中院制作调解书送达各方后结案。

答题要求：

1. 根据法律、司法解释规定及民事诉讼法理知识作答；

2. 观点明确，逻辑清晰，说理充分，文字通畅；

3. 请按提问顺序逐一作答，总字数不得少于 600 字。

问题：

1. 请结合本案，简要概括钱某的起诉状或法院的一审判决书的结构和内容。（起诉状或一审判决书择一作答；二者均答时，评判排列在先者）

解题思路 这道题考查的是最基本的法律文书，要求考生描述起诉状和判决书的主要内容。法律文书的写作是考试大纲范围内的考点，但是这道题是历史上唯一一道考查法律文书的题目。起诉状的内容和判决书的内容我们在理论卷中都精细地讲解过，而且这道题给予考生二选一的选择空间，可谓比较厚道。起诉状的结构较判决书更为简单，聪明的考生一般会选择起诉状来描述。另外，这道题只需要按照题目给出的信息简单描述内容就可以，并不要求考生在给出信息之外发挥，所以，难度不大。

起诉状应包括当事人基本信息、诉讼请求、事实和理由、证据和证据来源等内容，同时要注意署名等基本格式要求（包括受诉法院、原告签名和起诉时间）。

判决书应包括当事人基本信息、案由、审理历程、案件事实（原告诉称事实、被告辩称事实和法院查明事实）、判决理由、判决主文、诉讼费负担、上诉权告知等内容。

要提醒大家的是，本案适用简易程序审理，所以判决书中的审判员只能有一人。

参考范文

民事起诉状

原告：钱某，男，×岁，×族，××年×月×日生，身份证号×××××，住××市×××号。

委托代理人：李某，××律师事务所律师。

被告：赵龙，男，×岁，×族，××年×月×日生，身份证号×××××，住××市×××号。

被告：赵虎，男，×岁，×族，××年×月×日生，身份证号×××××，住××市×××号。

诉讼请求

1. 请求法院依法判决被告赵龙和被告赵虎赔偿经济损失 2.5 万元，精神损失5000 元。

2. 请求法院依法判令被告承担本案诉讼费用。

事实和理由

赵龙、赵虎兄弟二人于××年×月×日在×处寻衅将钱某打伤，钱某花费医疗费 2 万元，营养费 3000 元，交通费 2000 元，给原告生活、精神带来极大损害。故原告依据《民法典》的相关规定，依法向法院提起诉讼，请求法院保护原告合法权益。

此致
甲县人民法院

起诉人：钱某

××年××月××日

附:

1. 本状副本 × 份。
2. 医院诊断书、处方、出租车票、发票等书证共 × × 份。
3. 证人周某的证言,证人住址: × × 市 × × × 号。

甲县人民法院
民事判决书

原告: 钱某,其他个人信息。

委托代理人: 李某, × × 律师事务所律师。

被告: 赵龙,其他个人信息。

被告: 赵虎,其他个人信息。

原告钱某诉被告赵龙、被告赵虎损害赔偿纠纷一案,本院于 × × 年 × 月 × 日立案受理后,依法适用简易程序,由审判员张某担任审判员独任审判,公开开庭审理了本案。原、被告及委托代理人均到庭参加了诉讼,本案现已审理终结。

原告诉称: 赵龙、赵虎兄弟寻衅将钱某打伤,钱某花费医疗费 2 万元,营养费 3000 元,交通费 2000 元,给原告生活、精神带来极大损害,请求法院依法判决被告赵龙和被告赵虎赔偿经济损失 2.5 万元,精神损失 5000 元。

二被告辩称: 二人虽然承认将钱某打伤,但对赔偿金额提出异议。

经审理查明: 赵龙、赵虎兄弟寻衅将钱某打伤,该事实获得被告承认。钱某花费医疗费 2 万元,营养费 3000 元,交通费 2000 元,以上事实,有医院的诊断书、处方、出租车票、发票及证人周某的证言予以证明,本院予以采信。

本院认为: 公民的权益应依法得到保护。而被告寻衅殴打原告,侵犯了原告的人身权利,依据《民法典》第×条的规定,判决如下:

被告赵龙和被告赵虎赔偿原告钱某经济损失 2.5 万元,精神损失 5000 元。

本案受理费 × × 元,由被告赵龙承担 × 元,由被告赵虎承担×元。

如不服本判决,可在判决书送达之日起 15 日内,向本院递交上诉状,并按对方当事人的人数提出副本,上诉于乙市中级人民法院。

审判员 × × ×

× × × × 年 × × 月 × × 日

(院印)

本件与原本核对无异

书记员 × × ×

2. 如果乙市中院调解无效，应当如何处理？

解题思路 本题考查的是二审发现漏人和二审增变反的处理。

孙某作为本案的必要共同诉讼人，法院应在一审的时候追加其参加诉讼。在二审中发现遗漏了孙某，法院不能直接将孙某追加进入二审程序，一并审判。这样孙某将无法上诉，其上诉权被剥夺。正确的做法是法院应调解，调解不成，发回重审。

钱某在一审中没有提出退伙析产的请求，二审中才提出此请求，属于二审中提出的新请求。对于二审中增加、变更的新请求，二审法院同样不能直接一并审判，这样会剥夺当事人就新请求的上诉权。正确的做法是法院应调解，调解不成，告知当事人另行起诉。当事人放弃上诉权的，二审法院可以一并判决。

参考答案

（1）对于钱某要求追加孙某为共同被告并赔偿损失的请求，调解无效应发回甲县法院重审；但发回重审的裁定书不列应当追加的当事人孙某。

（2）对于钱某要求退伙析产的请求，调解无效应当告知另行起诉。双方当事人同意由第二审人民法院一并审理的，第二审人民法院可以一并裁判。

3. 如果甲县法院重审本案，应当在程序上注意哪些特殊事项？

解题思路 这一问考查的是发回重审的相关程序规定。但是必须要结合案情来回答。从程序上看，发回重审不得适用简易程序，必须适用普通程序审理，审理的时候需要另行组成合议庭。发回重审的目的是为了纠正原审的错误，原审的错误最典型的就是上题中提及的漏人，因此，必须追加孙某作为共同被告。另外，大家可能看到题目中提及"二被告没有提供证据，庭审中承认将钱某打伤"，在作答时应尽量全面，既然题目给了此信息，我们就应该给出分析，一审中当事人的自认在二审中仍然有约束力，要推翻自认，必须符合法定条件。而在二审中，采用了调解的方式结案，二审调解过程中当事人承认的事实却不产生自认的法律效果。

我们这样分析，就将题目中所有有关程序事项的信息都给出了分析，这样能保证大家全面覆盖答案，准确不丢分。要学习这种穷尽题目信息的分析方式。

参考答案

（1）甲县法院应适用普通程序另行组成合议庭审理；

（2）应追加孙某作为共同被告参加诉讼；

（3）一审中当事人自认的事实在二审中仍然具有约束力。

4. 近年来，随着社会转型的深入，社会管理领域面临许多挑战，通过人民调解、行政调解、司法调解和民事诉讼等多种渠道化解社会矛盾纠纷成为社会治理的必然选

择；同时，司法改革以满足人民群众的司法需求为根本出发点，让有理有据的人打得赢官司，让公平正义通过司法渠道得到彰显。请结合本案和社会发展情况，试述调解和审判在转型时期的关系。

解题思路 本题是民事诉讼法学科多年来唯一考过的一道小论述题。题目要求考生讨论调解和审判的关系。

谈两个概念的关系这种论述题，应从概念入手，理清相关概念的内涵和外延，然后，讨论相关概念的区别，即各自的特点，再谈谈彼此的联系。这样，思路清晰，内容完整。难度并不大。

结合本题看，大家很容易给出审判和调解的定义，审判依靠国家强制力，而调解强调自愿合法原则。调解和审判在程序上有衔接机制，调解和审判都服务于纠纷解决。本题未给出标准答案，具有相当的开放性，只要言之成理，能够自圆其说，逻辑清晰，要点明确，就可以得到很理想的分数。

参考答案 调解和审判都是化解民事纠纷的不同方式。调解，是指双方当事人在第三方的组织下，就民事纠纷进行协商，在互谅互让的基础上达成解决民事纠纷协议的行为。在类型上，包括人民调解、行政调解和司法调解。审判是由法院代表国家行使审判权解决民事争议，是以司法方式解决平等主体之间的纠纷。

调解和审判各具特点：审判具有强制性，强调的是法律的严格适用，审判会在事实清楚的基础上解决民事纠纷，但也可能会造成两方当事人情绪的对立。调解并不以法律的严格适用为目的，而是强调社会关系的恢复。但调解必须建立在当事人自愿的基础上，只要有一方不愿意就无法通过调解化解民事纠纷，调解必须遵循合法原则，调解的结果不能违反法律的禁止性规定。

调解和审判需要相互配合，共同发挥化解民事纠纷的作用。一方面，审判机制的存在能够提高调解化解民事纠纷的效果。法院通过确认人民调解协议的效力，使人民调解协议具有了强制执行力。通过委托人民调解委员会调解，能够扩大人民调解组织参与民事纠纷化解的范围。另一方面，通过调解化解纠纷能够减轻法院的审案负担、缓和社会矛盾，因此近年来的一系列司法改革举措，如增加了立案调解、扩大了庭前调解的适用范围，结合判决前调解、二审调解和再审调解，使调解机制在民事诉讼中的作用大幅提高。

八、2012年司考卷四第五题（本题20分）

案情：

居住在甲市 A 区的王某驾车以 60 公里时速在甲市 B 区行驶，突遇居住在甲市 C 区的刘某骑自行车横穿马路，王某紧急刹车，刘某在车前倒地受伤。刘某被送往甲市 B 区医院治疗，疗效一般，留有一定后遗症。之后，双方就王某开车是否撞倒刘某，以及相关赔偿事宜发生争执，无法达成协议。

刘某诉至法院，主张自己被王某开车撞伤，要求赔偿。刘某提交的证据包括：甲市 B 区交警大队的交通事故处理认定书（该认定书没有对刘某倒地受伤是否为王某开车所致作出认定）、医院的诊断书（复印件）、处方（复印件）、药费和住院费的发票等。王某提交了自己在事故现场用数码摄像机拍摄的车与刘某倒地后状态的视频资料。图像显示，刘某倒地位置与王某车距离 1 米左右。王某以该证据证明其车没有撞倒刘某。

一审中，双方争执焦点为：刘某倒地受伤是否为王某驾车撞倒所致；刘某所留后遗症是否因医疗措施不当所致。

法院审理后，无法确定王某的车是否撞倒刘某。一审法院认为，王某的车是否撞倒刘某无法确定，但即使王某的车没有撞倒刘某，由于王某车型较大、车速较快、刹车突然、刹车声音刺耳等原因，足以使刘某受到惊吓而从自行车上摔倒受伤。因此，王某应当对刘某受伤承担相应责任。同时，刘某因违反交通规则，对其受伤也应当承担相应责任。据此，法院判决：王某对刘某的经济损失承担 50% 的赔偿责任。关于刘某受伤后留下后遗症问题，一审法院没有作出说明。

王某不服一审判决，提起上诉。二审法院审理后认为，综合各种证据，认定王某的车撞倒刘某，致其受伤。同时，二审法院认为，一审法院关于双方当事人就事故的经济责任分担符合法律原则和规定。故此，二审法院驳回王某上诉，维持原判。

问题：

1. 对刘某提起的损害赔偿诉讼，哪个（些）法院有管辖权？为什么？

解题思路 这一问比较基础，考查管辖权。本题属于交通事故侵权诉讼，不存在专属管辖和协议管辖，所以应按照交通事故侵权的特殊地域管辖确定管辖法院。我曾给大家讲过一个口诀"事故到现场",是说交通事故侵权,侵权行为地(事故发生地)和被告住所地都有管辖权。

参考答案 对本案享有管辖权的有甲市 A 区法院和甲市 B 区法院。本案属于侵权纠纷,侵权行为地与被告住所地法院享有管辖权;本案的侵权行为发生在甲市 B 区,被告王某居住在甲市 A 区。

2. 本案所列当事人提供的证据,属于法律规定中的哪种证据?属于理论上的哪类证据?

解题思路 这道题考查证据法定种类和理论分类。那么思路就应该非常清晰,首先我们找到案件中存在的证据,然后分别按照法定种类和理论分类梳理一遍。

第一,找到题目中出现的证据:

刘某提交的证据包括:①甲市 B 区交警大队的交通事故处理认定书、②医院的诊断书(复印件)、③处方(复印件)、④药费和住院费的发票等。

王某提交的证据包括:⑤数码摄像机拍摄的车与刘某倒地后状态的视频资料。

第二,我们来按照法定种类分类:

证据的法定种类共有八种,我们先考虑的是鉴定意见和勘验笔录,五种证据中没有鉴定人和勘验人制作的材料,所以不存在鉴定意见和勘验笔录。

其次,考虑电子数据和视听资料。证据⑤数码摄像机拍摄的车与刘某倒地后状态的视频资料是用数码相机拍摄,系用电子设备形成的证据,属于电子数据。

再次,考虑证人证言和当事人陈述,五种证据中没有这两种证据类型。

最后,是书证和物证,本题中,①甲市 B 区交警大队的交通事故处理认定书、②医院的诊断书(复印件)、③处方(复印件)、④药费和住院费的发票这四种证据都是用记载的内容来证明案件事实的,都属于典型的书证。

最麻烦的是第三轮讨论,要分别讨论以上证据属于本证还是反证,直接证据还是间接证据,原始证据还是传来证据。

所以,我们逐一进行分析:

证据①甲市 B 区交警大队的交通事故处理认定书,与案件事实同时产生,属于原始证据;只能证明一部分案件事实,无法证明全部事实(无法证明因果关系),因此属于间接证据;事故认定书证明的事实是违法行为、损害结果存在,该事实由原告主张,由原告负证明责任,该证据由原告提供,所以属于本证。

证据②医院的诊断书(复印件)、证据③处方(复印件),由于系复印件,晚于案件事实产生,属于传来证据;只能证明一部分案件事实(损害结果),无法证明全部事实,因此属于间接证据;诊断书证明的事实是损害结果事实,该事实由原告主张,由原告负证明责任,该证据由原告提供,所以属于本证。

证据④药费和住院费的发票与案件事实同时产生,属于原始证据;只能证明一部分案件事实（损害结果），无法证明全部事实，因此属于间接证据；发票证明的事实是损害结果事实，该事实由原告主张，由原告负证明责任，该证据由原告提供，所以属于本证。

证据⑤数码摄像机拍摄的车与刘某倒地后状态的视频资料，与案件事实同时产生，属于原始证据；只能证明一部分案件事实（不存在因果关系），无法证明全部事实，因此属于间接证据；视频资料证明的事实是争议的因果关系事实，该事实由原告主张，由原告负证明责任，该证据由被告提供，所以属于反证。

参考答案 根据《民事诉讼法》关于证据的分类：本案中，交通大队的事故认定书、医院的诊断书（复印件）、处方（复印件）、药费和住院费的发票都属于书证，王某在事故现场用数码摄像机拍摄的就他的车与刘某倒地之后的状态的视频资料属于电子数据（原来为视听资料，但 2015 年的《民诉解释》第 116 条已经有新的规定）。根据理论上对证据的分类：上述证据都属于间接证据；甲市 B 区交通大队的交通事故处理认定书、药费和住院费的发票，王某自己在事故现场用数码摄像机拍摄的就他的车与刘某倒地之后的状态的视频资料属于原始证据，医院的诊断书（复印件）、处方（复印件）属于传来证据；就证明王某的车撞到刘某并致刘受伤的事实而言，刘某提供的各类证据均为本证，王某提供的证据为反证。

3. 根据民事诉讼法学（包括证据法学）相关原理，一审法院判决是否存在问题？为什么？

解题思路 这道题问的是一审法院判决是否存在问题，我们就要先将一审判决中法院的行为找出来，然后逐条分析。

法院行为包括：无法确定王某的车是否撞倒刘某，却认为王某吓倒刘某，王某应当对刘某受伤承担相应责任。关于刘某受伤后留下后遗症问题这一争议焦点，一审法院没有作出说明。

根据我们讲的原理，当事人主张自己被车撞倒，法院判决依据的事实是其被车吓倒，裁判超出了当事人主张的事实范围，违反了辩论原则。如果事实无法确定，事实真伪不明，只能通过证明责任判决。

对争议焦点没作说明，违反了庭审必须围绕争议焦点进行的基本原理。这个知识点是在理论卷考点 77 中讲解的。对争议焦点没有做出认定，属于法院认定事实不清的范畴。

参考答案 一审法院判决存在如下问题：

（1）判决没有针对案件的争议焦点作出事实认定，违反了辩论原则；

（2）在案件争执的法律要件事实真伪不明的情况下，法院没有根据证明责任原理来作出判决；

（3）法院未对第二个争议焦点作出事实认定。

理由说明：

（1）本案当事人的争执焦点是刘某倒地受伤是否为王某驾车撞倒了刘某；刘某受伤之后所留下的后遗症是否是因为对刘某采取的医疗措施不当所致。但法院判决中没有对这两个争议事实进行认定，而是把法院自己认为成立的事实——刘某因受到王某开车的惊吓而摔倒，作为判决的根据，而这一事实当事人并未主张，也没有经过双方当事人的辩论。因此，在这问题上，法院的做法实际上是严重地限制了当事人辩论权的行使。

（2）法院通过调取相关证据，以及经过开庭审理，最后仍然无法确定王某的车是否撞到了刘某。此时，当事人所争议的案件事实处于真伪不明的状态，在此情况下，法院应当根据证明责任分配来作出判决。

4. 根据《民事诉讼法》有关规定，二审法院判决是否存在问题？为什么？

解题思路 这道题考查二审法院判决存在的问题，我们就要先将二审判决中法院的行为找出来，然后逐条分析。

二审法院认定王某的车撞倒刘某致其受伤，一审法院关于双方当事人就事故的经济责任分担符合法律原则和规定。故此，二审法院驳回王某上诉，维持原判。

而按照上题的讨论，一审法院存在事实不清的问题，二审法院必须依法处理，不得维持原判。

参考答案 二审法院维持原判，驳回上诉是不符合《民事诉讼法》规定的。因为，依据法律规定，只有在一审法院认定事实清楚，适用法律正确的情况下，二审法院才可以维持原判，驳回上诉。而本案中，二审法院的判决认定了王某开车撞到了刘某，该事实认定与一审法院对案件事实的认定有根本性的差别，这说明一审法院认定案件事实不清，在此情况下，二审法院应当裁定撤销原判决、发回重审或依法改判，而不应当维持原判。

九、2011年司考卷四第五题（本题19分）

案情：

甲公司职工黎某因公司拖欠其工资，多次与公司法定代表人王某发生争吵，王某一怒之下打了黎某耳光。为报复王某，黎某找到江甲的儿子江乙（17岁），唆使江乙将王某办公室的电脑、投影仪等设备砸坏，承诺事成之后给其一台数码相机为报酬。事后，甲公司对王某办公室损坏的设备进行了清点登记和拍照，并委托、授权律师尚某全权处理本案。尚某找到江乙了解案情，江乙承认受黎某指使。甲公司起诉要求黎某赔偿损失，并要求黎某向王某赔礼道歉。诉讼中，黎某要求法院判决甲公司支付其劳动报酬。审理时，法院通知江乙参加诉讼。经审理，法院判决侵权人赔偿损失，但对甲公司要求黎某向王某赔礼道歉的请求、黎某要求甲公司支付劳动报酬的请求均未作处理。

问题：

1. 王某、江甲、江乙是否为本案当事人？各是什么诉讼地位？为什么？

`解题思路` 本题是考查两个层次。首先判断能不能做当事人，其次讨论如果能做当事人，属于何种地位，并阐述理由。要成为本案的当事人，必须当事人适格，这是一个基本的要求。即，必须和本案具有直接的法律上的利害关系。在本案中，王某虽然是公司法定代表人，但是其利益并非受到直接损害，受到损害的主体是公司，这点容易把握。难点在于，江甲和江乙的关系方面。应该想到，江甲是江乙的监护人，没有尽到管理未成年人的义务，在未成年人致他人损害时，应与未成年人作为共同被告。

`参考答案`

（1）王某不是本案当事人，因为本案是以甲公司名义提起诉讼的。王某是甲公司的法定代表人，可以直接代表甲公司参加诉讼。

（2）江甲可以作为本案当事人，属于本案共同被告。因为江甲是江乙的监护人。根据《民诉解释》第67条的规定："无民事行为能力人、限制民事行为能力人造成他人损害的，无民事行为能力人、限制民事行为能力人和其监护人为共同被告。"

（原答案：江甲不是本案当事人，因为他未参与本案毁坏财物的行为。江甲是江乙的法定诉讼代理人。这个答案因为立法的修改已经过时。）

（3）江乙是本案当事人，因为江乙是致害人。江乙是本案共同被告之一。

2. 原告甲公司向法院提交了公司制作的王某办公室损坏设备登记表、对损坏设备拍摄的照片、律师尚某调查江乙的录音资料。上述材料能否作为本案证据？如果能，分别属于法律规定的何种证据？

`解题思路` 要作为证据使用，必须具备客观性、关联性和合法性。在本案中，照片能反映损害情况、录音资料也与案情有联系，具备关联性，且没有明确信息表明其缺乏客观性和合法性，故能作为证据。照片这种证据，如果具备电子载体，则认定为电子数据，如果是其他形式（例如纸质）的照片，则以其拍摄的内容来确定其证据形式。本案中，没有明确说明照片的形式，所以，两种情况都有可能。若本案中的照片不具备电子形式，且其内容拍摄的为实物（机器），则应认定为物证。把这个结论推广开来，若拍摄的是书证，而照片又不具备电子形式，则照片应认定为书证。录音资料也没有明确说明其形式，若具备电子形式，则为电子数据，若不具备电子形式，则认定为视听资料。但设备登记表这个文件比较特殊。我们可以从两个角度进行解释。一方面，设备登记表是登记机器的。但是证明损害结果的是机器本身，登记表本身是无法证明损害程度的，由此，可以认定登记表与本案没有关联性。有没有登记表都无所谓，只要有受损的机器就可以证明损害的程度。换个角度，如果没有机器，仅仅有这个登记表，将对案件没有任何证明作用。这就与证据的属性相悖。不管有没有其他证据佐证，能作为证据使用的材料本身都应对案件有一定程度的证明作用，登记表显然不是如此。如果你觉得这样理解难度比较大，可以从另一方面理解。如果登记表是证据，则应认定为书证，是以其记载的内容来证明案件事实。但是，书证应与案件事实同时产生，即，案件事实发生的时候，书证就应该存在。但是，登记表显然是案件事实发生之后才制作，与书证的产生方式并不吻合。同学们要注意，如果事后对书证进行复印，复印件确实产生于案件事实发生之后，此时的复印件属于传来证据，可以作为证据使用，只是证明力比较低。但是本案中，登记表显然属于原件，并不是任何书证的复印件。所以，这份登记表既不是书证，也不是书证的复印件，不能作为证据使用。

参考答案

（1）损坏设备登记表不能作为本案证据；

（2）照片可以作为本案证据，属于物证或者电子数据；

（3）录音资料可以作为本案证据，属于视听资料或者电子数据。

3. 甲公司向法院提交的委托律师尚某代理诉讼的授权委托书上仅写明"全权代理"字样，尚某根据此授权可以行使哪些诉讼权利？为什么？

解题思路 这一问非常简单，你只需要知道"全权代理"属于一般授权，而一般授权的律师是不能"承和反上"的即可。这显然是一道送分题。

参考答案 尚某除不能进行和解、变更诉讼请求、承认对方诉讼请求、增加和放弃诉讼请求（包括撤诉）以及上诉之外，其他诉讼权利均可行使。因为甲公司对律师尚某的授权属于一般授权，尚某可以行使属于一般授权范围内的各项诉讼权利。

4. 一审法院对甲公司要求黎某向王某赔礼道歉的诉讼请求、黎某要求甲公司支付劳动报酬的诉讼请求依法应当如何处理？为什么？

解题思路 与前一问不同，这一问显然是一道送命题。这两问都很复杂。第一问的诉讼请求很奇怪看出来了吗？当事人是甲公司和江甲、江乙、黎某，但是，却要求黎某向王某赔礼道歉，是不是没有道理，显然甲公司没有这样的权利。甲公司没有诉的利益，即没有诉的必要，要求黎某向王某赔礼道歉的原告应该是王某，所以，甲公司作为原告提这样的请求，属于当事人不适格。第二问诉讼请求更奇怪看出来了吗？这是一个涉及劳动纠纷的请求，劳动纠纷应该先去劳动仲裁啊。法院对本案就没有主管的权利。最后，我提醒诸位，以上两个请求，均不符合起诉的条件，所以，法院应裁定驳回起诉，而并非判决驳回诉讼请求。

参考答案

（1）根据《民事诉讼法》第119条的规定，法院应当裁定驳回甲公司要求黎某向王某赔礼道歉的起诉，因为主体不适格；

（2）法院应当裁定驳回黎某要求甲公司支付劳动报酬的起诉，因为这属于劳动争议，当事人只有经过劳动仲裁后，才能向法院起诉。

5. 根据现行法律规定，黎某解决甲公司拖欠工资问题的途径有哪些？

解题思路 这个题比较基础。问的是解决纠纷的途径。解决这种题的套路是一样的，谨记：解决问题就三种途径：自力救济——协商、和解；社会救济——让第三方解决，常见的有调解、仲裁；公力救济——向法院起诉。然后再结合题目套用一下就可以了。

参考答案 黎某可通过以下途径解决劳动报酬问题：

（1）与甲公司协商解决；

（2）请工会或第三方与甲公司协商解决；

（3）向调解组织申请调解；

（4）向劳动争议仲裁委员会申请仲裁；

（5）如果不服劳动仲裁，且黎某要求给付的劳动报酬数额高于当地月最低工资标准12个月金额的，可以向法院起诉。

十、2010年司考卷四第五题（本题20分）

案情：

甲省A县大力公司与乙省B县铁成公司，在丙省C县签订煤炭买卖合同，由大力公司向铁成公司出售 3000 吨煤炭，交货地点为 C 县。双方约定，因合同所生纠纷，由 A 县法院或 C 县法院管辖。

合同履行中，为便于装船运输，铁成公司电话告知大力公司交货地点改为丁省 D 县，大力公司同意。大力公司经海运向铁成公司发运 2000 吨煤炭，存放于铁成公司在 D 县码头的货场。大力公司依约要求铁成公司支付已发煤款遭拒，遂决定暂停发运剩余 1000 吨煤炭。

在与铁成公司协商无果情况下，大力公司向 D 县法院提起诉讼，要求铁成公司支付货款并请求解除合同。审理中，铁成公司辩称并未收到 2000 吨煤炭，要求驳回原告诉讼请求。大力公司向法院提交了铁成公司员工季某（季某是铁成公司业务代表）向大力公司出具的收货确认书，但该确认书是季某以长远公司业务代表名义出具的。经查，长远公司并不存在，季某承认长远公司为其杜撰。据此，一审法院追加季某为被告。经审理，一审法院判决铁成公司向大力公司支付货款，季某对此承担连带责任。

铁成公司不服一审判决提起上诉，要求撤销一审判决中关于责令自己向大力公司支付货款的内容，大力公司、季某均未上诉。经审理，二审法院判决撤销一审判决，驳回原告要求被告支付货款并解除合同的诉讼请求。

二审判决送达后第 10 天，大力公司负责该业务的黎某在其手机中偶然发现，自己存有与季某关于 2000 吨煤炭验收、付款及剩余煤炭发运等事宜的谈话录音，明确记录了季某代表铁成公司负责此项煤炭买卖的有关情况，大力公司遂向法院申请再审，坚持要求铁成公司支付货款并解除合同的请求。

问题：

1. 本案哪个（些）法院有管辖权？为什么？

解题思路 根据《民事诉讼法》第 34 条的规定，合同或者其他财产权益纠纷的当事人可以书面协议选择被告住所地、合同履行地、合同签订地、原告住所地、标的物所在地等与争议有实际联系的地点的人民法院管辖，但不得违反本法对级别管辖和专属管辖的规定。本案中，A 县属于原告住所地，C 县属于合同履行地。当事人协议由两个地方的法院管辖，因此，两地法院有管辖权。值得说明的是，本案中，C 县是约定履行地，但合同的实际履行地是在 D 县。当约定履行地和实际履行地不一致的话，应以约定履行地作为合同履行地。另外，本案中，虽然当事人选择了两个法院作为协议管辖的法院，但是两个法院恰好和本案都有实际联系。注意，按照新《民事诉讼法》的规定，此协议管辖有效，两个法院都有管辖权，起诉时原告可以任选其一。这与旧法的规定不一样。

参考答案 根据《民事诉讼法》第 34 条的规定，本案 A 县法院或 C 县法院有管辖权。

本案中，A县属于原告住所地，C县属于合同履行地。当事人协议由两个地方的法院管辖，因此，两地法院有管辖权。（原答案：本案乙省B县和丁省D县法院有管辖权。因为大力公司和铁成公司约定的管辖法院不是明确、唯一的，所以本案应由被告住所地或合同履行地法院管辖。此答案因立法修改已经变成错误答案。）

2. 一审法院在审理中存在什么错误？为什么？

解题思路 本题季某是职务行为，应当由铁成公司承担责任。不能追加季某为被告。大力公司在起诉时提出要求铁成公司支付货款并请求解除合同，但是法院只对支付货款作出了判决，对解除合同没有处理，属于漏判。所以，法院的做法是错误的。至于管辖问题，本题表达的不是很清楚。按照旧法，D县法院对本案是有管辖权的，但新法修改后的规定，D县法院对本案是没有管辖权的，所以，如果D县法院发现自己没有管辖权，应主动移送管辖。但是，如果在答辩期内，被告没有提出管辖权异议，且应诉答辩，D县法院可以取得管辖权，就不能再行移送管辖。因为原题没有打算从这个角度考查，所以，你只需要看懂我的分析即可，这都是我自己加的戏。

参考答案 根据《民诉解释》第56条的规定，法人或者其他组织的工作人员执行工作任务造成他人损害的，该法人或者其他组织为当事人。一审法院追加季某为被告是错误的，因为本案并不是必要共同诉讼；一审法院漏判当事人解除合同的请求是错误的，因为判决应针对当事人请求作出。

3. 分析二审当事人的诉讼地位。

解题思路 根据《民诉解释》第319条的规定，必要共同诉讼人的一人或者部分人提起上诉的，按下列情形分别处理：①上诉仅对与对方当事人之间权利义务分担有意见，不涉及其他共同诉讼人利益的，对方当事人为被上诉人，未上诉的同一方当事人依原审诉讼地位列明；②上诉仅对共同诉讼人之间权利义务分担有意见，不涉及对方当事人利益的，未上诉的同一方当事人为被上诉人，对方当事人依原审诉讼地位列明；③上诉对双方当事人之间以及共同诉讼人之间权利义务承担有意见的，未提起上诉的其他当事人均为被上诉人。结合本案，铁城公司要求撤销一审判决中关于责令自己向大力公司支付货款的内容，显然是对对方当事人大力公司有意见，但是并不涉及季某，因此，对方当事人大力公司为被上诉人，没有上诉的同一方当事人季某依原审地位列明。

参考答案 二审中，铁成公司为上诉人，大力公司为被上诉人，季某依原审诉讼地位列明。

4. 二审法院的判决有何错误？为什么？

解题思路 本题目是考查二审中对于漏判的处理。根据《民诉解释》第326条的规定，对当事人在第一审程序中已经提出的诉讼请求，原审人民法院未作审理、判决的，第二审人民法院可以根据当事人自愿的原则进行调解；调解不成的，发回重审。结合本案来看，一审法院并未就"解除合同"作出判决，二审法院不应直接判决解除合同，而是应该先调解，调解不成的，发回重审。

参考答案 二审法院不应直接判决解除合同。因为解除合同是一审法院遗漏的诉讼请求，二审法院应对该诉讼请求进行调解，调解不成的，发回重审。

5. 大力公司可以向哪个（些）法院申请再审？

解题思路 本题考查的是再审案件的管辖。根据《民事诉讼法》第199条的规定，当事人对已经发生法律效力的判决、裁定，认为有错误的，可以向上一级人民法院申请再审；当事人一方人数众多或者当事人双方为公民的案件，也可以向原审人民法院申请再审。当事人申请再审的，不停止判决、裁定的执行。在本案中，当事人既不符合人数众多也不符合均为公民的特征，因此，只能向作出生效裁判法院的上一级法院申请再审。丁省某市中院是本案二审法院，属于本案终审法院。

参考答案 根据《民事诉讼法》第199条的规定，大成公司可以向丁省高院申请再审。

6. 法院对大力公司提出的再审请求如何处理？为什么？

解题思路 本题问法较为开放，问的是对于再审请求是否应受理，并应如何裁判的问题。《民事诉讼法》第200条第1项规定，当事人的申请符合下列情形之一的，人民法院应当再审：①有新的证据，足以推翻原判决、裁定的；……根据《最高人民法院关于适用〈中华人民共和国民事诉讼法〉审判监督程序若干问题的解释》第10条第1款第1项的规定，申请再审人提交下列证据之一的，人民法院可以认定为民事诉讼法第179条第1款第1项规定的"新的证据"：①原审庭审结束前已客观存在庭审结束后新发现的证据；……本案中黎某的证据属于庭审结束前已经存在但是庭审结束后新发现的证据，属于新证据，所以，法院应对该案件启动再审程序。根据《民诉解释》第326条的规定，结合本题来看，二审法院没有调解就直接判决是错误的，违反了先调解后发回的程序，应裁定撤销一、二审判决，发回原审人民法院重审。

参考答案 再审法院应当认定其为新证据，进行再审。因为黎某提供的证据符合新证据的规定，当事人申请再审符合法定条件，法院应当再审。法院应当就解除合同的请求进行调解，调解不成的，应当撤销一、二审判决，发回原审法院重审。

十一、2009年司考卷四第五题（本题20分）

案情：

甲市 A 县的刘某与乙市 B 区的何某签订了房屋买卖合同，购买何某位于丙市 C 区的一套房屋。合同约定，因合同履行发生的一切纠纷，应提交设立于甲市的 M 仲裁委员会进行仲裁。之后，刘某与何某又达成了一个补充协议，约定合同发生纠纷后也可以向乙市 B 区法院起诉。

刘某按约定先行支付了部分房款，何某却迟迟不按约定办理房屋交付手续，双方发生纠纷。刘某向 M 仲裁委员会申请仲裁，请求何某履行交房义务，M 仲裁委员会受理了此案。在仲裁庭人员组成期间，刘某、何某各选择 1 名仲裁员，仲裁委员会主任直接指定了 1 名仲裁员任首席仲裁员组成合议庭。第一次仲裁开庭审理过程中，刘某对何某选择的仲裁员提出了回避申请。刘某申请理由成立，仲裁委员会主任直接另行指定一名仲裁员参加审理。第二次开庭审理，刘某请求仲裁程序重新进行，何某则对仲裁协议的效力提出异议，主张仲裁协议无效，请求驳回刘某的仲裁申请。

经审查，仲裁庭认为刘某申请仲裁程序重新进行、何某主张仲裁协议无效理由均不成立。仲裁庭继续进行审理并作出裁决：何某在 30 日内履行房屋交付义务。因何某在义务履行期间内拒不履行房屋交付义务，刘某向法院申请强制执行，何某则向法院申请撤销仲裁裁决。

问题：

1. 刘某、何某发生纠纷后依法应当通过什么方式解决纠纷？理由是什么？

解题思路 本题是一道以仲裁程序为载体的题目。第一问依然是问纠纷解决方式，在第七题中我已经阐述过，纠纷解决方式可以从自力救济、社会救济和公力救济三个角度入手。但是本题涉及仲裁协议效力问题。当事人约定了又审又裁，仲裁协议本属无效，当事人不能通过仲裁解决纠纷。然后后续的材料又表明，对方当事人没有在首次开庭前提出异议，则视为仲裁委取得管辖权，法院因此不能主管此案件。可谓一波三折，此题目非常不错。

参考答案 根据本案情况，因为双方的仲裁协议无效，当事人本应当通过诉讼解决纠纷。但刘某向 M 仲裁委员会申请仲裁，何某未在仲裁庭首次开庭前提出异议的，仲裁协议有效，当事人可通过仲裁解决纠纷。

2. 刘某提出的回避申请和重新进行仲裁程序的申请，何某提出的仲裁协议效力的异议，分别应由谁审查并作出决定或裁定？

解题思路 此题目是拼盘式的题目，包含三个不相关的小问题。可以分解为：仲裁中，回避申请由何主体审查？重新进行仲裁程序的申请由何主体审查？对仲裁协议效力异议由何主体审查？逐一分析：仲裁委员会主任的回避由集体决定，仲裁员的回避则是主任决定，这个简单。仲裁回避后，仲裁程序是否重新进行，应由主持程序进行的仲裁庭进行，因为仲裁委并不具体负责这个案件，所以不可能由仲裁委决定。最后，对于仲裁协议的效力，法院和仲裁委都能决定。要注意，法院对应的是仲裁委这个主体，而非仲裁庭。

参考答案 根据《仲裁法》第36、37条的规定，仲裁员的回避应当由仲裁委员会主任决定；是否重新进行仲裁程序由仲裁庭决定；根据《仲裁法》第20条和《最高人民法院关于审理仲裁司法审查案件若干问题的规定》第2条第1款的规定，仲裁协议的效力由仲裁委员会决定或法院裁定。

3. 如何评价仲裁庭（委）在本案审理中的做法？理由是什么？

解题思路 本题考查的主要是仲裁员的选任和仲裁程序的进行问题。根据《仲裁法》第31条的规定，首席仲裁员是由双方当事人共同选定的，双方当事人无法合意选定时，才由双方当事人共同委托仲裁委员会的主任指定。而边裁则是由双方当事人各自选定。

根据《仲裁法》第37条的规定，仲裁员回避后，仲裁程序是重新进行还是继续进行，仲裁庭有最终决定权。

以上，都是仲裁法中最基础的考点。识别本题中的程序错误并不难。

参考答案

（1）仲裁委员会直接指定首席仲裁员是错误的。因为只有双方当事人共同委托仲裁委员会主任或者在规定期间内没有选定首席仲裁员的情况下，仲裁委员会才能指定仲裁员。

（2）仲裁员回避后，仲裁委员会主任直接另行指定1名仲裁员是错误的。因为仲裁员回避后，仍应当由何某选任仲裁员，只有在何某委托仲裁委主任指定或者在规定期间内没有选定仲裁员的情况下，仲裁委员会主任才能直接指定。

（3）仲裁庭继续进行仲裁的做法是正确的。理由有二：①即使仲裁协议无效，当事人也只能在第一次开庭前提出，在此之后提出不影响仲裁庭的审理；②仲裁员回避后的程序进行问题由仲裁庭决定。

4. 刘某可以向哪个法院申请强制执行？何某可以向哪个法院申请撤销仲裁裁决？对于刘某、何某的申请，法院在程序上如何操作？理由是什么？

解题思路 这个题又是一个拼盘。因为是10年前的题，大家对比近年的题目就能清晰地感觉到，以前的题比较细碎，主观题出的非常像客观题，知识点分散、面广，但并不难。而如今的考题，考查的点比较集中，但是深度、难度都今非昔比。本题所涉的仲裁裁决的执行、监督问题，相关规范非常明确，我就不再赘述。

参考答案 因原来司法部给的参考答案与现在考试要求脱节，所以本题的答案经过我的改良：

（1）刘某应当向乙市中级法院或丙市中级法院申请强制执行。因为根据《民事诉讼法》第224条第2款的规定，法律规定由人民法院执行的其他法律文书，由被执行人住所地或者被执行的财产所在地的人民法院执行。仲裁裁决属于"其他法律文书"范畴，对仲裁裁决的申请执行，由被执行人住所地或者财产所在地的中级法院管辖。

（2）何某应当向甲市中级法院申请撤销仲裁裁决。因为根据《仲裁法》第58条第1款的规定，当事人提出证据证明裁决有下列情形之一的，可以向仲裁委员会所在地的中级人民法院申请撤销裁决。据此，仲裁裁决的撤销由仲裁委员会所在地的中级法院管辖。

（3）根据《仲裁法》第64条的规定，受理执行的法院应当裁定中止执行。甲市中级法院裁定撤销仲裁裁决的，受理执行的法院裁定终结执行。甲市中级法院裁定驳回何某撤销仲裁申请的，受理执行的法院裁定恢复执行。

5. 如法院认为本案可以重新仲裁，应当如何处理？理由是什么？

解题思路 大家要很明确，重新仲裁制度只存在于撤销仲裁裁决的程序中。《最高人民法院关于适用〈中华人民共和国仲裁法〉若干问题的解释》第21、22条清晰地描述了重新仲裁的条件和程序操作：当事人申请撤销国内仲裁裁决的案件属于下列情形之一的，人民法院可以依照《仲裁法》第61条的规定通知仲裁庭在一定期限内重新仲裁：①仲裁裁决所根据的证据是伪造的；②对方当事人隐瞒了足以影响公正裁决的证据的。人民法院应当在通知中说明要求重新仲裁的具体理由。仲裁庭在人民法院指定的期限内开始重新仲裁的，人民法院应当裁定终结撤销程序；未开始重新仲裁的，人民法院应当裁定恢复撤销程序。

参考答案 如法院通知仲裁庭重新仲裁，且仲裁庭重新仲裁的，法院应裁定中止撤销程序；仲裁庭拒绝仲裁的或仲裁庭未在指定的期间内开始仲裁的，法院应当裁定恢复撤销程序。

6. 如法院撤销仲裁裁决，刘某、何某可以通过什么方式解决他们的纠纷？理由是什么？

解题思路 这个问得很温柔，好像可以开放式回答，其实不然，答案是确定的，问的就是仲裁裁决被撤销后的法律效果。仲裁裁决被撤销后，裁决和仲裁协议都失效，当事人可以起诉，也可以重新达成仲裁协议再申请仲裁。

参考答案 仲裁裁决被撤销后，当事人可以向法院起诉解决，也可以重新达成仲裁协议申请仲裁。因为，一方面仲裁裁决已经无效，另一方面，仲裁裁决被撤销后，原协议即已失效，只能重新达成协议方能申请仲裁。

一、2019年法考回忆题

案情：

甲公司欠乙公司8000万货款，与乙公司签订"以物抵债"协议，约定将甲公司自己的办公楼抵给乙公司，债权人丙公司知道后，认为甲公司办公室价值1.2亿元，甲公司与乙公司的协议低价处分了甲公司的财产，损害了自己的利益，导致丙公司债权无法得到清偿，遂向法院起诉请求撤销甲乙公司之间的协议。乙公司认为甲公司还有大量财产可以清偿债务，不影响对丙公司的清偿。

甲公司向丁公司借款，甲公司股东A在未经过其妻子同意的情况下，为甲公司的债务提供了担保，后甲公司到期无法清偿。

甲公司将其为收款人的汇票出质给丁公司，但出票人在汇票上背书"不得转让"。后甲公司到期无法清偿。

甲公司为了业务发展，与戊公司签订租赁合同，将自己的车间租赁给戊公司，因甲公司未清点车间，车间内仍有部分原材料和半成品，戊公司便在生产时使用了这部分原材料。己公司认为甲公司未清点自己财产，戊公司在生产时使用了甲公司的原材料，导致甲公司与戊公司人格混同。己公司与甲公司之前签有轮胎买卖合同，己公司已支付了货款，但甲公司迟迟未交付轮胎，己起诉至法院要求甲公司交货，法院判决甲公司按照合同约定交付轮胎。判决生效后，甲公司交付轮胎，己公司却发现甲公司的轮胎质量大不如以前，于是起诉法院要求解除与甲公司的合同，并赔偿自己的损失。

甲公司经营状况恶化，为了维持发展，甲公司经常从其全资子公司处抽调资金供自己使用，在其子公司资金发生紧缺时，就在其名下各个全资子公司之间相互抽取资金使用，致使甲公司与各个全资子公司财务账目混乱不清。甲公司欠庚公司与辛公司的债务到期后无法清偿，庚公司认为甲公司无法偿还债务，于是申请对甲公司及其全部全资子公司进行合并重整。

问题：（本题共有十问，我们仅选取和商法相关的三问）

1. 丁公司能否取得汇票的质权？

[参考答案] 不能。

（大前提）根据《票据法》第27条第2款的规定："出票人在汇票上记载'不得转让'字样的，汇票不得转让。"根据该原理，《最高人民法院关于审理票据纠纷案件若干问题的规定》（2008年）第53条规定："依照票据法第27条的规定，出票人在票据上记载'不得转让'字样，其后手以此票据进行贴现、质押的，通过贴现、质押取得票据的持票人主张票据权利的，人民法院不予支持。"也即，如果出票人在汇票上记载"不得转让"字样的，该张汇票不得再行质押。

（小前提）本案中，甲公司为收款人的该张汇票，出票人已经在汇票上背书"不得转让"，所以该张汇票再行质押是无效的。

（结论）所以，丁公司不能取得汇票质权。

2. 庚公司是否可以申请甲公司及其全资子公司合并重整？

[参考答案] 可以。

（大前提）《全国法院破产审判工作会议纪要》（2018年3月）第32点明确表明："当关联企业成员之间存在法人人格高度混同、区分各关联企业成员财产的成本过高、严重损害债权人公平清偿利益时，可例外适用关联企业实质合并破产方式进行审理。"

（小前提）本案中，甲公司经营状况恶化，经常从其全资子公司处抽调资金供自己使用，在其子公司资金发生紧缺时，就在其名下各个全资子公司之间相互抽取资金使用，致使甲公司与各个全资子公司财务账目混乱不清。这表明，甲公司和其各子公司之间已经形成法人人格高度混同的关联关系。

（结论）所以，债权人庚公司可以申请对甲公司及其全部全资子公司进行合并重整。

3. 甲公司的合并重整，对之前的债权人有什么影响？

[参考答案] 各关联企业（甲公司和其子公司）的债权人在同一程序中按照法定顺序公平受偿。

（大前提）《全国法院破产审判工作会议纪要》（2018年3月）第36点明确表明："人民法院裁定采用实质合并方式审理破产案件的，各关联企业成员之间的债权债务归于消灭，各成员的财产作为合并后统一的破产财产，由各成员的债权人在同一程序中按照法定顺序公平受偿。"

（小前提+结论）所以本案中，甲公司合并重整，甲公司和其子公司的财产将作为合并后统一的破产财产，甲公司债权人和其子公司的债权人在同一程序中按照法定顺序公平受偿。

二、2018年法考回忆题

案情：

2015年，林一、赵二、王三成立木道公司，林一是木道公司的法定代表人。2017年1月，林一、赵二、王三、郝四、木道公司共同筹备成立萱草公司，林一担任董事长，赵二为总经理。萱草公司注册资本5000万，木道公司认购2000万，其余四人在2019年3月1日前缴清。其中，郝四代替他的朋友孙六持股，出资款均由孙六支付，两人签了代持股协议并做了公证。

林一和赵二在经营木道公司过程中产生感情，很快发展为热恋模式，2017年萱草公司组建时，赵二告诉林一自己手头没有那么多现金，林一于是从木道公司公户中汇款180万到赵二个人账户，赵二当天把180万作为出资款打到萱草公司账上。同时，赵二介绍自己的闺蜜刘小妹做萱草公司会计。但林、赵两人好景不长，有情人难成眷属，2017年6月两人感情破裂，反目成仇。赵二私下让刘小妹做了一份股权转让协议，协议主要内容是将萱草公司中的木道公司的股权转到刘小妹的名下。在这份协议上赵二模仿林一签名，并加盖木道公司的公章，随后刘小妹办理了股权转让登记但没有支付股权转让款。现在刘小妹将该股权转让给不知情的厚厚网络公司，厚厚公司支付了300万股权转让款并办理了股权转让登记。

郝四因个人消费贷款，到期不能偿还，于是法院强制执行其在萱草公司的股权，孙六提出执行异议。

王三尚未缴足出资款，因急需用钱将其股权转让给吴思凡，并告知其自己的财务状况，现认缴期届满，吴思凡也没有足够资金缴纳出资。

解题思路

（一）本案法律关系图解

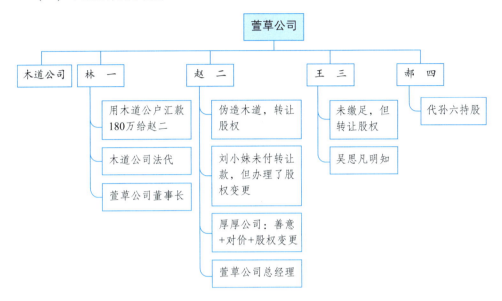

（二）本案核心考点分析

【考点1】代持股纠纷

《公司法》第32条第3款　公司应当将股东的姓名或者名称向公司登记机关登记；登记事项发生变更的，应当办理变更登记。未经登记或者变更登记的，不得对抗第三人。

《公司法解释（三）》

第24条第3款　实际出资人未经公司其他股东半数以上同意，请求公司变更股东、签发出资证明书、记载于股东名册、记载于公司章程并办理公司登记机关登记的，人民法院不予支持。

第25条　名义股东将登记于其名下的股权转让、质押或者以其他方式处分，实际出资人以其对于股权享有实际权利为由，请求认定处分股权行为无效的，人民法院可以参照物权法第106条（现为《民法典》第311条）的规定处理。

名义股东处分股权造成实际出资人损失，实际出资人请求名义股东承担赔偿责任的，人民法院应予支持。

《最高人民法院关于人民法院办理执行异议和复议案件若干问题的规定》（2015年）

第24条　对案外人提出的排除执行异议，人民法院应当审查下列内容：

（一）案外人是否系权利人；

（二）该权利的合法性与真实性；

（三）该权利能否排除执行。

第25条 对案外人的异议，人民法院应当按照下列标准判断其是否系权利人：……

（四）股权按照工商行政管理机关的登记和企业信用信息公示系统公示的信息判断；

……

1. 本案"郝四—孙六"的关系为代持股，郝四是名义股东，孙六是实际出资人。就法律上或者名义上而言，名义股东（郝四）是公司合法的股东。即使孙六和郝四之间有代持股协议并经过公证，但这只能证明二者的内部关系，并不能直接得出孙六是萱草公司"股东"的结论。因为，基于有限公司的"人合性"，孙六成为萱草公司股东，还要满足"经公司其他股东半数以上同意"所以，孙六仅有"实际出资"的事实，法院是不会确认他享有萱草公司股权的。

2. 实际出资人诉争股权所有权人的身份提出执行异议，能否得到支持？

就该纠纷，司法实践中有两种截然不同的观点：

[观点一] 根据《公司法》第32条第3款的规定和商法的外观主义原则，股权代持协议只能约束签订协议双方，对于合同以外的第三人没有约束力。第三人有权信赖工商登记对股东的形式记载，并可据此请求法院强制执行登记的股东名下的股权。故对实际出资人（案外人）提出的执行异议不应支持。[参见最高人民法院（2016）最高法民申3132号《王仁岐与刘爱苹、詹志才等申诉、申请民事裁定书》]

[观点二] 根据《公司法解释（三）》第25条的规定，股权善意取得制度的适用主体仅限于与名义股东存在股权交易的第三人。据此，商事外观主义原则的适用范围不包括非交易第三人。如果名义股东的债权人，仅仅因为债务纠纷而寻查名义股东的财产还债，并无信赖利益保护的需要。若适用商事外观主义原则，将实质权利本应属于实际出资人的股权用以清偿名义股东的债务，将严重侵犯实际出资人的合法权利。所以，应当支持实际出资人的执行异议。[最高人民法院（2015）最高法民申字第2381号《中国银行股份有限公司西安南郊支行申请上海华冠投资有限公司执行人执行异议之诉民事裁定书》]

上述两种意见均出自最高人民法院，可以说两种意见均有一定道理。我更倾向于"观点一"，即"对实际出资人（案外人）提出的执行异议不应支持。"但在考试答题时，同学们只要能合理解释，都可以得分。

【考点2】股权转让，第三人能否善意取得

《民法典》第311条 无处分权人将不动产或者动产转让给受让人的，所有权人有权追回；除法律另有规定外，符合下列情形的，受让人取得该不动产或者动产的所有权：

（一）受让人受让该不动产或者动产时是善意；

（二）以合理的价格转让；

（三）转让的不动产或者动产依照法律规定应当登记的已经登记，不需要登记的已经交付给受让人。

受让人依据前款规定取得不动产或者动产的所有权的，原所有权人有权向无处分权人请求损害赔偿。

当事人善意取得其他物权的，参照适用前两款规定。

本案木道公司所持有的萱草公司股权，转让了两次：首先由"木道公司→刘小妹"名下，其次由"刘小妹→厚厚网络公司"名下。案情显示，第一次转让并未经过合法程序，是"赵二私下让刘小妹做了一份股权转让协议，……赵二模仿林一签名，并加盖木道公司的公章，随后刘小妹办理了股权转让登记但没有支付股权转让款。"可知，第一次股权转让是"无权处分"，并非原权利人木道公司的真实意图。虽然《公司法》并未明确本案所述"股权无权处分"如何处理，但在"一股二卖"纠纷中，明确"参照物权法第106条（现为《民法典》第311条）的规定处理"。可以认为我国是承认"无权处分股权，适用善意取得制度"的（《公司法解释（三）》第27条）。所以，根据上述法理，我们在判断第一次股权受让人刘小妹能否取得木道公司股权时，要考虑受让人刘小妹是否符合"善意取得"的条件。根据题意，木道公司的股权是被无权处分，刘小妹是该股权无权处分的知情人，不符合"善意取得"条件。所以，刘小妹不能取得该股权。

本案，上述股权第二次转让发生在"刘小妹→厚厚网络公司"之间。根据以上分析可知，该次股权转让仍是"无权处分"，因为刘小妹并未取得木道公司股权。所以，我们判断厚厚公司能否取得该股权的关键，是考查厚厚公司是否符合"善意取得"的条件。案情显示"不知情的厚厚网络公司……支付了300万股权转让款……办理了股权转让登记"，表明厚厚公司可以善意取得刘小妹转让的股权。

【考点3】出资瑕疵股权的转让规则

《公司法解释（三）》第18条　有限责任公司的股东未履行或者未全面履行出资义务即转让股权，受让人对此知道或者应当知道，公司请求该股东履行出资义务、受让人对此承担连带责任的，人民法院应予支持；公司债权人依照本规定第13条第2款向该股东提起诉讼，同时请求前述受让人对此承担连带责任的，人民法院应予支持。

受让人根据前款规定承担责任后，向该未履行或者未全面履行出资义务的股东追偿的，人民法院应予支持。但是，当事人另有约定的除外。

本案中，"王三尚未缴足出资款，因急需用钱将其股权转让给吴思凡，并告知其自己的财务状况。"这段案情，是考查"瑕疵股权的转让规则"。

1. 瑕疵股权的转让，是指股东未履行或者未全面履行出资义务即转让股权。

2. 就法律责任而言，需要区分受让人（吴思凡）是否知情：①受让人知情，则受让人与该出资瑕疵的股东对公司（对债权人）承担连带责任；②如果受让人不知情，则受让人无需担责。受让人承担责任后，有权向该出资瑕疵的股东追偿。

所以，分析吴思凡是否要承担连带责任的关键，是确定其是否"知情"。案情显示"并告知其自己的财务状况"，可知受让人吴思凡是知情的。

问题：

1. 孙六主张其是萱草公司实际出资人，其请求法院确认自己享有公司股权能否得到支持，为什么？

参考答案 不能。

（大前提）根据《公司法解释（三）》第24条第3款的规定，实际出资人需要经公司其他股东半数以上同意，请求法院确认自己享有股权的请求才可得到支持。

（小前提）本案案情显示，郝四是名义股东，孙六是实际出资人。即使孙六和郝四之间有代持股协议并经过公证，但这只能证明二者的内部关系，并不能直接得出孙六是萱草公司"股东"的结论。

（结论）所以，孙六仅有"实际出资"的事实，法院是不会确认他享有萱草公司股权的。

2. 赵二与刘小妹签署了股权转让协议并办理了登记，刘小妹能否取得萱草公司的股权？

参考答案 不能。

（大前提）根据公司法理论，股权无权处分可"参照物权法第106条（现为《民法典》第311条）的规定处理"也就是参照"善意取得"制度处理。

（小前提）本案案情显示，赵二将木道公司的股权转让给刘小妹，并非原权利人木道公司的真实意图，属于"无权处分"。且受让人刘小妹是该股权无权处分的知情人，不符合"善意取得"条件。

（结论）所以，刘小妹不能取得木道公司的转让股权。

3. 厚厚公司能否取得木道公司持有的萱草公司的股权？为什么？

参考答案 能够。

（大前提）根据公司法理论，股权无权处分可"参照物权法第106条（现为《民法典》第 311 条）的规定处理"也就是参照"善意取得"制度处理。

（小前提+结论）本案中，刘小妹并未取得木道公司持有的萱草公司股权，其将该部分股权转让给厚厚网络公司属于"无权处分"。案情告知是"不知情的厚厚网络公司……支付了 300 万股权转让款……办理了股权转让登记"，表明厚厚公司符合善意取得条件，它可以善意取得刘小妹转让的股权。

4. 孙六对法院执行郝四股权提出案外人执行异议，能否得到支持？为什么？

参考答案 不能得到支持。

（大前提）根据《公司法》第 32 条第 3 款"公司应当将股东的姓名或者名称向公司登记机关登记；……未经登记或者变更登记的，不得对抗第三人"的规定以及根据商法的外观主义原则，股权代持协议只能约束签订协议双方，对于合同以外的第三人没有约束力。第三人有权信赖公司登记机关对股东的形式记载，此处"第三人"不应限缩解释为"交易第三人"。

（小前提）本案中，郝四是名义股东，因个人债务不能偿还被法院强制执行其在萱草公司的股权，债权人作为第三人，有权依据公司登记记载而信赖郝四是萱草公司的股东，且债权人无义务查明郝四和孙六之间的代持股关系。

（结论）所以，对实际出资人孙六提出的执行异议不应支持。

5. 王三将其股权转让给吴思凡，现萱草公司是否可以要求吴思凡履行出资义务？

参考答案 可以。

（大前提）根据《公司法解释（三）》第 18 条的规定，未完全履行出资义务即转让股权，受让人对此知道或者应当知道，对此承担连带责任。

（小前提）本案中，王三尚未缴足出资款，因急需用钱将其股权转让给吴思凡并告知其自己的财务状况，可知，王三出资有瑕疵且受让人吴思凡知情。

（结论）所以，萱草公司可以要求吴思凡承担连带责任，履行出资义务。

三、2017年司考卷四第五题（本题21分）

案情：

昌顺有限公司成立于2012年4月，注册资本5000万元，股东为刘昌、钱顺、潘平与程舵，持股比例依次为40%、28%、26%与6%。章程规定设立时各股东须缴纳30%的出资，其余在两年内缴足；公司不设董事会与监事会，刘昌担任董事长，钱顺担任总经理并兼任监事。各股东均已按章程实际缴纳首批出资。公司业务主要是从事某商厦内商铺的出租与管理。因该商厦商业地理位置优越，承租商户资源充足，租金收入颇为稳定，公司一直处于盈利状态。

2014年4月，公司通过股东会决议，将注册资本减少至3000万元，各股东的出资额等比例减少，同时其剩余出资的缴纳期限延展至2030年12月。公司随后依法在登记机关办理了注册资本的变更登记。

公司盈利状况不错，但2014年6月，就公司关于承租商户的筛选、租金的调整幅度、使用管理等问题的决策，刘昌与钱顺爆发严重冲突。后又发生了刘昌解聘钱顺的总经理职务，而钱顺又以监事身份来罢免刘昌董事长的情况，虽经潘平与程舵调和也无济于事。受此影响，公司此后竟未再召开过股东会。好在商户比较稳定，公司营收未出现下滑。

2016年5月，钱顺已厌倦于争斗，要求刘昌或者公司买下自己的股权，自己退出公司，但遭到刘昌的坚决拒绝，其他股东既无购买意愿也无购买能力。钱顺遂起诉公司与刘昌，要求公司回购自己的股权，若公司不回购，则要求刘昌来购买。一个月后，法院判决钱顺败诉。后钱顺再以解散公司为由起诉公司。虽然刘昌以公司一直盈利且运行正常等为理由坚决反对，法院仍于2017年2月作出解散公司的判决。

判决作出后，各方既未提出上诉，也未按规定成立清算组，更未进行实际的清算。在公司登记机关，昌顺公司仍登记至今，而各承租商户也继续依约向公司交付租金。

解题思路

（一）本案法律关系图解

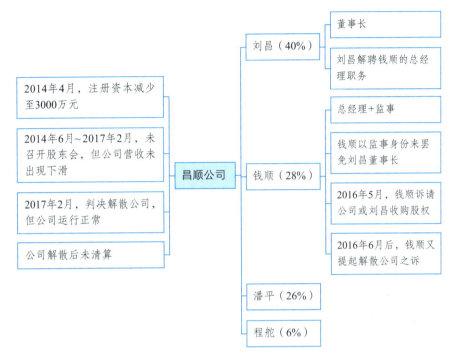

（二）本案核心考点分析

【考点1】公司的治理结构

何为"公司治理结构"？

该表述在《公司法》法条中没有，这仅是理论上的提法，"公司治理结构"更多的是经济学、工商管理学科中的概念。简而言之，就是指公司"股东会、董事会、监事会"的组成，还包括公司股权结构、对公司董事高管的激励约束机制等内容。

在主观题中，要具体掌握下列要点：

1. 有限责任公司董事会人数为 3～13 人；股东人数较少或者规模较小的有限责任公司[1]，可以设 1 名执行董事，不设立董事会。执行董事可以兼任公司经理。

2. 非由职工代表担任的董事由股东会选举和更换。

3. 2 个以上的国有企业或者其他 2 个以上的国有投资主体投资设立的有限责任公司，其董事会成员中应当有公司职工代表。

---

〔1〕 至于"股东人数较少"或"规模较小"的判断标准，《公司法》并未规定，故实践中有较大的意思自治的余地。

4. 设董事长 1 人，可以设副董事长。董事长、副董事长的产生办法由公司章程规定。

5. 董事任期由公司章程规定，但每届任期不得超过 3 年。董事任期届满，连选可以连任。董事任期届满未及时改选，或者董事在任期内辞职导致董事会成员低于法定人数的，在改选出的董事就任前，原董事仍应当依照法律、行政法规和公司章程的规定，履行董事职务。

6. 监事会成员不得少于 3 人（≥3 人）。包括：

（1）股东代表（由股东会选举和更换）；

（2）公司职工代表（由职工民主选举产生），职工代表的比例不得低于 1/3，具体比例由公司章程规定。

7. 董事、高级管理人员不得兼任监事。

【考点 2】董事、监事的职权（人事权）

该案中，刘昌担任董事长，钱顺担任总经理并兼任监事，二人在公司经营中爆发严重冲突，发生了刘昌解聘钱顺的总经理职务，而钱顺又以监事身份来罢免刘昌董事长的情况。就该纠纷的判断，涉及公司内部各组织机构之间的职权划分。具体为：

	人事权	
股东（大）会 （宏观）	（1）选举和更换非由职工代表担任的董事、监事，决定有关董事、监事的报酬事项； （2）审议批准董事会的报告； （3）审议批准监事会或者监事的报告。	（董事监事） ↓ （高管） ↓ （中层）
董事会（中观）	（1）决定聘任或者解聘公司副经理、财务负责人； （2）（根据经理的提名）决定聘任或者解聘公司副经理、财务负责人及其报酬事项。	
经理（微观）	（1）提请聘任或者解聘公司副经理、财务负责人； （2）决定聘任或者解聘除应由董事会决定出任或者解聘以外的负责管理人员。	
监事会（监督）	（1）对董事、高管执行公司职务的行为进行监督、可建议罢免违法违章董事、高管； （2）当董事、高管的行为损害公司的利益时，要求董事、高级管理人员予以纠正； （3）依照《公司法》第 151 条的规定，对董事、高管提起诉讼。 （即股东代表诉讼请求前置程序）	

【考点3】公司收购股权

《公司法》第74条第1款　有下列情形之一的，对股东会该项决议投反对票的股东可以请求公司按照合理的价格收购其股权：

（一）公司连续5年不向股东分配利润，而公司该5年连续盈利，并且符合本法规定的分配利润条件的；

（二）公司合并、分立、转让主要财产的；

（三）公司章程规定的营业期限届满或者章程规定的其他解散事由出现，股东会会议通过决议修改章程使公司存续的。

1. 股权收购请求权，是指上述情况下，对股东会决议投反对票的股东可以请求公司按照合理的价格收购其股权。该规则是法律为股东提供合理的救济渠道，维护法定情况下股东退出公司的自由。（可概括为"55合分转，该死不死改章程—可请求公司回购"）

2. 在法院审理解散公司诉讼案件中，当事人协商同意由公司或者股东收购股份使公司存续，且不违反法律、行政法规强制性规定的，法院应予支持（《公司法解释（二）》第5条）。但此处"收购股权"不是公司或其他股东的强制义务，其大前提是"当事人协商同意"。

【考点4】股东请求司法解散公司（公司僵局）

《公司法》第182条　公司经营管理发生严重困难，继续存续会使股东利益受到重大损失，通过其他途径不能解决的，持有公司全部股东表决权10%以上的股东，可以请求人民法院解散公司。

股东可请求法院解散公司的理由	股东不得以下列理由请求法院解散公司
（1）公司持续2年以上无法召开股东会或者股东大会，公司经营管理发生严重困难的； （2）股东表决时无法达到法定或者公司章程规定的比例，持续2年以上不能做出有效的股东会或者股东大会决议，公司经营管理发生严重困难的； （3）公司董事长期冲突，且无法通过股东会或者股东大会解决，公司经营管理发生严重困难的； （4）经营管理发生其他严重困难，公司继续存续会使股东利益受到重大损失的情形。（兜底条款）	（1）股东以知情权、利润分配请求权等权益受到损害为由； （2）以公司亏损、财产不足以偿还全部债务为由； （3）以公司被吊销企业法人营业执照未进行清算为由。

问题：

1. 昌顺公司的治理结构是否存在不规范的地方？为什么？

参考答案

官答	存在。 （1）昌顺公司股东人数较少不设董事会的做法符合《公司法》第50条规定，但此时刘昌的职位不应是董事长，而应是执行董事。 （2）昌顺公司股东人数较少不设监事会符合《公司法》第51条第1款规定。但是按该条第4款规定，董事、高级管理人员不得兼任监事，因此钱顺不得兼任监事。
鄢答	存在。 （大前提）根据《公司法》第50条第1款的规定，股东人数较少或者规模较小的有限责任公司，可以设1名执行董事，不设董事会。另该法第51条第4款规定："董事、高级管理人员不得兼任监事。" （小前提）本案中，昌顺公司股东人数较少，其不设董事会和监事会的做法是合法的。但治理结构存在两处不规范之处：①刘昌的职位不应是董事长，而应是执行董事；②钱顺担任总经理则不得兼任监事。 （结论）所以昌顺公司的治理结构存在不规范的地方。（提示：此"结论"也可省略，因为意思已经清楚明了了）

2. 昌顺公司减少注册资本依法应包括哪些步骤？

参考答案

官答	（1）要形成2/3多数议决的关于减资的股东会决议，即符合《公司法》第43条第2款要求，形成有效的股东会决议。 （2）编制资产负债表及财产清单。 （3）按照《公司法》第177条第2款的规定，减资决议之日起10日内通知债权人，并于30日内在报纸上公告。 （4）应向公司登记机关提交相关文件，办理变更登记。登记后才发生注册资本减少的效力。 （5）还应修改公司章程。
鄢答	同官答。本问实质是"简答题"，无需"分析"，所以同学们将法条找到、准确抄上就可以，我也不再展开。

3. 刘昌解聘钱顺的总经理职务，以及钱顺以监事身份来罢免刘昌董事长职位是否合法？为什么？

参考答案

官　答	（1）钱顺罢免刘昌不合法。钱顺兼任公司监事不符合《公司法》规定，即使钱顺监事身份合法，根据《公司法》第53条第2项的规定，监事对公司高董，只有罢免建议权，而无决定权。因此，刘昌的执行董事地位不受影响。 （2）［答案一］刘昌解聘钱顺符合《公司法》规定。在不设董事会的治理结构中，执行董事即相当于董事会。而按照《公司法》第49条第1款，由董事会决定聘任或解聘经理，从而刘昌解聘钱顺总经理职务的行为，符合《公司法》规定。 ［答案二］刘昌行为不合法。 因本案中存在两个事实情节： （1）钱顺任职总经理已规定于公司章程中，从而对钱顺的解聘会涉及是否符合公司章程修改程序的判断； （2）刘昌解聘行为，是二人间矛盾激化的结果，而在不设董事会的背景下，刘昌的这一行为确实存在职权滥用的嫌疑。
鄢　答	（1）钱顺罢免刘昌不合法。 （大前提）根据《公司法》第53条第2项的规定，监事对公司高董，只有罢免建议权，而无决定权。 （小前提）本案中，钱顺兼任公司监事并不合法，即使钱顺监事身份合法，根据上述规定，监事对公司高董，只有罢免建议权，而无决定权。因此，刘昌的执行董事地位不受影响。 （2）刘昌解聘钱顺合法。 （大前提）根据《公司法》第49条第1款的规定，董事会有权决定聘任或解聘经理。 （小前提）依前分析可知，昌顺公司因规模较小、人数较少，可不设董事会。此治理结构中执行董事即相当于董事会。 （结论）所以，本案中刘昌解聘钱顺总经理职务的行为，符合《公司法》的规定。 （提示：在开放式答案中，我建议在考试时同学们选取一个答题思路，表达清晰就可以了）

4. 法院判决不支持"钱顺要求公司与刘昌回购自己股权的诉求"是否合理？为什么？

参考答案

官 答	合理。依《公司法》第74条第1款的规定，股东回购请求权仅限于该款所列明的三种情形下对股东会决议有异议的股东（即公司连续5年不分红决议、公司合并分立或转让主要财产决议、公司存续上的续期决议），钱顺情形显然不符合该规定。而就针对其他股东的强制性的股权购买请求权，现行《公司法》并无明文规定。即在现行《公司法》上，股东彼此之间并不负有在特定情况下收购对方股权的强制性义务；即使按照《公司法解释（二）》第5条的规定，法院在审理解散公司的案件时，应尽量调解，并给出由其他股东收购股权的调解备选方案，也不能因此成立其他股东的收购义务。故钱顺对股东刘昌的诉求，也没有实体法依据。
鄢 答	合理。 (1) 钱顺要求公司回购自己股权，法院不予支持。 （大前提）依《公司法》第74条第1款的规定，股东回购请求权仅限于该款所列明的三种情形下对股东会决议有异议的股东（即公司连续5年不分红决议、公司合并分立或转让主要财产决议、公司存续上的续期决议）。 （小前提）本案中，钱顺要求公司回购的原因在于公司内部争斗，他与刘昌爆发严重冲突。显然不符合上述该规定。 （结论）所以，法院不支持钱顺要求公司回购股权的诉求，是合理的。 (2) 钱顺要求刘昌回购自己股权，法院不予支持。 （大前提）针对其他股东的强制性的股权购买请求权，现行《公司法》并无明文规定，股东彼此之间并不负有在特定情况下收购对方股权的强制性义务；即使按照《公司法解释（二）》第5条的规定，法院在审理解散公司的案件时，应尽量调解，并给出由其他股东收购股权的调解备选方案，也不能因此成立其他股东的收购义务。 （结论）故钱顺对股东刘昌的诉求，也没有实体法依据。 （提示：该答案可省略"小前提"，因为再复述一次案情，会显得过于啰嗦）

5. 法院作出解散公司的判决是否合理？为什么？

参考答案

官 答	判决合理。依《公司法》第182条及《公司法解释（二）》第1条第1款的规定，本案符合"公司持续2年以上无法召开股东会或者股东大会，公司经营管理

续表

官 答	发生严重困难"的条件，昌顺公司自2014年6月至解散诉讼时，已超过2年时间未再召开过股东会，这表明昌顺公司已实质性构成所谓的"公司僵局"，即构成法院判决公司解散的根据。
鄢 答	判决合理。 （大前提）依《公司法》第182条及《公司法解释（二）》第1条第1款的规定，"公司持续2年以上无法召开股东会或者股东大会，公司经营管理发生严重困难"，10%以上表决权股东可以请求法院解散公司。 （小前提）本案中，昌顺公司自2014年6月至解散诉讼时，已超过2年时间未再召开过股东会，这表明昌顺公司已实质性构成所谓的"公司僵局"，即构成法院判决公司解散的根据。 （结论）所以，法院作出解散公司的判决合理。

6. 解散公司的判决生效后，就昌顺公司的后续行为及其状态，在法律上应如何评价？为什么？

参考答案

官 答	法院作出的解散公司的判决，在性质上为形成判决，据此，公司应进入清算阶段。对此，《公司法》所规定的程序如下：①依第183条及时成立清算组；②清算组按照法律规定的期限，按《公司法》第184条至第187条进行各项清算工作；③清算结束后，根据第188条的规定，清算组应当制作清算报告，报股东会确认，并报送公司登记机关，申请注销公司登记，公告公司终止。概括来说，按照我国《公司法》的规范逻辑，解散判决生效后，公司就必须经过清算程序走向终止。本案昌顺公司被司法解散后仍然继续存在的事实，显然是与这一规范层面的逻辑不相符的，这说明我国立法关于司法解散的相关程序与制度，在衔接上尚有不足之处，有待将来立法的完善。
鄢 答	（评价对象）昌顺公司被司法解散后仍然继续存在的事实。 （结论）这是与我国解散判决生效后，公司就必须经过清算程序走向终止的法律规定不符的。 （大前提）依据《公司法》所规定的程序，昌顺公司解散后应实行如下行为： （1）依第183条及时成立清算组； （2）清算组按照法律规定的期限，按《公司法》第184条至第187条进行各项清算工作；

续表

鄢答	（3）清算结束后，根据第188条，清算组应当制作清算报告，报股东会确认，并报送公司登记机关，申请注销公司登记，公告公司终止。 （小前提）本案中，解散公司的判决生效后，昌顺公司未成立清算组，也未进行实际的清算，仍保留公司登记至今并继续维持经营状态。这与上述法律规范不符，是不合法的。

四、2016年司考卷四第五题（本题18分）

案情：

美森公司成立于2009年，主要经营煤炭。股东是大雅公司以及庄某、石某。章程规定公司的注册资本是1000万元，三个股东的持股比例是5：3：2；各股东应当在公司成立时一次性缴清全部出资。大雅公司将之前归其所有的某公司的净资产经会计师事务所评估后作价500万元用于出资，这部分资产实际交付给美森公司使用；庄某和石某以货币出资，公司成立时庄某实际支付了100万元，石某实际支付了50万元。

大雅公司委派白某担任美森公司的董事长兼法定代表人。2010年，赵某欲入股美森公司，白某、庄某和石某一致表示同意，于是赵某以现金出资50万元，公司出具了收款收据，但未办理股东变更登记。赵某还领取了2010年和2011年的红利共10万元，也参加了公司的股东会。

2012年开始，公司经营逐渐陷入困境。庄某将其在美森公司中的股权转让给了其妻弟杜某。此时，赵某提出美森公司未将其登记为股东，所以自己的50万元当时是借款给美森公司的。白某称美森公司无钱可还，还告诉赵某，为维持公司的经营，公司已经向甲、乙公司分别借款60万元和40万元；向大雅公司借款500万元。

2013年11月，大雅公司指示白某将原出资的资产中价值较大的部分逐渐转入另一子公司美阳公司。对此，杜某、石某和赵某均不知情。

此时，甲公司和乙公司起诉了美森公司，要求其返还借款及相应利息。大雅公司也主张自己曾借款500万元给美森公司，要求其偿还。赵某、杜某及石某闻讯后也认为利益受损，要求美森公司返还出资或借款。

解题思路

（一）本案法律关系图解

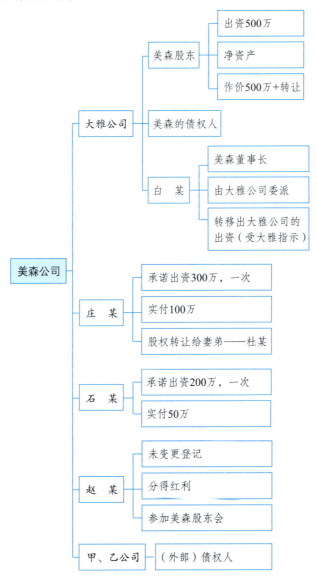

（二）本案核心考点分析

【考点1】股东的出资形式

《公司法》

第27条第1款　股东可以用货币出资，也可以用实物、知识产权、土地使用权等可以用货币估价并可以依法转让的非货币财产作价出资；但是，法律、行政法规规定不得作为出资的财产除外。

第 28 条第 2 款 股东不按照前款规定缴纳出资的，除应当向公司足额缴纳外，还应当向已按期足额缴纳出资的股东承担违约责任。

本案中，"大雅公司将归其所有的某公司的净资产经会计师事务所评估后作价 500 万元用于出资，这部分资产实际交付给美森公司使用"，这段案情需要判断"净资产能否作为设立公司的出资"。要点为：

1. 股东出资是公司财产的最初来源，通过出资形成公司独立的法人财产。股东出资类型可分为两大类："货币、非货币财产"。就"非货币财产"而言，《公司法》第 27 条采取了"列举+概括"的方式，列举了"实物、知识产权、土地使用权"类型，但由于现实中非货币财产种类多样，随着经济发展会出现新的"非货币财产"，所以，《公司法》采取了概括的立法方式，满足"可作价+可转让"的不为法律、行政法规禁止出资的非货币财产，均可作为设立公司的出资。

2. 什么是"法律、行政法规禁止出资的非货币财产"呢？《公司登记管理条例》第 14 条规定：……股东不得以劳务、信用、自然人姓名、商誉、特许经营权或者设定担保的财产等作价出资。

【考点 2】 出资瑕疵股权的转让规则

《公司法解释（三）》第 18 条 有限责任公司的股东未履行或者未全面履行出资义务即转让股权，受让人对此知道或者应当知道，公司请求该股东履行出资义务、受让人对此承担连带责任的，人民法院应予支持；公司债权人依照本规定第 13 条第 2 款向该股东提起诉讼，同时请求前述受让人对此承担连带责任的，人民法院应予支持。

受让人根据前款规定承担责任后，向该未履行或者未全面履行出资义务的股东追偿的，人民法院应予支持。但是，当事人另有约定的除外。

本案中，美森公司股东之一庄某，承诺出资 300 万并一次性缴清，但他实际支付了 100 万元。2012 年，庄某将其在美森公司中的股权转让给了其妻弟杜某。这段案情，是考查"瑕疵股权的转让规则"。

1. 瑕疵股权的转让，是指股东未履行或者未全面履行出资义务即转让股权。

2. 就法律责任而言，需要区分受让人（杜某）是否知情：①受让人知情，则受让人与该出资瑕疵的股东对公司（对债权人）承担连带责任；②如果受让人不知情，则受让人无需担责。受让人承担责任后，有权向该出资瑕疵的股东追偿。

所以，分析杜某是否要承担连带责任的关键，是确定杜某是否"知情"。案情显示，杜某是庄某的妻弟，按生活经验，可推定杜某是知情的。

【考点3】公司人格否认

《公司法》

第3条　公司是企业法人，有独立的法人财产，享有法人财产权。公司以其全部财产对公司的债务承担责任。

有限责任公司的股东以其认缴的出资额为限对公司承担责任；股份有限公司的股东以其认购的股份为限对公司承担责任。

第20条第3款　公司股东滥用公司法人独立地位和股东有限责任，逃避债务，严重损害公司债权人利益的，应当对公司债务承担连带责任。

本案显示："2012年开始美森公司经营逐渐陷入困境。2013年11月，大雅公司（大股东）将原出资的资产中价值较大的部分逐渐转入大雅公司的另一子公司美阳公司。"这段案情对应的知识点是"股东有限责任"与"公司人格否认制度"。我们知道，因为公司是独立法人，故公司债务由公司财产独立承担，股东除缴足认缴出资款外，对公司的债务不承担清偿责任，但有例外——公司人格否认制度。具体而言，包括：

1. 股东出资后的资产属于公司所有，构成公司的独立财产。故大雅公司无权将公司资产转移，该行为损害了公司的责任财产。

2. 一般情况，股东履行了出资义务并且无干涉公司经营情况时，债权人不得要求股东对公司债务承担清偿责任。

3. 例外情况，股东滥用有限责任或恶意利用有限责任制度而损害公司债权人利益的，应当否认公司的独立担责能力，由股东对公司债务承担连带责任。下列情况，在实践中会被认定为"滥用"：①人格混同。公司成为股东的"另一个自我"。②空壳经营。将公司主要的人、财、物、主要业务等脱离，导致原公司彻底沦为一个"空壳"。③股东操纵公司。如挪用侵占公司财产、以公司名义从事非法活动牟利等。

故大雅公司是股东，其无权将美森公司资产转移，该行为损害了美森公司的责任财产。

【考点4】公司债务清偿

本案美森公司共有3个债权人：甲公司、乙公司、大雅公司。①美森公司向甲、乙公司分别借款60万元和40万元；②美森公司向大雅公司借款500万元，同时大雅公司将其原出资的资产中价值较大的部分转出，该行为损害了美森公司的利益。

为解决关联债权与外部债权的清偿顺序，美国法院通过判例确立了"深石原则"（深石-Deep Rock是一个美国公司的名字）。在著名的深石案件（1939年）中，法院认为深石公司在成立之初即资本不足，且其业务经营完全受被告公司所控制，经营方式主要是为了被告的利益，因此，判决被告对深石公司的债权应次于（滞后于）深石公司其他债权受清偿。此即"衡平居次原则"。

"深石原则"在我国成文法中尚未明确。

但在"沙港公司诉开天公司执行分配方案异议案"中，松江法院运用"深石原则"处理债务纠纷。该案被列入2015年最高人民法院公布的典型案例。[参见（2010）松民二（商）初字第275号民事判决]

提示：就该债务清偿顺序，在考试中可采用深石原则，答股东滞后清偿；也可答"股东和外部债权人同等顺序清偿"，因为该问题，我国法律无明文规定。

问题：

1. 应如何评价美森公司成立时三个股东的出资行为及其法律效果？

参考答案

官 答	大雅公司以先前归其所有的某公司的净资产出资，净资产尽管没有在我国《公司法》中规定为出资形式，但公司实践中运用较多，并且案情中显示，一方面这些净资产本来归大雅公司，且经过了会计师事务所的评估作价，在出资程序方面与实物等非货币形式的出资相似；另一方面这些净资产已经由美森公司实际占有和使用，即完成了交付。《公司法解释（三）》第9条也有"非货币财产出资，未依法评估作价……对该财产评估作价"的规定。所以，应当认为大雅公司履行了自己的出资义务。庄某按章程应当以现金300万出资，仅出资100万；石某按章程应当出资200万，仅出资50万，所以两位自然人股东没有完全履行自己的出资义务，应当承担继续履行出资义务及违约责任。
鄢 答	（1）大雅公司以净资产估价500万元出资并实际交付给美森公司使用，该出资合法有效。 （大前提）根据《公司法》第27条的规定，股东可以用货币估价并可以依法转让的非货币财产作价出资。 （小前提）本案案情显示，用于设立美森公司的这些净资产本来归大雅公司，经过了会计师事务所的评估作价，且该笔净资产已经实际交付美森公司。 （结论）所以，应当认为大雅公司履行了自己的出资义务。 （2）庄某按章程应当以现金300万出资，仅出资100万；石某按章程应当出资200万，仅出资50万。二人均没有完全履行自己的出资义务。 （大前提）《公司法》第28条第2款规定："股东不按照前款规定缴纳出资的，除应当向公司足额缴纳外，还应当向已按期足额缴纳出资的股东承担违约责任。" （结论）所以二人应当承担继续履行出资义务及违约责任。

2. 赵某与美森公司是什么法律关系？为什么？

参考答案

官　答	投资与借贷是不同的法律关系。赵某自己主张是借贷关系中的债权人，但依据《公司法解释（三）》第 23 条的规定，赵某虽然没有被登记为股东，但是他在 2010 年时出于自己的真实意思表示，愿意出资成为股东，其他股东及股东代表均同意，并且赵某实际交付了 50 万元出资，参与了分红及公司的经营，这些行为均非债权人可为，所以赵某具备实际出资人的地位，在公司内部也享有实际出资人的权利。此外从民商法的诚信原则考虑也应认可赵某作为实际出资人或实际股东而非债权人。
鄢　答	赵某与美森公司是股权法律关系，赵某是美森公司的股东。 （大前提）依据《公司法解释（三）》第 22、23 条的规定，当事人之间对股权归属发生争议，一方请求法院确认其享有股权的，应当证明"已经依法向公司出资或者认缴出资且不违反法律法规强制性规定"；并且公司未依相关规定签发出资证明书、记载于股东名册并办理公司登记机关登记，当事人可请求公司履行上述义务。 （小前提）本案中，赵某虽然没有被登记为股东，但是他在 2010 年时出于自己的真实意思表示，愿意出资成为股东，其他股东及股东代表均同意，并且赵某实际交付了 50 万元出资，参与了分红及公司的经营，这些行为均非债权人可为。 （结论）所以，赵某是美森公司的股东。

3. 庄某是否可将其在美森公司中的股权进行转让？为什么？这种转让的法律后果是什么？

参考答案

官　答	尽管庄某没有全面履行自己的出资义务，但其股权也是可以转让的。受让人是其妻弟，按生活经验应当推定杜某是知情的。我国《公司法解释（三）》第 18 条已经认可了瑕疵出资股权的可转让性；这种转让的法律后果就是如果受让人知道，转让人和受让人对公司以及债权人要承担连带责任，受让人再向转让人进行追偿。
鄢　答	庄某可以转让股权。法律后果是庄某和杜某对美森公司以及债权人承担连带责任，杜某承担责任后有权向庄某追偿。 （大前提）根据《公司法解释（三）》第 18 条可知，瑕疵出资股权可转让，若受让人明知，公司可请求该股东履行出资义务，受让人对此承担连带责任。所以法律不禁止出资瑕疵股权的转让。

续表

鄢 答	（小前提）本案中，尽管庄某没有全面履行自己的出资义务，但其股权也是可以转让的。受让人是其妻弟，按生活经验应当推定杜某是知情的。 （结论）所以，庄某和杜某对美森公司以及债权人承担连带责任，杜某承担责任后有权向庄某追偿。

4. 大雅公司让白某将原来用作出资的资产转移给美阳公司的行为是否合法？为什么？

参考答案

官 答	公司具有独立人格，公司财产是其人格的基础。出资后的资产属于公司而非股东所有，故大雅公司无权将公司资产转移，该行为损害了公司的责任财产，侵害了美森公司、美森公司股东（杜某和石某）的利益，也侵害了甲、乙这些债权人的利益。
鄢 答	不合法。 （大前提）根据《公司法》第3条第1款的规定，公司是企业法人，有独立的法人财产，享有法人财产权。所以，公司财产是公司人格的基础。出资后的资产属于公司而非股东所有，《公司法》第35条规定："公司成立后，股东不得抽逃出资。" （小前提）本案中，大雅公司将公司资产转移，该行为既损害了公司的责任财产，侵害了美森公司、美森公司股东（杜某和石某）的利益，也侵害了甲、乙这些债权人的利益。 （结论）所以，大雅公司将出资转移的行为不合法。

5. 甲公司和乙公司对美森公司的债权，以及大雅公司对美森公司的债权，应否得到受偿？其受偿顺序如何？

参考答案

官 答	甲公司和乙公司是普通债权，应当得到受偿。大雅公司是美森公司的大股东，我国《公司法》并未禁止公司与其股东之间的交易，只是规定关联交易不得损害公司和债权人的利益，因此借款本身是可以的，只要是真实的借款，也是有效的。所以大雅公司的债权也应当得到清偿。 在受偿顺序方面： [答案一] 作为股东（母公司）损害了美森公司的独立人格，也损害了债权人的利益，其债权应当在顺序上劣后于正常交易中的债权人甲和乙，这是深石原则的运用。 [答案二] 根据民法公平原则，大雅公司的债权在顺序方面劣后于甲、乙公司。 [答案三] 按债权的平等性，他们的债权平等受偿。

续表

鄢 答	甲公司和乙公司是普通债权，应当得到受偿。大雅公司与美森公司之间的借款真实有效，所以大雅公司的债权也应当得到清偿。 在受偿顺序方面，大雅公司的债权应当在顺序上劣后于正常交易中的债权人甲和乙。 （大前提）为解决关联债权与外部债权的清偿顺序，美国法院通过判例确立了"深石原则"：法院认为深石公司在成立之初即资本不足，且其业务经营完全受被告公司所控制，经营方式主要是为了被告的利益，因此，判决被告对深石公司的债权应次于（滞后于）深石公司其他债权受清偿。此即"衡平居次原则"。 （小前提）本案中，美森公司共有 3 个债权人：甲公司、乙公司、大雅公司。其一，美森公司向甲、乙公司分别借款 60 万元和 40 万元；其二，美森公司向大雅公司借款 500 万元，同时大雅公司将其原出资的资产中价值较大的部分转出，该行为损害了美森公司的利益。 （结论）所以，在受偿顺序方面，大雅公司作为股东（母公司）损害了美森公司的独立人格，也损害了债权人的利益，其债权应当在顺序上劣后于正常交易中的债权人甲和乙，这是深石原则的运用。 （提示：在开放式答案中，我建议在考试时同学们选取一个答题思路，表达清晰就可以了）

6. 赵某、杜某和石某的请求及理由是否成立？他们应当如何主张自己的权利？

参考答案

官 答	赵某和杜某、石某的请求不成立。赵某是实际出资人或实际股东，杜某和石某是股东。基于公司资本维持原则，股东不得要求退股，故其不得要求返还出资。但是大雅公司作为大股东转移资产的行为损害了公司的利益，也就损害了股东的利益，因此他们可以向大雅公司提出赔偿请求。同时，白某作为公司的高级管理人员其行为也损害了股东利益，他们也可以起诉白某请求其承担赔偿责任。
鄢 答	（1）赵某和杜某、石某的请求以及理由均不成立。 （大前提）基于公司资本维持原则，股东不得要求退股，故其不得要求返还出资。 （小前提）基于前述分析可知，赵某是公司股东，杜某因受让股权也为公司股东，石某的股东身份明确清晰。 （结论）所以，三人均为股东，其不得要求美森公司返还出资。 （2）赵某、杜某、石某可以向大雅公司和白某主张赔偿责任。 （大前提）根据《公司法》第 20 条第 2 款的规定："公司股东滥用股东权利给公司或者其他股东造成损失的，应当依法承担赔偿责任。"

续表

鄢 答	（小前提）本案中，大雅公司作为大股东转移资产的行为损害了公司的利益，也就损害了股东的利益。同时，白某作为公司的高级管理人员，其行为也损害了股东利益。 （结论）所以，赵某、杜某、石某可以向大雅公司提出赔偿请求，也可以起诉白某请求其承担赔偿责任。 （提示：本题我是分开写答案的，因为题干问了两个问题："①请求及理由是否成立？②如何主张自己的权利？"建议同学们在训练初期，也像我一样老老实实地分开写，等到熟练后，可向官方答案一样自由发挥。）

五、2015年司考卷四第五题（本题18分）

案情：

鸿捷有限公司成立于2008年3月，从事生物医药研发。公司注册资本为5000万元，股东为甲、乙、丙、丁，持股比例分别为37%、30%、19%、14%；甲为董事长，乙为总经理。公司成立后，经营状况一直不错。

2013年8月初，为进一步拓展市场、加强经营管理，公司拟引进战略投资者骐黄公司，并通过股东大会形成如下决议（简称《1号股东会决议》）：第一，公司增资1000万元；第二，其中860万元，由骐黄公司认购；第三，余下的140万元，由丁认购，从而使丁在公司增资后的持股比例仍保持不变，而其他各股东均放弃对新股的优先认缴权；第四，缴纳新股出资的最后期限，为2013年8月31日。各股东均在决议文件上签字。

之后，丁因无充足资金，无法在规定期限内完成所认缴出资的缴纳；骐黄公司虽然与鸿捷公司签订了新股出资认缴协议，但之后就鸿捷公司的经营理念问题，与甲、乙、丙等人发生分歧，也一直未实际缴纳出资。因此，公司增资计划的实施，一直没有进展。但这对公司经营并未造成很大影响，至2013年底，公司账上已累积4000万元的未分配利润。

2014年初，丁自他人处获得一笔资金，遂要求继续实施公司的增资计划，并自行将140万元打入公司账户，同时还主张对骐黄公司未实际缴资的860万元新股的优先认购权，但这一主张遭到其他股东的一致反对。

　　鉴于丁继续实施增资的强烈要求，并考虑到难以成功引进外部战略投资者，公司在 2014 年 1 月 8 日再次召开股东大会，讨论如下议案：第一，公司仍增资 1000 万元；第二，不再引进外部战略投资人，由公司各股东按照原有持股比例认缴新股；第三，各股东新增出资的缴纳期限为 20 年；第四，丁已转入公司账户的 140 万元资金，由公司退还给丁。就此议案所形成的股东会决议（简称《2 号股东会决议》），甲、乙、丙均同意并签字，丁虽签字，但就第二、第三与第四项内容，均注明反对意见。

　　之后在甲、乙的主导下，鸿捷公司经股东大会修订了公司章程、股东名册等，并于 2014 年 1 月 20 日办理完毕相应的公司注册资本的工商变更登记。

　　2014 年底，受经济下行形势影响，加之新产品研发失败，鸿捷公司经营陷入困境。至 2015 年 5 月，公司已拖欠嵩悠公司设备款债务 1000 万元，公司账户中的资金已不足以偿付。

解题思路

　　（一）本案法律关系图解

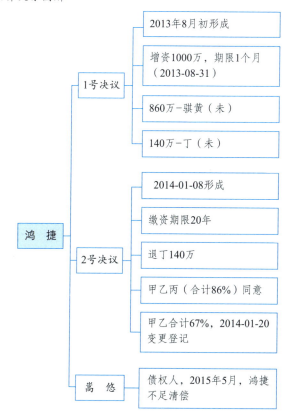

（二）本案核心考点分析

【考点1】决议效力

《公司法》第37条第1款第7项 股东会行使下列职权：……

（七）对公司增加或者减少注册资本作出决议；……

第22条 公司股东会或者股东大会、董事会的决议内容违反法律、行政法规的无效。

股东会或者股东大会、董事会的会议召集程序、表决方式违反法律、行政法规或者公司章程，或者决议内容违反公司章程的，股东可以自决议作出之日起60日内，请求人民法院撤销。

……

《公司法解释（四）》第5条 股东会或者股东大会、董事会决议存在下列情形之一，当事人主张决议不成立的，人民法院应当予以支持：

（一）公司未召开会议的，但依据公司法第37条第2款或者公司章程规定可以不召开股东会或者股东大会而直接作出决定，并由全体股东在决定文件上签名、盖章的除外；

（二）会议未对决议事项进行表决的；

（三）出席会议的人数或者股东所持表决权不符合公司法或者公司章程规定的；

（四）会议的表决结果未达到公司法或者公司章程规定的通过比例的；

（五）导致决议不成立的其他情形。

本题第1、4问要求我们判断"《1号股东会决议》《2号股东会决议》的法律效力如何"。就决议效力的分类，根据《公司法》第22条以及《公司法解释（四）》第5条，可分为：有效决议、无效决议、可撤销决议、决议不成立四种情况。具体判断一项决议是否有效，需要从"决议内容"和"决议程序"两方面分析。

1. 决议内容

（1）《1号股东会决议》是关于公司增资，该项增资决议由公司股东会作出，符合《公司法》第37条规定的股东会的职权范围，并且，该项决议关于增资数额、比例分配、缴纳出资期限，均未有法律禁止内容。可得出结论：该项决议内容合法。

（2）《2号股东会决议》是对《1号股东会决议》的替换，决议内容仍是"增资"。法律并无必须引入外部投资人的强制性规定，所以该决议"由股东按照原有持股比例认缴新股"是合法的。并且，《公司法》对出资缴纳期限没有限制，所以决议"缴纳期限为20年"也无不妥。可知：该项决议内容合法。

2. 决议程序

如果股东会的会议召集程序、表决方式违法或违反章程，或出现未召开会议即表决，或有出席会议的人数或者股东所持表决权不符合法定、章定情形的，这些程序瑕疵会导致决议效力瑕疵（如可撤销决议、尚未成立决议）。但根据本案案情显示，两个股东会决议均无明显程序瑕疵。

所以，本案《1号股东会决议》和《2号股东会决议》均是有效决议。

【考点2】注册资本变更程序

《公司法》第43条第2款　股东会会议作出……增加或者减少注册资本的决议……必须经代表2/3以上表决权的股东通过。

《公司登记管理条例》第31条　公司增加注册资本的，应当自变更决议或者决定作出之日起30日内申请变更登记。

注册资本，是指公司在设立时筹集，由章程载明的，经公司登记机关登记注册的资本。根据该定义，表明注册资本一是"章程记载法定事项"，二是"要经过公司登记部门（市场监督管理局）注册登记"。

相应地，公司变更注册资本，需要完成两个步骤：

[步骤一]（有限公司）股东会作出变更注册资本的决议，且该决议必须经代表2/3以上表决权的股东通过。

[步骤二]要经过公司登记部门（市场监督管理局）办理变更登记。具体到增加注册资本，应当自股东会变更决议或者决定作出之日起30日内，向公司登记部门申请变更登记。

结合本案，鸿捷公司增加注册资本时，公司内部需要修改章程变更注册资本，但此时尚未发生注册资本变更的法定效力，只有在公司登记部门登记完毕后，才能产生注册资本变更的法定效力。

【考点3】公司增资时的股东优先购买权

《公司法》第34条　……公司新增资本时，股东有权优先按照实缴的出资比例认缴出资。但是，全体股东约定不按照出资比例分取红利或者不按照出资比例优先认缴出资的除外。

有限责任公司重视意思自治，赋予股东更大的决策空间。在公司新增注册资本时，基本原则是"股东约定优先，实缴作为补充"。所以，本案2014年初，丁主张对骐黄公司未实际缴资的860万元行使优先认购权，该主张无法实现。理由有二：①既然遭到其他股东的一致反对，依据"约定优先"，丁无法在公司增资时主张860万的优先认购权；②即使全体股东对此无约定，丁也只能按照实缴的出资比例来认缴新增资本。本案中，丁的持股比例仅为14%，当公司新增1000万资本时，丁有权优先认购的金额仅为140万元。

【考点4】公司债务的清偿（出资瑕疵股东的补充责任）

《公司法解释（三）》第13条第2款　公司债权人请求未履行或者未全面履行出资义务的股东在未出资本息范围内对公司债务不能清偿的部分承担补充赔偿责任

的，人民法院应予支持；未履行或者未全面履行出资义务的股东已经承担上述责任，其他债权人提出相同请求的，人民法院不予支持。

《九民纪要》

6.【股东出资应否加速到期】在注册资本认缴制下，股东依法享有期限利益。债权人以公司不能清偿到期债务为由，请求未届出资期限的股东在未出资范围内对公司不能清偿的债务承担补充赔偿责任的，人民法院不予支持。但是，下列情形除外：

（1）公司作为被执行人的案件，人民法院穷尽执行措施无财产可供执行，已具备破产原因，但不申请破产的；

（2）在公司债务产生后，公司股东（大）会决议或以其他方式延长股东出资期限的。

本案最后一段显示："至 2015 年 5 月，鸿捷公司拖欠嵩悠公司设备款债务 1000 万元，鸿捷公司账户中的资金已不足以偿付。"根据公司法理论，由于公司是企业法人，有独立的法人财产，公司以自己的名义从事民商事活动，独立承担民事责任。所以，一般情况，由鸿捷公司独立清偿嵩悠公司的债务，股东无需清偿公司债务。但是，如果股东出现"滥用股东权（第 20 条）"或者"未履行或者未全面履行出资义务（《公司法解释（三）》第 13 条）"时，则该股东要承担清偿公司债务的责任。

所以，本案关键是要分析各股东是否出现"滥用股东权"或者"出资瑕疵"情形。

1. 综合全部案情，尚未出现股东"滥用股东权"事由，不能适用"公司人格否认"规则，不能由股东承担连带责任。

2.《2 号股东会决议》中"各股东新增出资的缴纳期限为 20 年"，则各股东出资截止期限到 2024 年，所以"股东尚未至出资期限"。再根据案情，鸿捷公司并未出现"已经破产"或"恶意延长股东出资期限"的情形，所以不能适用《公司法解释（三）》第 13 条。本案，股东无需对公司债务承担补充赔偿责任。

问题：

1.《1 号股东会决议》的法律效力如何？为什么？

【参考答案】

官 答	《1 号股东会决议》为合法有效的股东会决议。内容不违反现行法律、行政法规。程序上符合股东会决议的程序。
鄢 答	《1 号股东会决议》为合法有效的股东会决议。 （大前提）根据《公司法》第 22 条的规定，股东会决议内容违反法律、行政法规的无效，会议召集程序、表决方式违反法律、行政法规或者公司章程，或者决议内容违反公司章程的，该决议为可撤销决议。

续表

鄢 答	（小前提）本案中，《1号股东会决议》是关于公司增资，该项增资决议是由公司股东会做出，符合《公司法》第37条股东会的职权范围，并且，该项决议关于增资数额、比例分配、缴纳出资期限为1个月，均未有法律禁止内容。并且，该次股东会决议无明显程序瑕疵。 （结论）所以，《1号股东会决议》内容不违反现行法律、行政法规，程序上符合股东会决议的程序，是有效决议。

2. 就骐黄公司未实际缴纳出资的行为，鸿捷公司可否向其主张违约责任？为什么？

参考答案

官 答	首先应确定骐黄公司与鸿捷公司间签订的新股出资认缴协议是否有效，自本案所交代的案情来看，属于合法有效的协议或合同，这是讨论违约责任的前提。其次，依据《民法典》第577条的规定，违约责任的承担方式有继续履行、采取补救措施与赔偿损失三种，但在本案中，如果强制要求骐黄公司继续履行也就是强制其履行缴纳出资的义务，则在结果上会导致强制骐黄公司加入公司组织，从而有违参与或加入公司组织之自由原则，故而鸿捷公司不能主张继续履行的违约责任。至于能否主张骐黄公司的赔偿损失责任，则视骐黄公司主观上是否存在过错而定，而在本案中，骐黄公司并不存在明显的过错，因此鸿捷公司也很难主张该请求权。
鄢 答	根据公司法原理，股东是指向公司出资、持有公司股份，享有股东权利和承担股东义务的人。本案案情显示，2013年8月，骐黄公司虽然与鸿捷公司签订了新股出资认缴协议，但鸿捷公司在2014年1月8日再次召开股东大会，决定不再引进外部战略投资人，该《2号股东会决议》替换了《1号股东会决议》。所以，难以认定骐黄公司是鸿捷公司的股东，无法要求骐黄公司补足出资，也无法依据先前的出资协议，要求其承担违约责任。

3. 丁可否主张860万元新股的优先认购权？为什么？

参考答案

官 答	不可以。丁主张新股优先认购权的依据为《公司法》第34条，即"公司新增资本时，股东有权优先按照实缴的出资比例认缴出资"；不过该条所规定的原股东之优先认购权，主要针对的是增资之股东大会决议就新股分配未另行规定的情形；而且行使优先认购权还须遵守另一个限制，即原股东只能按其持股比例或实

续表

官 答	缴出资比例，主张对新增资本的相应部分行使优先认购权。该增资计划并未侵害或妨害丁在公司中的股东地位，也未妨碍其股权内容即未影响其表决权重，因此就余下的860万元的新股，丁无任何主张优先认购权的依据。
鄢 答	不可以。 （大前提）根据《公司法》第34条的规定："股东按照实缴的出资比例分取红利；公司新增资本时，股东有权优先按照实缴的出资比例认缴出资。但是，全体股东约定不按照出资比例分取红利或者不按照出资比例优先认缴出资的除外。" （小前提）本案中，2014年初，鸿捷公司《1号股东会决议》实质已经无法履行，丁实缴出资比例仅为14%，且其主张的"对860万元（即86%）新股的优先认购权"遭到其他股东的一致反对。这既不符合增资时"约定优先"，又不符合"按照实缴的出资比例认缴出资"。 （结论）因此，就余下的860万元的新股，丁无主张优先认购权的依据。

4. 《2号股东会决议》的法律效力如何？其与《1号股东会决议》的关系如何？为什么？

参考答案

官 答	《2号股东会决议》是合法有效的决议。内容不违法，也未损害异议股东丁的合法利益，程序上，丁的持股比例仅为14%，达不到否决增资决议的1/3的比例要求。这两个决议均在解决与实施公司增资1000万元的计划，由于《1号股东会决议》难以继续实施，因此《2号股东会决议》是对《1号股东会决议》的替代或者废除，后者随之失效。
鄢 答	《2号股东会决议》是合法有效的决议。 （大前提）根据《公司法》第22条，股东会决议内容违反法律、行政法规的无效，会议召集程序、表决方式违反法律、行政法规或者公司章程，或者决议内容违反公司章程的，该决议为可撤销决议。 （小前提）本案中，《2号股东会决议》内容不违法，也未损害异议股东丁的合法利益，程序上，虽然丁反对，但丁持股比例仅为14%，尚不能否决增资决议。《2号股东会决议》替代了《1号股东会决议》。两个决议解决实施公司增资1000万元的计划的问题，由于《1号股东会决议》难以继续实施，因此《2号股东会决议》是对《1号股东会决议》的替代或者废除，后者随之失效。 （结论）所以，该项决议内容合法。

5. 鸿捷公司增加注册资本的程序中，何时产生注册资本增加的法律效力？为什么？

参考答案

官　答	只有在公司登记机关办理完毕新的注册资本的变更登记后，才能产生新的注册资本亦即新增注册资本的法律效力。公司的注册资本也只有经过工商登记，才能产生注册资本的法定效力；进而在公司通过修改章程而增加注册资本时，也同样只有在登记完毕后，才能产生注册资本增加的法定效力。
鄢　答	在登记完毕后产生注册资本增加的法定效力。 （大前提）根据公司法理论，公司登记机关办理完毕新的注册资本的变更登记后，才能产生新的注册资本亦即新增注册资本的法律效力。公司的注册资本也只有经过工商登记，才能产生注册资本的法定效力；进而在公司通过修改章程而增加注册资本时，也同样只有在登记完毕后，才能产生注册资本增加的法定效力。 （小前提）本案中，鸿捷公司于 2014 年 1 月 20 日办理完毕相应的公司注册资本的工商变更登记。 （结论）所以，鸿捷公司在上述变更登记完成后产生注册资本增加的法律效力。

6. 就鸿捷公司不能清偿的 1000 万元设备款债务，嵩悠公司能否向其各个股东主张补充赔偿责任？为什么？

参考答案

官　答	为保护公司债权人的合法利益，可准用《公司法解释（三）》第 13 条第 2 款的规定，认可公司债权人的这项请求权，即在公司财产不能清偿公司债务时，各股东所认缴的尚未到期的出资义务，应按照提前到期的方法来处理，进而对公司债权人承担补充赔偿责任。
鄢　答	不能。 （大前提）《九民纪要》第 6 点关于"股东出资应否加速到期"明确：在注册资本认缴制下，股东依法享有期限利益。债权人以公司不能清偿到期债务为由，请求未届出资期限的股东在未出资范围内对公司不能清偿的债务承担补充赔偿责任的，人民法院不予支持。 （小前提）本案中，鸿捷公司在 2014 年 1 月 8 日召开股东会做出了"各股东新增出资的缴纳期限为 20 年"的有效决议，那么到 2015 年 5 月，公司不足以偿付嵩悠公司设备款 1000 万元，此时各股东出资期限尚未到期，公司作为独立法人，

续表

鄢 答	在未出现股东滥用股东权时，公司就自身债务应当独立担责，不能盲目适用"股东出资加速到期"。 （结论）所以，公司债权人嵩悠公司应当向鸿捷公司主张清偿，不能向各股东主张补充赔偿责任。 （提示：本题是2015年考题，当年给出的答案是"股东出资加速到期"。我是依据2019年11月的《九民纪要》来给出的解析，请同学们以我的答案为准。）

六、2014年司考卷四第五题（本题18分）

案情：

2012年4月，陈明设立一家有限责任公司，从事绿色食品开发，注册资本为200万元。公司成立半年后，为增加产品开发力度，陈明拟新增资本100万元，并为此分别与张巡、李贝洽谈，该二人均有意愿认缴全部新增资本，加入陈明的公司。陈明遂先后与张巡、李贝二人就投资事项分别签订了书面协议。张巡在签约后第二天，即将款项转入陈明的个人账户，但陈明一直以各种理由拖延办理公司变更登记等手续。2012年11月5日，陈明最终完成公司章程、股东名册以及公司变更登记手续，公司注册资本变更为300万元，陈明任公司董事长，而股东仅为陈明与李贝，张巡的名字则未出现在公司登记的任何文件中。

李贝虽名为股东，但实际上是受刘宝之托，代其持股，李贝向公司缴纳的100万元出资，实际上来源于刘宝。2013年3月，在陈明同意的情况下，李贝将其名下股权转让给善意不知情的潘龙，并在公司登记中办理了相应的股东变更。

2014年6月，因产品开发屡次失败，公司陷入资不抵债且经营无望的困境，遂向法院申请破产。法院受理后，法院所指定的管理人查明：第一，陈明尚有50万元的出资未实际缴付；第二，陈明的妻子葛梅梅本是家庭妇女，但自2014年1月起，却一直以公司财务经理的名义，每月自公司领取奖金4万元。

（一）本案法律关系图解

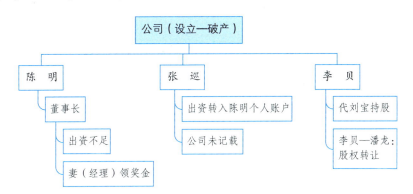

（二）本案核心考点分析

【考点1】股东资格纠纷

《公司法》第32条第2款　记载于股东名册的股东，可以依股东名册主张行使股东权利。

理论上，股东是指向公司出资、持有公司股份，享有股东权利和承担股东义务的人。本案第1问和第2问，关键是要判断"张巡是否具备股东资格"：①如果张巡是公司股东，则他可以向公司主张权利，若公司破产，张巡也可以向管理人主张权利。②如果张巡不是公司股东，则无权向公司，也不得向破产管理人主张权利。

根据上述第32条第2款的规定："记载于股东名册的股东，可以依股东名册主张行使股东权利。"所以，就公司内部而言，股东名册是股东身份或资格的法定证明文件。

本案中，张巡与陈明签订书面投资协议且款项转入陈明的个人账户，该合同主体是"陈明—张巡"，并非"公司—张巡"，并且"张巡的名字未出现在公司登记的任何文件中。"任何文件，包括"出资证明书、股东名册、工商登记"等所有文件。所以，张巡的投资款未入公司账户，且张巡的名字未记载于股东名册。综上，难以判定张巡是公司股东。

【考点2】代持股纠纷

《公司法解释（三）》第25条　名义股东将登记于其名下的股权转让、质押或者以其他方式处分，实际出资人以其对于股权享有实际权利为由，请求认定处分股权行为无效的，人民法院可以参照《物权法》第106条（现为《民法典》第311条）的规定处理。

名义股东处分股权造成实际出资人损失，实际出资人请求名义股东承担赔偿责任的，人民法院应予支持。

本案**"李贝—刘宝"的关系为代持股**，李贝是名义股东，实际出资款来源于刘宝。就法律上或者名义上而言，名义股东（李贝）是公司合法的股东。

1. 基于公示公信，名义股东和善意第三人的股权转让合同有效。如果股权的受让人不知转让人为名义股东、背后尚有实际出资人之事实，也即若受让人为善意，则股权转让行为有效。在受让人善意取得的情况下，如果名义股东处分股权造成实际出资人损失的，实际出资人可以请求名义股东承担赔偿责任。（内部赔偿）

2. 所以解答本案第3、4问的关键是判断受让人（潘龙）是否符合善意取得的条件。根据案情，"①陈明同意→满足股权对外转让的内部同意条件；②善意不知情的潘龙→受让人主观上善意；③办理了相应的股东变更→变更手续完备"。所以本题，潘龙合法取得该股权。

【考点3】破产追回权

本案最后一段："①陈明尚有50万元的出资未实际缴付；②葛梅梅在公司破产前6个月内，仍领取奖金。"此处考查内容是破产追回权。

追回权制度，其对象包括对出资人以及对企业管理层的追回。

1. 管理人对出资人未缴出资的追回权

（1）法院受理破产申请后，债务人的出资人尚未完全履行出资义务的，管理人应当要求该出资人缴纳所认缴的出资，而不受出资期限的限制；

（2）管理人代表债务人提起诉讼，主张出资人向债务人依法缴付未履行的出资或者返还抽逃的出资本息，出资人以认缴出资尚未届至公司章程规定的缴纳期限或者违反出资义务已经超过诉讼时效为由抗辩的，人民法院不予支持。

2. 管理人对企业管理层的追回权

《企业破产法》第36条 债务人的董事、监事和高级管理人员利用职权从企业获取的非正常收入和侵占的企业财产，管理人应当追回。

案情显示，"2014年6月，公司被法院受理破产。……陈明的妻子葛梅梅（家庭妇女）自2014年1月起，一直以公司财务经理的名义，每月自公司领取奖金4万元。"在分析葛梅梅行为时需要分两步：①首先要对"奖金"定性；②其次考虑如何处理。

该笔"奖金"属于"非正常收入"。具体是指，债务人出现破产原因时，债务人的董事、监事和高级管理人员利用职权获取的以下收入，法院应当认定为非正常收入：①绩效奖金；②普遍拖欠职工工资情况下获取的工资性收入；③其他非正常收入。

管理人追回上述"非正常收入"后的处理：

（1）低平工资→工资清偿顺序（先位顺序）；

（2）高工资+奖金→普通破产债权顺序（后位顺序）。

问题：

1. 在法院受理公司破产申请前，张巡是否可向公司以及陈明主张权利，主张何种权利？为什么？

 参考答案

官 答	根据案情交代，即陈明是以自己名义与张巡签订协议，款项也是转入陈明个人账户，且张巡并未登记为公司股东，故在张巡与公司之间：①张巡并未因此成为公司股东；②张巡与公司之间不存在法律关系。因此张巡不能向公司主张任何权利。鉴于投资协议仅存在于张巡与陈明个人之间，张巡只能向陈明主张违约责任，请求返还所给付的投资以及相应的损害赔偿。
鄢 答	张巡不能向公司主张权利。张巡只能向陈明主张违约责任，请求返还所给付的投资以及相应的损害赔偿。 (大前提)《公司法解释（三）》第22条规定："当事人之间对股权归属发生争议，一方请求人民法院确认其享有股权的，应当证明以下事实之一：①已经依法向公司出资或者认缴出资，且不违反法律法规强制性规定；②已经受让或者以其他形式继受公司股权，且不违反法律法规强制性规定。"从该法条可知，"股东向公司出资"是确认其享有股东权的关键点。 (小前提) 本案中，陈明是以自己的名义与张巡签订协议，款项也是转入陈明个人帐户，则该投资协议仅存在于张巡与陈明个人之间。 (结论) 所以，在张巡与公司之间：①张巡并未因此成为公司股东；②张巡与公司之间不存在法律关系。因此张巡不能向公司主张任何权利。张巡只能向陈明主张违约责任，请求返还所给付的投资以及相应的损害赔偿。

2. 在法院受理公司破产申请后，张巡是否可向管理人主张权利，主张何种权利？为什么？

 参考答案

官 答	根据问题1的结论，张巡与公司之间不存在法律关系，故而在公司进入破产程序后，张巡也不得将其对陈明的债权，视为对公司的债权，向管理人进行破产债权的申报。
鄢 答	受理破产后，张巡不得向管理人主张权利，不得进行破产债权的申报。 (大前提) 根据问题1的结论，……（提示：同学们可按照第1问再写一遍，也可简略）

续表

鄢 答	(小前提+结论) 本案中, 张巡与公司之间不存在法律关系, 故而在公司进入破产程序后, 张巡也不得将其对陈明的债权, 视为对公司的债权, 向管理人进行破产债权的申报。

3. 李贝能否以自己并非真正股东为由, 主张对潘龙的股权转让行为无效? 为什么?

参考答案

官 答	根据《公司法解释 (三) 》第24条第3款的规定, 李贝虽为名义股东, 但在对公司的关系上为真正的股东, 其对股权的处分应为有权处分; 退一步说, 即使就李贝的股东身份在学理上存在争议, 但在《公司法解释 (三) 》第25条第1款股权善意取得的规定下, 李贝的处分行为也已成为有权处分行为, 因此为保护善意相对人起见, 李贝也不得主张该处分行为无效。
鄢 答	不能。 (大前提) 根据《公司法解释 (三) 》第25条第1款的规定, 名义股东将登记于其名下的股权转让、质押或者以其他方式处分, 实际出资人以其对于股权享有实际权利为由, 请求认定处分股权行为无效的, 人民法院可以参照 "善意取得" 的规定处理。 (小前提) 本案中, 李贝虽为名义股东, 但在对公司的关系上为真正的股东, 其对股权的处分应为有权处分; 股权的受让人潘龙主观上善意并办理了相应的股东变更, 符合 "善意取得" 条件。 (结论) 所以, 潘龙合法取得该股权, 李贝也不得主张该处分行为无效。

4. 刘宝可主张哪些法律救济? 为什么?

参考答案

官 答	鉴于刘宝仅与李贝之间存在法律关系, 即委托持股关系, 因此刘宝也就只能根据该合同关系, 向李贝主张违约责任, 对公司不享有任何权利主张。
鄢 答	刘宝可以向李贝主张违约责任。若有损失, 也可请求李贝承担赔偿责任。 (大前提) 根据《公司法解释 (三) 》第24条的规定, 有限责任公司的实际出资人与名义出资人订立的代持股合同有效。另外同法第25条第2款规定: "名义股东处分股权造成实际出资人损失, 实际出资人请求名义股东承担赔偿责任的, 人民法院应予支持。"

鄢 答	（小前提+结论）本案中，鉴于刘宝与李贝之间的委托持股协议有效，刘宝可以根据该合同关系向李贝主张违约责任。并且，如果李贝处分股权造成刘宝损失的，也可请求名义股东李贝承担赔偿责任。但是需要强调一点，刘宝对公司不享有任何权利主张。

5. 陈明能否以超过诉讼时效为由，拒绝50万元出资的缴付？为什么？

参考答案

官 答	股东的出资义务，不适用诉讼时效（《公司法解释（三）》第19条第1款），因此管理人在向陈明主张50万元出资义务的履行时，其不得以超过诉讼时效为由来予以抗辩（《企业破产法》第35条、《破产法解释（二）》第20条第1款）。
鄢 答	不能拒绝。 （大前提）根据《企业破产法》第35条："人民法院受理破产申请后，债务人的出资人尚未完全履行出资义务的，管理人应当要求该出资人缴纳所认缴的出资，而不受出资期限的限制。"（同学们也可以用《破产法解释（二）》第20条第1款、《公司法解释（三）》第19条第1款，作为大前提） （小前提）本案中，2015年6月公司破产，但股东陈明尚有50万元的出资未实际缴付，该出资即"加速到期"，不受出资期限的限制。 （结论）因此，陈明不能以超过诉讼时效为由，拒绝50万元出资的缴付。

6. 就葛梅梅所领取的奖金，管理人应如何处理？为什么？

参考答案

官 答	《企业破产法》第36条规定，债务人的董事、监事、高级管理人员利用职权从企业获取的非正常收入，管理人负有追回义务；再根据《破产法解释（二）》第24条第1款的规定，董事、监事、高级管理人员所获取的绩效奖金属于非正常收入范围，故而管理人应向葛梅梅请求返还所获取的收入，且可以通过起诉方式来予以追回。
鄢 答	管理人应追回葛梅梅该笔奖金，并且可以通过起诉方式予以追回。 （大前提）根据《企业破产法》第36条的规定，债务人的董事、监事和高级管理人员利用职权从企业获取的非正常收入和侵占的企业财产，管理人应当追回。

续表

鄢 答	（小前提）本案中，2015年6月公司破产，在破产前半年内（自2015年1月起），葛梅梅本是家庭妇女却以公司财务经理的名义领取奖金，该笔奖金并非是其正常工作所得。 （结论）所以，管理人应向葛梅梅请求返还所获取的收入，且可以通过起诉方式来予以追回。 （提示：建议大家绕过"定性"，因为本题条件不够，难以准确定性葛梅梅的行为是"侵占"还是"非正常奖金"，再者该问并没有让同学们回答"定性"，仅仅要回答"管理人应如何处理"？不管行为定性如何，第一步处理均是"管理人应向葛梅梅请求返还，且可以通过起诉方式来予以追回"，所以纠缠葛梅梅行为的性质，对回答毫无帮助。）

七、2013年司考卷四第五题（本题18分）

案情：

2012年5月，兴平家装有限公司（下称兴平公司）与甲、乙、丙、丁四个自然人，共同出资设立大昌建材加工有限公司（下称大昌公司）。在大昌公司筹建阶段，兴平公司董事长马玮被指定为设立负责人，全面负责设立事务，马玮又委托甲协助处理公司设立事务。

2012年5月25日，甲以设立中公司的名义与戊签订房屋租赁合同，以戊的房屋作为大昌公司将来的登记住所。

2012年6月5日，大昌公司登记成立，马玮为公司董事长，甲任公司总经理。公司注册资本1000万元，其中，兴平公司以一栋厂房出资；甲的出资是一套设备（未经评估验资，甲申报其价值为150万元）与现金100万元。

2013年2月，在马玮知情的情况下，甲伪造丙、丁的签名，将丙、丁的全部股权转让至乙的名下，并办理了登记变更手续。乙随后于2013年5月，在马玮、甲均无异议的情况下，将登记在其名下的全部股权作价300万元，转让给不知情的吴耕，也办理了登记变更等手续。

现查明：第一，兴平公司所出资的厂房，其所有权原属于马玮父亲；2011年5

月，马玮在其父去世后，以伪造遗嘱的方式取得所有权，并于同年 8 月，以该厂房投资设立兴平公司，马玮占股 80%。而马父遗产的真正继承人，是马玮的弟弟马祎。第二，甲的 100 万元现金出资，系由其朋友满钺代垫，且在 2012 年 6 月 10 日，甲将该 100 万元自公司账户转到自己账户，随即按约还给满钺。第三，甲出资的设备，在 2012 年 6 月初，时值 130 万元；在 2013 年 1 月，时值 80 万元。

解题思路

（一）本案法律关系图解

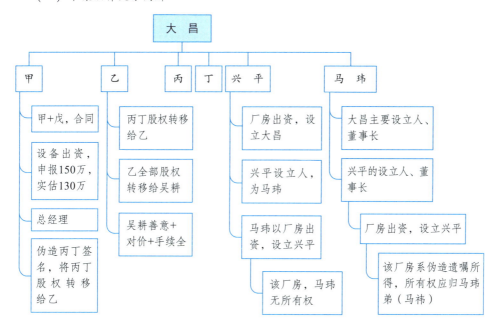

（二）本案核心考点分析

【考点 1】公司设立阶段合同效力

《民法典》第 75 条　设立人为设立法人从事的民事活动，其法律后果由法人承受；……

设立人为设立法人以自己的名义从事民事活动产生的民事责任，第三人有权选择请求法人或者设立人承担。

"设立中公司"，是指从设立开始到公司最终成立这一阶段，此时公司尚未成立，所以"设立中公司"在理论上性质为发起人之间的合伙。根据上述《民法典》第 75 条的规定，允许法人设立阶段从事民事活动。故，本案发起人甲以设立中公司的名义所签的房屋租赁合同，依案情未出现合同无效等情形，该合同是有效合同。

【考点2】出资不实的法律责任

《公司法》第30条 有限责任公司成立后，发现作为设立公司出资的非货币财产的实际价额显著低于公司章程所定价额的，应当由交付该出资的股东补足其差额；公司设立时的其他股东承担连带责任。

《公司法解释（三）》第15条 出资人以符合法定条件的非货币财产出资后，因市场变化或者其他客观因素导致出资财产贬值，公司、其他股东或者公司债权人请求该出资人承担补足出资责任的，人民法院不予支持。但是，当事人另有约定的除外。

出资不实，是指"出资的非货币财产的实际价额显著低于公司章程所定价额"。要点为：

1. 时间点是"设立时"，非货币财产被虚假高估。

2. 公司成立后，出资财产因客观因素导致的贬值，不属于"虚假评估"。出资人无需承担相应的补足出资责任。

案情显示：2012年6月5日，大昌公司登记成立，甲的出资是一套设备（未经评估验资，甲申报其价值为150万元）……在2012年6月初，甲出资的设备时值130万元；在2013年1月，时值80万元。下图明显显示：成立时甲虚假高估设备价值20万元，甲应当补足20万元。至于公司成立后约半年（2013年1月）该设备贬值，并非"设立时虚假评估"，而是基于市场变化或者其他客观因素导致的，甲对该部分贬值主观上无故意，甲无需对成立后的贬值补足。

【考点3】抽逃出资，代垫出资的法律责任

《公司法解释（三）》第12条 公司成立后，公司、股东或者公司债权人以相关股东的行为符合下列情形之一且损害公司权益为由，请求认定该股东抽逃出资的，人民法院应予支持：

（一）制作虚假财务会计报表虚增利润进行分配；

（二）通过虚构债权债务关系将其出资转出；

（三）利用关联交易将出资转出；

（四）其他未经法定程序将出资抽回的行为。

本案案情中"甲的100万元现金出资，系由其朋友满钺代垫，且在2012年6月10

日，甲将该 100 万元自公司账户转到自己账户，随即按约还给满钺"，思考的关键点一是对股东甲行为的定性；二是判断满钺是否要承担相应责任。

抽逃出资，是指未经法定程序将出资抽回的行为。垫付出资，是指第三人代垫资金协助发起人设立公司。根据 2014 年修改后的《公司法解释（三）》，我国允许垫付出资。要点为：

1. 抽逃出资的行为方式：假利、假债、关联交易。

2. 强调：因为法律修改，我国已经允许垫付出资。

3. 通过下面介绍的案例，同学们可以掌握法院对"垫付出资"的态度转变：现在允许垫付。

"陆燕楠明知吴孙木等人借款是为了取得公司工商登记，并在公司成立后抽逃出资，仍然出借款项，共同故意明显，该事实已被（2013）滁刑终字第 153 号生效刑事判决所确认，陆燕楠也因此受到刑事处罚，故原判陆燕楠连带承担吴孙木等公司发起人因抽回出资而产生的相应责任，符合《最高人民法院关于适用〈中华人民共和国公司法〉若干问题的规定（三）》第 15 条的相关规定。但自 2014 年 3 月 1 日起，《最高人民法院关于修改关于适用〈中华人民共和国公司法〉若干问题的规定的决定》，删去了原《公司法解释（三）》第 15 条[1]，并规定在该决定施行后尚未终审的股东出资相关纠纷案件适用该决定。因此，原审判决陆燕楠连带承担发起人因抽回出资而产生的相应责任的法律依据，因《公司法》和相关司法解释的修改而没有法律依据，故陆燕楠的上诉理由成立，本院予以采纳。"[上述内容摘自安徽省高级人民法院民事判决书（2014）皖民二终字第 00156 号，裁判日期：2014 年 5 月 20 日]

【考点4】以不享有所有权的财产出资的处理

《公司法解释（三）》第 7 条第 1 款   出资人以不享有处分权的财产出资，当事人之间对于出资行为效力产生争议的，人民法院可以参照物权法第 106 条（现为《民法典》第 311 条）的规定予以认定。

《民法典》第 311 条   无处分权人将不动产或者动产转让给受让人的，所有权人有权追回；除法律另有规定外，符合下列情形的，受让人取得该不动产或者动产的所有权：

（一）受让人受让该不动产或者动产时是善意；

（二）以合理的价格转让；

---

[1] 以下是原《公司法解释（三）》第 15 条规定："第三人代垫资金协助发起人设立公司，双方明确约定在公司验资后或者在公司成立后将该发起人的出资抽回以偿还该第三人，发起人依照前述约定抽回出资偿还第三人后又不能补足出资，相关权利人请求第三人连带承担发起人因抽回出资而产生的相应责任的，人民法院应予以支持。"（已经于 2014 年被删除）

（三）转让的不动产或者动产依照法律规定应当登记的已经登记，不需要登记的已经交付给受让人。

受让人依据前款规定取得不动产或者动产的所有权的，原所有权人有权向无处分权人请求损害赔偿。

当事人善意取得其他物权的，参照适用前两款规定。

本案的难点是第4问"马祎能否要求大昌公司返还厂房？为什么？"

1. 上述法律规定表明：出资人以不享有处分权的财产出资，当事人之间对于出资行为效力产生争议的，参照"无权处分，善意取得"认定。所以，解决本案的关键是全面理解"善意取得"制度。

（1）善意取得，指无处分权人将其占有的动产或者错误登记在其名下的不动产转让给善意第三人或者为善意第三人设定他物权，在符合一定条件下，善意第三人依据法律的规定取得动产或者不动产所有权或者他物权的制度。

（2）具体到公司设立阶段，一般规则是：出资人是无处分权人时，他将不动产或者动产转让给拟设立公司（受让人）的，原所有权人有权追回。

（3）例外规则是：拟设立公司善意+公司已支付对价+动产已交付/不动产已过户至公司，则该公司（受让人）可以取得该不动产或者动产的所有权。（除法律另有规定，是指占有脱离物原则上不能善意取得。例如，盗赃物、遗失物、漂流物、埋藏物等，不适用善意取得制度。）

2. 具体到本案案情，关键是要判断大昌公司主观是否为"善意"？如果"善意"，则该厂房所有权归大昌公司，马祎（弟）无法追回。如果"非善意"，则大昌公司不能取得厂房所有权，马祎（弟）可以追回。

该厂房的流转过程是：

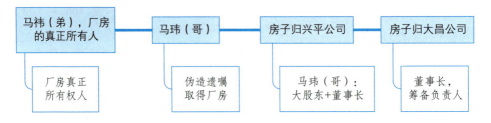

就上述厂房变动流程，可知：①马玮（哥）没有取得厂房的所有权，其处分厂房为"无权处分"→②兴平公司是否构成善意取得？[不构成，兴平公司是法人，通过其机关来表达意志，而马玮（哥）是大股东+董事长，难以说明兴平公司是善意，所以兴平公司没有取得该厂房所有权]→③兴平公司以该厂房出资，是无权处分→④兴平公司无权处分，要考虑大昌公司是否构成善意取得？（不构成，难以说明大昌公司是善意，因为马玮是大昌公司的董事长，以及筹备中负责人）→说明两次无权处分，受让人均不符合"善意取得"，所以，马祎（弟）是厂房的原权利人，可以取回该厂房。

【考点5】代持股纠纷

《公司法解释（三）》第25条第1款　名义股东将登记于其名下的股权转让、质押或者以其他方式处分，实际出资人以其对于股权享有实际权利为由，请求认定处分股权行为无效的，人民法院可以参照物权法第106条（现为《民法典》第311条）的规定处理。

《公司法解释（三）》第27条第1款　股权转让后尚未向公司登记机关办理变更登记，原股东将仍登记于其名下的股权转让、质押或者以其他方式处分，受让股东以其对于股权享有实际权利为由，请求认定处分股权行为无效的，人民法院可以参照物权法第106条（现为《民法典》第311条）的规定处理。

本案第5问"乙能否取得丙、丁的股权？"和第6问"吴耕能否取得乙转让的全部股权？"均是考查股权转让是否适用"善意取得"。

根据上述《公司法解释（三）》第25、27条的规定，可知我国承认股权"善意取得"，即，除法律另有规定外，符合下列情形的，受让人取得该不动产或者动产的所有权：①受让人受让时是善意的；②以合理的价格转让；③已经办理了相应的变更手续。（提示：《公司法解释（三）》第25条是关于"名义股东转让股权"，第27条是关于"一股二卖"的处理，虽然和本案案情不是一类纠纷，但这两个法条说明我国是承认股权"善意取得"的）

问题：

1. 甲以设立中公司的名义与戊签订的房屋租赁合同，其效力如何？为什么？

参考答案

官　答	有效，设立中的公司可以实施法律行为。
鄢　答	有效。 （大前提）根据《民法典》第75条的规定，允许法人设立阶段从事民事活动。 （小前提）本案中，发起人甲以设立中公司的名义所签房屋租赁合同，并且依案情未出现合同无效等情形。 （结论）所以，该合同有效。

2. 在2013年1月，丙、丁能否主张甲设备出资的实际出资额仅为80万元，进而要求甲承担相应的补足出资责任？为什么？

【参考答案】

官 答	不可以。确定甲是否已履行出资义务，应以设备交付并移转所有权至公司时为准，故应以 2012 年 6 月初之 130 万元，作为确定甲承担相应的补足出资责任的标准。
鄢 答	不可以（或回答"不能"）。 （大前提）根据《公司法解释（三）》第 15 条的规定，出资人以符合法定条件的非货币财产出资后，因市场变化或者其他客观因素导致出资财产贬值，该出资人无需承担补足出资责任。 （小前提）本案中，2012 年 6 月初甲出资的设备，申报价为 150 万元但时值 130 万元，故该设备被虚假高估 20 万元。至 2013 年 1 月，该设备时值 80 万元，可判断属于因市场变化或者其他客观因素导致出资财产贬值。 （结论）所以，应以 2012 年 6 月初的 130 万元，作为确定甲承担相应的补足出资责任的标准。丙、丁以 2013 年 1 月的设备价值作为主张甲承担补足出资的标准，不能得到支持。

3. 在甲不能补足其 100 万元现金出资时，满钺是否要承担相应的责任？为什么？

【参考答案】

官 答	满钺应承担连带责任。（特别提示：此问答案因为 2014 年《公司法解释（三）》的修订，改为"不承担相应责任"）
鄢 答	满钺不应承担相应的连带责任。 （大前提）根据《公司法解释（三）》第 14 条的规定，股东抽逃出资的，该股东向公司返还出资本息，同时协助抽逃出资的其他股东、董事、高管或者实际控制人对此承担连带责任。根据该规定，垫付出资人无需对此承担连带责任。 （小前提）根据本案案情显示，甲构成抽逃出资，甲的责任不能免除。但满钺是代垫出资人，要求其承担相应责任没有法律依据。 （结论）所以，满钺不应承担相应的连带责任。

4. 马祎能否要求大昌公司返还厂房？为什么？

【参考答案】

| 官 答 | 可以。首先，因继承无效，马玮不能因继承取得厂房所有权，而其将厂房投资设立兴平公司，因马玮是兴平公司的董事长，其主观恶意视为所代表公司的恶意，因此也不能使兴平公司取得厂房所有权；其次，兴平公司将该厂房再投资于大昌 |

续表

官 答	公司时，马玮又是大昌公司的设立负责人与成立后的公司董事长，同样不能使大昌公司取得所有权。因此所有权仍应归属于马祎，可以向大昌公司请求返还。
鄢 答	可以。 （大前提）根据《民法典》第311条的规定，无处分权人将不动产转让给受让人的，符合法定情形时，受让人取得所有权。 （小前提）本案案情显示，首先，马玮伪造遗嘱不能取得厂房所有权，其将厂房投资设立兴平公司属于无权处分。因兴平公司的董事长即马玮，其主观恶意视为所代表公司的恶意，因此兴平公司不符合善意取得条件，所以兴平公司不能取得厂房所有权； 其次，兴平公司将该厂房再投资于大昌公司，也属无权处分，马玮又是大昌公司的设立负责人与董事长，同样，难以说明大昌公司"善意"，故大昌公司不能取得厂房所有权。 （结论）所以，厂房所有权仍应归属于马祎，可以向大昌公司请求返还。

5. 乙能否取得丙、丁的股权？为什么？

参考答案

官 答	不能。乙与丙、丁间根本就不存在股权转让行为，丙、丁的签字系由甲伪造，且乙在主观上不可能是善意，故不存在善意取得的构成。
鄢 答	不能。 （大前提）依据商事习惯，乙欲取得丙丁的全部股权，应当是乙和丙丁协商。 （小前提）本案丙、丁的签字系由甲伪造，并且甲乙丙丁均为公司股东，也无乙和丙丁协商的条件，难以证明乙在主观上是善意。 （结论）所以，乙不符合善意取得的构成要件，不能取得丙丁的股权。

6. 吴耕能否取得乙转让的全部股权？为什么？

参考答案

官 答	可以。乙自己原持有的股权，为合法有效，故可以有效地转让给吴耕。至于乙所受让的丙、丁的股权，虽然无效，但乙已登记于公司登记之中，且吴耕为善意，并已登入公司登记中，因此参照《公司法解释（三）》第25、27条的原理，吴耕可以主张股权的善意取得。

续表

鄢 答	可以。 （大前提）依据公司法相关原理，就股权无权转让纠纷，法院可以参照《民法典》第311条"善意取得"的规定处理。 （小前提）本案中，乙自己原持有的股权，为合法有效，故可以有效地转让给吴耕。至于乙所受让的丙、丁的股权，虽然无效，但吴耕不知情为善意，并已支付对价且办理了登记变更等手续。 （结论）所以，吴耕可以主张股权的善意取得。

八、2012年司考卷四第四题（本题18分）

案情：2009年1月，甲、乙、丙、丁、戊共同投资设立鑫荣新材料有限公司（以下简称鑫荣公司），从事保温隔热高新建材的研发与生产。该公司注册资本2000万元，各股东认缴的出资比例分别为44%、32%、13%、6%、5%。其中，丙将其对大都房地产开发有限公司所持股权折价成260万元作为出资方式，经验资后办理了股权转让手续。甲任鑫荣公司董事长与法定代表人，乙任公司总经理。

鑫荣公司成立后业绩不佳，股东之间的分歧日益加剧。当年12月18日，该公司召开股东会，在乙的策动下，乙、丙、丁、戊一致同意，限制甲对外签约合同金额在100万元以下，如超出100万元，甲须事先取得股东会同意。甲拒绝在决议上签字。此后公司再也没有召开股东会。

2010年12月，甲认为产品研发要想取得实质进展，必须引进隆泰公司的一项新技术。甲未与其他股东商量，即以鑫荣公司法定代表人的身份，与隆泰公司签订了金额为200万元的技术转让合同。

2011年5月，乙为资助其女赴美留学，向朋友张三借款50万元，以其对鑫荣公司的股权作为担保，并办理了股权质权登记手续。

2011年9月，大都房地产公司资金链断裂，难以继续支撑，不得不向法院提出破产申请。经审查，该公司尚有资产3000万元，但负债已高达3亿元，各股东包括丙的股权价值几乎为零。

2012年1月，鉴于鑫荣公司经营状况不佳及大股东与管理层间的矛盾，小股东丁与戊欲退出公司，以避免更大损失。

解题思路

（一）本案法律关系图解

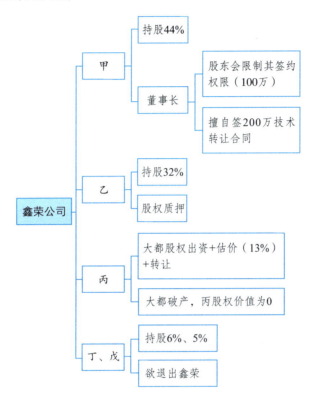

（二）本案核心考点分析

【考点1】股东会决议效力

《公司法》

第42条　股东会会议由股东按照出资比例行使表决权；但是，公司章程另有规定的除外。

第43条第2款　股东会会议作出修改公司章程、增加或者减少注册资本的决议，以及公司合并、分立、解散或者变更公司形式的决议，必须经代表2/3以上表决权的股东通过。

第46条　董事会对股东会负责，行使下列职权：……

（二）执行股东会的决议；……

案情显示，鑫荣公司共5名股东，甲认缴的出资比例（持股比例）为44%，其他4人持股比例合计56%。公司于2009年12月18日召开股东会，乙、丙、丁、戊一致同意限制甲（持股44%，任公司董事长）的对外签约权。本题第1问，要求同学们分析该股东会决议的效力。

根据《公司法》的规定，就股东会决议的效力判断，需要从"决议内容"和"决议程序"两方面分析。

首先，该股东会决议事项不属于需要"2/3以上表决权"通过的重大事项（第43条第2款），只需要表决权过半数的股东同意，决议可生效，所以该股东会决议程序合法。

其次，股东会是公司的权力机构，董事会对股东会负责，执行股东会的决议；因此，本案股东会就董事长甲的职权行使作出限制，该决议内容不违反《公司法》规定。

综合上述分析，鑫荣公司做出的该项股东会决议合法有效。

【考点2】法定代表人

《民法典》第61条　依照法律或者法人章程的规定，代表法人从事民事活动的负责人，为法人的法定代表人。

法定代表人以法人名义从事的民事活动，其法律后果由法人承受。

法人章程或者法人权力机构对法定代表人代表权的限制，不得对抗善意相对人。

根据案情，甲任鑫荣公司董事长与法定代表人，鑫荣公司于2009年12月召开股东会，限制甲对外签约合同金额在100万元以下（根据上文分析，可知该股东会决议有效）。2010年12月，甲擅自与隆泰公司签订了金额为200万元的技术转让合同。

要判断该技术转让合同的效力，关键要判断"甲越权行为是否有效"。根据《民法典》第61条第3款的规定，尽管公司权力机构（股东会）对董事长甲的职权行使有限制，但是由于甲的身份是"法定代表人"，他的越权行为不得对抗善意第三人，所以该技术转让合同是有效的。

【考点3】股权质押的条件

《民法典》

第440条　债务人或者第三人有权处分的下列权利可以出质：……

（四）可以转让的基金份额、股权；……

第443条第1款　以基金份额、股权出质的，质权自办理出质登记时设立。

本题"乙向朋友张三借款50万元，以其持有的鑫荣公司的股权作为质押担保"。因为"股权"具有财产权属性，依据《民法典》"权利质权"一节的规定，可以作为质押权标的。具体而言，该项质权的设立，不是"订立合同时设立"，而是"自登记时设立"。本案乙用以担保的股权已经办理质权登记手续。所以，该股权质押有效。

【考点4】股权出资

《公司法解释（三）》

第11条　出资人以其他公司股权出资，符合下列条件的，人民法院应当认定出资人已履行出资义务：

（一）出资的股权由出资人合法持有并依法可以转让；

（二）出资的股权无权利瑕疵或者权利负担；

（三）出资人已履行关于股权转让的法定手续；

（四）出资的股权已依法进行了价值评估。

……

第 15 条　出资人以符合法定条件的非货币财产出资后，因市场变化或者其他客观因素导致出资财产贬值，公司、其他股东或者公司债权人请求该出资人承担补足出资责任的，人民法院不予支持。但是，当事人另有约定的除外。

本案案情显示，丙的出资为"将其持有的大都有限公司股权折价成 260 万元，经验资办理了股权转让手续。"这符合股权出资的要求："合法性+无瑕疵+手续全+已评估"。虽然之后到 2011 年 9 月，大都公司申请破产，丙持有的大都公司的股权价值几乎为零，但这不是设立鑫荣公司时丙虚假出资，而是因市场变化或者其他客观因素导致丙的出资财产贬值，不能否定丙的出资效力。

【考点 5】股东退出机制（股权转让、公司回购股权）

公司成立后，股东不可抽回出资。有限责任公司股东如果要退出公司，可采取的方式包括：①转让股权；②出现法定情形可请求公司回购股权；③若公司经营管理发生严重困难，继续存续会使股东利益受到重大损失的，合格股东可请求解散公司。

对应的法律依据分别为：

《公司法》

第 71 条　有限责任公司的股东之间可以相互转让其全部或者部分股权。

股东向股东以外的人转让股权，应当经其他股东过半数同意。……

第 74 条　有下列情形之一的，对股东会该项决议投反对票的股东可以请求公司按照合理的价格收购其股权：……

第 182 条　公司经营管理发生严重困难，继续存续会使股东利益受到重大损失，通过其他途径不能解决的，持有公司全部股东表决权 10% 以上的股东，可以请求人民法院解散公司。

问题：

1. 2009 年 12 月 18 日股东大会决议的效力如何？为什么？

参考答案

官　答	该股东会决议有效。股东会有权就董事长的职权行使作出限制，且表决权过半数的股东已在决议上签字。

鄢 答	该股东会决议有效。 （大前提+小前提）根据《公司法》第46条的规定，董事会对股东会负责，执行股东会的决议；因此，本案中，股东会就董事长甲的职权行使作出限制，该决议内容不违法。其次，根据《公司法》第43条的规定，股东会决议就一般事项不需要"2/3以上表决权"通过，只需要表决权过半数的股东同意，决议即可生效。本案中，鑫荣公司共5名股东，甲认缴的出资比例为44%，其他4人持股比例合计56%。2009年12月18日召开股东会其他4人一致同意限制董事长甲的对外签约权。（结论）该决议程序合法，内容不违反《公司法》规定，所以是有效决议。

2. 甲以鑫荣公司名义与隆泰公司签订的技术转让合同效力如何？为什么？

参考答案

官 答	合同有效。尽管公司对董事长的职权行使有限制，甲超越了限制，但根据《民法典》第504条的规定，亦即越权行为有效规则，公司对外签订的合同依然是有效的。
鄢 答	合同有效。 （大前提）根据《民法典》第504条的规定："法人的法定代表人或者非法人组织的负责人超越权限订立的合同，除相对人知道或者应当知道其超越权限外，该代表行为有效，订立的合同对法人或者非法人组织发生效力。"（此即越权行为有效规则） （小前提）本案中，尽管鑫荣公司股东会限制了董事长甲对外签约的合同金额在100万元以下，但该种限制不得对抗善意第三人。就技术转让合同而言，隆泰公司没有审查鑫荣公司股东会决议或公司章程的法定义务，所以隆泰公司可认定为"善意第三人。" （结论）所以，甲与隆泰公司签订了金额为200万元的技术转让合同是有效的。

3. 乙为张三设定的股权质押效力如何？为什么？

参考答案

官 答	股权质押有效，张三享有质权。因为已经按照规定办理了股权质押登记。
鄢 答	股权质押有效，张三享有质权。 （大前提）根据《民法典》第443条第1款的规定："以基金份额、股权出质的，质权自办理出质登记时设立。"

续表

鄢 答	（小前提）本案中，乙以其持有的鑫荣公司的股权作为质押担保，该项质押担保已经办理质权登记手续。 （结论）所以，该股权质押有效。

4. 大都房地产公司陷入破产，丙是否仍然对鑫荣公司享有股权？为什么？

参考答案

官 答	丙仍然享有股权。因为丙已经办理了股权转让手续，且丙以其对大都房地产公司的股权出资时，大都房地产公司并未陷入破产，也不存在虚假出资。
鄢 答	丙仍然享有股权。 （大前提）根据《公司法解释（三）》第15条的规定："出资人以符合法定条件的非货币财产出资后，因市场变化或者其他客观因素导致出资财产贬值，公司、其他股东或者公司债权人请求该出资人承担补足出资责任的，人民法院不予支持。但是，当事人另有约定的除外。" （小前提）本案中，丙以其对大都公司的股权出资时，大都公司并未陷入破产并且丙已经办理了股权转让手续。虽然之后到2011年9月，大都公司申请破产，丙持有的大都公司的股权价值几乎为零，但这不是设立鑫荣公司时丙虚假出资，而是因市场变化或者其他客观因素导致丙的出资财产贬值，不能否定丙的出资效力。 （结论）所以，丙仍然享有股权。

5. 丁与戊可以通过何种途径保护自己的权益？

参考答案

官 答	丁、戊可以通过向其他股东或第三人转让股权的途径退出公司，或联合提起诉讼，请求法院强制解散公司的途径保护自己的权益。
鄢 答	丁、戊可以通过转让股权的途径退出，或二人提起诉讼，请求法院强制解散公司的途径保护自己的权益。 （大前提）根据《公司法》第71条的规定，股东可以相互转让股权也可将股权转让给第三人，以此方式退出公司；另根据《公司法》第182条，当公司陷入僵局困境，持有全部股东表决权10%以上的股东，可以请求法院解散公司。 （小前提）本案中，小股东丁与戊合计持股比例为11%，2012年1月鑫荣公司经营状况不佳及大股东与管理层间矛盾重重。

续表

鄢 答	（结论）所以，二人既可通过股权转让方式退出公司，也可联合提起诉讼，请求法院强制解散公司。

九、2010年司考卷四第六题（本题22分）

案情：

2007年2月，甲、乙、丙、丁、戊五人共同出资设立北陵贸易有限责任公司（简称北陵公司）。公司章程规定：公司注册资本500万元；持股比例各20%；甲、乙各以100万元现金出资，丙以私有房屋出资，丁以专利权出资，戊以设备出资，各折价100万元；甲任董事长兼总经理，负责公司经营管理；公司前五年若有利润，甲得28%，其他四位股东各得18%，从第六年开始平均分配利润。

至2010年9月，丙的房屋仍未过户登记到公司名下，但事实上一直由公司占有和使用。

公司成立后1个月，丁提出急需资金，向公司借款100万元，公司为此召开临时股东会议，作出决议如下：同意借给丁100万元，借期6个月，每月利息1万元。丁向公司出具了借条。虽至今丁一直未归还借款，但每月均付给公司利息1万元。

千山公司总经理王五系甲好友，千山公司向建设银行借款1000万元，借期1年，王五请求北陵公司提供担保。甲说："公司章程规定我只有300万元的担保决定权，超过了要上股东会才行。"王五说："你放心，我保证1年到期就归还银行，到时候与你公司无关，只是按银行要求做个手续。"甲碍于情面，自己决定以公司名义给千山公司的贷款银行出具了一份担保函。

戊不幸于2008年5月地震中遇难，其13岁的儿子幸存下来。

北陵公司欲向农业银行借款200万元，以设备作为担保，银行同意，双方签订了借款合同和抵押合同，但未办理抵押登记。

2010年5月，乙提出欲将其股份全部转让给甲，甲愿意受让。

2010年7月，当地发生洪水灾害，此时北陵公司的净资产为120万元，但尚欠万水公司债务150万元一直未还。北陵公司决定向当地的一家慈善机构捐款100万元，与其签订了捐赠合同，但尚未交付。

解题思路

（一）本案法律关系图解

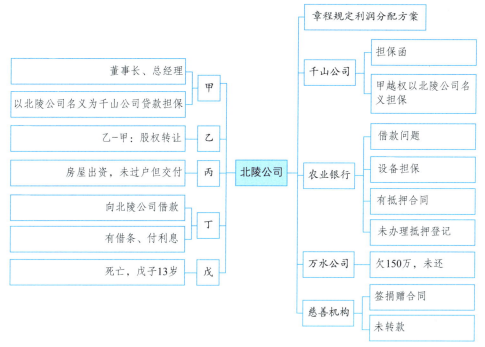

（二）本案核心考点分析

【考点1】公司利润分配

《公司法》第34条　股东按照实缴的出资比例分取红利；公司新增资本时，股东有权优先按照实缴的出资比例认缴出资。但是，全体股东约定不按照出资比例分取红利或者不按照出资比例优先认缴出资的除外。

北陵公司章程规定，股东的利润分配比例≠出资比例。具体是指：①5名股东的持股比例各为20%；②公司前5年若有利润，甲得28%，其他4名股东各得18%。本题第1问需要分析该章程条款是否有效。

该章程条款有效。原因在于，有限责任公司具有"人合性+资合性"，因为"人合性"，故股东之间通常存在特殊的人身信任或人身依附关系，为了维系这种关系，股东享有更多的意思自治，强制性规范较少，所以《公司法》允许有限公司章程对大多数问题另行规定。具体到利润分配，则是"股东约定优先，实缴比例补充"。

【考点2】不动产出资

《公司法》

第23条　设立有限责任公司，应当具备下列条件：

（一）股东符合法定人数；

（二）有符合公司章程规定的全体股东认缴的出资额；

（三）股东共同制定公司章程；

（四）有公司名称，建立符合有限责任公司要求的组织机构；

（五）有公司住所。

第 28 条　股东应当按期足额缴纳公司章程中规定的各自所认缴的出资额。股东……以非货币财产出资的，应当依法办理其财产权的转移手续。

股东不按照前款规定缴纳出资的，除应当向公司足额缴纳外，还应当向已按期足额缴纳出资的股东承担违约责任。

案情显示，股东丙作为出资的房屋未过户到公司名下，但已经实际交付。本题第 2 问要求分析两个问题：①股东出资瑕疵，是否影响到公司设立？②丙出资违约，需要承担何种责任？

首先，股东出资瑕疵不会影响公司的设立。通过公司设立制度改革，我国公司设立门槛一再降低，不再设定法定资本最低限额，有限公司不再实行实缴资本制度，只需要全体股东认缴出资额，公司就能成立（见上述《公司法》第 23 条）。所以股东出资瑕疵，并不导致公司设立失败的后果。

其次，丙以房屋（非货币财产）出资，需要办理"财产权的转移手续"，具体到不动产，需要办理过户登记。所以，丙仅仅交付房屋，尚未办理权属变更手续，需要对其他股东承担违约责任。

（提示：本题是 2010 年考题，之后才通过《公司法解释（三）》。该司法解释关于不动产出资规定更加详细，增加了"……法院应当责令当事人在指定的合理期间内办理权属变更手续；……办理了权属变更手续的，应当认定其已经履行了出资义务"。本题因为是老题目，案情所给条件不足，难以判断丙是否在"合理期间内补办手续"，所以，建议同学们以《公司法》第 28 条作为法律依据来回答。）

补充：

《公司法解释（三）》第 10 条第 1 款　出资人以房屋、土地使用权或者需要办理权属登记的知识产权等财产出资，已经交付公司使用但未办理权属变更手续，公司、其他股东或者公司债权人主张认定出资人未履行出资义务的，人民法院应当责令当事人在指定的合理期间内办理权属变更手续；在前述期间内办理了权属变更手续的，人民法院应当认定其已经履行了出资义务；出资人主张自其实际交付财产给公司使用时享有相应股东权利的，人民法院应予支持。

【考点3】抽逃出资

《公司法解释（三）》第 12 条　公司成立后，公司、股东或者公司债权人以相关股东的行为符合下列情形之一且损害公司权益为由，请求认定该股东抽逃出资的，人民法院应予支持：

（一）制作虚假财务会计报表虚增利润进行分配；

（二）通过虚构债权债务关系将其出资转出；

（三）利用关联交易将出资转出；

（四）其他未经法定程序将出资抽回的行为。

《民法典》第668条第2款　借款合同的内容一般包括借款种类、币种、用途、数额、利率、期限和还款方式等条款。

本题第3问，需要对"股东丁—北陵公司"的关系定性：这是正常借贷关系，还是构成抽逃出资？

案情显示，丁拟向北陵公司借款100万元：①公司为此召开临时股东会议，并作出借期、利息等相关决议；②丁向北陵公司出具了借条；③丁到期未归还借款，但每月均付利息。

这些信息表明，丁—北陵公司构成正常借贷关系，不能定性为抽逃出资。根据《公司法解释（三）》第12条的规定，股东抽逃资金需采取"……通过虚构债权债务关系将其出资转出"等形式，本案公司就丁的借款召开股东会，形成股东会决议，且该借款合同条款明确，有具体金额、借期、利息条款，符合《民法典》借款合同的要件，不能认定为"虚构债权债务关系"，所以应当认定为形成丁对北陵公司的债务，不构成抽逃出资。

【考点4】股权转让、继承

《公司法》

第71条第1款　有限责任公司的股东之间可以相互转让其全部或者部分股权。

第75条　自然人股东死亡后，其合法继承人可以继承股东资格；但是，公司章程另有规定的除外。

《公司法解释（四）》第16条　有限责任公司的自然人股东因继承发生变化时，其他股东主张依据公司法第71条第3款规定行使优先购买权的，人民法院不予支持，但公司章程另有规定或者全体股东另有约定的除外。

北陵公司经营过程中，涉及两处股权变动：①股东乙将其股份全部转让给股东甲；②戊死亡，其13岁的儿子能否继承股东资格？这两处股权变动均涉及"其他股东是否有优先购买权"。

1. 股东之间转让股权

"优先购买权"是有限责任公司"人合性"的要求，只适用于"股权对外转让"场合。

有限责任公司的特征之一是"人资两合性"，是以人合性为主兼有资合性的公司。"人合性"是指公司的经营活动以股东个人信用而非公司资本的多寡为基础，故有限公司股东之间通常存在特殊的人身信任或人身依附关系。但是，股权对外转让的结果是新股东加入，这会打破现有股东格局，会损害到现有股东的"人合性"。所以，在有限公司股权对外转让的具体规则中，规定了"其他股东享有优先购买权"。

但是，如果是股东之间转让股权（股权对内转让），并无新股东加入，没有影响现有股东的"人合性"，所以，《公司法》规定，有限责任公司的股东之间，可以自由转让股权，无需通知其他股东，也无需取得其他股东同意。当然，其他股东也不能主张优先购买该转让股权。

2. 股权继承

本案股东戊死亡，其儿子年仅13岁，能否继承戊的股东资格？答案是：能够继承。因为股权具有财产属性，并非仅仅具有人身属性，是可转移的权利，那么，无论继承人的年龄、智力如何，只要他是合法继承人，均可主张继承股权。

另外，2017年出台的《公司法解释（四）》明确规定：因继承发生的自然人股东变化，其他股东无权主张优先购买该股权。这个规定和"股权协议对外转让，其他股东能主张优先购买权"不同，究其产生差异的原因，仍是遵循《民法典》保护合法财产权的继承规则。

【考点5】公司担保

《公司法》第16条第1款　公司向其他企业投资或者为他人提供担保，依照公司章程的规定，由董事会或者股东会、股东大会决议；公司章程对投资或者担保的总额及单项投资或者担保的数额有限额规定的，不得超过规定的限额。

《民法典》

第61条第2、3款　法定代表人以法人名义从事的民事活动，其法律后果由法人承受。法人章程或者法人权力机构对法定代表人代表权的限制，不得对抗善意相对人。

第504条　法人的法定代表人……超越权限订立的合同，除相对人知道或者应当知道其超越权限外，该代表行为有效，订立的合同对法人或者非法人组织发生效力。

我补充一下2019年11月《九民纪要》关于"对外担保"的相关内容：

【违反《公司法》第16条构成越权代表】……《公司法》第16条对法定代表人的代表权进行了限制。根据该条规定，担保行为不是法定代表人所能单独决定的事项，而必须以公司股东（大）会、董事会等公司机关的决议作为授权的基础和来源。法定代表人未经授权擅自为他人提供担保的，构成越权代表，人民法院应当根据《民法典》第504条关于法定代表人越权代表的规定，区分订立合同时债权人是否善意分别认定合同效力：债权人善意的，合同有效；反之，合同无效。

【善意的认定】前条所称的善意，是指债权人不知道或者不应当知道法定代表人超越权限订立担保合同。《公司法》第16条对关联担保和非关联担保的决议机关作出了区别规定,相应地,在善意的判断标准上也应当有所区别。

(1)一种情形是,为公司股东或者实际控制人提供关联担保……(略)

(2)另一种情形是,公司为公司股东或者实际控制人以外的人提供非关联担保,根据《公司法》第16条的规定,此时由公司章程规定是由董事会决议还是股东(大)会决议。无论章程是否对决议机关作出规定,也无论章程规定决议机关为董事会还是股东(大)会,根据《民法典》第61条第3款关于"法人章程或者法人权力机构对法定代表人代表权的限制,不得对抗善意相对人"的规定,只要债权人能够证明其在订立担保合同时对董事会决议或者股东(大)会决议进行了审查,同意决议的人数及签字人员符合公司章程的规定,就应当认定其构成善意,但公司能够证明债权人明知公司章程对决议机关有明确规定的除外。

(3)债权人对公司机关决议内容的审查一般限于形式审查,只要求尽到必要的注意义务即可,标准不宜太过严苛。公司以机关决议系法定代表人伪造或者变造、决议程序违法、签章(名)不实、担保金额超过法定限额等事由抗辩债权人非善意的,人民法院一般不予支持。但是,公司有证据证明债权人明知决议系伪造或者变造的除外。

本案案情显示,北陵公司对外300万元以下的担保决定权,可以由董事长甲决定,但超过300万元的要经过股东会同意。说明甲"自己决定为千山公司担保1000万",是甲越权代表。

下一步,要考虑相对人"建设银行"是否"善意"。说实话,由于本题年代久远,题干所给信息不全。我们可以分情况讨论:①如果建设银行在订立担保合同时,对董事会决议或者股东会决议进行了形式审查,可认定其构成善意,则甲构成表见代表。北陵公司需要承担担保责任。②如果建设银行在订立担保合同时,没有审查董事会决议或者股东会决议,则建设银行不是"善意相对人",则担保合同无效。

【考点6】和民法知识点结合考查

本题有两问和民法结合:①设备担保的生效条件;②撤销权。本案案情设计简单直白,"因法杂设题目",缺乏技术含量,难度远远小于以后年份的主观题,但它已经反映了"融合考查"的趋势。就该两个民法问题,本书仅列出相关法条,因为答案尽在法条之中。

1.设备担保的生效条件

《民法典》

第396条 企业、个体工商户、农业生产经营者可以将现有的以及将有的生产设备、原材料、半成品、产品抵押,债务人不履行到期债务或者发生当事人约定的实现抵押权的情形,债权人有权就抵押财产确定时的动产优先受偿。

第403条 以动产抵押的,抵押权自抵押合同生效时设立;未经登记,不得对抗善意第三人。

本案，北陵公司以设备（动产）作为担保，向农业银行借款200万元，双方签订了借款合同和抵押合同，该抵押权自抵押合同生效时设立。虽然未办理抵押登记，不影响抵押权的设立，所以，银行能够行使抵押权。

2. 撤销权

（1）北陵公司与慈善机构的捐赠合同有效，符合合同生效要件，并且没有出现合同无效事由。法律依据为：

《民法典》

第502条第1款 依法成立的合同，自成立时生效，但是法律另有规定或者当事人另有约定的除外。

第154条 行为人与相对人恶意串通，损害他人合法权益的民事法律行为无效。

（2）债权人万水公司可主张请求法院撤销北陵公司的捐赠行为。法律依据为：

《民法典》

第538条 债务人以放弃其债权、放弃债权担保、无偿转让财产等方式无偿处分财产权益，或者恶意延长其到期债权的履行期限，影响债权人的债权实现的，债权人可以请求人民法院撤销债务人的行为。

第539条 债务人以明显不合理的低价转让财产、以明显不合理的高价受让他人财产或者为他人的债务提供担保，影响债权人的债权实现，债务人的相对人知道或者应当知道该情形的，债权人可以请求人民法院撤销债务人的行为。

第658条 赠与人在赠与财产的权利转移之前可以撤销赠与。

经过公证的赠与合同或者依法不得撤销的具有救灾、扶贫、助残等公益、道德义务性质的赠与合同，不适用前款规定。

问题：

1. 北陵公司章程规定的关于公司前五年利润分配的内容是否有效？为什么？

参考**答案**

官答	有效。《公司法》允许有限公司章程对利润作出不按出资比例的分配方法。
鄢答	有效。 （大前提）根据《公司法》的规定，有限公司章程可对利润作出不按出资比例的分配方法。 （小前提+结论）本题北陵公司章程规定前5年甲得28%，其他四位股东各得18%，从第6年开始平均分配利润，合法有效。

2. 丙作为出资的房屋未过户到公司名下，对公司的设立产生怎样的后果？在房屋已经由公司占有和使用的情况下，丙是否需要承担违约责任？

参考答案

官 答	不影响公司的有效设立。丙应当承担违约责任。
鄢 答	不影响公司有效设立。丙应当承担违约责任。 （大前提）就公司的设立，我国《公司法》实行认缴资本制度，即有符合公司章程规定的全体股东认缴的出资额，并不需要股东实缴出资，所以丙的房屋未过户不影响公司的有效设立。关于丙的违约责任，根据《公司法》第28条的规定："股东……以非货币财产出资的，应当依法办理其财产权的转移手续。股东不按照前款规定缴纳出资的，除应当向公司足额缴纳外，还应当向已按期足额缴纳出资的股东承担违约责任。" （小前提+结论）本题，丙的房屋未过户登记，即该不动产尚未完成财产权转移手续，所以，丙的出资有瑕疵，丙应当承担违约责任。

3. 丁向公司借款100万元的行为是否构成抽逃注册资金？为什么？

参考答案

官 答	不构成。经过股东会决议，签订了借款合同，形成丁对公司的债务。
鄢 答	不构成。 （大前提）根据《公司法解释（三）》第12条的规定，股东抽逃资金需采取"……通过虚构债权债务关系将其出资转出"等形式。 （小前提）本案中，公司就丁的借款召开股东会，形成股东会决议，且该借款合同条款明确，有具体金额、借期、利息条款，符合《民法典》借款合同的要件，不能认定为"虚构债权债务关系"。 （结论）所以形成丁对公司的债务，不构成抽逃出资。

4. 北陵公司于2010年8月请求丁归还借款，其请求权是否已经超过诉讼时效？为什么？

参考答案

官 答	未超过。因为丁作为债务人一直在履行债务。
鄢 答	未超过。 （大前提）根据《民法典》第189条的规定："当事人约定同一债务分期履行的，

续表

鄢 答	诉讼时效期间自最后一期履行期限届满之日起计算。" (小前提) 本题,丁和北陵公司借款发生在 2007 年 3 月 (公司成立后 1 个月),丁虽然未还本金,但每月均支付利息,也即丁作为债务人一直在履行债务。 (结论) 所以,当北陵公司于 2010 年 8 月请求丁归还借款,其请求权未超过诉讼时效。

5. 北陵公司是否有权请求法院确认其向建设银行出具的担保函无效?为什么?

参考答案

官 答	无权。因保证合同是甲与银行之间的合同。
鄢 答	需要分情况讨论。 (大前提)《公司法》第 16 条对法定代表人的代表权进行了限制。法定代表人的担保行为必须以公司股东 (大) 会、董事会等公司机关的决议作为授权的基础和来源。法定代表人未经授权擅自为他人提供担保的,构成越权代表,法院应当根据《民法典》关于法定代表人越权代表的规定,区分订立合同时债权人是否善意分别认定合同效力:债权人善意的,合同有效;反之,合同无效。 (小前提+结论) 本案中,由于甲未经股东会决议对外担保 1000 万,违反了担保的规定,构成越权代表。则: (1) 如果建设银行在订立担保合同时,对董事会决议或者股东会决议进行了形式审查,可认定其构成善意,则甲构成表见代表。北陵公司需要承担担保责任。 (2) 如果建设银行在订立担保合同时,没有审查董事会决议或者股东会决议,则建设银行不是"善意相对人",则担保合同无效。

6. 戊 13 岁的儿子能否继承戊的股东资格而成为公司的股东?为什么?

参考答案

官 答	能够。因为《公司法》并未要求股东为完全行为能力人。
鄢 答	能够。 (大前提) 根据《公司法》第 75 条的规定:"自然人股东死亡后,其合法继承人可以继承股东资格;……"所以《公司法》并未要求股东为完全行为能力人。 (小前提+结论) 本题,股东戊死亡,虽然其子仅有 13 岁,但不影响其子因继承成为公司股东。

7. 如北陵公司不能偿还农业银行的 200 万元借款，银行能否行使抵押权？为什么？

参考答案

官 答	能够。设备抵押可以不办理登记。
鄢 答	能够。 （大前提）根据《民法典》的相关规定，企业以生产设备抵押的，抵押权自抵押合同生效时设立；未经登记，不得对抗善意第三人。 （小前提）本题北陵公司以设备作为担保，其和银行签订了借款合同和抵押合同，虽然未办理抵押登记，该动产抵押合法有效。 （结论）所以，北陵公司不能偿还借款时，银行可以行使抵押权。

8. 乙向甲转让股份时，其他股东是否享有优先受让权？为什么？

参考答案

官 答	不享有。因为不是对外转让。
鄢 答	不享有。 （大前提）《公司法》第 71 条第 1 款"有限责任公司的股东之间可以相互转让其全部或者部分股权"的规定，表明了股东之间"可自由"转让股权，其他股东没有优先购买权。《公司法》规定的"优先购买权"制度是为了维护有限公司股东之间的"人合性"，该制度适应"股权对外转让"情形。 （小前提）本题，股东乙向另一股东甲转让股权，并非"向外人"转让股权，没有新股东加入，不会影响现有股东的"人合性"。 （结论）故，其他股东无优先购买权。

9. 北陵公司与当地慈善机构的捐赠合同是否有效？为什么？万水公司可否请求法院撤销北陵公司的上述行为？为什么？

参考答案

官 答	有效。万水公司可以请求法院撤销北陵公司的捐赠行为，因其不履行债务而无偿转让财产，损害了万水公司的利益，符合《民法典》关于债的保全撤销权的条件。
鄢 答	（1）合同有效。 （大前提）因为合同自成立时生效，并且该捐赠合同没有违反法律、行政法规的强制性规定。故合同有效。

续表

鄙答	（2）万水公司可以请求法院撤销北陵公司的捐赠行为。 （大前提）根据《民法典》第538条的规定："债务人以放弃其债权、放弃债权担保、无偿转让财产等方式无偿处分财产权益，……影响债权人的债权实现的，债权人可以请求人民法院撤销债务人的行为。" （小前提+结论）所以本题北陵公司的捐赠损害了债权人万水公司的利益，万水公司可以主张撤销。

一、2019年法考回忆题（本题38分）

材料：（略）

问题：请结合深化党和国家的体制改革，谈谈法治政府对依法治国的意义。

参考答案（要点）

党的十九大要求，建设法治政府，推进依法行政，严格规范公正文明执法。法律的生命力在于实施，法律的权威也在于实施。各级政府必须坚持在党的领导下、在法治轨道上开展工作，创新执法体制，完善执法程序，推进综合执法，严格执法责任，建立权责统一、权威高效的依法行政体制，加快建设职能科学、权责法定、执法严明、公开公正、廉洁高效、守法诚信的法治政府。

1. 依法全面履行政府职能。完善行政组织和行政程序法律制度，推进机构、职能、权限、程序、责任法定化。行政机关要坚持法定职责必须为、法无授权不可为，勇于负责、敢于担当，坚决纠正不作为、乱作为，坚决克服懒政、怠政，坚决惩处失职、渎职。行政机关不得法外设定权力，没有法律法规依据不得作出减损公民、法人和其他组织合法权益或者增加其义务的决定。推行政府权力清单制度，坚决消除权力设租寻租空间。

2. 健全依法决策机制。把公众参与、专家论证、风险评估、合法性审查、集体讨论决定确定为重大行政决策法定程序，确保决策制度科学、程序正当、过程公开、责任明确。建立行政机关内部重大决策合法性审查机制，未经合法性审查或经审查不合法的，不得提交讨论。

3. 深化行政执法体制改革。根据不同层级政府的事权和职能，按照减少层次、整合队伍、提高效率的原则，合理配置执法力量。

4. 坚持严格规范公正文明执法。依法惩处各类违法行为，加大关系群众切身利益的重点领域执法力度。完善执法程序，建立执法全过程记录制度。明确具体操作流程，重点规范行政许可、行政处罚、行政强制、行政征收、行政收费、行政检查等执法行为。严格执行重大执法决定法制审核制度。

5. 强化对行政权力的制约和监督。加强党内监督、人大监督、民主监督、行政监督、司法监督、审计监督、社会监督、舆论监督制度建设，努力形成科学有效的权力运行制约和监督体系，增强监督合力和实效。

6. 全面推进政务公开。坚持以公开为常态、不公开为例外原则，推进决策公开、执行公开、管理公开、服务公开、结果公开。各级政府及其工作部门依据权力清单，向社会全面公开政府职能、法律依据、实施主体、职责权限、管理流程、监督方式等事项。重点推进财政预算、公共资源配置、重大建设项目批准和实施、社会公益事业建设等领域的政府信息公开。

二、2018年法考回忆题（本题35分）

材料一： 改革和法治如鸟之两翼、车之两轮。我们要坚持走中国特色社会主义法治道路，加快构建中国特色社会主义法治体系，建设社会主义法治国家。全面依法治国，核心是坚持党的领导、人民当家作主、依法治国有机统一，关键在于坚持党领导立法、保证执法、支持司法、带头守法。要在全社会牢固树立宪法法律权威，弘扬宪法精神，任何组织和个人都必须在宪法法律范围内活动，都不得有超越宪法法律的特权。

（摘自习近平在庆祝中国共产党成立95周年大会上的讲话）

材料二： "全面推进依法治国这件大事能不能办好，最关键的是方向是不是正确、政治保证是不是坚强有力，具体讲就是要坚持党的领导，坚持中国特色社会主义制度，贯彻中国特色社会主义法治理论。"

（摘自《关于〈中共中央关于全面推进依法治国若干重大问题的决定〉的说明》）

答题要求：

1. 无观点或论述、照搬材料原文的不得分；

2. 观点正确，表述完整、准确；

3. 总字数不少于 600 字。

问题:

根据材料,结合自己的实际工作和学习,谈谈坚定不移走中国特色社会主义法治道路的核心要义。

参考**答案**(要点)

中国特色社会主义法治道路核心要义是贯穿社会主义法治实践的一条红线,它与每一个公民的生活与工作息息相关。

1. 中国特色社会主义法治道路的核心要义包括以下三个方面:坚持党的领导,坚持中国特色社会主义制度,贯彻中国特色社会主义法治理论。要言之,这一核心要义包括以下内涵:

(1) 党的领导是中国特色社会主义最本质的特征,是社会主义法治最根本的保证。把党的领导贯彻到依法治国全过程和各方面,是我国社会主义法治建设的一条基本经验。我国宪法确立了中国共产党的领导地位。坚持党的领导是社会主义法治的根本要求,是党和国家的根本所在、命脉所在,是全国各族人民的利益所系、幸福所系,是全面推进依法治国的题中应有之义。

(2) 中国特色社会主义制度是中国特色社会主义法治体系的根本制度基础,是全面推进依法治国的根本制度保障。中国特色社会主义制度是党领导人民奋斗、创造、积累的根本成就之一,集中体现了中国特色社会主义的特点和优势。全面依法治国战略的推进如果脱离了中国特色社会主义制度这一根本依托,必将成为无源之水、无根之木。在法治国家的建设过程中,始终坚持从中国的基本国情出发,汲取中华法律文化精华,借鉴但绝不照搬国外法治理念和经验,是依法治国伟大战略顺利达成的必然要求。

(3) 中国特色社会主义法治理论是建设社会主义法治国家的根本指引。社会主义法治理论是将马克思主义普遍真理同中国实际不断结合的理论结晶,是马克思主义法治思想中国化的最新理论成果,是对我党带领全国人民探索法治道路经验的科学总结。伟大的实践离不开伟大的理论,全面深入贯彻中国特色社会主义法治理论,是保障中国特色社会主义法治建设科学性、系统性的精神内核与不二要求。

2. 依法治国是坚持和发展中国特色社会主义的本质要求和重要保障,是实现国家治理体系和治理能力现代化的必然要求,事关我党执政兴国,事关人民幸福安康,事关党和国家长治久安。全面建成小康社会、实现中华民族伟大复兴的中国梦,全面深化改革、完善和发展中国特色社会主义制度,提高党的执政能力和执政水平,必须全面推进依法治国。在推进依法治国伟大战略的过程中，坚持党的领导，坚持中国特色社会主义制度，贯彻中国特色社会主义法治理论构成中国特色社会主义法治道路的核心要义。

三、2017年司考卷四第一题（本题22分）

材料一： 法律本来应该具有定分止争的功能，司法审判本来应该具有终局性的作用，如果司法不公、人心不服，这些功能就难以实现。……我们提出要努力让人民群众在每一个司法案件中都感受到公平正义，所有司法机关都要紧紧围绕这个目标来改进工作，重点解决影响司法公正和制约司法能力的深层次问题。

（摘自习近平：《第十八届中央政治局第四次集体学习时的讲话》）

材料二： 新华社北京2017年5月3日电：中共中央总书记、国家主席、中央军委主席习近平3日上午来到中国政法大学考察。习近平指出，我们有我们的历史文化，有我们的体制机制，有我们的国情，我们的国家治理有其他国家不可比拟的特殊性和复杂性，也有我们自己长期积累的经验和优势。

答题要求：

1. 无观点或论述、照搬材料原文的不得分；
2. 观点正确，表述完整、准确；
3. 总字数不少于500字。

问题：

请根据材料一和材料二，结合自己对中华法文化中"天理、国法、人情"的理解，谈谈在现实社会的司法、执法实践中，一些影响性裁判、处罚决定公布后，有的深获广大公众认同，取得良好社会效果，有的则与社会公众较普遍的认识有相当距离，甚至截然相反判断的原因和看法。

参考答案（要点）

从中国实际出发，汲取中华法律文化中的精华，灵活运用"天理、国法、人情"解决纠纷，才能真正让人民群众在每一个司法案件中都感受到公平正义。

1. 在传统中华法文化中，天理是指法律所依据的道理，它是法律制定、实施的本源，国法是指国家法律，人情则是指社会公众所认可的道德伦理情感。这三者的融会贯通是传统中华法文化的价值追求和精华所在，也能够使法律决定最大程度地兼顾法律效果和社会效果。

2. 坚持从中国实际出发。

（1）中国特色社会主义道路、理论体系、制度是推进全面依法治国的根本遵循。正如习近平总书记所说："我们有我们的历史文化，有我们的体制机制，有我们的国情，我们的国家治理有其他国家不可比拟的特殊性和复杂性。"

（2）必须从我国基本国情出发，发展符合中国实际、具有中国特色、体现社会发展规律的社会主义法治理论，为依法治国提供理论指导和学理支撑。正如习近平总书记指出，只有以正确的法治理论引领，才可能有正确的法治实践。

（3）汲取中华法律文化精华，正确运用天理、国法、人情解决影响司法公正和制约司法能力的深层次问题。

3. 公正是法治的生命线。司法公正对社会公正具有重要引领作用，司法不公对社会公正具有致命的破坏作用。必须完善司法管理体制和司法权力运行机制，规范司法行为，加强对司法活动的监督，努力让人民群众在每一个司法案件中感受到公平正义。

四、2016年司考卷四第一题（本题20分）

材料一： 平等是社会主义法律的基本属性。任何组织和个人都必须尊重宪法法律权威，都必须在宪法法律范围内活动，都必须依照宪法法律行使权力或权利、履行职责或义务，都不得有超越宪法法律的特权。必须维护国家法制统一、尊严、权威，切实保证宪法法律有效实施，绝不允许任何人以任何借口任何形式以言代法、以权压法、徇私枉法。必须以规范和约束公权力为重点，加大监督力度，做到有权必有责、用权受监督、违法必追究，坚决纠正有法不依、执法不严、违法不究行为。

（摘自《中共中央关于全面推进依法治国若干重大问题的决定》）

材料二： 全面推进依法治国，必须坚持公正司法。公正司法是维护社会公平正义的最后一道防线。所谓公正司法，就是受到侵害的权利一定会得到保护和救济，违法犯罪活动一定要受到制裁和惩罚。如果人民群众通过司法程序不能保证自己的合法权利，那司法就没有公信力，人民群众也不会相信司法。法律本来应该具有定分止争的功能，司法审判本来应该具有终局性的作用，如果司法不公、人心不服，这些功能就难以实现。

（摘自习近平：《在十八届中央政治局第四次集体学习时的讲话》）

答题要求：

1. 无观点或论述、照搬材料原文的不得分；

2. 观点正确，表述完整、准确；

3. 总字数不得少于400字。

问题：

根据以上材料，结合依宪治国、依宪执政的总体要求，谈谈法律面前人人平等的原则对于推进严格司法的意义。

参考**答案**（要点）

1. 坚持依法治国首先要坚持依宪治国，坚持依法执政首先要坚持依宪执政。宪法是国家的根本大法，是党和人民意志的集中体现，全国各族人民、一切国家机关和武装力量、各政党和各社会团体、各企业事业组织，都必须以宪法为根本活动准则。依宪治国、依宪执政必须贯彻法律面前人人平等的原则：一方面，宪法法律对所有公民和组织的合法权利予以平等保护，对受侵害的权利予以平等救济；另一方面，任何个人都不得有超越宪法法律的特权，一切违反宪法法律的行为都必须予以纠正和追究。

2. 平等是社会主义法律的基本属性，是社会主义法治的根本要求，严格司法是法律面前人人平等原则在司法环节的具体表现。公正是法治的生命线，司法公正对社会公平正义具有重要引领作用。正如习近平总书记所说，司法不公、司法不严对社会公平正义和司法公信力具有致命的破坏作用。坚持法律面前人人平等，意味着人民群众的诉讼权利在司法程序中应得到平等对待，人民群众的实体权利在司法裁判中得到平等保护。只有让人民群众在每一个司法案件中感受到公平正义，人民群众才会相信司法，司法才具有公信力。

3. 坚持法律面前人人平等的原则，对于严格司法提出了更高的要求：首先，司法机关及其工作人员在司法过程中必须坚持以事实为根据、以法律为准绳，坚持事实认定符合客观真相、办案结果符合实体公正、办案过程符合程序公正，统一法律适用的标准，避免同案不同判，实现对权利的平等保护和对责任的平等追究；其次，推进以审判为中心的诉讼制度改革，全面贯彻证据裁判规则，确保案件事实证据经得起法律检验，确保诉讼当事人受到平等对待，绝不允许法外开恩和法外施刑；最后，司法人员工作职责、工作流程、工作标准必须明确，办案要严格遵循法律面前人人平等的原则，杜绝对司法活动的违法干预，办案结果要经得住法律和历史的检验。

五、2015年司考卷四第一题（本题20分）

材料一： 法律是治国之重器，法治是国家治理体系和治理能力的重要依托。全面推进依法治国，是解决党和国家事业发展面临的一系列重大问题，解放和增强社会活力、促进社会公平正义、维护社会和谐稳定、确保党和国家长治久安的根本要求。要推动我国经济社会持续健康发展，不断开拓中国特色社会主义事业更加广阔的发展前景，就必须全面推进社会主义法治国家建设，从法治上为解决这些问题提供制度化方案。

（摘自习近平《关于〈中共中央关于全面推进依法治国
若干重大问题的决定〉的说明》）

材料二： 同党和国家事业发展要求相比，同人民群众期待相比，同推进国家治理体系和治理能力现代化目标相比，法治建设还存在许多不适应、不符合的问题，主要表现为：有的法律法规未能全面反映客观规律和人民意愿，针对性、可操作性不强，立法工作中部门化倾向、争权诿责现象较为突出；有法不依、执法不严、违法不究现象比较严重，执法体制权责脱节、多头执法、选择性执法现象仍然存在，执法司法不规范、不严格、不透明、不文明现象较为突出，群众对执法司法不公和腐败问题反映强烈。

（摘自《中共中央关于全面推进依法治国若干重大问题的决定》）

答题要求：

1. 无观点或论述、照搬材料原文的不得分；
2. 观点正确，表述完整、准确；
3. 总字数不得少于400字。

问题：

根据以上材料，结合全面推进依法治国的总目标，从立法、执法、司法三个环节谈谈建设社会主义法治国家的意义和基本要求。

参考答案 （要点）

1. 推进全面依法治国的总目标是建设中国特色社会主义法治体系，建设社会主义法治国家。即：在党的领导下，坚持中国特色社会主义制度，贯彻中国特色社会主义法治理论，形成完备的法律规范体系、高效的法治实施体系、严密的法治监督体系、有力的法治保障体系，形成完备的党内法规体系，坚持依法治国、依法执政、依法行政共同推进，坚持法治国家、法治政府、法治社会一体建设，实现科学立法、严格执法、公正司法、全民守法，促进国家治理体系和治理能力现代化。

2. 从立法环节来看，要完善以宪法为核心的法律体系，加强宪法实施。建设中国特色社会主义法治体系，必须坚持立法先行，发挥立法的引领和推动作用，抓住提高立法质量这个关键。形成完备的法律规范体系，要贯彻社会主义核心价值观，使每一项立法都符合宪法精神。要完善立法体制机制，坚持立改废释并举，增强法律法规的及时性、系统性、针对性、有效性。

3. 从执法环节来看，要深入推进依法行政，加快建设法治政府。法律的生命力和法律的权威均在于实施。建设法治政府要求在党的领导下，创新执法体制，完善执法程序，推进综合执法，严格执法责任，建立权责统一、权威高效的依法行政体制，加快建设职能科学、权责法定、执法严明、公开公正、廉洁高效、守法诚信的法治政府。

4. 从司法环节看，要保证公正司法，提高司法公信力。要完善司法管理体制和司法权力运行机制，规范司法行为，加强监督，让人民群众在每一个司法案件中感受到公平正义。

 六、2011年司考卷四第七题（本题26分）

材料： 2007年以来，金融危机给全球经济造成了深刻影响，面对法院执行中被执行人履行能力下降、信用降低、执行和解难度增大等 新情况、新问题，最高人民法院在《关于应对国际金融危机做好当前执行工作的若干意见》中指出："在金融危机冲击下，为企业和市场提供司法服务，积极应对宏观经济环境变化引发的新情况、新问题，为保增长、保民生、保稳定'三保'方针的贯彻落实提供司法保障，是当前和今后一段时期人民法院工作的重中之重。"

例1：2007年8月，同升市法院判决张某偿还同升市外经贸有限公司（以下称"外贸公司"）2亿元人民币。近1年时间，张某未按时履行义务，且下落不明。外贸公司遂向同升市法院申请执行。

同升市法院执行法官李某调查发现，被执行人张某除一些变现难度大且价值不高的财产外，尚持有上市股票ZX科技3000万股，遂进行了查封。当时股票的市值每股仅3元多，如抛售可得9000余万元。李法官综合分析市场大势，认为ZX科技不仅近期会有送股，而且还有上涨可能，主张股票升值后择机出售。李法官的这一想法得到了同升市法院及其上级法院的一致支持，也取得了外贸公司的同意。

此后1年多时间，ZX科技先后2次送股，被查封的股票数量达到了4000多万股，股值上涨到7元多。李法官请示法院领导后，速与证券公司营业部交涉以当时市场价格强制卖出股票，所得钱款足以支付被执行人张某所欠本金及利息。

例2：2007年6月，中都市法院陆续受理了湘妃科技发展有限公司（以下简称"湘妃公司"）等单位申请执行太平洋娱乐有限公司（以下简称"太平洋公司"）10余起欠款纠纷案，标的约2000万元。执行法官张某查明，太平洋公司主业是水族馆，因经营不善已歇业，除剩有4年期的水族馆经营使用权外，已无其他可供执行的财产。

张法官经过对水族馆项目前景谨慎评估后，经请示法院领导，决定在经营使用权上想办法，敦促被执行人寻找新的投资合作人，盘活资产。张法官主动找到最大债权人湘妃公司，经细致工作，使其接受水族馆资产及其经营使用权，以抵偿该公司的1500余万元债权。同时，湘妃公司另行支付部分款项给法院，由法院分配给其他债权人。经张法官努力，还为太平洋公司找到一家私营企业注入资金，使太平洋公司重新焕发了生机。

此外，一些地方法院在执行中还采取了"债权入股"或"债转股"等灵活执行措施，社会上形象地将此表述为"放水养鱼让鱼活"。但对于执行法官涉入股市、推动企业运作等做法，网上时有质疑，法院内部也不无疑虑。

答题要求：

1. 运用法理学及部门法知识作答；

2. 观点明确，逻辑严谨，说理充分，层次清晰，文字通畅；

3. 无观点或论述，照搬材料原文的不得分；

4. 请按提问顺序分别作答，总字数不少于500字。

问题：

1. 从正确把握案件执行的法律效果与社会效果有效统一的角度，评价法院（法官）在案件执行中的上述做法。

2. 结合法理学和民法、商法、民事诉讼法的相关原则，对案件执行中的上述做法进行分析。

参考答案（要点）

（我认为，）上述案例中法院和法官的做法正确体现了案件执行的社会效果和法律效果的有效统一。注意：此处问题1要求考生"正解把握"该理论，若认为相关做法未体现"两个效果统一"，即为"错误把握"。

案件执行的法律效果是指案件的执行符合法律规定，具有合法性；其社会效果是指案件的执行目的正当、手段合理以及结果均衡，符合社会整体价值观，具有合理性。

最高人民法院指出各级法院和法官要面对新情况、新问题提供司法服务，就是强调能动司法，这正是"两个效果统一"的要求：

第一，上述做法满足了法律效果的要求。首先，法院和法官的做法是在案件发生之后的能动执行，这合乎法律规定，且与司法的被动性并不矛盾；其次，法律规定了司法机关在司法执行中的权限范围及种类，法院和法官的做法并未逾越这些限制。

第二，上述做法满足了社会效果的要求。首先，上述做法的目的正当，符合现行法律规定的解决纠纷的价值取向；其次，上述做法的手段合理，李法官出售被执行人所持股票得到了各方同意，张法官通过说服的方式让债权人接手经营歇业债务人资产。

第三，上述做法结果均衡。上述做法使债权人和债务人的利益得以兼顾，李法官出售所得足以支付被执行人本金及利息，张法官则使得债务人公司重新焕发生机。

综上所述，法院在执行中采取"债权入股"和"债转股"等"放水养鱼让鱼活"的做法，无疑兼顾了法律效果和社会效果。

司法执行既要合法，也要合理，这是法的秩序价值、正义价值与自由价值三者关系的内在要求，只有以法律效果为前提，兼顾作为目的的社会效果，才是真正的中国特色社会主义法治建设。

七、2010年司考卷四第七题（本题25分）

材料：

近年来，为妥善化解行政争议，促进公民、法人或者其他组织与行政机关相互理解沟通，维护社会和谐稳定，全国各级法院积极探索运用协调、和解方式解决行政争议。2008年，最高人民法院发布《关于行政诉讼撤诉若干问题的规定》，从制度层面对行政诉讼的协调、和解工作机制作出规范，为促进行政争议双方和解，通过原告自愿撤诉实现"案结事了"提供了更大的空间。

近日，最高人民法院《人民法院工作年度报告（2009）》披露，"在2009年审结的行政诉讼案件中，通过加大协调力度，行政相对人与行政机关和解后撤诉的案件达43 280件，占一审行政案件的35.91%。"

总体上看，法院的上述做法取得了较好的社会效果，赢得了公众和社会的认可。但也有人担心，普遍运用协调、和解方式解决行政争议，与行政诉讼法规定的合法性审查原则不完全一致，也与行政诉讼的功能与作用不完全相符。

答题要求：

1. 观点明确，逻辑严谨，说理充分，层次清晰，文字通畅；
2. 字数不少于500字。

问题：

请对运用协调、和解方式解决行政争议的做法等问题谈谈你的意见。

参考答案（要点）

（我认为，）运用协调、和解方式解决行政争议兼顾了合法与合理。

行政争议解决的合法性是指解决争议的主体、主体权限和权力范围符合法律规定；其合理性是指解决争议的目的正当、手段合理以及结果均衡，符合社会整体价值观。

首先，上述做法具有合法性：

第一，最高人民法院从制度层面规范协调、和解工作作为对下级的指导具有合法性，这是法院上下级之间监督与被监督、指导与被指导关系的必然要求；

第二，各级人民法院根据最高人民法院的规范在行政诉讼中加大协调力度亦具合法性，根据现行法律规定和这一规范，各级法院是合法的主体，其行使的权力和权限范围均依据现行法律规定。

其次，上述做法具有合理性：

第一，最高人民法院从制度层面规范协调、和解工作：其目的正当，即目的与现行法律的价值取向一致；其手段均衡，即对司法方式的规定不仅必要而且适当地保证了行政争议相关人的权益；其结果均衡，即司法权力的行使没有逾越必要限度。

第二，各级法院根据法律规定开展协调、和解：其目的正当，即为"案结事了"提供更大空间；其手段均衡，即协调、和解方式必要而且适当地保证了行政争议相关人的权益；其结果均衡，即各级法院行使司法权没有逾越必要限度。

由此可见，正是因为符合社会整体道德价值判断，这一做法才取得了较好的社会效果。法院普遍运用协调、和解方式解决行政争议的做法，既符合合法性审查原则，也充分发挥了行政诉讼解决社会纠纷的功能与作用，无疑兼顾了法律效果和社会效果。

司法执行既要合法，也要合理，这是法的秩序价值、正义价值与自由价值三者关系的内在要求。只有以法律效果为前提，兼顾作为目的的社会效果，才能真正推进中国特色社会主义法治建设。

八、2009年司考卷四第七题（本题25分）

材料：

潘晓大学毕业不久，向甲商业银行申领了一张信用卡，透支额度为 20 000 元。潘晓每月收入 4000 元，缴纳房租等必需开销 3000 多元。潘晓消费观念前卫，每月刷卡透支 3000 多元，累计拖欠甲商业银行借款近 60 000 元。不久，潘晓又向乙商业银行申领了一张信用卡，该卡的透支额度达 30 000 元。

据报道，甲商业银行近几年累计发行信用卡近 600 万张，每张信用卡的透支额度从 5000 元至 10 万元不等。该银行 2009 年 8 月统计发现，信用卡持卡人累计透支接近 300 亿元，拖欠期限从 1 个月到 4、5 年不等。不少人至少持有两张甚至多张信用卡，因延期还款产生的利息和罚息达到数千元甚至上万元。由于上述现象大量存在，使得一些商业银行的坏账比例居高不下。对此，银行界拟对透支额度大、拖欠时间长的持卡人建立个人信用档案，列入"黑名单"，相关信息各银行共享；拟采取加大罚息比例、限制发放个人贷款、限制发放信用卡、停止信用卡功能等措施制裁信誉不良持卡人；拟建议在设立企业、购买不动产等方面对持卡人进行限制。

另据反映，为数不少的信用卡持卡人则认为，银行信用卡发放泛滥，安全防范功能不强，申领条件设定偏低，合同用语生涩，还款程序设计复杂且不透明，利息负担不尽合理，呼吁国家出台政策进行干预。

答题要求：

1. 应结合相关法律规定，运用部门法知识及法理学知识进行论述；
2. 观点明确，逻辑合理，说理充分，表述清晰；
3. 字数不少于500字。

问题：

根据上述材料，请从合法性与合理性的角度就银行权益保护与限制、持卡人权利与法律责任、银行和持卡人的利益平衡与社会发展、资本市场风险的法律防范对策，或者其他任一方面阐述你的观点。

参考答案（要点）

（我认为，）无论是银行还是持卡人，其行为均须兼顾合法性与合理性。

"合法性"是指权利行使的主体、权利行使的范围以及种类等预先由法律来规定，对于权利的限制须遵循"法无禁止即自由"；"合理性"是指符合社会整体价值观的目的正当、手段合理和结果均衡。

兼顾合法性与合理性至少包括以下数端：

首先，持卡人行为须兼顾合法性与合理性。就"合法性"而言，现行的法律允许持卡人在法律允许的范围内透支。但是，就"合理性"而言，持卡人的恶意透支以及拖欠还款等行为显然有悖于社会公理，其行为的后果也给银行造成了一定程度的损失。

其次，银行界措施须兼顾合法性与合理性。就"合法性"而言，银行界对信用卡透支的某些规制措施已经违反了合法性原则，比如"拟建议在设立企业、购买不动产等方面对持卡人进行限制"与现行法律对公民个人财产处分权的规定相违背。就"合理性"而言，银行界采用"加大罚息比例、限制发放个人贷款、限制发放信用卡、停止信用卡功能"等制裁措施，为实现保护银行利益的目的而过度限制信用卡的透支功能，加大罚息比例、共享"黑名单"等手段亦不合理，其结果必然造成持卡人在银行面前的弱势地位进而丧失了结果均衡。

综上所述，无论是银行界还是持卡人，其自由必须以法律为边界，而不可恣意行使。不仅是银行界的制裁措施不可违法、还须合理，即使是适用法律解决这二者之间的自由冲突，亦须满足兼顾合法、合理而不可偏废。

"无合理性的合法性变为僵化，无合法性的合理性沦为恣意。"中国特色社会主义法治的实现，既不可僵化，也不能恣意，兼顾合法性与合理性正是其中的应有之义，唯此方能兼顾法治的法律效果和社会效果，这是中国法治取得成功的关键所在。

九、2008年司考卷四第七题（本题25分）

材料：

例1：2005年9月15日，B市的家庭主妇张某在家中利用计算机ADSL拨号上网，以E话通的方式，使用视频与多人共同进行"裸聊"被公安机关查获。对于本案，B市S区检察院以聚众淫乱罪向S区法院提起公诉，后又撤回起诉。

例2：从2006年11月到2007年5月，Z省L县的无业女子方某在网上从事有偿"裸聊"，"裸聊"对象遍及全国22个省、自治区、直辖市，在电脑上查获的聊天记录就有300多人，网上银行汇款记录1000余次，获利2.4万元。对于本案，Z省L县检察院以传播淫秽物品牟利罪起诉，L县法院以传播淫秽物品牟利罪判处方某有期徒刑6个月，缓刑1年，并处罚金5000元。

关于上述两个网上"裸聊"案，在司法机关处理过程中，对于张某和方某的行为如何定罪存在以下三种意见：第一种意见认为应定传播淫秽物品罪（张某）或者传播淫秽物品牟利罪（方某）；第二种意见认为应定聚众淫乱罪；第三种意见认为"裸聊"不构成犯罪。

答题要求：

1. 在综合分析基础上，提出观点并运用法学知识阐述理由；

2. 观点明确，论证充分，逻辑严谨，文字通顺；

3. 不少于500字，不必重复案情。

《刑法》参考条文：

※第 3 条　法律明文规定为犯罪行为的，依照法律定罪处刑；法律没有明文规定为犯罪行为的，不得定罪处刑。

※第 363 条（第 1 款）　以牟利为目的，制作、复制、出版、贩卖、传播淫秽物品的，处 3 年以下有期徒刑、拘役或者管制，并处罚金；情节严重的，处 3 年以上 10 年以下有期徒刑，并处罚金；情节特别严重的，处 10 年以上有期徒刑或者无期徒刑，并处罚金或者没收财产。

※第 364 条（第 1 款）　传播淫秽的书刊、影片、音像、图片或者其他淫秽物品，情节严重的，处 2 年以下有期徒刑、拘役或者管制。

※第 301 条（第 1 款）　聚众进行淫乱活动的，对首要分子或者多次参加的，处 5 年以下有期徒刑、拘役或者管制。

※第 367 条　本法所称淫秽物品，是指具体描绘性行为或者露骨宣扬色情的诲淫性的书刊、影片、录像带、录音带、图片及其他淫秽物品。

有关人体生理、医学知识的科学著作不是淫秽物品。

包含有色情内容的有艺术价值的文学、艺术作品不视为淫秽物品。

问题：（本题共有两问，我们仅选取和理论法相关的第一问）

以上述两个网上"裸聊"案为例，从法理学的角度阐述法律对个人自由干预的正当性及其限度。

参考答案（要点）

（我认为，）法律对自由的干预既须合法，又须合理，因为"法律干预的正当性及其限度"包括合法与合理两层要求。

"干预的合法性"是指干预权行使的主体、主体的权限、种类及其程序均由法律作出规定。"干预的合理性"是指干预权的行使须目的正当，手段合理，结果均衡，总体上须符合政治、道德等社会共同价值判断。

根据这一法理对本案予以分析，可知如下数端：

第一，张某与多人共同进行网上视频"裸聊"合法但不合理。张某的"裸聊"并非法律明确禁止的行为，此处适用"法不禁止即为自由"，故张某的行为合法。但是，"裸聊"显然有悖于社会的共同道德价值判断，故不合理。

第二，检察院以"聚众淫乱罪"提起公诉不合法，但有一定合理性。张某"裸聊"并非法定的"聚众淫乱"行为，检察院以此罪名提起公诉，显然不合乎法律规定。但是，鉴于张某"裸聊"败坏社会公德，故检察院提起公诉有其合理性。

第三，方某与全国多人有偿"裸聊"既不合法也不合理。方某以牟利为目的

"裸聊",符合贩卖淫秽物品的法定构成要件,同时败坏社会公德。

第四,法院对方某处以"传播淫秽物品罪"合法且合理。如第三点所述,方某行为触犯传播淫秽物品牟利罪,法院判决不仅以法律为依据,且符合社会公共道德价值判断。

综上所述,"裸聊"、对"裸聊"的法律干预及其限度既须合法,又须合理。"裸聊"是不是个人自由取决于其法律边界,实际上并不存在逾越法律界限的自由。同样,法律对"裸聊"的干预及其限度也不能逾越法律的界限,这是法的秩序价值、正义价值与自由价值三者关系的内在要求。

法治建设的历史经验事实证明,只有兼顾合法与合理,自由才能真正得以保障,法律才能真正得以实施,中国特色社会主义法治建设才能真正得以推进。

十、2007年司考卷四第七题(本题25分)

素材一: 中国古籍《幼学琼林》载:"世人惟不平则鸣,圣人以无讼为贵。"《增广贤文》也载:"好讼之子,多数终凶。"中国古代有"无讼以求""息讼止争"的法律传统。

素材二: 1997年3月11日,时任最高人民法院院长任建新在第八届全国人民代表大会第五次会议上作最高人民法院工作报告时指出,1996年全国各级人民法院共审结各类案件520多万件,比上年上升约16%。2007年3月13日,最高人民法院院长肖扬在第十届全国人民代表大会第五次会议上作最高人民法院工作报告时指出,2006年各级人民法院共办结各类案件810多万件。

问题:

根据所提供的素材,请就从古代的"无讼""厌讼""耻讼"观念到当代的诉讼案件数量不断上升的变化,自选角度谈谈自己的看法。(本题共有甲、乙两题,我们仅选录甲题)

答题要求:

1. 观点明确,论证充分,逻辑严谨,文字通顺;
2. 不少于500字。

参考答案（要点）

（我认为，）从古代"无讼""厌讼""耻讼"观念到当代的诉讼案件数量不断上升是法律意识提高的结果。

法律意识是指人们关于法律现象的思想、观念、知识和心理的总称，是社会意识的一种特殊形式。法的传统的延续有赖于法律意识的传承，同时法律意识在法的实施过程中起着至关重要的作用。就材料而言，有以下数端：

第一，中国古代"无讼以求""息讼止争"的法律传统反映出在秩序的形成方式上，中国传统法律意识"无讼是求"的特征。中国古代法律文化以道德理想主义为基础，它们认为诉讼并非解决纠纷的最好方式，甚至诉讼本身就与道德理想背道而驰，《幼学琼林》"圣人以无讼为贵"、《增广贤文》"好讼之子，多数终凶"的思想正是这一传统法律意识的具体表现。

第二，当代的诉讼案件数量不断上升的现象与法律意识的提高有关系，这是近十年来法治建设的必然结果。这说明公民发自内心地理解并尊重法律，法律得到了正确实施，这与近十年来，国家培养并通过有力的制度建设提高人们的法律意识水平，改变各种与法治不相适应的法律观念、包括传统法律观念，有着不可分割的密切关系。

从古代的"无讼""厌讼""耻讼"观念到当代的诉讼案件数量不断上升的变化，充分说明法律意识的提高对于当前中国特色社会主义法治的建设的重要意义。

法的现代化是法律运行的现代性因素不断增加的过程，在这一过程中，妥善处理法的传统与现代化的紧张关系，引导公民从"不讼"到依法维护自身权益，是今后中国特色社会主义法治的建设的重要任务。

注意：

（1）法律意识是指人们关于法律现象的思想、观念、知识和心理的总称，是社会意识的一种特殊形式。法的传统之所以可以延续，很大程度上是因为法律意识强有力的传承作用。

（2）法律意识在公民、社会组织、政府机构遵守和执行法律规范的过程中也起着重要作用……如果公民、社会组织不是发自内心地理解和尊重法律，法律也不可能得到正确实施。

因此，培养并通过有力的制度建设提高人们的法律意识水平，改变各种与法治不相适应的法律观念、包括传统法律观念，是法治建设的一项重要任务。

十一、2006年司考卷四第六题（本题35分）

材料： 某民法典第1条规定："民事活动，法律有规定的，依照法律；法律没有规定的，依照习惯；没有习惯的，依照法理。"

问题：

1. 比较该条规定与刑法中"法无明文规定不为罪"原则的区别及理论基础；
2. 从法的渊源的角度分析该条规定的涵义及效力根据；
3. 从法律解释与法律推理的角度分析该条规定在法律适用上的价值与条件。

答题要求：

1. 在上述三个问题中任选其一作答，或者自行选择其他角度作答；
2. 在分析、比较、评价的基础上，提出观点并运用法学知识阐述理由；
3. 观点明确，论证充分，逻辑严谨，文字通顺；
4. 不少于600字。

参考答案（要点）

1. 该民法典的规定反映出法律适用的依据依次是法律规定、习惯、法理。它反映出民法的适用是合法性和合理性的并重。但是，"法无明文规定不为罪"更强调严格依法适用。

该民法典规定的理论基础是自然法思想和理性主义。自然法思想强调法的普适性，它表现为在任何情况下应首先依法判决，法律规定必须获得普遍而一致的遵从，而理性主义则在这一基础上加以补充，即社会事务的复杂性使得法律不可避免地存在漏洞和空白，若强行适用相对滞后的规则，还有可能导致结果的不正义。故法律规定在清楚明确时，就必须遵守，而它模糊不清时，就必须考虑习惯法和法理。要言之，适用法律时，应当把习惯法和法理作为法律规定的补充。

"法无明文规定不为罪"的思想基础是民主主义与尊重人权主义。民主主义要求：什么是犯罪、对犯罪如何处罚，必须由人民群众决定，具体表现为由人民群众选举产生的立法机关来决定。尊重人权主义要求：为了保障公民的自由，必须使得公民能够事先预测自己行为的性质与后果。故什么是犯罪、对犯罪如何处罚，必须在事前明文规定。

2. 法的渊源即法的表现形式，可以分为正式的法的渊源和非正式的法的渊源。

本条规定中，正式的法的渊源即法律规定，非正式的法的渊源即习惯和法理。正式与非正式意味着效力高低、适用先后的区别。

正式的法的渊源在一般情况下优先适用，即"法律有规定的，依照法律"。但是，"法律没有规定的"情况下，应当适用习惯和法理，这些情况包括以下三种：①正式的法的渊源完全不能为法律决定提供大前提；②适用正式的法的渊源会与公平正义的基本要求、强制性要求和占支配地位的要求发生冲突；③一项正式的法的渊源可能会产生出两种解释的模棱两可性和不确定性。

3. 法律解释与法律推理都属于法的适用，而法的适用的最直接的目标就是要获得一个合理的法律决定，这里的"合理"包括合法性与合理性两层要求。

"法律有规定的，依照法律"是法律解释与推理的合法性的表述；"法律没有规定的，依照习惯；没有习惯的，依照法理"则是其合理性的表述。

法律解释具有一定的价值取向性，解释的过程就是一个价值判断、价值选择的过程。在法律的实践中，这些价值一般体现为宪法原则和其他法律的基本原则，而这些原则不仅表现在法律规定中，也存在于习惯、法理之中，这也是法律解释既存在字面解释，也存在客观目的解释的原因。

法律推理就是在法律论辩中运用法律理由的过程，这里的"理"是法律理由，它包括法律的正式渊源或非正式渊源。就此而言，法律推理须满足三个要求：①法律推理以法律以及法学中的理或理由为基础，即法律规定、习惯、法理有共通之处，都可以作为法律推理的前提；②法律推理是一种寻求正当性证明的推理，而"正当性"同时存在于法律规定、习惯和法理之中；③法律推理要受现行法律的约束，基于习惯和法理的推理不能违背法律规定。

该条规定在法律适用上的条件如下：在法律解释和法律推理中，在一般情况下优先适用法律规定，但是，"法律没有规定的"情况下，应当适用习惯和法理，这些情况包括以下三种：①法律规定完全不能为法律决定提供大前提；②适用法律规定会与公平正义的基本要求、强制性要求和占支配地位的要求发生冲突；③一项法律规定可能会产生出两种解释的模棱两可性和不确定性。

十二、2005年司考卷四第七、八题

第七题（本题25分）

案情：

甲系某大学三年级女生。2003 年 5 月 5 日，甲到国际知名连锁店乙超市购物，付款结账后取回自带的手袋，正要走出超市大门时，被超市保安阻拦。保安怀疑甲携带了未结账的商品，欲将甲带到超市值班经理办公室处理。甲予以否认，争执过程中引来众多顾客围观。后在经理办公室，甲应值班经理要求出示了所买商品及结账单据。值班经理将甲自带的手袋打开检查，并叫来女工作人员对甲进行了全身搜查，均未查出未结账的商品，遂将甲放走。事后，甲在超市被搜身的消息在本校乃至其他高校传开，甲成了倍受关注的"新闻人物"，对甲形成了巨大的精神压力，出现了失眠、头晕等症状，无法继续学业，医生建议其做心理治疗。甲认为乙超市侵害了自己的人格权，遂提起诉讼，请求判决乙超市赔偿精神损害 10 万元。

本案双方的主要事实争议是：乙超市在对甲进行全身搜查时，是否强令甲脱去了内衣。对此，双方均未提出充分的证据。双方的主要法律争议是：超市在每年失窃数额巨大的情况下，是否有权对顾客进行搜查。乙超市认为自己在超市内已张贴告示，保留对顾客进行搜查的权利。一审法院认为乙超市不能提出没有强令甲脱去内衣进行搜查的证据，故对脱衣搜查的事实予以认定；认为乙超市的搜查行为侵犯了甲的人格权，且侵权情节恶劣，后果较为严重，同时考虑到当地经济发展水平较高，判决被告赔偿精神损害 11 万元。乙超市不服，提出上诉。

二审法院除认为一审判决认定乙超市强令甲脱内衣进行搜查的事实证据不足外，对一审认定的其他事实予以维持，酌情改判乙超市赔偿甲精神损害 1 万元。甲对二审判决不服，以赔偿太少为由，申请再审，请求将赔偿数额改为11万元。

问题：（本题共有两问，我们仅选取和理论法相关的第二问）

本案发生后社会反响颇大，引发了不少议论，主要涉及精神损害赔偿、法官自由裁量、人格权保护、消费者权益保护、企业安保措施等诸多法律问题，请你任选一个角度简要论述。

参考答案 (要点)

(我认为,) 法院判决认定精神损害赔偿既须合法, 亦须合理。要言之: 一审法院否定精神损害赔偿虽合法但不合理; 二审法院酌情认定精神损害赔偿既合法又合理; 再审请求 11 万元的精神损害赔偿合法但不合理。

具体而言, 包括以下数端:

第一, 超市应当支付精神损害赔偿。我国法律明确规定, 公民的生命、人身、尊严等基本权利不受侵犯, 因此, 乙超市认为自己有搜身权既不合法, 也不合理。

第二, 甲提出 11 万元精神损害赔偿合法但不合理。我国法律规定, 自然人因生命权、健康权、身体权、人格尊严权、人身自由权遭受非法侵害, 可向人民法院起诉请求精神损害赔偿。因此, 甲因乙超市搜身以致精神压力巨大需要心理治疗, 提出精神损害赔偿要求合法。但是, 这一要求并不合理, 因为它尽管目的正当、手段合理, 但显然因为索赔额度过高而背离了结果均衡的要求, 这并不符合社会共同价值判断。因此, 再审请求 11 万元精神损害赔偿合法但不合理。

第三, 法院依据法律认可精神损害赔偿是合法的, 但赔偿额度的大小则与合理性相关。一审法院的判决显然合法但不合理, 二审法院较好地兼顾了合法与合理的要求。

综上所述, 法院在民事诉讼中对精神损害赔偿的认定要兼顾合法性与合理性, 尤其是赔偿额度的大小直接关系到判决的社会效果, 这也是法的秩序价值、自由价值和正义价值三者平衡的内在要求。

判决兼顾合法性与合理性是中国特色社会主义法治建设的重要内容, 更是推进司法公正、提高司法公信力的关键所在。实践证明, 唯有如此, 才能够确保人民群众在每一个案件中感受到公平正义, 从而推进法治建设发展到更高阶段。

第八题 (本题 25 分)

英美法系国家实行判例法制度, 法官的判决本身具有立法的意义, 并对以后处理类似案件具有拘束力。我国主要以成文法律及司法解释作为审判案件的依据, 同时最高人民法院也通过公布案例指导审判实践。请围绕"判例、案例与司法解释"谈谈你的看法。

答题要求:

1. 在分析、比较、评价的基础上, 提出观点并运用法学知识阐述理由;

2. 说理清楚, 逻辑严谨, 语言流畅, 表达准确;

3. 字数不少于 500 字。

参考答案（要点）

（我认为，）英美法系中的判例是法的正式渊源，案例是非正式渊源，司法解释应当兼顾二者对司法的作用。

法的正式渊源是指具有明文规定的法律效力并且直接作为法律决定的大前提的规范来源的资料，它包括成文法国家的制定法和英美法系的判例法。法的非正式渊源是指不具有法律明文规定的效力，但具有法律说服力的准则来源，它包括成文法国家的判例和案例。

英美法系国家的判例法是法的正式渊源。因为英美法系国家实行判例法制度，法官的判决本身就是立法，根据"遵循先例"原则，英美法系国家的判例对以后处理类似案件具有拘束力，其作用与成文法国家的制定法相同。

我国最高人民法院的指导案例是我国法的非正式渊源。因为我国主要以成文法律及司法解释作为审判案件的依据，最高人民法院的指导案例是审判实践中的重要的参照。

就我国的非正式的法的渊源适用而言，它们只能在正式的法的渊源出现空白、相对模糊或严重违背正义的时候才能适用，而且它们并无法的约束力而只有法的说服力。

司法解释必须处理好适用法的正式渊源与非正式渊源的关系，因为法律相对于纷繁芜杂、变动不居的社会现实，不免出现相对滞后的局限。对此，司法解释可以借鉴英美法系国家判例法中对于判例适用的做法，一方面以法的正式渊源如制定法等为依据，另一方面发挥指导案例灵活及时的优势，以求推动中国特色社会主义法治建设进程。

十三、2004年司考卷四第八题（本题25分）

材料：

某地经工商登记新成立了一家名为"喜悦家庭"的商户。该商户的核准经营范围为娱乐服务，客户只需提供一男一女两张照片或一张合影照片，输入"高科技速配优生自动成像系统"，即可在 2 分钟内生成两人"结婚生子"后孩子 1 岁、10 岁及 20 岁的彩色图像各一份。"喜悦家庭"开业后，不少热恋中的青年男女频频光顾，甚至有已经婚育的父母携子抱女前来"先睹"孩子长到 10 岁、20 岁时的模样。在付出较高费用后，大都欢声笑语地离去。一些追星族也拿着心中偶像——影星、歌星、球星的照片来到"喜悦家庭"，与自己的情影一道输入"系统"。看到与大明星"结合"所育"后代"的照片，追星族们甚是满意。更有好事媒体将此事连同多幅某人与明星"结合"的"后代"照片作为新闻报道、刊登，引发了不少议论，或褒或贬，或以为无所谓，且都能从法律上谈出一二三。

请谈谈你对此事的看法。

答题要求：

1. 运用掌握的法学知识阐释你的观点和理由；
2. 说理充分，逻辑严谨，语言流畅，表达准确；
3. 字数不少于 500 字。

参考答案（要点）

"合成照片"一案说明，权利的行使必须既合法又合理。

"权利行使必须合法"是指权利主体、权利行使的范围以及种类等预先由法律来规定，而权利之限制须遵循"法无禁止即自由"的原则；"权利行使必须合理"是指权利的行使须符合社会整体价值观，具体可以概括为目的正当、手段合理以及结果均衡。任何权利的行使，都必须有正当的目的，必须借助合理的手段，必须实现均衡的结果。

就此而言，在"合成照片"这一案例中，须注意以下数端：

第一，"喜悦家庭"商户收费合成明星"后代"照，显然侵犯了明星肖像权，违反了《民法典》，既不合法也不合理。

第二，热恋青年和已婚夫妇合成照片是行使肖像权的表现，这一做法既合法也合理。

第三，追星族合成自己与明星之"后代"的照片，并未侵犯明星肖像权，适用"法无禁止即自由"。因此，这一做法不合理却合法。（根据《民法典》的规定，此举既不合法亦不尽然合理）

第四，刊登明星"后代"照片的媒体侵害了明星的肖像权和名誉权，这一做法显然既不合法也不合理。

综上所述，"法典是人民自由的圣经"，自由必须得到保护。但是，"人生而自由，却无往不在枷锁之中"，社会公共利益、他人的合法权益正是法律所规定的自由的边界，这正是法的秩序价值、正义价值与自由价值三者关系的概括，这也是中国特色社会主义法治建设的应有之义。

十四、2003年司考卷四第八题（本题30分）

案情：

某市为加强道路交通管理，规范日益混乱的交通秩序，决定出台一项新举措，由交通管理部门向市民发布通告，凡自行摄录下机动车辆违章行驶、停放的照片、录像资料，送经交通管理部门确认后，被采用并在当地电视台播出的，一律奖励人民币200元~300元。此举使许多市民踊跃参与，积极举报违章车辆，当地的交通秩序一时间明显好转，市民满意。新闻报道后，省内甚至外省不少城市都来取经、学习。但与此同时，也发生了一些意想不到的事：有违章驾车者去往不愿被别人知道的地方，电视台将车辆及背景播出后，引起家庭关系、同事关系紧张，甚至影响了当事人此后的正常生活的；有乘车人以肖像权、名誉权受到侵害，把电视台、交管部门告上法庭的；有违章司机被单位开除，认为是交管部门超范围行使权力引起的；有抢拍者被违章车辆故意撞伤后，向交管部门索赔的；甚至有利用偷拍照片向驾车人索要高额"保密费"的；等等。报刊将上述新闻披露后，某市治理交通秩序的举措引起了社会不同看法和较大争议。

问题：

请谈谈你对某市治理交通秩序新举措合法性、合理性的认识。（注意：不能仅就此举引发的一些问题、个案谈具体适用法律的意见）

答题要求：

1. 运用掌握的法学知识阐释你认为正确的观点和理由；

2. 说理充分，逻辑严谨，语言流畅，表述准确；

3. 答题文体不限，字数要求800~1000字。

参考答案（要点）

（我认为，）治理交通秩序的新举措既须合法，又须合理。

行政合法性包括两个要求：①行政机关必须遵守现行有效的法律；②行政机关应当依照法律授权活动。行政合理性包括三个要求：第一，目的正当，或曰考虑相关因素原则，即行政措施和行为要符合立法授权的目的；第二，手段合理，或曰比例原则，即行政机关采取的措施和手段应当必要、适当，应当避免采用损害当事人权益的方式；第三，结果均衡，或曰公平公正原则，即对待行政管理相对人，无偏私、不歧视。

从这一法理出发，对该市治理交通秩序的新举措予以分析，可见以下数端：

第一，交管部门悬赏的措施合法。就加强道路交通管理，规范日益混乱的交通秩序而言，交管部门是法定主体，而且法律对交管部门授予的权力，既包括制裁违法行为的权力，也包括奖励守法行为的权力，因此，制定这一措施在法定权限之内。

第二，交管部门悬赏的措施不合理。这一措施虽然具有正当目的即规范交通秩序，但是，其不合理处有二：

首先，手段不合理。交管部门将其确认并采用的违章资料在当地电视台播出，已经超出了必要、正当的限度，损害了行政相对人的权益；

其次，结果不均衡。交管部门显然未能平衡这一措施对个人造成的损害与对社会获得的利益之间的关系，乘车人状告电视台、交管部门，违章司机被单位开除，抢拍者被违章车辆故意撞伤，利用偷拍照片向驾车人索要高额"保密费"这些现象出现的原因就在于此。

综上所述，交通管理措施的制定必须兼顾合法性与合理性，在这一过程中，国家、社会、公众的利益和行政相对人的权益皆不可偏废，这是法的秩序价值、自由价值和正义价值三者平衡的内在要求。

行政管理措施必须兼顾合法性与合理性，这是中国特色社会主义法治建设的重要内容，更是深入推进依法行政，加快建设法治政府的基础内容。实践证明，法律的生命力在于实施，法律的权威也在于实施，而合法行政、合理行政，则是确保法律生命力和权威的关键所在，唯有如此，才能有力地推进中国特色社会主义法治建设的进程。

图书在版编目（ＣＩＰ）数据

主观题历年真题破译/厚大法考组编. —北京：中国政法大学出版社，2020.7
ISBN 978-7-5620-9532-3

Ⅰ.①主… Ⅱ.①厚… Ⅲ.①法律工作者－资格考试－中国－题解 Ⅳ.①D92-44

中国版本图书馆 CIP 数据核字(2020)第 055217 号

出 版 者	中国政法大学出版社
地 址	北京市海淀区西土城路 25 号
邮寄地址	北京 100088 信箱 8034 分箱　邮编 100088
网 址	http://www.cuplpress.com（网络实名：中国政法大学出版社）
电 话	010-58908285(总编室)　58908433（编辑部）58908334(邮购部)
承 印	北京铭传印刷有限公司
开 本	720mm×960mm　1/16
印 张	20.5
字 数	390 千字
版 次	2020 年 7 月第 1 版
印 次	2020 年 7 月第 1 次印刷
定 价	77.00 元

厚大法考 2020 年师资团队简介

民法主讲老师

张 翔	民法萌叔,西北政法大学民商法学院院长,教授,博士生导师,法考培训授课教师,授课经验丰富。倡导"理论、法条、实例"三位一体的教学方法。授课条理清晰,深入浅出,重点明确,分析透彻。
杨 烁	中山大学法学博士,具有深厚的民法理论功底、丰富的教学与实践经验,首创"法考三杯茶"理论,将枯燥的民法法条融会贯通于茶与案例之中,深入浅出。游刃于民法原理与实务案例之间,逻辑清晰,层层递进,其课堂有润物细无声的效果,让考生分析案件时才思泉涌,顺利通关!
李仁玉	法考培训界民法泰斗,拥有多年命题经验,现任北京工商大学法学院教授,曾先后兼任中国政法大学、国家检察官学院、上海政法学院、中华女子学院校聘客座教授。讲课直击考点,繁简得当,重点突出。
吴一鸣	民商法博士,华东政法大学副教授,法律学院民商法教研室副主任,中国法学会比较法研究会理事。授课重点突出,体系性强,清晰有条理,深受学生喜爱。
崔红玉	厚大新晋新锐讲师。武汉大学民商法学专业出身,法律功底扎实,拥有多年教学实践经验,对民法有独特的感悟。擅长体系化和启发式教学,帮助学生将琐碎的知识点用逻辑串成整体,让学生知其所以然。

刑法主讲老师

罗 翔	北京大学法学博士,中国政法大学教授、刑法学研究所所长,入选法大 2008 年以来历届"最受本科生欢迎的十位老师",曾参与司法部司考题库设计和供题。授课幽默,妙趣横生,深入浅出,重点清晰,使考生迅速理解和掌握刑法的艰深理论。
刘 伟	中国政法大学刑法学博士,长期从事刑法相关教学工作,授课直击要害。擅长摸索出题人的命题规律,总结分析,直击命门。
陈 橙	厚大新晋新锐讲师。本硕博分别就读于华东政法大学、北京大学、清华大学,从事法考培训多年。善于概括总结知识点,将繁琐的知识点简单化,方便学生记忆,注重与学生互动,语言幽默,善于把握真题和最新试题动向。
卢 杨	厚大新晋新锐讲师。刑事法学研究生毕业,理论功底扎实,对命题趋势把握得当,条理清晰,有着丰富的授课经验,擅长将抽象的刑法学理论具体化为生活中的案例,所以课堂氛围非常好,深受考生喜爱。

行政法主讲老师

魏建新	中国政法大学法学博士,天津师范大学教授,政治学博士后出站。人大立法咨询专家,政府法律顾问,仲裁员。以案释法,让行政法易懂好懂,实现通俗化行政法;以最简练的表格建立最完整的知识体系,让行政法易背好记,实现图表化行政法;深谙命题风格和思路,一切从考试出发归纳重点、突破难点,让行政法易学好用,实现应试化行政法。
兰燕卓	中国政法大学法学博士,政治学博士后,具有丰富的法考培训经验,考点把握精准,擅长将繁杂考点系统化、明晰化,有效挖掘考点的关联性;授课重点突出,知识体系清晰,课堂气氛轻松活跃,有效提高备考效率。
黄韦博	中南财经政法大学法学博士,课堂气氛活跃,善于采取原理、法条和解题相结合的方法授课,善于运用启发式、互动式、图表式和串联式的教学方法,直击考点陷阱,让考生轻松掌握抽象的行政法原理。

民诉法主讲老师

刘鹏飞	民诉法专业博士,专注民诉法学研究,从事司法考试和法律职业资格考试培训近十年。授课经验丰富,学术功底扎实。授课化繁为简、去粗取精,多年来形成独特风格:用法理重新解读繁杂法条且条理清晰;编写的案例贴近实践,简明易懂且语言风趣。
张 佳	厚大新晋新锐讲师。华东政法大学毕业,法学理论功底扎实。厚大人称"小师妹",年龄不大,能力不小。授课思路清晰,详略得当,应试性强。学民诉,信佳佳,高分不是神话!

郭 翔	北京师范大学副教授，清华大学法学博士，具有多年法考培训经验，深知命题规律，了解解题技巧，对考试内容把握准确，授课重点明确，层次分明，条理清晰，将法条法理与案例有机融合，强调综合，深入浅出。
朱小钰	民诉法博士，厚大新晋新锐讲师，深谙民事诉讼和仲裁程序。硕博期间曾参与多个司法解释条文理解与适用的编写，了解相关立法趋势，让考生把握法考重点和热点内容。课堂气氛活跃，擅长总结知识点和体系，手把手教学生识记与理解，力求让学生当堂吸收与消化。

刑诉法主讲老师

向高甲	有11年刑诉应试培训经验，对于刑事诉讼法的教学有自己独特的方式和技巧，其独创的"口诀记忆"法，让法条记忆不再枯燥。授课幽默，富有活力，其清晰的讲义和通俗易懂的解读让人印象深刻。善于把握出题思路，对于出题者的陷阱解读有自己独特的技巧，让考生能在听课后迅速提高解题技能。向老师目前也是一位执业律师，其丰富的实务经验让授课内容更符合当下法考案例化的考试要求。
郭抑扬	中国政法大学博士，扎实的理论加上苏格拉底式的提问与举例，让刑诉法更加充满思辨的趣味。课堂上谈笑风生，能迅速让学员了解刑诉法条内在的逻辑、考点和易混点；在事实、法律之间辗转腾挪，将枯燥的法条形象化，减少记忆的时间和难度。
李 辞	中国政法大学博士，高校副教授、硕士生导师。深谙法考重视综合性、理论性考查的命题趋势，善于搭建刑诉法学科体系架构，阐释法条背后的原理、立法背景与法条间的逻辑关系，通过对知识点的对比串联强化记忆。
邓丽亚	厚大新晋新锐讲师。法学研究生毕业，具有多年法考一线教学辅导实践经验，案例储备丰富，上课风趣幽默，繁简得当，贯彻应试教学核心理念，帮助考生实现高效学习。

商经知主讲老师

鄢梦萱	西南政法大学经济法学博士，知名司考（法考）辅导专家。自2002年开始讲授司法考试商经法，从未间断。在17年教学中积累了丰富的经验，熟悉每一个考点、每一道真题，掌控每一个阶段、每一项计划，不仅授课节奏感强、循序渐进，课程体系完备、考点尽收囊中；而且专业功底深厚，对复杂疑难问题的讲解清清楚楚、明明白白，犹如打通任督二脉；更重要的是熟悉命题规律，考前冲刺直击考点，口碑爆棚。
赵海洋	中国人民大学法学博士，法学博士后，商经法新锐名师。"命题人视角"授课理念的提倡者，"考生中心主义"讲授模式的践行者。授课语言诙谐，却暗蕴法理，让复杂难懂的商经法"接地气"。注重法理与实务相结合，避免"纯应试型"授课，确保考生所学必有所用。独创"盲目自信法"和"赵氏科学蒙猜法"，真正做到"商经跟着海洋走，应试实务不用愁"。

三国法主讲老师

殷 敏	上海对外经贸大学教授，法学博士后，硕士生导师；美国休斯顿大学访问学者、中国人民大学访问学者；中国国际法学会理事、中国国际私法学会理事、中国国际经济法学会理事、中国欧洲学会欧洲法律研究会理事；入选2019年度上海市浦江人才计划。从事三国法司法考试培训10余年，对考点把握极其精准，深受广大学员喜爱。
段庆喜	中国人民大学法学院国际法博士，法考培训三国法辅导名师，具有多年授课辅导经验。善于总结归纳，将抽象、高冷的国际法知识与日常生活巧妙对接，易于考生理解，令规则学习变得有趣、有料。

理论法主讲老师

高晖云	中南财经政法大学法学博士，高校法学教师，中央电视台CCTV-12"法律讲堂"主讲人。自2004年起执教高校，讲授法理学、宪法学、中外法律史等多门课程，授课幽默风趣，风格轻松流畅，善于以扎实的理论功底打通理论法学脉络，独创"抠字眼、讲逻辑"六字真言，让考生穿透题面，直击考点，斩获高分。
李宏勃	法学教授，硕士生导师。讲课深入浅出、条理清晰，能够将抽象的法学原理、宪法条文与鲜活的社会生活相结合。在传授法律知识与应试技巧的同时，强调培养学员的法律思维与法治理念。